禮記注疏長編

王鍔 井超 主編

曲禮注疏長編

貳

廣陵書社

王鍔 編纂

曲禮注疏長編卷八

一·二五　○**凡爲長者糞之禮**[一]**，必加帚於箕上。**如是，得兩手奉箕，恭也。謂初執而往時也。弟子職曰：「執箕膺擖[二]，厥中有帚。」○爲，于僞反。擹，本又作「糞」，徐音奮，埽席前曰擹。帚，之手反。箕，音基。膺，於陵反。葉，如字，箕舌。**以袂拘而退，其塵不及長者。**謂埽時也。以袂擁帚之前，埽而卻行之。○袂，武世反，衣袖末。拘，古侯反，徐音俱。

[一] 凡爲長者糞之禮　閩、監、毛本同，石經同，岳本、嘉靖本同。釋文出「擹」云：「本又作『糞』。」正義本從作「糞」。考文引古本作「擹」。○鍔按：「凡爲」上，阮校有「凡爲長者糞之禮節」八字。

[二] 執箕膺擖　閩、監、毛本同，岳本同，嘉靖本同，衛氏集説同。釋文「擖」作「葉」，考文引古本亦作「葉」。山井鼎云：「古本作『葉』，管子作『擛』，而今此注作『擖』者，蓋涉少儀篇誤耳，當以古本及釋文爲證也。」案：山井鼎説非也。正義本自作「擖」，故疏中皆作「擖」字。○按：段玉裁云：「凡柶之盛物箕之底皆謂之『葉』，或作『楪』，譌作『擛』。『葉』亦謂之『擸』，少儀作『擖』，乃『擸』之誤。古音巤聲、葛聲相近，故從『巤』字或多作『葛』也。」

謂埽，先報反，又先早反。擁，於勇反。**以箕自鄉而扱之**[一]。扱，讀曰吸[二]，謂收糞時也。箕去弃物[三]，以鄉尊者則不恭。○扱，依注音吸，許急反，斂也。去，丘吕反，下注同。**奉席如橋衡**。横奉之，令左昂右低[四]，如有首尾然。橋，井上㮶槔，衡上低昂。○橋，居廟反。令，力呈反。卬，本又作「昂」，又作「仰」，同五剛反，又魚丈反，下同。㮶，本又作「契」，又作「絜」，同音結。槔，古毫反。絜皐，依字作「桔槔」，見莊子。**請席何鄉，請衽何趾**。順尊者所安也。衽，卧席也。坐問鄉，卧問趾，因於陰陽。○衽，而審反。趾，音止。**席南鄉北鄉，以西方爲上；東鄉西鄉，以南方爲上**。布席無常，此其順之也。上，謂席端也。坐在陽則上左，坐在陰則上右。○坐，才卧反，又如字。

[一] 以箕自鄉而扱之　閩、監、毛本同，石經同，岳本、嘉靖本同，衛氏集説同。考文引古本「鄉」作「嚮」。案釋文於上出「鄉尊」云：「本又作『嚮』，後文、注皆同。」知此「鄉」字釋文亦作「嚮」。正義本作「鄉」，與釋文本同。考文引古本作「嚮」，與釋文又本同。○按：作「嚮」非也。

[二] 扱讀曰吸　閩、監、毛本同，岳本、嘉靖本同，衛氏集説同。惠棟校宋本「扱」作「扱」。

[三] 箕去弃物　宋監本同，後並同，岳本同。閩、監、毛本「弃」作「棄」，嘉靖本同，衛氏集説同。案：此因正義作「棄」，改注「弃」字亦作「棄」也。

[四] 令左昂右低　閩、監、毛本同，岳本、嘉靖本同，衛氏集説同。釋文出「卬」云：「本又作『昂』，又作『仰』。」正義本作「昂」，考文引古本作「仰」。

【疏】「凡爲」至「爲上」[一]。○正義曰：此一節明爲尊者埽除、布席之儀，各隨文解之。

「必加帚於箕上」者，謂初持箕往時也。以帚加置箕上，兩手舉箕也。

○注「弟子職曰：『職箕膺擖，厥中有帚』」。○正義曰：證加帚箕上。弟子職者，管子之書篇名也。其書述爲弟子職也。膺，胸前也。擖，箕舌也。厥，其也。言執箕之禮，以箕舌鄉胸，而帚置於箕中。箕是棄物之器，故不持鄉尊也。

○「以袂拘而退」者，謂埽時也。袂，衣袂也。退，遷也[二]。當埽時卻遷，以一手捉帚，又舉一手衣袂以拘障於帚前，且埽且遷，故云「拘而退」。

○「以箕自鄉而扱之」者，扱，歛取也。謂以箕自鄉，歛取糞穢，亦不以箕鄉尊也。

○注「扱讀曰吸」。○正義曰：必讀扱爲吸者，以其穢物少，吸然則盡，不得爲一扱再扱，故讀從吸也。

○「奉席如橋衡」者，所奉席席頭，令左昂右低，如橋之衡。衡，横也。左尊，故昂；右卑，故垂也。但席舒則有首尾，卷則無首尾。此謂卷席奉之法，故注云「如有首尾然」。言「如有」，則實無首尾。至於舒席之時則有首尾，故公食禮云「莞席尋，卷自末」，注云：

[一] 凡爲至爲上　惠棟校宋本無此五字。

[二] 袂衣袂也退遷也　閩、監、毛本同，通解「衣袂也」下有「拘障也」三字。案：衛氏集説亦無此三字。

「末，終也。」終則尾也。

○「請席何鄉，請衽何趾」者，既奉席來，當隨尊者所欲眠坐也。席，坐席也。鄉，面也。衽，卧席也。趾，足也。坐爲陽，面亦陽也，坐，故問面欲何所鄉也；卧是陰，足亦陰也，卧，故問足欲何所趾也。皆從尊者所安也。

○注「衽，卧席也」。○正義曰：案昏禮同牢禮畢，將卧，云「御衽於奥，媵衽良席，有枕，北趾」，此是衽爲卧席也。

○「席南鄉北鄉，以西方爲上」者，謂東西設席，南鄉北鄉則以西方爲上頭也。所以然者，凡坐隨於陰陽，若坐在陽則貴左，坐在陰則貴右，南坐是陽，其左在西；北坐是陰，其右亦在西也。俱以西方爲上。

○「東鄉西鄉，以南方爲上」者，謂南北設席，皆以南方爲上者[一]。坐在東方西鄉，是在陽，以南方爲上；坐若在西方東鄉，是在陰，亦以南方爲上。亦是坐在陽則上左，坐在陰則上右。此據平常布席如此，若禮席則不然。案鄉飲酒禮注云：「賓席牖前南面，主人席阼階上西面，介席西階上東面。」與此不同是也。

【衛氏集説】凡爲長者糞之禮，必加帚於箕上。以袂拘而退，其塵不及長者。以箕自

[一] 謂南北設席皆以南方爲上者　閩、監、毛本同，浦鏜校云：「『者』疑『若』字誤。」

鄉而扱之。

鄭氏曰：加帚於箕，得兩手奉箕，恭也。謂初執而往時也。弟子職曰：「執箕膺擖，厥中有帚。」以袂拘，謂埽時也。以袂擁帚之前，埽而却行之。扱，讀曰吸，謂收糞時也。箕去棄物，以鄉長者則不恭。

孔氏曰：自此至「爲上」，明爲尊者埽除、布席之儀。鄭引弟子職，管子之書篇名也。袂，衣袂也。退，遷也。當埽時卻遷，以一手捉帚，又舉一手衣袂以拘障於帚前，且埽且遷，故云「拘而退」。扱，斂取也。

横渠張氏曰：古者止是子弟事父母，豈有使人而事者？故至於糞除皆有禮，使父母得以遠厮僕，正由承順長上，遂知接物須有文章。

藍田吕氏曰：糞除布席，役之至褻者也，然古之童子未冠，爲長者役而其心安焉。蓋古教養之道，必本諸孝弟，入則事親，出則事長。事親孝也，事長弟也。孝弟之心，雖生於惻隱恭敬之端，孝弟之行，常在於洒埽、應對、執事、趨走之際。蓋人之有血氣者，未有安於事人者也。今使知長者之可敬，甘爲僕御之役而不辭，是所以存其良心，折其傲慢之氣，然後可與進於德矣。加帚箕上，執之以從事也。以袂拘而退，其塵不及長者，雖糞除之際，不敢忘敬也。以箕自向而扱之，扱，謂箕扱於糞中以糞也，讀如「尸扱以柶，祭羊鉶」之扱，謂箕扱於糞，如柶扱於鉶也。注以「扱」爲「吸」，恐未然。

嚴陵方氏曰：除物之棄謂之糞，帚則用之除而致飾者也。以箕自向而扱之者，蓋非特塵不及長者，亦不欲長者見其所棄之物故也。

永嘉戴氏曰：洒埽、應對、進退，小子之事也，君子於此觀學焉。推此意也，其敢自處其逸而遺長者以勞，自處其安而置長者於不安之地乎？

王氏蘋曰：學者須是下學而上達，洒埽、應對即是道德性命之理。此章所言糞除之禮，試體究此時此心如何，其理微矣。樊遲問仁，子曰：「居處恭，執事敬，與人忠，雖之夷狄，不可棄也。」學者只是説過，試以此言踐履之，體究之，斯知上達之理矣。聖人之道，無本末，無精麤，徹上徹下，只是一理。

奉席如橋衡。請席何鄉，請衽何趾。席南鄉北鄉，以西方爲上；東鄉西鄉，以南方爲上。

鄭氏曰：席横奉之，令左昂右低，如有首尾然。橋，井上欅槔，衡上低昂。請席、請衽，順尊者所安也。衽，卧席也。坐問鄉，卧問趾，因於陰陽。布席無常。上，謂席端也。坐在陽則上左，坐在陰則上右。

孔氏曰：所奉席頭，如橋之衡。衡，横也。左尊，故昂；右卑，故垂。但席舒則有首尾，卷則無首尾。此謂卷席奉之之法，當隨尊者所欲眠坐也。鄉，面也。趾，足也。坐爲陽，面亦陽也。卧是陰，足亦陰也。皆從所安也。東西設席，南鄉北鄉則以西方爲上頭也。所以然者，凡坐隨於陰陽，若坐在陽則貴左，坐在陰則貴右，南坐是陽，其左在西；北坐是陰，其右亦在西也。俱以西方爲上。若南北設席，皆以南方爲上者。坐在東方西鄉，是在陽，以南方爲上坐；若在西方東鄉，是在陰，亦以南方爲上。此據平常布席如此，若禮席則不然。

藍田呂氏曰：席，坐席也。布坐席必問何所鄉，布卧席必問何所趾，唯長者命也。南向東向皆坐在陰，則上右，南向者以西爲右，東向者以南爲右也。北向西向皆坐在陽，則上左，北向者以西爲左，西向者以南爲左也。

嚴陵胡氏曰：此謂卷席奉之如橋横，取中平而兩頭下。

嚴陵方氏曰：南鄉則北坐者也，北鄉則南坐者也。坐南則西在人之左，坐北則西在人之右。南，陽也，而陽上左。北，陰也，而陰上右。以左右皆在西也，故皆以西方爲上。東鄉西鄉，以南方爲上，其義亦若是而已。

金華應氏曰：橋，橋梁也。衡，即横也，或曰平也。橋横於水，至平也，而橋之横木尤平，奉席者正平無欹，其狀亦然耳。古人用席於地，禮畢則斂而收之。四方異向，蓋其堂室之面勢或不同，則隨時設張亦不一，所以酌地宜也。陰陽殊上，蓋其方位之旋轉或不同，則隨氣斟酌亦不定，所以順天道也。順其方之所重，爲其位之所尊，君子之行禮，何容心哉？天理人事，常相因而已矣。

金華邵氏曰：自此至「足毋蹶」，大率有四：始奉席，次請席，三布席，四就席。奉席則欲順席之理。次請席，問其欲坐卧之地。次布席，則平常之席、講問之席，各有其儀。至就席，又有就席之儀。賓主之間，安得不敬乎？

【吴氏纂言】凡爲長者糞之禮，必加帚於箕上。以袂拘而退，其塵不及長者。以箕自鄉而扱之。

鄭氏曰：加帚於箕，得兩手奉箕，恭也。謂初執而往時也。弟子職曰：「執箕，膺擖厥中。」有帚以袂拘，謂埽時也。以袂擁帚之前，埽而却行之。扱讀曰吸，謂收糞時也。箕去棄物，以鄉尊者則不恭。

孔氏曰：袂，衣袂也。退，遷也。當埽時，却遷以一手捉帚，又舉一手衣袂以拘障於帚前，且埽且遷，故云「拘而退」。扱，斂取也。

澄曰：以帚埽地，除去塵穢謂之糞。

奉席如橋衡。

鄭氏曰：横奉之，令左昂右低，如有首尾然。橋，井上橰槔。

孔氏曰：衡，横也。席舒則有首尾，卷則無首尾。此謂卷席奉之，所奉席頭令左昂右低，如橋之横。左尊，故昂；右卑，故垂也。

請席何鄉，請衽何趾。

鄭氏曰：順尊者所安也。坐問鄉，臥問趾，因於陰陽。

孔氏曰：既奉席來，當隨尊者所欲眠坐也。席，坐席也。鄉，面也。衽，臥席也。趾，足也。坐爲陽，故問面欲何所鄉，面亦陽也。臥是陰，故問足欲何所指，足亦陰也。

席南鄉北鄉，以西方爲上；東鄉西鄉，以南方爲上。

鄭氏曰：上，謂席端也。布席無常，坐在陽則尚左，坐在陰則尚右。

孔氏曰：南鄉北鄉，謂東西設席，南坐是陽，其左在西；北坐是陰，其右亦在西。俱以西方爲上。東鄉西鄉，謂南北設席，東坐是陽，其左在南；西坐是陰，其右亦在南。皆以南方爲上。蓋坐在陽則貴左，坐在陰則貴右也。此據平常布席如此，若禮席則不然。

【陳氏集説】凡爲長者糞之禮，必加帚於箕上。以袂拘而退，其塵不及長者。以箕自鄉而扱之。糞，除穢也。少儀云「埽席前曰拚」，義與糞同。呂氏讀扱爲插音，然凡氣之出入，噓則散，吸則聚，今以收斂爲義，則吸音爲是。疏曰：初持箕往時，帚置箕上。兩手舉箕，當掃時一手捉帚，舉一手衣袂以拘障於帚前，且掃且遷，故云「拘而退」。扱，斂取也。以箕自向，斂取糞穢，不以箕向尊者。**奉席如橋衡。**如橋之高，如衡之平，乃奉席之儀也。**請席何鄉，請衽何趾。**設坐席則問面向何方，設臥席則問足向何方。疏曰：坐爲陽，面亦陽也。臥爲陰，足亦陰也。故所請不同。**席南鄉北鄉，以西方爲上；東鄉西鄉，以南方爲上。**朱子曰：東向南向之席皆尚右，西向北向之席皆尚左也。

【納喇補正】奉席如橋衡。

集説　如橋之高，如衡之平。

竊案　橋衡從注疏，作一事爲是。鄭氏曰：「横奉之，令左昂右低，如有首尾然。橋，井上㯶槔，衡上低昂。」孔氏疏之曰：「所奉席之頭，令左昂右低，如橋之衡。衡，横也。左尊，故昂；右卑，故垂也。但席舒則有首尾，卷則無首尾，此謂卷席奉之法，故注云『如有首尾』，言『如有』，則實無首尾也。」若集説，則橋作「橋梁」之橋，衡作「權衡」之衡，分爲二事矣。不知古人但有杠梁之目，如「徒杠輿梁」「淇梁」「澤梁」「無逝我梁」「造舟爲梁」之類，未有以梁爲橋者。紂之鉅橋，蓋積粟之倉，而非橋梁也。足知橋謂㯶槔，衡謂㯶槔，横於井上。古「衡」「横」字通用，非必權衡而後謂之衡也。

【方氏析疑】凡爲長者糞之禮，必加帚於箕上。以袂拘而退，其塵不及長者。以箕自鄉而扱之。

按少儀：「汜埽曰埽，埽席前曰拚。」此曰「爲長者糞」，則席前也。拚席不用帚加於箕上，示不用也。少儀「拚席不以鬣」，即此篇所謂「以袂拘而退」也。「執箕膺擖」，即此篇所謂「以箕自鄉而扱」也。其義相表裏。但據少儀，則凡拚席皆然，據此篇，則專用之長者，所傳微異耳。

鄭任鑰曰：「『加帚於箕上』者，始進，兩手奉箕以爲恭也。繼則置箕於地，一手舉帚，一手舉袂以拘塵。終則弛袂，一手取箕，一手舉帚而扱之。

如橋。

奉席如橋衡。

卷席之法，宜與縛幣略同，卷其兩端而中稍穹，横奉之，則左右如衡之平，而中穹者如橋。

【江氏擇言】凡爲長者糞之禮，必加帚於箕上。以袂拘而退，其塵不及長者。

按：爲長者糞之禮，詳見弟子職。埽前有灑，埽固無塵。以袂拘而退者，敬也，非真以袂障塵也。加帚于箕上，自是初往時，弟子職「執箕膺揭，厥中有帚」可證。若埽時，箕倚於户側，俟埽訖，然後以箕收之，非執箕以埽也。此節當從舊説。

奉席如橋衡。

鄭注：横奉之，令左昂右低，如有首尾然。橋，井上㮶槔。

朱文端公云：按陳注「如橋之高，如衡之平」，較舊注直截。

按：陳注「如橋之高，如衡之平」，雖若直截，實俗訓詁也。橋高出水上，奉席豈能如之？當從舊注「㮶槔」之説。㮶槔，見莊子。

席南鄉北鄉，以西方爲上；東鄉西鄉，以南方爲上。

鄭注：上，謂席端也。布席無常，坐在陽則尚左，坐在陰則尚右。

疏曰：此謂平常布席如此，禮席不然。

朱子曰：東鄉南鄉之席皆尚右，西鄉北鄉之席皆尚左。

按：古人常坐在室中，此文大約就室中之席言之。南北鄉以西方爲上者，統於奥也；東西鄉以南方爲上者，統於户牖與堂也。若堂上南鄉之席，皆以東爲上，飲、燕、食、射皆然。惟神席尚右，以西爲上，故昏禮醴賓，徹几改筵，明不以西爲上也。鄉飲、鄉射賓若有遵者，席於賓東，此則以西爲上，蓋統於户牖間之酒尊，明不與賓同東上，取義又異也。

【欽定義疏】凡爲長者糞之禮，必加帚於箕上。以袂拘而退，其塵不及長者。以箕自鄉而扱之。

正義 鄭氏康成曰：加帚於箕，得兩手奉箕，恭也。謂初執而往時也。弟子職曰：「執箕膺擖，厥中有帚。」孔疏：弟子職，管子書篇名。擖，箕舌也。厥，其也。言執箕之禮，以箕舌鄉胸，而帚置於箕中也。以袂拘，謂埽時也。以袂擁帚之前，埽而却行之。扱，讀曰「吸」，謂收糞時也。箕去棄物，以鄉尊者則不恭。

孔氏穎達曰：袂，衣袂也。退，遷也。當埽時却遷，以一手捉帚，又舉一手衣袂以拘障於帚前，且埽且遷，故云「拘而退」。扱，斂取也。以箕自鄉，斂取糞穢，不以箕鄉尊者。

吴氏澄曰：以帚埽地，除去塵穢，謂之糞。

餘論 張子曰：古者止是子弟事父母，豈有使人而事者？故至於糞除皆有禮，使父母得以遠厮僕。

呂氏大臨曰：糞除布席，役之至褻者也，古之童子未冠，爲長者役而其心安焉。蓋古教養之道，必本諸孝弟。孝弟之心，雖生於惻隱恭敬之端，孝弟之行，常在於洒埽、應對、執事、趨走之際。蓋人之有血氣者，未有安於事人者也。今使知長者之可敬，甘爲僕御之役而不辭，是所以存其良心，折其傲慢之氣，然後可與進於德。

王氏蘋曰：學者須是下學而上達，洒埽、應對即是道德性命之理。此章所言糞除之禮，試體究此時此心如何，體究之，斯知上達之理。

存異 呂氏大臨曰：扱，讀如尸。「扱以柶，祭羊鉶」之扱，謂箕扱於糞，如柶扱於鉶也。

辨正 陳氏澔曰：糞，除穢也。少儀曰「埽席前曰拚」，義與糞同。呂氏讀扱爲插音，然凡氣之出入，噓則散，吸則聚，今以收斂爲義，則吸音爲是。

案 古人之於幼學，洒掃以習其體，應對以正其辭，進退以肅其儀。循循於出入，周旋而不越，使身心内外常若有所持循，而驕心浮氣由是斂。看「爲長者糞之禮」一節，其小心敬謹如此，故教弟子者，必從是始。

奉席如橋衡。

正義 鄭氏康成曰：席横奉之，令左昂右低，如有首尾然。孔疏：所奉席頭，令左昂右低，如橋之衡。衡，横也。左尊，故昂；右卑，故垂也。但席舒則有首尾，卷則無首尾。此謂卷席奉之法，故注云「如有首尾」。橋，井上桔槔，衡上低昂。

陳氏櫟曰：少爲長者横奉，其卷席左昂右低，如桔槔之横也。

存異 胡氏銓曰：如橋衡，取中平而兩頭下。

應氏鏞曰：橋，橋梁也。衡，即横也，或曰平也。橋横於水至平，而橋之横木尤平。奉席者，正平無欹，其狀亦然。

朱氏申曰：衡，權衡也。如橋，言奉席之高。如衡，言奉席之平。

案 古無橋梁名。詩「無逝我梁」「在彼淇梁」「造舟爲梁」，孟子「徒杠」「輿梁」，是梁或名「杠」，不名「橋」也。史「禹山行乘橋」，亦作「檋」，蓋直轅車。「殷紂鉅橋之粟」，蓋積粟倉。士昏禮「笲加於橋」，蓋横格架。是名「橋」者，皆非「梁」也。史記「秦昭王初，作河橋」，則以梁爲橋，殆自秦始。又「衡」字與「横」字通用，不止權衡，故「衡」字有「取於平」者，如「上衡」「中衡」；有「但取於横」者，如「夏而楅衡」「卷席必横奉之，而微有低昂」。則低右昂左，不必正平，亦不能使兩頭屈下，則鄭説爲是，而必改之者，反多誤也。

請席何鄉，請衽何趾。

正義 鄭氏康成曰：順尊者所安也。孔疏：既奉席來，當隨尊者所欲眠坐也。坐問鄉臥問趾，孔疏：席，坐席。鄉，面也。衽，卧席。趾，足也。因於陰陽。孔疏：坐爲陽，故問面欲何所鄉，面亦陽也；卧是陰，故問足欲何所指，足亦陰也。皆從所安也。

案 士昏禮：「御衽於奥，媵衽良席在東，皆有枕，北止。」古文「止」作「趾」，是卧席常北趾也。管子曰：「俶衽則請，有常則否。」則請以何趾者，非常卧之所也。又設衽曰衽，猶置尊曰尊、布筵曰筵，必有請者，總見弟子致敬而不敢專之意也。

總論 孔氏穎達曰：「凡爲長者」至「爲上」，明爲尊者埽除、布席之儀。

席南鄉北鄉，以西方爲上；東鄉西鄉，以南方爲上。

正義 鄭氏康成曰：布席無常，此其順之也。上，謂席端。坐在陽則上左，坐在陰則上右。

孔氏穎達曰：此據平常布席如此，若禮席則不然。案鄉飲酒：「禮，賓席牖前南面，主人席阼階上西面，介席西階上東面。」與此不同。

吕氏大臨曰：南鄉東鄉皆坐在陰，南鄉以西爲右，東鄉以南爲右。北鄉西鄉皆坐在陽，北鄉以西爲左，西鄉以南爲左。

應氏鏞曰：古人布席於地，禮畢則斂而收之。四方異鄉，蓋其堂室之面勢或不同，則酌地宜。其方位之旋轉或不同，則順天道。順其方之所重，爲其位之所尊。

案 下文「若非飲食之客」，則此乃尋常主客會集之席，而飲食亦在其中。西鄉北鄉，主家之席。南鄉東鄉，則親友異姓之席。

總論　邵氏淵曰：自此至「足毋蹶」，大率有四：始奉席，次請席，三布席，四就席。奉席則欲順席之理。次請席，問其欲坐卧之地。次布席，則平常之席、講問之席，各有其儀。至就席，又有就席之儀。賓主之間，安得不敬乎？

【杭氏集説】凡爲長者糞之禮，必加帚於箕上。以袂拘而退，其塵不及長者。以箕自鄉而扱之。

吴氏澄曰：以帚掃地，除去塵穢，謂之糞。

陳氏澔曰：糞，除穢也。少儀曰「埽席前曰拚」，義與糞同。吕氏讀扱爲插音，然凡氣之出入，嘘則散，吸則聚，今以收斂爲義，則吸音爲是。

姚氏舜牧曰：古人于幼學，必教之洒掃、應對、進退，非假是瑣細者以重勞之也。凡人之心，自幼至長，以漸而肆，于幼不知檢飭，其長也，矜驕倨惰，有不可勝言者。聖人知其然，故于幼學獨加謹而豫養焉。蓋教之敬謹，使日習而安，而驕氣浮心之不作也。看「爲長者糞」之一段，如何小心，如何謹慎，非誠意正心之根柢而何？故洒埽、應對、進退之節，即聖學之始事也。易曰「蒙以養正，聖功也」，故教子弟者，必自洒埽、應對、進退始。

朱氏軾曰：加帚箕上者，埽穢入箕，旋以帚加箕上，以蔽其穢。用一手拘捉箕，稍退而復埽，如此則塵穢之氣不及長者。惟加帚，故塵不及。又拘之法，必以箕自鄉。扱，讀如字，即拘執也。以袂，猶言以手。古人衣冠整飭，無以袂障塵之理。

姜氏兆錫曰：糞，除穢也。少儀「埽席前曰拚」，義同。言初掃，箕往時，將帚置箕上，以兩手持箕也。拘，障也，言埽時則暫釋箕，一手捉帚，一手以袂拘障於帚前，且埽且還，令塵遠於長者也。言埽畢，則又以箕自鄉，斂取糞穢，而不鄉長者也。又曰：王氏曰：「學者須是下學而上達，灑埽、應對即是道德性命之理。此章所言糞之禮，學者試體究此時此心如何。子曰『居處恭，執事敬，與人忠，不可棄也』，學者只是説過，試以此體之，斯知上達之理矣。聖人之道，無本末，無精麤，徹上徹下，即是理。」愚按，程子云「灑埽、應對、進退，直是上達天德」，王氏此條，蓋發明其義也。又曰：此章言糞埽于長者之禮。

方氏苞曰：按少儀「汜埽曰埽，埽席前曰拚」，此曰「爲長者糞」，則席前也。拚席不用帚加於箕上，示不用也。少儀「拚席不以鬣」，即此篇所謂「袂拘而退」也。「執箕膺擖」，即此篇所謂「以箕自鄉而扱」也。其義相表裏。但據少儀，則凡拚席皆然，據此篇，則專用之長者，所傳微異耳。鄭任鑰曰：「加帚於箕上者，始進，兩手奉箕以爲恭也。繼則置箕於地，一手舉帚，一手舉袂以拘塵。終則弛袂，一手取箕，一手舉帚而扱之。」

奉席如橋衡。

陳氏櫟曰：少爲長者横奉其卷席，左昂右低，如桔槔之横也。

朱氏申曰：衡，權衡也。如橋，言奉席之高。如衡，言奉席之平。

芮氏城曰：席，通卧席、飲食之席而言。橋，鄭曰「井上桔槔」，孔曰「衡，横也」，捧席之儀，左昂右低，其形如桔槔之横。蓋舒席之設，則上首下尾；卷席之奉，則昂左低右：皆貴陽而賤陰。陳謂「如橋之高，如衡之平」，誤也。然亦常時布席則然，非禮席也。

姚氏際恒曰：橋，鄭氏謂桔槔，未知是否。陳可大以「橋梁」之橋，成容若駁之，謂古稱梁，不稱橋，是也。

朱氏軾曰：陳注「如橋之高，如衡之平」，較舊注直截。席兼坐、卧二件。

姜氏兆錫曰：孔疏曰：「橋，井上桔槔也。所奉席如橋之横也。」陳注曰：「如橋之高，如衡之平也。」今按，疏説爲順。

方氏苞曰：卷席之法，宜與縛幣略同，卷其兩端而中稍穹。横奉之，則左右如衡之平，而中穹者如橋。

齊氏召南曰：疏解「橋」字，直以橋梁解之，不泥注「井上桔槔」。

請席何鄉，請衽何趾。席南鄉北鄉，以西方爲上；東鄉西鄉，以南方爲上。

孔氏穎達曰：坐在陽方則貴左，坐在陰方則貴右。

朱子曰：東鄉南鄉之席尚右，西向北向之席尚左。

萬氏斯大曰：孔疏因此文連「請席何鄉」，遂謂平常布席如此，禮席不然也。鄉飲酒禮「介坐西南方而鄉東，主人坐東南方而鄉西」，記云「主人、介升席自北方，降自南方」，注謂升由下，降由上，升降皆自西方。以東西鄉者推之，則西方爲上可知矣。又室中以奥爲尊，祭時太祖位奥東鄉，昭穆之位自西而東，則南鄉北鄉，非以西爲上乎？

姚氏際恒曰：請衽何趾，玉藻云「寢恒東首」，此與之違。

李氏光坡曰：鄉飲酒禮云「主席阼階上西面，介席西階上東面」，記謂主、介凡升席自北方，降由南方，注云升由下，降由上，與此同。惟賓席牖前南面，以西方爲下。疏云「東上，統于主人」。燕禮「公席阼階西，北面，東上，統於君」，與此異。

【孫氏集解】凡爲長者糞之禮，必加帚於箕上。以袂拘而退，其塵不及長者。以箕自鄉而扱之。

鄭氏曰：加帚於箕上，得兩手奉箕，恭也。謂初執而往時也。弟子職曰：「執箕膺擖，厥中有帚。」以袂拘而退，謂埽時也。以袂擁帚之前，埽而却行之。扱讀曰吸，謂收糞時也。箕去棄物，以鄉尊者則不恭。

孔氏曰：拘，障也。當埽時却退，以一手捉帚，又一手舉衣袂，以拘障於帚前，且埽且退，故曰「拘而退」。必讀扱爲吸者，以其穢物少，吸然則盡，不得爲一扱再扱，故讀從吸也。

呂氏大臨曰：扱，讀如「尸扱以柶，祭羊鉶」之扱，謂箕扱於糞，如柶扱於鉶也。糞除布席，役之至賤者也，古之童子爲長者役，而其心安焉。蓋古者教養之道，必本諸孝弟。孝弟之心，雖生於惻隱恭敬之端，而其行常在於洒埽、應對、執事、趨走之際。蓋人之有血氣者，未有安於事人者也。今使知長者之可敬，甘爲僕御而不辭，是所以存其良心，折其傲慢之氣，然後可與進於道。

愚謂扱當如字。説文「扱，收也」，謂以帚收斂所糞於箕也。

奉席如橋衡。

鄭氏曰：横奉之，令左昂右低，如有首尾然。橋，井上桔槔，衡上低昂。

孔氏曰：奉席如橋之衡。衡，横也。席舒則有首尾，卷則無首尾。此謂奉卷席之法，故云「如有首尾然」。

請席何鄉，請衽何趾。

鄭氏曰：順尊者所安也。衽，卧席也。坐問鄉、卧問趾，因於陰陽。

愚謂此謂始布衽席之法也。弟子職曰：「先生將息，弟子皆起，敬奉枕席，問何所趾。俶衽則請，有常則否。」君子之居，恒當户，寢必東首，然又或順乎一時之宜，故爲長者設衽席，必先請其所欲也。

席南鄉北鄉，以西方爲上；東鄉西鄉，以南方爲上。

鄭氏曰：上，席端也。坐在陽則上左，坐在陰則上右。

孔氏曰：上，謂席首所在也。凡坐隨乎陰陽，坐在陽則貴左，坐在陰則貴右。南坐是陽，其左在西；北坐是陰，其右亦在西；東坐是陽，其左在南；西坐是陰，其右亦在南也。此謂尋常布席之法，若禮席則不然。案：鄉飲酒禮注云：「賓席牖前南面，主人席阼階上西面，介席西階上東面。」並與此不同也。

愚謂此室中布席之法也。室中之席，尊者在西南隅，東鄉南上，故東鄉西鄉，以南方爲上，南鄉北鄉，以西方爲上，皆統於尊者故也。故士昏禮婦盥饋，舅姑並席於奧，南上，婦餕席於北墉下，西上。

【朱氏訓纂】凡爲長者糞之禮，必加帚於箕上。注：如是得兩手奉箕，恭也。謂初執而往時也。弟子職曰：「執箕膺擖，厥中有帚。」說文：糞，棄除也。帚，糞也，从又持巾，埽冂内。古者少康初作箕帚、秫酒。少康，杜康也。正義：膺，胸前也。擖，箕舌也。**以袂拘而退，其塵不及長者。**注：謂埽時也。以袂擁帚之前，埽而却行之。**以箕自鄉而扱之。**注：扱讀曰吸，謂收糞時也。箕去弃物，以鄉尊者則不恭。釋文：袂，衣袖末。扱，斂也。江氏永曰：埽前有灑埽，固無塵。以袂拘而退者，敬也，非真以袂障塵也。加帚於箕上，自是初往時。若埽時，箕倚於户側。俟埽訖，然後以箕收之，非執箕以埽也。

奉席如橋衡。劉氏台拱曰：鄭注「桔槔」之解，本莊子。竊以橋梁之橋擬席，已爲不倫。且橋梁高下，亦無定質。士昏記「笄，緇被、纁裹，加于橋」，注：「橋，所以庋笄，其制未聞。」據經云「奠於席」，則橋蓋設於席上者，取譬於近也。橋以木爲之，奉席欲其平正，故謂若橋之橫。鄭注謂是「井上桔槔」，遠而不切。

請席何鄉，請衽何趾？注：順尊者所安也。衽，卧席也。坐問鄉，卧問趾，因於陰陽。**席南鄉北鄉，以西方爲上；東鄉西鄉，以南方爲上。**注：布席無常，此其順之也。上，謂席端也。坐在陽則上左，坐在陰則上右。正義：此據平常布席如此，若禮席則不然。案鄉飲酒禮注云：「賓席牖前南面，主人席阼階上西面，介席西階上東面。」與此不同是也。江氏永曰：古人常坐在室中，此文大約就室中之席言之。南北鄉以西方爲上者，統於奥也。東西鄉以南方爲上者，統於户牖與堂也。若堂上南鄉之席，皆以東爲上。飲、燕、食、射皆然，唯神席尚右，以西爲上，故昏禮醴賓，徹几改筵，明不以西爲上也。鄉飲、鄉射賓若有遵者，席於賓東。此則以西爲上，蓋統於户牖間之酒尊，明不與賓同東上，取義又異也。

【郭氏質疑】凡爲長者糞之禮，必加帚於箕上。以袂拘而退，其塵不及長者。以箕自鄉而扱之。

鄭注：「以袂擁帚之前，埽而却行之。」孔疏云：「以一手捉帚，又舉一手衣袂以拘障於帚前。」

嵩燾案：釋文糞作擸，引少儀「埽席前曰擸」，擸、拚同字。經云「其塵不及長者」，蓋謂長者已就席，席前或有塵垢，爲擸除之，加帚箕上，則帚與箕相連，塵皆内斂，不外揚矣。鄭注：加帚箕上，兩手奉箕，謂初執而往時也。如此則與下「以袂拘而退」句闊遠不相及，玩「必加帚於箕上」一「必」字，明是糞時事，非初執而往時事也，少儀「拚席不以鬣，執箕膺擖」，即加帚箕上之義。以袂拘而退，所以狀加帚之容也。謂屈肘以斂塵，退者席前地無多，拘而遠之，既退而後扱之以箕，則箕内鄉，帚外鄉，稍舒帚爲之，距長者遠，且有箕扱之於外，不嫌外揚矣。鄭注「以袂擁帚之前」，語自分明。疏乃云：「一手捉帚，一手舉袂。」於經文爲添設矣。

奉席如橋衡。

鄭注：横奉之，令左昂右低，如有首尾然。橋，井上桔槔，衡上低昂。

嵩燾案：「橋」字惟見儀禮「笄加于橋」。説文「橋」「梁」字互訓，云：「橋，水梁也。」桔槔自名井橋，似凡物平横而高出者謂之橋。「奉席如橋之衡」，似从説文爲正，然「橋」「衡」二字於義無取。陳氏集説「如橋之高，如衡之平」，析分二義，尤恐失順。淮南主術訓：「橋直植立不動，俯仰取制焉。豎者橋，直横者橋衡。」桔槔之訓塙不可易。公食禮記：「蒲筵常，緇布純，萑席尋，玄帛純，皆卷自末。」是卷席末在裏，首在外，不更分。首尾卷席成束，有似橋。衡以「平舉」爲義，不當以「低昂」爲義。

請席何鄉，請衽何趾。

鄭注：衽，卧席也。坐問鄉，卧問趾。

嵩燾案：説文：「衽，衣裣也。裣，交衽也。」方言：「褸謂之衽。」郭璞注：「衣襟也。或曰，裳際也。」喪服記：「衽二尺有五寸。」鄭注：「衽，所以掩裳際也。」玉藻：「衽當旁。」鄭注：「謂裳幅所交裂也。」疑衣下揜裳處爲衽，其旁爲裣，亦謂之交衽。引申之，以卧席爲衽席，蓋坐席無首尾，卧席有首尾，當足處爲衽，故亦謂之衽席，周官大府「掌王之燕衣服、衽席、牀第」是也。鄭司農訓衽席爲單席者，誤。坊記：「衽席之上，讓而坐下。」又因卧席而通坐席爲衽。士昏禮：「御衽於奥，媵衽良席，在東，皆有枕，北止。」所謂「北止」者，即當衽處也。弟子職云：「問疋何趾。」疋，足也，或言足，或言衽，皆據席下言之，鄭注「卧席」是也。然通衽席言之，謂之卧席，專言衽，則謂席之當足處耳。

席南鄉北鄉，以西方爲上；東鄉西鄉，以南方爲上。

鄭注：坐在陽則上左，坐在陰則上右。

嵩燾案：鄭注鄉飲禮「賓升席自西方」云：「升，由下也。」鄉飲記：「主人、介凡升席自北方，降自南方。」注云：「席南上，升由下，降由上。」即據此經爲説，而以升席自西方爲由下，又與此經忤。有司徹禮：「主人降筵自北方。」鄭無注，亦窮於爲説矣。

士昏禮：「主人筵於户西，西上，右几，醴賓，徹几，改筵，東上。」鄭注：「鄉爲神，今爲人。」賈疏云：「爲神則西上，爲人則東上。」先儒因據以釋此經，言祭於室，神東鄉，拜者西鄉，以南方爲上；祭於堂，神南鄉，拜者北鄉，以西方爲上。然此經連「請席何鄉，請衽何趾」爲文，並不及事神之禮，竊疑昏禮「筵於户西，西上」，「改筵，東上」，蓋初爲虚位，設几以尊賓，徹几改筵而後成禮。案，儀禮，凡在門東者，西上，在門西者，東上，惟聘禮賓入門左，介皆入門左，北面，西上。知虚位以西爲上，所以尊賓。若以西上爲神席，改而東上以待賓，神人共席，甯不爲瀆乎？儀禮凡言東面、西面，皆北上，凡言南面、北面，皆東上，適與此經相反。疑此承上「請席何鄉，請衽何趾」言之，蓋室中布席無常所，而以西上、南上爲之節，與禮席有常所者自别。皇侃論語疏：「奥，内也。室東南開門，西南安牖，牖内隱奥，恒尊者所居之處也。室制以西南爲尊。」士昏禮：「婦至，媵布席於奥，夫入於室，即席，御布對席，婦即對筵，皆坐。」又云：「御衽於奥，媵衽良席在東，北止。」是室中東西席以南爲上之明證。婦饋舅姑於室，特豚，合升，並南上，婦徹席於北牖下，設席前如初，西上，又室中以南爲上，以西爲上之明證。注家混堂、室爲一，又據禮席以曲證其説，宜其不能通矣。

一・二六 **若非飲食之客，則布席，席間函丈。**謂講問之客也。函，猶容也。講問宜相對，容丈，足以指畫也。飲食之客，布席於牖前。丈，或爲「杖」。○函，胡南反。丈，如字，「丈尺」之丈，王肅作「杖」。畫，胡麥反。牖，羊九反。○**主人跪正席，**雖來講問，猶以客禮待之，異於弟子。**客跪，撫席而辭。**撫之者，答主人之親正[一]。**客徹重席，主人固辭。**徹，去也。去重席，謙也。再辭曰固[二]。○重，直龍反，注同。再辭曰固，一本作「曰固辭」。**客踐席，乃坐**[三]。客安，主人乃敢安也。講問宜坐。**主人不問，客不先舉。**客自外來，宜問其安否無恙[四]，及所爲來故。○恙，羊尚反。爾雅云：「憂也。」爲，于僞反，下同。**將即席，容毋怍。**怍，顔色變也[五]。○怍，才洛反，慙也。**兩手摳衣，去齊尺。**齊，謂裳下緝也。○齊，音咨，注

[一] 答主人之親正　閩、監、毛本同，岳本、嘉靖本同，衛氏集説同。通解「正」下有「席」字。○鍔按：「答主」上，阮校有「若非飲食之客節」七字。

[二] 再辭曰固　閩、監、毛本同，岳本、嘉靖本同，衛氏集説同。釋文云：「一本作『曰固辭』。」考文引古本「固」下有「辭也」二字。

[三] 客踐席乃坐　閩、監、毛本同，石經同，岳本同。考文引古本作「客踐席，主人乃坐」。案：疏云「『乃坐』者，主人待客坐乃坐也」，經無「主人」字，故正義申言之。考文據以補入，非也。

[四] 宜問其安否無恙　閩、監、毛本同，岳本、嘉靖本同，衛氏集説同。釋文「否」作「不」，考文引古本無「安否」二字。

[五] 怍顔色變也　閩、監、毛本同，岳本、嘉靖本同，衛氏集説同。宋監本「怍」下補「謂」字。

同，本又作「齋」。緝，七立反。**衣毋撥，**撥，發揚貌。○撥，半末反，發揚。**足毋蹶。**蹶，行遽貌[一]。○蹶，本又作「蹷」，居衛反，又求月反，行急遽貌。遽，其據反。

【疏】「若非」至「毋蹶」。○正義曰：此一節明客主之禮儀。云「若非飲食之客」者，飲食之客，謂來共飲食者。非飲食客，謂來講問者。布席，謂舒之，令相對。若飲食之客[二]，不須相對。若講問之客，布席相對，須講説指畫，使相見也。

○「席間函丈」者，函，容也。既來講説，則所布兩席中間，相去使容一丈之地，足以指畫也。文王世子云：「侍坐於大司成，遠近間三席。」席之制，三尺三寸三分寸之一[三]，則三席是一丈，故鄭云「容丈」也。

○注「講問」至「爲杖」。○正義曰：凡飲食燕饗，則賓位在室外牖前，列筵南嚮，不得布席相對。相對者唯講説之客耳，不在牖前，或在於室。云「丈，或爲杖」者，王肅

[一] 蹶行遽貌　閩、監、毛本同，岳本、嘉靖本同，衛氏集説同。惠棟校宋本「遽」作「遂」。案：釋文出「行遽」，音其據反，正義亦云「行，急遽貌也」，作「遂」者誤字。

[二] 若飲食之客　閩、監本同，考文引宋板同。毛本誤「若飲之客客」。

[三] 席之制三尺三寸三分寸之一　閩、監、毛本同，衛氏集説同，浦鏜校「制」下補「廣」字。嚴杰云：「補『廣』字與今本文王世子注同。釋文云：『一本作「廣三尺三寸三分」。』是陸氏所據之注本無『廣』字，正義正與之合。」

以爲「杖」，言古人講説，用杖指畫，故使容杖也〔一〕。然二家可會。

○「主人跪，正席」者，客雖來講問，而主人宜敬，故跪而正席，示親客之來也。雖來講問，猶以客禮待之，異於弟子也。

○「客跪，撫席而辭」者，撫，謂以手按止之也。客跪，以手按止於席而辭，不聽主人之正席也。撫之者，答主人之親正席也。

○「客徹重席」者，禮器云：「諸侯三重，大夫再重。」又鄉飲酒之禮：「公三重，大夫再重。」是尊者多，卑者少。故主人爲客設多重席，客謙而自徹也。

○「主人固辭」者，固辭，再辭，止客之徹也。然尊卑有數，而客必徹之者，既言講説，本以德義相接，不以尊卑爲用，故雖尊猶自徹也。

「客踐席」者，猶履也。客起徹重席，主人止之，故客還，履席將坐。

○「乃坐」者〔二〕，主人待客坐，乃坐也。

○「主人不問，客不先舉」者，舉亦問也。客從外來，宜問路中寒熱無恙。若主人未問，則客不可先問也。爾雅釋詁云：「恙，憂也。」

○「將即席，容無怍」者，此明弟子講問初來之法。即，就也。怍，顏色變也。初將

〔一〕故使容杖也　閩本同，惠棟校宋本同。監、毛本「使」作「或」，衛氏集説同。

〔二〕○乃坐者　閩、監本同，考文引宋板同。毛本無「○」，「乃」誤「入」。

來就席，顏色宜莊，不得變動顏色[一]。

○「兩手摳衣，去齊尺」者，摳，提挈也。衣，謂裳也。齊是裳下緝也。亦謂將就席之時，以兩手當裳前，提挈裳使起，令裳下緝去地一尺，恐衣長轉足躡履之。「足毋蹶」者，蹶，行急遽貌也。亦謂客初至之時，勿得以爲行遽，恐有蹶蹪之貌也。

【衛氏集説】若非飲食之客，則布席，席間函丈。主人跪正席，客跪，撫席而辭。客徹重席，主人固辭。客踐席，乃坐。

鄭氏曰：非飲食，謂講問之客也。函，猶容也。講問宜相對，容丈，足以指畫也。飲食之客，布席於牖前。丈，或爲「杖」。雖來講問，主人跪正席，猶以客禮待之，異於弟子。撫之者，答主人之親正。徹，去也。去重席，謙也。再辭曰固。客踐席，乃坐，客安，主人乃敢安也。講問宜坐。

孔氏曰：自此至「毋蹶」，明客主之禮儀。布席，謂舒之，令相對。若飲食燕饗，則賓位在室外牖前，列筵南嚮，布席不須相對。相對者惟講問之客，須講説指畫，使相見也。文王世子云：「遠近間三席。」席之制，三尺三寸三分寸之一，則三席是一丈，故鄭云「容丈」也。主人宜敬，故跪而正席。撫，謂以手按止之，不聽主人之正席也。主人爲客設

[一] 不得變動顏色　閩、監、毛本同，衛氏集説同。惠棟校宋本「色」下有「也」字。

多重席，客謙而自徹。禮器云：「諸侯三重，大夫再重。」又鄉飲酒禮：「公三重，大夫再重。」是尊者多，卑者少也。「主人固辭」者，再辭，止客之徹也。尊卑有數，而客必徹之者，既來講説，本以德義相接，不以尊卑爲用，故雖尊猶自徹也。客還，履席將坐，主人待客坐，乃坐也。鄭注「丈，或爲杖」，王肅以爲古人講説用杖指畫，故或容杖也。

藍田吕氏曰：主人敬客，故跪正席。客敬主人，則徹重席。主敬客則客辭，客敬主則主辭，賓主之禮，所以答也。一辭而許曰禮辭，禮云「賓禮辭許」是也；再辭曰固辭，此賓主辭讓之節也。

長樂陳氏曰：公食大夫之禮，賓卷加席而公不辭。大夫相食之禮，賓卷加席而主人辭。或辭或否，以其敵與不敵故也。

金華應氏曰：席間函丈，其地寬則足以揖遜回旋而不至於迫，其分嚴則足以致敬盡禮而不至於褻。非若飲食之客，徒欲便於勸酬以爲懽也。學校之禮，凡侍坐於大司成者，遠近間三席，故鄭氏以爲講問之客，要亦泛言賓主相見之儀，而講問在其中。其下文終之以侍坐於先生之法者，蓋古人相見必以講論請問爲事，不徒爲請謁之煩文。曲禮詳於教幼者，嚴於事長者，故獨致其丁寧而詳言之。

主人不問，客不先舉。將即席，容毋怍。兩手摳衣，去齊尺。衣毋撥，足毋蹶。

鄭氏曰：「客不先舉」者，客自外來，主人宜問其安否無恙，及所爲來故。怍，顏色變也。齊，謂裳下緝也。撥，發揚貌。蹶，行遽貌。

孔氏曰：舉亦問也。即，就也。弟子講問，初來就席，顏色宜莊，不得變動顏色。摳，提挈也。衣，謂裳也。將就席時，以兩手當裳前，提挈使起，令裳下緝去地一尺，恐衣長轉足躡履之。

横渠張氏曰：怍，慚怍也。動中禮節，即無怍也。今前却遲疑，不知所措者，不知禮者也。席以四人爲節，必是並坐一行也。

長樂陳氏曰：「摳衣去齊尺」，則不如流矣。「圈豚行，不舉足，齊如流」，則不摳衣矣。或以摳衣爲敬，或以如流爲敬，與「無事則裼，有事則襲」同意。

藍田吕氏曰：怍者，愧赧不安之貌。愧赧不安，失之野也。齊，深衣齊也。深衣下齊如權衡。「衣毋撥」者，收斂之，不使旁有觸也。足無蹶，不忽遽，使之蹎也。三者謂行容也。「摳衣」「毋撥」皆裳，而言衣者，蓋統而言，雖裳亦衣也。

【陳氏集説】若非飲食之客，則布席，席間函丈。非飲食之客，則是講説之客也。疏曰：古者飲食燕享，則賓位在室外牖前。列席南向，不相對。相對者，惟講説之客。席之制，三尺三寸三分寸之一，則兩席并中間空地共一丈也。**主人跪正席，客跪，撫席而辭。客徹重席，主人固辭。客踐席，乃坐。**跪而正席，敬客也。撫，以手按止之也。客不敢居重席，故欲徹之，主人固辭則止。客踐席將坐，主人乃坐也。**主人不問，客不先舉。**席坐既定，主人以客自外至，當先有所問，客乃答之，客不當先舉言也。**將即席，容毋怍。兩手摳衣，去齊尺。衣毋撥，足毋蹶。**劉氏曰：將就席，須詳緩而謹容儀，毋使有失而可愧怍也。仍以兩手摳揭衣之兩旁，使下齊離地一尺而坐，以便起居，免有躡躋失容也。坐後更須整疊前面衣衽，毋使撥開，又古人以膝坐，久則膝不安，而易以蹶動，坐而足動，亦爲失容，故戒以無動也。管寧坐席，歲久惟兩膝著處穿，是足不動，故然耳。

【納喇補正】席間函丈。

集說 疏曰：席之制，三尺三寸三分寸之一，則兩席并中間空地共一丈。

竊案 文王世子云：「凡侍坐於大司成者，遠近間三席，席之制，三尺三寸三分寸之一。」則三席共一丈。間，猶容也，函，亦容也，故鄭氏注此記云「容丈，足以指畫」，注世子云「容三席，則得指畫分明，所謂函丈也」，孔氏亦云「中間相去，使容一丈之地，足以指畫」，未嘗云兩席并中間空地共一丈。蓋曰函、曰間，但指中間空地而言，非并兩席計之共成一丈也。陳氏改之，非其質矣。或曰：「丈，王肅作杖，言古人講說，用杖指畫，故使容杖。」其義亦通。

容毋怍。

集說 劉氏曰：將就席，須詳緩而謹容儀，毋使有失而可愧怍。

竊案 怍者，愧赧不安之貌，如劉更始羞怍，俛首刮席，不敢視郎吏之比，非謂有失而可愧怍。故鄭氏云：「怍，顔色變。」孔氏云：「初來就席，顔色宜莊，不得變動也。」

【方氏析疑】將即席，容毋怍。

不嫺於禮，即席之頃，必有怍容，蓋心不安定，故外若無所措。宋李文靖云：「後生新進，相見之頃，尚至愧怍失容是也。」下文「執爾顔」，正恐其怍。

兩手摳衣，去齊尺。

齊，裳下緝也。摳衣，去裳之下齊尺，便坐而整飭，以爲儀也。若齊去地尺，則當曰攝齊。去地尺，玉藻：「圈豚行，不舉足，齊如流，席上亦然。」則登席不攝齊明矣。或疑衣之長若與裳相差，則裳之章恐爲所掩。然甯戚之歌曰：「短布單衣適至骭。」韓退之銘辭曰：「佩玉長裾，不利走趨。」則衣必覆裳而不達其下齊，可知矣。古者衣裳之外尚加韠，則不以相掩爲病，明矣。

【欽定義疏】若非飲食之客，則布席，席間函丈。

正義 鄭氏康成曰：非飲食，謂講問之客也。函，猶容也。講問宜相對，容丈，足以指畫也。孔疏：布席中閒，相去使容一丈之地。文王世子云：「侍坐於大司成，遠近閒三席。」席之制，三尺三寸三分寸之一，三席是一丈也。飲食之客，布席於牖前。孔疏：飲食燕饗，則賓位在室外牖前，列筵南鄉，布席不須相對。講説之席不在牖前，或在於室。丈，或爲「杖」。王氏肅曰：古人講説用杖指畫，故或容杖也。

存疑 陳氏澔曰：兩席並中閒空地共一丈。

應氏鏞曰：席閒函丈，其地寬則足以揖遜回旋而不至於迫，其分嚴則足以致敬盡禮而不至於褻。非若飲食之客，徒欲便於勸酬以爲懽也。

案 閒，猶容也，函，亦容也。鄭注云「容丈，足以指畫」，注世子云「容三席，則得指畫分明」，所謂「函丈」也，孔疏亦云中閒相去，使容一丈之地。蓋曰函、曰閒，但指中閒空地而言，非并兩席計之共成一丈也。陳氏改之，非其質矣。

主人跪正席，客跪，撫席而辭。客徹重席，主人固辭。客踐席，乃坐。

正義 鄭氏康成曰：主人跪正席者，雖來講問，猶以客禮待之，異於弟子。客跪撫席者，答主人之親正。徹，去也。去重席，謙也。再辭曰固。客踐席乃坐，客安，主人乃敢安也。講問宜坐。

孔氏穎達曰：撫，謂以手按止之，不聽主人之正席也。客徹重席者，禮器云：「諸侯三重，大夫再重。」又鄉飲酒禮：「公三重，大夫再重。」是尊者多，卑者少。故主人爲客設多重席，客謙而自徹。主人固辭者，再辭止客之徹也。尊卑有數，而客必徹之者，既來講說，本以德義相接，不以尊卑爲用，故雖尊猶自徹也。踐，猶履也。主人止客徹席，故客還履席，將坐，主人待客坐，乃坐也。

呂氏大臨曰：主人敬客，故跪正席。客敬主人，則徹重席。主敬客則客辭，客敬主則主辭，賓主之禮所以答也。

徐氏師曾曰：此與下節，皆蒙講説之客而言賓主之禮也。

通論 陳氏祥道曰：公食大夫之禮，賓卷加席而公不辭。大夫相食之禮，賓卷加席而主人辭。或辭或否，以其敵與不敵故也。

案 燕禮「司宫筵賓於户西，東上，無加席」，「小臣設公席於阼階上，設加席」。大射：「小臣設公席於阼階上，西鄉。司宫設賓席於户西，南面，有加席。」是席以多爲貴也，故主人敬客，則跪正席。客敬主人，則徹重席。賓主各致其辭，而客乃踐席者，踐重席也。

主人不問，客不先舉。

正義 鄭氏康成曰：客不先舉者，客自外來，宜問其安否無恙，及所爲來故。

孔氏穎達曰：舉，亦問也。

陳氏澔曰：席坐既定，主人先問，客乃答之，客不當先舉言也。

將即席，容毋怍。兩手摳衣，去齊尺。衣毋撥，足毋蹶。

正義 鄭氏康成曰：怍，顔色變也。齊，謂裳下緝也。撥，發揚貌。蹶，行遽貌。

孔氏穎達曰：即，就也。弟子講問，初來就席，顔色宜莊，不得變動。摳，提挈也。衣，謂裳也。將就席時，以兩手當裳前，提挈使起，令裳下緝去地一尺，恐衣長轉足躡履之。

吕氏大臨曰：怍者，愧赧不安之貌。愧赧不安，失之野也。衣毋撥，收斂之，不使旁有觸。足毋蹶，不怱遽，使之蹎。三者謂之行容也。統而言，雖裳亦衣也。

存疑 劉氏彝曰：將即席，須詳緩而謹容儀，毋使有失而可愧怍。坐後更須整疊前面衣衽，毋使撥開。又，古人以膝坐，久則膝不安，而易以蹶動，坐而足動，亦爲失容，故戒以毋動。管寧坐席歲久，惟兩膝著處皆穿，是足不動，故然耳。

案 朱子謂此古人爲韻語以教小兒，則不必故爲求深。孔氏謂弟子講問，初來就席，則亦不得混入賓主之禮也。徐鉉説文：「怍，心動作也。」小兒心易動，故色易變。將即席而不摳衣，則坐而下衣必分散，足必如蹶。蹶，謂顛仆也。此皆以戒即席將坐之容。

【杭氏集説】若非飲食之客，則布席，席間函丈。

陳氏澔曰：兩席竝中間空地共一丈。

姜氏兆錫曰：非飲食之客，則講説之客也。函，猶容也。疏曰：古者飲食燕享，位左牖前，列席南向，不相對。相對者，惟講席而已，席制三尺三寸三分寸之一，兩席相對，中間相去，使容一丈之地。文王世子「凡侍坐于大司成，遠近間三席」是也。一云「兩席并中間空地共一丈」者，非。又曰：此承上章，槩言布席之禮。

主人跪正席，客跪，撫席而辭。客徹重席，主人固辭。客踐席，乃坐。

徐氏師曾曰：此與下節，皆蒙講説之客而言賓主之禮也。

姜氏兆錫曰：跪正席，敬客也。撫者，以手按，止之也，此客答主也。徹重席，謙不敢居也。客踐席，將坐，主乃坐者，終致其敬也，此主答客也。

主人不問，客不先舉。

陳氏澔曰：席坐既定，主人先問，客乃答之，客不當先舉言也。

姚氏際恒曰：此一節教弟子布賓主相見之席法，其下因詳賓主相見之儀也。若非飲食之客，則客之非飲食者，是但爲相見之客耳。蓋飲食之客，其席宜密邇，方足酬酢盡歡。若賓客相見，其席務須開廣容丈，方足周旋揖讓于其間，而不至于相褻也。此即下「虚坐盡後，食坐盡前」之意。鄭氏以記云「若非飲食之客」，遂杜撰爲講問之客，蓋執文王世子「凡侍坐于大司成者，遠近間三席」之文，而附會之也。即云講問之客，亦與侍坐于大司成者絶不類。國子于大司成，尊卑分嚴，故必須間三席。若爲平常講問，自宜稍近，何必亦如大司成之遠乎？下云「侍坐于所尊敬，無餘席」，如其解，則曲禮自爲矛盾矣。此「席間」之間，如字；文王世子「遠近間三席」之間，去聲。二「間」字亦不同。鄭于文王世子「間」字亦爲如字，作容訓，尤謬，説詳本篇。夫來講問者，非弟子于師，即卑幼于尊長，不當稱客。今儼然主客相敵，而雍容揖遜，至于主人跪而正席，在教者不應過貶若是也。鄭又曰「雖來講問，猶以客禮待之，異于弟子」，其辭遁可見。又客既來問，何爲反待主人先問？其非講問之客爲尤明。後世踵鄭之誤解，稱師席爲函丈，若是則師亦當跪而正弟子之席矣，可爲發噱，執禮解禮之誤如此。跪，即兩膝着地之跪。坐通名跪，跪不通名坐也。

姜氏兆錫曰：舉，舉言也，謂坐定時，主問，客乃答也。

將即席，容毋怍。兩手摳衣，去齊尺。衣毋撥，足毋蹶。

劉氏彝曰：將即席，須詳緩而謹容儀，毋使有失而可愧怍。坐後更須整疊前面衣衽，毋使撥開。又，古人以膝坐，久則膝不安，而易以蹶動，坐而足動，亦爲失容，故戒以毋動。管寧坐席歲久，惟兩膝著處皆穿，是足不動，故然耳。

姜氏兆錫曰：此又言賓主就席之禮。

方氏苞曰：不嫻於禮，即席之頃，必有怍容，蓋心不安定，故外若無所措。宋李文靖公：「後生新進，相見之頃，尚至愧怍失容是也。」下文「執爾顔」，正恐其怍。齊，裳下緝也。摳衣，去裳之下齊尺，便坐而整飭，以爲儀也。若齊去地尺，則當曰攝齊。去地尺，玉藻：「圈豚行，不舉足，齊如流，席上亦然。」則登席不攝齊明矣。或疑衣之長若與裳相差，則裳之章恐爲所掩。然甯戚之歌曰：「短布單衣適至骭。」韓退之辭曰：「佩玉長裾，不利走趨。」則衣必覆裳而不達其下齊，可知矣。古者衣裳之外尚加韠，則不以相掩爲病，明矣。

李氏光坡曰：容毋怍，言將就席，顔色宜莊。或佯傲，或急惶，皆怍也。

【朱氏訓纂】若非飲食之客，則布席，席間函丈。注：謂講問之客也。函，猶容也。講問宜相對，容丈，足以指畫也。飲食之客，布席於牖前。正義：文王世子云：「侍坐於大司成，遠近間三席。」席之制，三尺三寸三分寸之一，則三席是一丈，故鄭云「容丈」也。**主人跪正席。**注：雖來講問，猶以客禮待之，異於弟子。**客跪，撫席而辭。**注：撫之者，答主人之親正。　正義：撫，謂以手按止之也。**客徹重席，主人固辭。**注：徹，去也。去重席，謙也。再辭曰固。　正義：禮器云：「諸侯三重，大夫再重。」又鄉飲酒之禮：「公三重，大夫再重。」是尊者多，卑者少，故主人爲客設多重席，客謙而自徹也。**客踐席，乃坐。**注：客安，主人乃敢安也。講問宜坐。**主人不問，客不先舉。**注：客自外來，宜問其安否無恙，及所爲來故。　正義：舉，亦問也。

將即席，容毋怍。兩手摳衣，去齊尺。衣毋撥，足毋蹶。注：怍，顔色變也。齊，謂裳下緝也。撥，發揚貌。蹶，行遽貌。　釋文：怍，慙也。　正義：即，就也。摳，提挈也。衣，謂裳也。謂將就席之時，以兩手當裳前，提挈裳使起，令裳下緝去地一尺，恐衣長轉足躡履之。

【郭氏質疑】兩手摳衣，去齊尺。

孔疏：衣謂裳也，以兩手當裳前，提挈使起，令裳下緝去地一尺。

嵩燾案：玉藻：「圈豚行，不舉足，齊如流，席上亦然。」是登席而齊，猶拂地，若挈齊使去地尺，亦褻而不恭矣。經明言「摳衣，去齊尺」，豈可混衣與裳而一之？此記即席將坐之容，蓋將坐而衣揜股際，或爲所壓以失容。古人坐必先跪，衣之去齊不能盈尺，故先摳之使去齊尺以爲節，與下「衣毋撥，足毋蹶」連文，或坐而壓衣，而待撥而揚之，足亦爲之蹶張，則失容甚矣。

一·二七 **先生書策、琴瑟在前**[一]**，坐而遷之，戒勿越。** 廣敬也。在前，謂當行之前。○筴，本又作「策」，初革反，編簡也。**虚坐盡後，** 謙也。○盡，津忍反，後放此。**食坐盡前。** 爲汙席。○汙，「汙辱」之汙，又一故反，後放此。**坐必安，執爾顔。** 執，猶守也。**長者不及，毋儳言。** 儳，猶暫也，非類雜。○儳，徐仕鑒反，又蒼鑒反，又蒼陷反。**正爾容，聽必恭。** 聽先生之言，既説又敬。○説，音悦。**毋勦説**[二]**，** 勦，猶擥也，謂取人之説以爲己説。○勦，初交反，一音初教反，擥取。説，如字，注同，徐舒鋭反。擥，徐力敢反。**毋雷同。** 雷之發聲，物無不同時應者，人之言當各由己，不當然也。孟子曰：「人無是非之心，非人也。」○應，「應對」之應，下

[一] 先生書策琴瑟在前　閩、監、毛本同，石經同，岳本、嘉靖本同，衛氏集説同。釋文出「書筴」云：「本又作『策』。」正義本作「策」，考文引古本作「筴」。○按：依説文，當作「冊」。「策」者，「冊」之假借字。「筴」者，又「策」之俗字也。○鍔按：「先生」上，阮校有「先生書策琴瑟在前節」九字。

[二] 毋勦説　閩、監、毛本同，石經同，嘉靖本同，衛氏集説同。岳本「勦」作「剿」。案「勦説」之「勦」，曹憲謂當從刀，與左傳「勦民」字從力者不同。錢大昕云：「説文『勦』訓『勞』，鄭訓爲『擥』，即取勞之轉聲而借其義，非有異文也。説文刀部無『剿』字。曹憲俗儒，未達六書之旨，故多妄説。」案：五經文字力部「勦」字云「楚交反，見禮記」，當指此文。是張參亦不從曹憲説也。岳本全改從「刀」，非。

同。**必則古昔，稱先王。**言必有依據。**侍坐於先生，先生問焉，終則對。**不敢錯亂尊者之言。○坐，才卧反，後放此。**請業則起，請益則起。**尊師重道也。起，若今摳衣前請也。業，謂篇卷也。益，謂受説不了，欲師更明説之。子路問政，子曰：「先之勞之。」請益。曰：「無倦。」○卷，音眷，徐久戀反。○**父召無諾，先生召無諾，唯而起。**應辭「唯」恭於「諾」。○唯，于癸反，徐于比反，注同。○**侍坐於所尊敬，毋餘席。**必盡其所近尊者之端，爲有後來者。○爲，于僞反，下「爲饌」同。○**見同等不起。**不爲私敬。**燭至起，**異晝夜。**食至起，**爲饌變。**上客起。**敬尊者。**燭不見跋。**跋，本也。燭盡則去之，嫌若燼多，有厭倦。○見，賢遍反。跋，半末反。去，起吕反，下「風去」「免去」同。燼，才信反。厭，於艷反，下同。**尊客之前不叱狗。**主人於尊客之前不敢倦，嫌若風去之[一]。○叱，尺質反。狗，古口反。風，音芳鳳反。**讓食不唾。**

[一] 不敢倦嫌若風去之　閩、監、毛本同，岳本、嘉靖本同。考文引古本「倦」上有「厭」字，「風」作「諷」。案：釋文於上注出「有厭」云「於豔反，下同」，知釋文本此處有「厭」字。正義云「則似厭倦其客欲去之也」，知正義本此處亦有「厭」字。古「諷」字多作「風」，釋文本亦作「風」，通典六十八引「嫌若諷去之」，古「諷」「風」字通。

嫌有穢惡[一]。〇唾，吐卧反。穢，紆廢反，徐烏外反。惡，烏路反。

解之。【疏】「先生」至「不唾」[二]。〇正義曰：此一節明弟子事師、子事父之禮。各隨文

〇「先生書策」者，策，篇簡也。坐，亦跪也。坐通名跪，跪名不通坐也。越，踰也。弟子將行，若遇師諸物或當己前，則跪而遷移之，戒慎勿得踰越，廣敬也。

〇「虚坐盡後」者，凡坐各有其法。虚，空也。空，謂非飲食坐也。盡後，不敢近前，以爲謙也。玉藻云「徒坐不盡席尺」是也。

「食坐盡前」者，謂飲食坐也。古者地鋪席，而俎豆皆陳於席前之地，若坐近後，則濺汙席，故盡前也。玉藻云「讀書、食則齊，豆去席尺」是也。

〇「坐必安」者，凡坐好自摇動，故戒之，令必安坐。

「執爾顔」者，執，守也。久坐好異，故必戒之，宜如嚮者無作顔容也，故注云：「執，猶守也。」

〇「長者不及，毋儳言」者，長者，猶先生也，互言耳。及，謂所及之事也。儳，暫也。

[一] 嫌有穢惡　閩、監、毛本同，岳本、嘉靖本同，衛氏集説同。考文引古本作「嫌有惡穢」。釋文出「有穢惡也」，「二字亦不倒，「惡」下有「也」字，各本所無。

[二] 先生至不唾　惠棟校宋本無此五字。

長者正論甲事，未及乙事，少者不得輒以乙事雜甲事，暫然雜錯師長之説。

○「正爾容」者，正，謂矜莊也。方受先生之道，當正己矜莊也。顔、容，通語耳。

○「聽必恭」者，聽師長之説，宜恭敬也。

○「毋勦説」者，語當稱師友，而言無得擥取人之説以爲己語。

○「毋雷同」者，凡爲人之法，當自立己心，斷其是非，不得聞他人之語輒附而同之。若聞而輒同，則似萬物之生，聞雷聲而應，故云「毋雷同」。但雷之發聲，物無不同時而應者，人之言當各由己，不當然也。

○「必則古昔」者，則，法也。雖不雷同，又不得專輒，故當必法於古昔之正。

○「稱先王」者，既法古昔[一]，而所言之事，必稱先王。先王，聖人爲天子者也。如孔子説孝經稱「先王有至德」也，言必有所依據。

○注「人之」至「人也」。○正義曰：「人之言」，評議是非，須自出己情。「不當然」者，然，謂如此也。謂不當如此，隨附他意。孟子云：「人無惻隱之心，非人也；人無是非之心，非人也。」引之者，明是非由己，不可一同餘人。

「請益則起」者，益，謂己受説而不解了，更諮問審之也，尊師重道也。起，若今摳衣

[一] 既法古昔　閩、監、毛本同，惠棟校宋本「昔」作「者」。

前請也。漢時受學有摳衣前請之法，故鄭引證之也。

〇注「子路」至「無倦」。〇正義曰：子路受師説不了，故就孔子請益也。案論語云，子路問爲政之道，孔子答云：爲政先行恩惠，後乃可使人爲勞役。子路嫌少，就孔子更請益，孔子答云：但勤行前恩惠之事無倦怠，則自足爲政。引之者，證「請益」也。

〇注「『唯』恭於『諾』」。〇正義曰：父與先生呼召，稱唯，唯，唥也，不得稱諾。其稱諾，則似寬緩驕慢。但今人稱諾，猶古之稱唯，則其意急也。今之稱唥，猶古之稱諾，其意緩也。是今古異也。

〇「侍坐於所尊敬，毋餘席」者，謂先生坐一席，己坐一席，己必坐於近尊者之端，勿得使近尊者之端更有空餘之席。所以然者，欲得親近先生，似若扶持然，備擬先生顧問，不可過遠，且擬後人之來，故闕其在下空處以待之。

〇「見同等不起」者，雖見己之同等後來，不爲之起，任其坐在下空處。所以然者，尊敬先生，不敢曲爲私敬也。

〇「上客起」者，上客，謂尊者之上客也。尊者見之則起，故侍者宜從之而起。然食與燭至起，則尊者不起。

○「燭不見跋」者，小爾雅云：「跋，本也。」本，把處也。古者未有蠟燭[一]，唯呼火炬爲燭也。火炬照夜易盡，盡則藏所然殘本。所以爾者，若積聚殘本，客見之則知夜深，慮主人厭倦，或欲辭退也，故不見殘本，恒如然未盡也。○「尊客之前不叱狗」者，若有尊客至，而主人叱罵於狗，則似厭倦其客，欲去之也。卑客亦當然，舉尊爲甚。

【衛氏集説】先生書策、琴瑟在前，坐而遷之，戒勿越。虚坐盡後，食坐盡前。坐必安，執爾顔。長者不及，毋儳言。正爾容，聽必恭。毋勦説，毋雷同。必則古昔，稱先王。

鄭氏曰：戒勿越，廣敬也。在前，謂當行之前。虚坐盡後，謙也。食坐盡前，爲汙席。執，猶守也。儳，猶暫也，非類雜也。聽必恭，聽先生之言，既説又敬。勦，猶擥也，謂取人之説以爲己説。雷之發聲，物無不同時應者，人之言當各由己，不當然也。孟子曰：「無是非之心，非人也。」稱先王，言有依據。

孔氏曰：自此至「不唾」，明弟子事師、子事父之禮。策，篇簡也。坐，亦跪也。坐通名跪，跪名不通坐也。越，踰也。弟子將行，若遇師諸物或當己前，則跪而遷移之，戒勿得踰越也。凡坐各有法。虚，空也。空，謂非飲食坐也。盡後，不敢近前，謙也，玉藻云

[一] 古者未有蠟燭 惠棟校宋本「蠟」作「蠟」。

「徒坐不盡席尺」是也。食坐，謂飲食坐也。古者地鋪席，而俎豆皆陳於席前之地，若坐近後，則濺汙席。玉藻云「讀書、食則齊，豆去席尺」是也。凡坐好自摇動，故戒，令必安坐。執，守也。久坐好異，故戒之。長者，猶先生，互言耳。及，謂所及之事也。長者正論甲事，少者不得以乙事暫然雜之。聽宜恭敬也。語當稱師友，而言無得擥人説以爲己語。則，法也。言雖不當雷同，又不得專輒，必法於古昔之正。所言之事，必稱先王。

藍田吕氏曰：書策、琴瑟之爲物，先生之所常御也。物猶加敬，人可知也。虚坐盡前，則若飲食然，故盡後，以示之坐必安。「執爾顔」者，侍坐於先生，不敢懈也。「儳言」者，乘人之所未及而言之也。事長者必思所以下之，乘其不及而儳言，是欲勝，故不爲也。正爾容，聽必恭敬，長者之教，而不敢慢也。竊人之財，猶謂之盜，勦取他人之説以爲己有，私也；不以心之然不然，志在隨人而雷同之，亦私也。上焉者雖善無徵，無徵弗信，弗信民弗從，「必則古昔，稱先王」，則求其有徵而使民信也。民未信也，吾雖自信，亦不可行也。

長樂陳氏曰：物固無情於人，而人非有心於物，其所以有心於物而敬慢愛惡之者，凡因其人而已，故臣之於君，至於路馬則不敢齒，路馬之芻則不敢蹙，見几杖則起，遭乘輿則下。子婦之於父母舅姑，至於衾簟、枕几則不敢傳，杖屨則不敢近。弟子之於師，至於書策、琴瑟則不敢越。皆因其人而敬之故也。於物猶然，則凡所愛之人可知矣。樂書曰：道雖不在書策，而學道者必始於書策；道雖不在琴瑟，而樂道者必始於琴瑟。古之所謂先生者，非爲其長於我也，爲其聞道先乎吾而已。聞道先乎吾，吾從而師之，不特見其人而尊敬之也。雖見其載道之書策、樂道之琴瑟，亦必尊而敬之，非敬書策、琴瑟而已，所以敬道也。

李氏曰：子曰：「侍於君子有三愆，言未及之而言謂之躁，言及之而不言謂之隱，未見顏色而言謂之瞽。」儳説近躁，雷同近瞽，詩曰「古之人無斁」，書曰「昔之人罔聞」，知皆老人之稱也。先王，典型之所自立也，所見故曰則，所聞故曰稱，此先王之時，所以無淫辭詖行也。詩曰「雖無老成人，尚有典刑」，古之人固以老成人急於典刑，故先曰「則古昔」。

金華應氏曰：虚坐，則書策、琴瑟設張於前，且以待他人之周旋往來，故盡後而欲其寬廣焉。食坐，則俎豆尊爵前列於地，且欲便賓主之酬酢授受，故盡前而欲其親近焉。

永嘉戴氏曰：門人稱夫子之德曰「恭而安」，今曰「坐必安」，必有用力之辭焉。夫子在朝廷、在鄉黨，鞠躬屏息，恂恂而言，逞顏色，居不容，無非自然之德也。今曰「執爾顏」，「執」有特守之義焉。此皆初學者所當盡心也。

廬陵胡氏曰：勦，猶抄也。襄二十五年崔、慶之盟，杜預云「讀書未終，晏子抄答易其辭」，是謂「勦説」。唐德宗謂陸贄「雷同道聽，加質則窮」。

新安朱氏曰：說文云：「儳互，不齊也。」儳言，儳長者之先而言。

嚴陵方氏曰：既曰古，又曰昔，皆以別於今而言耳。言古則不止於昔，言昔則未至於古也。若所謂太古、上古，則不止於昔可知。若所謂疇昔、通昔，則未至於古可知。別而言之固如此，合而言之，古亦可謂之昔，昔亦可謂之古，言「必則古昔」，以見前乎今者，皆在所則也。既曰古昔，又曰先王，何也？古昔者，先王之時。先王者，古昔之人。詩曰「自古在昔，先民有作」，其義正與此合。

馬氏曰：則古昔，稱先王，君子無所接而不然，獨施於長者何也？蓋長者尤所宜敬也。孟子曰：「我非堯、舜之道，不敢以陳於王前，齊人莫如我敬王。」蓋「則古昔」而「稱先王」，所以敬長者也。

侍坐於先生，先生問焉，終則對。請業則起，請益則起。父召無諾，先生召無諾，唯而起。

鄭氏曰：終則對，不敢錯亂尊者之言也。請業、請益則起，尊師重道也。起，若今摳衣前請。業，謂篇卷。益，謂受說不了，欲師更明說之。子路問政，「請益」是也。唯、諾皆應辭，唯恭於諾。

孔氏曰：漢時受學，有摳衣前請之法，故鄭引證之。唯，㕧也。父與先生呼召稱諾，則似寬緩驕慢。

藍田呂氏曰：此章言弟子敬師之道。問未終而對，不敬其所問也。業，謂所學於先生者，如詩、書、禮、樂之類是也。益，謂所問未明，或欲卒學，或欲少進也。有所請，必起，敬業也，敬業所以敬師，敬師所以敬道也。故請業、請益，皆不可不起也。弟子之事師，猶子事父，父召無諾，則先生召亦無諾。諾者，許而未行也。唯而起，聞召即往也。玉藻云：「父命呼，唯而不諾。手執業則投之，食在口則吐之。」

廣陵方氏曰：有所請必起者，所以重道也。孔子與曾參言：「復坐，吾語汝。」則弟子之於先生，有所請必起可知矣。

長樂陳氏曰：諾者，應之緩。唯者，應之速。以道，則唯諾無以殊；以禮，則緩速有所辨，故曰「父召無諾，先生召無諾，唯而起」，蓋子之於父，弟子之於師，其畏敬之篤，常聽於無聲，視於無形，於其所未召也，常若有所召，則於其召也敢諾而不唯乎？內則「應唯，敬對」，事父之禮也。論語「曾子曰唯」，事師之禮也。爲人臣者，君命召，在內不俟屨，在外不俟車，亦「唯而起」之意也。

侍坐於所尊敬，毋餘席。見同等不起。燭至起，食至起，上客起。燭不見跋。尊客之前不叱狗。讓食不唾。

鄭氏曰：毋餘席，必盡其所近尊者之端，爲有後來者。見同等，不爲私敬。燭至，異晝夜。食至，爲饌變。上客起，敬尊者。跋，本也。燭盡則去之，嫌若燼多，有厭倦也。

主人於尊客之前不敢倦，叱狗嫌若風去之。唾，嫌有穢。

孔氏曰：先生坐一席，己坐一席，己坐勿得使近尊者之端席有空餘，欲得親近，備擬先生顧問，且擬後人之來，闕其在下空處以待之。上客，謂尊者之上客。尊者見之則起，侍者宜從之而起，食與燭至起，則尊者不起。跋，本，謂把處。古者未有蠟燭，唯呼火炬爲燭，火炬易盡，則藏所然殘本。若積聚殘本，客見之則知夜深，慮主人厭倦。有尊客而叱狗，則似厭客，欲去之也。卑客亦當然，舉尊爲甚。

藍田吕氏曰：所尊敬，謂天下達尊，有爵、有德、有齒者也。侍坐無餘席，欲近尊者，以聽教也。燭者，童子之所執，燭盡則更之，不以所殘之本以示人，使客不敢安也。狗於尊客之前不敢叱者，嫌于客也。二者皆弟子之職，故於侍坐者及之。讓食之際不敢唾者，嫌若訾主人食，亦不敬也。

横渠張氏曰：上客則主必起，故坐客皆起，非上客則主不起，坐者亦不敢脩私敬，故無二尊也。燭至起，事之變也。始虚坐，至設食則起，二者皆變於外也。下「欠伸，撰杖屨」，亦變也，故起。今有人熟於人事，亦能中禮文，而誠不足所謂「文勝質則史」也。史者，祝史之謂也。君子之禮，因文以致誠。

長樂劉氏曰：燭至起，不敢妨其息也。食至起，不敢妨其食也。上客起，不敢專其席也。燭不見跋，趾也，將至跋而退，不敢及其更也。

嚴陵方氏曰：「侍坐於所尊敬，毋餘席」，欲其近而應對之審也。尊者之坐，宜不得近，以欲對之審，雖於所尊，亦不嫌近，乃所以敬也。同等不起，與己無上下之間故也。燭至起，以未卜夜故也。食至起，爲盛饌變故也。經有曰「侍先生」「侍所尊」「侍君子」「侍長者」，何也？曰「先生」，以教稱之也；曰「所尊」，以道稱之也；曰「君子」，以德稱之也；曰「長者」，以年稱之也。

【吴氏纂言】若非飲食之客，則布席，席間函丈。主人跪正席，客跪，撫席而辭。客徹重席，主人固辭。客踐席，乃坐。主人不問，客不先舉。

鄭氏曰：非飲食，謂講問之客也。函，猶容也。講問宜相對，容丈，足以指畫也。雖來講問，主人跪正席，猶以客禮待之，異於弟子。客跪撫席者，答主人之親正。徹，去也。去重席，謙也。再辭曰固。客踐席乃坐，客安，主人乃敢安也。講問宜坐。客不先舉者，客自外來，宜問其安否無恙，及所爲來故。

孔氏曰：布席，謂舒之令相對。若飲食、燕饗，則賓位在室外牖前，列筵南鄉，布席不須相對。講說之席不在牖前，或在於室，所布兩席中間，相去使容一丈之地，文王世子云：「侍坐於大司成，遠近間三席。」席之制，三尺三寸三分寸之一，三席是一丈也。撫，謂以手按止之。按止於席而辭，不聽主人之正席也。主人爲客設多重席，客謙而自徹。主人固辭者，固辭，止客之徹也。尊卑有數，而客必徹之者，既來講說，本以德義相接，不以尊卑爲用，故雖尊猶自徹也。踐，猶履也。主人止客徹席，故客還，履席將坐。主人待客坐，乃坐也。丈，或爲杖。王肅以爲古人講説用杖指畫，故使容杖也。

將即席，容毋怍。兩手摳衣，去齊尺。

呂氏曰：怍者，愧赧不安之貌。

鄭氏曰：怍，顔色變。齊，裳下緝也。

孔氏曰：弟子講問，初來就席，顔色宜莊，不得變動。摳，提挈也。衣，謂裳也。將就席時，以兩手當裳前，提挈裳使起，令裳下緝去地一尺，恐衣長轉足躡履之。

衣毋撥，足毋蹶。先生書策、琴瑟在前，坐而遷之，戒勿越。

鄭氏曰：撥，發揚貌。蹶，行遽貌。在前，謂當行之前。戒勿越，廣敬也。

孔氏曰：策，篇簡也。坐，跪。越，踰也。弟子將行，若遇師諸物或當己前，則跪而遷移之，戒慎勿得踰越也。

虚坐盡後，食坐盡前。坐必安，執爾顔。長者不及，毋儳言。

鄭氏曰：盡後，謙也。盡前，爲汙席。執，猶守也。儳，猶暫也，非類雜也。

孔氏曰：凡坐各有法。虚，空也。空坐，謂非飲食坐也。盡後而不敢近前，玉藻云「徒坐不盡席尺」是也。食坐，謂飲食坐也。古者地鋪席，而俎豆皆陳於席前之地，若坐近後，則濺汙席，玉藻云「食則齊，豆去席尺」是也。凡坐好自摇動，故戒之，令必安坐。

久坐好異，故戒之，宜如嚮者，毋作顔容。長者，猶先生，互言爾。及，謂所及之事也。長者正論甲事，未及乙事，少者不得輒以乙事暫然雜錯之。

朱子曰：説文云：「儳，儳互，不齊也。」儳言，儳長者之先而言也。

正爾容，聽必恭。毋勦説，毋雷同。必則古昔，稱先王。

鄭氏曰：聽先生之言，既説又敬。勦，猶擥也，謂取人之説以爲己説。雷之發聲，物無不同時應者。人之言當各由己，不當然也，孟子曰「無是非之心，非人也」。稱先王者，言必有依據。

孔氏曰：正，謂矜莊也。顔、容，通語爾。方受先生之道，當正己矜莊。聽師長之説，宜必恭敬。語當稱師友，而言毋得擥取人之説以爲己語。凡爲人之法，當自立己心，斷其是非，不得聞他人之語輒附而同之。若聞而輒同，則似萬物之生，聞雷聲無不同應者。雖不雷同，又不得專輒，故必法於古昔之正，而所言之事，必稱先王也。先王，聖人爲天子者。

方氏曰：既曰古昔，又曰先王，何也？古昔者，先王之時；先王者，古昔之人。

侍坐於先生，先生問焉，終則對。

鄭氏曰：不敢錯亂尊者之言。

吕氏曰：問未終而對，不敬其問也。

如子路問政，請益。

請業則起，請益則起。

鄭氏曰：尊師重道也。業，謂篇卷也。益，謂受説不了，欲師更明説之。

父召無諾，先生召無諾，唯而起。

鄭氏曰：應辭，唯恭於諾。

孔氏曰：父與先生呼召，稱諾則似寬緩驕慢。

陳氏曰：諾者，應之緩。唯者，應之速。内則「應唯敬對」，事父之禮也。論語「曾子曰唯」，事師之禮也。

侍坐於所尊敬，毋餘席。

孔氏曰：先生坐一席，己坐一席，必坐於近尊者之端，勿得更有空餘之席。所以然者，欲得親近先生，備擬先生顧問，不可遠也。

吕氏曰：所尊敬，謂天下達尊，有爵、有德、有齒者也。無餘席，欲近尊者以聽教也。

澄曰：侍坐於所尊之人，唯敬之，故近之而無餘席也。若有餘席，非敬也。吕氏以「所尊敬」三字相屬，不若從舊「所尊」句斷爲是。

見同等不起。上客起，食至起，燭至起。燭不見跋。

鄭氏曰：同等不起，不爲私敬。上客起，敬尊者。食至起，爲饌變。燭至起，異晝夜。

跋，本也。燭盡則去之，嫌若燼多，有厭倦。

孔氏曰：見己之同等後來，不爲之起，任其坐在下空處。所以然者，尊敬先生，不敢曲爲私敬也。上客，謂尊者之上客。尊者見之則起，侍者宜從之而起。食與燭至起，則尊者不起。古者未有蠟燭，惟呼火炬爲燭。跋，本，謂把處。火炬盡，則藏所殘本。

尊客之前不叱狗。讓食不唾。

鄭氏曰：主人於尊客之前不敢倦。叱狗，嫌若諷去之。唾，嫌有穢惡。

【陳氏集説】**先生書策、琴瑟在前，坐而遷之，戒勿越。** 疏曰：坐，亦跪也。弟子將行，若遇師諸物或當己前，則跪而遷移之，戒慎不得踰越。**虚坐盡後，食坐盡前。坐必安，執爾顔。長者不及，毋儳言。** 古者席地，而俎豆在其前。盡後，謙也。盡前，恐汙席也。儳，暫也，亦參錯不齊之貌。長者言事未竟，未及其他，少者不可舉他事爲言，暫然錯雜長者之説。**正爾容，聽必恭。毋勦説，毋雷同。必則古昔，稱先王。** 上言「執爾顔」，謂顔色無或變異，此言「正爾容」，則正其一身之容貌也。聽必恭，亦謂聽長者之言也。勦取他人之説以爲己説，謂之勦説。聞人之言而附和之，謂之雷同，如雷之發聲，而物同應之也。惟法則古昔，稱述先王，乃爲善耳。**侍坐於先生，先生問焉，終則對。** 問終而後對，欲盡聞所問之旨，且不敢雜亂尊者之言也。**請業則起，請益則起。** 請業者，求當習之事。請益者，再問未盡之藴。起，所以致敬也。**父召無諾，先生召無諾，唯而起。** 父以恩，師以道，故所敬同。呂氏曰：諾者，許而未行也。**侍坐於所尊敬，毋餘席。見同等不起。**所尊敬，謂先生、長者及有德有位之人也。毋餘席，謂己之席與尊者之席相近，則坐於其端，不使有空餘，處近則應對審也。同等之人與己無尊卑，故不爲之起。**燭至起，食至起，上客起。**燭至而起，以時之變也。食至而起，以禮之行也。上客至而起，以其非同等也。**燭不見跋。**跋，本也。古者未有蠟燭，以火炬照夜，將盡則藏其所餘之殘本，恐客見之，以夜久欲辭退也。**尊客之前不叱狗。**方氏曰：不以至賤駭尊者之聽。**讓食不唾。**嫌於似鄙惡主人之饌也。

【納喇補正】**虛坐盡後，食坐盡前。**

集說 古者席地，而俎豆在其前。盡後，謙也。盡前，恐汙席也。

竊案 孔疏云：虛坐，謂非飲食坐也。盡後，不敢近前，以爲謙也，玉藻云「徒坐，不盡席尺」是也。食坐，謂飲食坐也。古者地鋪席，而俎豆陳於席前之地，若坐近後，則濺汙席，故盡前也，玉藻云「讀書、食則齊，豆去席尺」是也。其説可謂明暢。陳氏不分解虛坐食坐，但云古者席地而俎豆在其前，即繼之云「盡後，謙也」，似謙不敢近食矣，不亦混而無辨乎？此類甚多，姑舉一以例之。

【郝氏通解】**凡爲長者糞之禮，必加帚於箕上。以袂拘而退，其塵不及長者。以箕自鄉而扱之，奉席如橋衡。請席何鄉，請衽何趾。席南鄉北鄉，以西方爲上；東鄉西鄉，以**

南方爲上。若非飲食之客，則布席，席閒函丈。主人跪正席，客跪，撫席而辭。客徹重席，主人固辭。客踐席，乃坐。主人不問，客不先舉。將即席，容毋怍。兩手摳衣，去齊尺。衣毋撥，足毋蹶。先生書策、琴瑟在前，坐而遷之，戒勿越。虛坐盡後，食坐盡前。坐必安，執爾顏。長者不及，毋儳言。正爾容，聽必恭。毋勦說，毋雷同。必則古昔，稱先王。

糞，掃除不潔也。帚所以掃，箕所以盛糞。以帚加箕上，捧之而進退也。一手捉帚，一手舉袂，環障帚外，且掃且移，卻步而退，使塵不及長者。拘、鉤通，舉袂內向如鉤也。掃畢，以箕內向扱地，斂取糞壤，不以箕向長者。既掃布席，兩手奉席高如橋，平如衡。長者欲坐，請問面向何方？長者欲卧，請問足向何方？衽，卧席也。凡坐隨陰陽，如南向、東向之席，坐于陰方，則皆上右，蓋南向以西爲右，東向以南爲右也。北向、西向之席，坐于陽方，則皆上左，蓋北向以西爲左，西向以南爲左也。

凡飲食之席，賓主不相對，非飲食而講說之席則對設。凡席制，廣三尺有奇，兩席合中間空地約共一丈。函，合也。跪，膝著地也。主人跪而正客之席，敬客也。客以手按席止之，不敢當也。重席，所以優客。固辭，再辭也。凡辭，初爲禮辭，再爲固辭，三爲終辭。踐席，客將坐也。客坐，主人乃坐。坐定，主人先問勞客，客不先舉問也。凡即席，容貌端好舒徐，勿矜持愧怍也。將坐，必兩手摳提衣旁，使邊齊離地尺許，然後坐，以便起居也。齊，一作齋，衣下邊也。撥，開散也。蹶，掣動也。坐必收斂衣服，足無動搖也。

席閒遇長者書簡、琴瑟當前，必跪而遷移之，慎勿跨越也。虛閒並坐，陵越向前則疑于先人，非謙也。當食並坐，偃仰退後則似輕主人之饌，不敬也，即下文「無餘席」之意。或云：盡前者，以俎豆在前，就之恐汙坐席也。儳、攙通，越次也。勦說，猶亂說便給爭勝之狀。雷同，附和阿比之狀。準古昔，稱先王，言皆舊典，可徵可信也。

【方氏析疑】先生書策、琴瑟在前，坐而遷之，戒勿越。

古者席地而坐，故有此戒。

執爾顏。

凡坐，暫爲矜莊，久則不能自持，故以執戒之。

長者不及，毋儳言。

周官廛人注：立而以物求市者曰儳。儳者急於求市，往往人不與言，而强攙以言，故以爲比。

毋雷同。

雷聲或小或大，或疾或徐，或震或洊，隨地皆然，終古不易，故曰雷同。

燭不見跋。

舊説炬將盡，則藏其餘，恐客見，以夜久辭，非也。易炬不愈見夜久而速客之退乎？此承上「燭至起」而言，即主人固留，亦不見跋而必退也。詩曰：「厭厭夜飲。」燕禮：

「無算樂。」後有「執燭」「爲燭」之文，故以「不見跋」爲之節。

【欽定義疏】**先生書策、琴瑟在前，坐而遷之，戒勿越。**

正義 鄭氏康成曰：在前，謂當行之前。戒勿越，廣敬也。

孔氏穎達曰：策，篇簡也。坐，亦跪也。坐名通跪，跪名不通坐。

吕氏大臨曰：書策、琴瑟之爲物，先生之所常御也。物猶加敬，人可知也。

通論 陳氏祥道曰：臣之於君，至於路馬不敢齒，路馬之芻不敢蹙，見几杖則起，遭乘輿則下；子婦之於父母、舅姑，至於衾簟、枕几不敢傳，杖屨不敢近；弟子之於師，至於書策、琴瑟不敢越，皆因其人而敬之故也。於物猶然，則凡所愛之人可知矣。

存疑 孔氏穎達曰：越，踰也。弟子將行，若遇師諸物或當己前，則跪而遷移之，勿得踰越也。

案 越者，播散之意。坐而遷之，必有次序，不得凌亂。或謂跨之而過，恐無此理。

虛坐盡後，食坐盡前。坐必安，執爾顔。長者不及，毋儳言。

正義 鄭氏康成曰：盡後，謙也。盡前，爲汙席。執，猶守也。儳，猶暫也，非類雜也。案：周禮注：立而以物求市曰儳。言未及而參錯以進如之。

孔氏穎達曰：凡坐各有法。虛，空也。空，謂非飲食坐也。盡後而不敢近前，玉藻云「徒坐，不盡席尺」是也。食坐，謂飲食坐也。古者地鋪席，而俎豆皆陳於席前之地，若坐近後，則濺汙席，玉藻云「食齊，豆去席尺」是也。凡坐好自摇動，故戒之，令必安坐。久坐好異，故戒之，宜如鄉者，毋怍顏容。長者正論甲事，未及乙事，少者不得輒以乙事暫然錯雜之。

彭氏汝礪曰：坐久或顏色怠慢，故戒，使執爾顏。執有持守之義。

正爾容，聽必恭。毋勦説，毋雷同。必則古昔，稱先王。

正義　鄭氏康成曰：聽先生之言，既説又敬。孔疏：方受先生之道，當正己矜莊。聽師長之説，宜必恭敬。勦，猶擥也，謂取人之説以爲己説。孔疏：語當稱師友，而言毋得擥取人之説，以爲己語。雷之發聲，物無不同時應者，人之言當各由己，不當然也。孟子曰：「無是非之心，非人也。」孔疏：凡爲人之法，當自立心，斷其是非，不得聞他人之語，輒附而同之。若聞而輒同，則似萬物之生，聞雷聲無不同應者。稱先王者，言必有依據。孔疏：雖不雷同，又不得專輒，故必法於古昔之正，而所言之事必稱先王也。

孔氏穎達曰：正，謂矜莊也。顏、容，通語爾。

陳氏櫟曰：聽長者言，必恭敬。雖不當苟同於人，又不當苟異於古也。此一節言弟子事師長講問之節。

陳氏澔曰：上言「執爾顏」，謂顏色無或變異。此言「正爾容」，則正其一身之容貌也。「聽必恭」，亦謂聽長者之言也。

楊氏鼎熙曰：勦説則蹈襲之心勝而少獨得之見，雷同則附和之意多而少折衷之詞。

「必」字正與二「毋」字相應。

通論　胡氏銓曰：剿，猶抄也。襄二十五年崔、慶之盟，杜預云「讀書未終，晏子抄答易其辭」，是謂「剿説」。

餘論　方氏慤曰：言古則不止於昔，言昔則未至於古。若合而言之，古亦可謂之昔，昔亦可謂之古。

案　是節皆就坐之時説。「正爾容」者，坐如尸也。「聽必恭」者，毋側聽也。不剿説以掠美，雷同以徇人，而或好爲新奇，藐前哲爲不足道，則又不可。故必則法古昔，而述先王之實事以證之。

侍坐於先生，先生問焉，終則對。

正義　鄭氏康成曰：不敢錯亂尊者之言。

陳氏澔曰：問終而後對，欲盡聞所問之旨，且不敢雜亂尊者之言也。

請業則起，請益則起。

正義　鄭氏康成曰：尊師重道也。起，若今摳衣前請也。孔疏：漢時受學，有摳衣前請之法。業，謂篇卷也。益，謂受説不了，欲師更明説之。子路問政，「請益」是也。

呂氏大臨曰：業，謂所學於先生者，如詩、書、禮、樂之類是也。益，謂所問未明，或欲卒學，或欲少進也。有所請必起，敬業也。敬業所以敬師，敬師所以敬道。

陳氏澔曰：請業者，求當習之事。請益者，再問未盡之藴。起，所以致敬也。

通論　方氏慤曰：孔子與曾參言：「復坐，吾語汝。」則弟子之於先生，有所請必起可知。

父召無諾，先生召無諾，唯而起。

正義　鄭氏康成曰：唯、諾，皆應辭。唯恭於諾。

孔氏穎達曰：父與先生呼召稱諾，則似寬緩驕慢。

吕氏大臨曰：弟子之事師，猶子事父，父召無諾，則先生召亦無諾。諾者，許而未行也。「唯而起」，聞召即往也。玉藻曰：「父命呼，唯而不諾。手執業則投之，食在口則吐之。」

陳氏祥道曰：諾者，應之緩。唯者，應之速。以道，則唯諾無殊；以禮，則緩速有辨。

通論　陳氏祥道曰：内則「應唯敬對」，事父之禮也。論語「曾子曰唯」，事師之禮也。爲人臣者，君命召，在内不俟屨，在外不俟車，亦「唯而起」之意也。

侍坐於所尊敬，毋餘席。見同等不起。

正義　鄭氏康成曰：無餘席，必盡其所近尊者之端，爲有後來者。見同等，不爲私敬。

孔氏穎達曰：先生坐一席，己坐一席，己必坐於近尊者之端，欲得親近先生，似若扶持然。又備擬先生顧問，不可過遠。且擬後人之來，故闕在下空處以待之也。己之同等後來，任其坐在下空處，不爲之起，以尊敬先生，不敢曲爲私敬也。

方氏慤曰：無餘席，欲其近而應對之審也。同等不起，與己無上下之間故也。

通論 方氏慤曰：經有曰「侍先生」「侍所尊敬」「侍君子」「侍長者」，何也？曰「先生」，以教稱之也；曰「所尊敬」，以道稱之也；曰「君子」，以德稱之也；曰「長者」，以年稱之也。

存疑 吴氏澄曰：吕氏以「所尊敬」三字相屬，不若從舊「所尊」句斷爲是。

彭氏絲曰：一説侍坐於所尊敬者，當坐席之末，不可使席有空餘。

案 方氏「所尊敬」爲句，惟吴氏謂惟敬之，故近之，以「敬」字屬下句，然舊實未有此斷句。至彭氏所述别説，則與注疏全背，斷不可從。

燭至起，食至起，上客起。

正義 鄭氏康成曰：燭至，異晝夜。食至，爲饌變。上客起，敬尊者。

孔氏穎達曰：上客，謂尊者之上客。尊者見之則起，侍者宜從之起。食與燭至起，則尊者不起。

劉氏彝曰：食至起，不敢妨其食也。

張子曰：非上客，則主不起，坐者亦不敢私修敬，故無二尊也。燭至起，事之變也。

始虚坐，至設食則起。二者皆變於外也。下「欠伸，撰杖屨」，亦變也，故起。

案 劉氏謂「食至起，不敢妨其食」，是此侍坐者不侍食也。張子謂虚坐盡後，設食則起而盡前，是此侍坐者即侍食也，二者皆應有之。

燭不見跋。

正義 鄭氏康成曰：跋，本也。燭盡則去之，嫌若燼多，有厭倦也。孔疏：跋，本，把處也。古者未有蠟燭，唯呼火炬爲燭。火炬易盡，則藏所然殘本。若積聚殘本，客見之則知夜深，慮主人厭倦，或欲辭退也。

呂氏大臨曰：燭者，童子所執，燭盡則更之。不以殘本示人，使客不敢安也。

存疑 劉氏彝曰：燭不見跋，跋，趾也，將至跋而退，不敢及其更。

案 燭不見跋，從鄭説，則主人敬客夜飲，有當陽之禮。從劉説，則客避主人火繼，非卜晝之常。然此燭不見跋，爲執燭，以侍者言。從鄭爲是。

尊客之前不叱狗。

正義 鄭氏康成曰：主人於尊客之前，不敢倦叱狗，嫌若風去之。孔疏：有尊客而叱狗，則似厭客，欲去之也。卑客亦當然，舉尊爲甚。

呂氏大臨曰：狗於尊者之前不敢叱者，嫌於客也。

方氏慤曰：不以至賤駭尊者之聽。

案 尊客之前，肅容柔聲，安得有叱不叱狗？謂雖狗亦不叱，敬之至也。

讓食不唾。

正義 鄭氏康成曰：唾，嫌有穢惡。

吕氏大臨曰：讓食之際不敢唾者，嫌若訾主人食，亦不敬也。

楊氏鼎熙曰：讓食，辭讓以食之時。

【杭氏集説】**先生書策、琴瑟在前，坐而遷之，戒勿越。**

姜氏兆錫曰：坐亦跪也，跪而遷移，戒勿踰越，敬之至也。

方氏苞曰：古者席地而坐，故有此戒。

虚坐盡後，食坐盡前。坐必安，執爾顔。長者不及，毋儳言。

彭氏汝礪曰：坐久或顔色怠慢，故戒，使執爾顔。執，有持守之義。

姜氏兆錫曰：虚坐，謂講説之席；食坐，則飲食之席也。盡後者，致敬；盡前者，致潔也。玉藻云「徒坐不盡席尺，讀書、食，則坐與席齊」，古者俎豆鋪于席前之地，去席尺，若坐或後，則恐污席矣。執，端慤貌。儳，參錯不齊之貌，謂言未竟而雜以他事也。

方氏苞曰：凡坐，暫爲矜莊，久不能自持，故以執戒之。周官廛人注：立而以物求市者曰儳。儳者急於求市，往往人不與言，而强攙以言，故以爲比。

正爾容，聽必恭。毋勦説，毋雷同。必則古昔，稱先王。

孔氏穎達曰：正，謂矜莊也。顔、容，通語爾。

陳氏櫟曰：聽長者言，必恭敬，雖不當苟同於人，又不當苟異於古也。此一節言弟子事師長講問之節。

陳氏澔曰：上言「執爾顔」，謂顔色無或變異。此言「正爾容」，則正其一身之容貌也。「聽必恭」，亦謂聽長者之言也。

楊氏鼎熙曰：勦説則蹈襲之心勝而少獨得之見，雷同則附和之意多而少折衷之詞。「必」字正與二「毋」字相應。

姜氏兆錫曰：顔以面言，容以體言。必恭，猶言正容也。擥取他説以爲己有，謂之勦説，如勦物而奪據之。附和人言而無確見，謂之雷同，如雷發而同應之。惟法則古昔，稱述先王，乃謂善耳。

方氏苞曰：雷聲或小或大，或疾或徐，或震或洊，隨地皆然，終古不易，故曰「雷同」。

侍坐於先生，先生問焉，終則對。

陳氏澔曰：問終則後對，欲盡聞所問之旨，且不敢雜亂尊者之言也。

姜氏兆錫曰：此節言侍師長之禮。

請業則起，請益則起。

陳氏澔曰：請業者，求當習之事。請益者，再問未盡之蘊。起，所以致敬也。

父召無諾，先生召無諾，唯而起。

姜氏兆錫曰：父以恩，師以道，故敬同也。諾者應之遲，唯者應之速。又曰：此章言赴召父、師之禮。

侍坐於所尊敬，無餘席。見同等不起。

吴氏澄曰：吕氏以「所尊敬」三字相屬，不若從舊「所尊」句斷爲是。

彭氏絲曰：一説侍坐於所尊敬者，當坐席之末，不可使席有空餘。

姜氏兆錫曰：所尊敬，通謂先生長者之屬。餘，猶空也。席容四人，坐近尊者，使席端無餘，則親切而應對審也。同等不起，蓋以壹其所尊敬，亦大略不式之意也。

燭至起，食至起，上客起。燭不見跋。尊客之前不叱狗。

朱氏軾曰：尊客之前，肅容柔聲，安得有叱不叱狗？謂雖狗亦不叱，敬之至也。

陸氏奎勳曰：夜飲，非禮之常，故陳敬仲猶云「臣卜其晝，未卜其夜」。鄭注燭盡則去之，嫌若燼多，有厭倦，不若長樂劉氏之説。跋，趾也。將至跋而退，不敢及其更也。

姜氏兆錫曰：燭至則時變，食至則禮行，上客至則非同等矣，故皆起也。四者並承侍坐而言。又曰：此章通言事所尊敬之禮。又曰：古無蠟燭，照以火炬，跋，其本也，將盡，則藏其殘本，恐客見之，而以夜久退也。又曰：恐駭客聽也。

方氏苞曰：舊説炬將盡則藏其餘，恐客見，以夜久辭，非也。易炬不愈見夜久而速客之退乎？此承上「燭至起」而言，即主人固留，亦不見跋而必退也。詩曰：「厭厭夜飲。」燕禮：「無算樂。」後有「執燭」「爲燭」之文，故以不見跛爲之節。

讓食不唾。

楊氏鼎熙曰：讓食，辭讓以食之時。

姜氏兆錫曰：嫌鄙主饌也。　又曰：此章類言賓主之禮。

【孫氏集解】若非飲食之客，則布席，席間函丈。

鄭氏曰：謂講問之客也。函，猶容也。講問宜相對容丈，足以指畫也。飲食之客，布席於牖前。

孔氏曰：飲食之客，布席不須相對。若講問之客，布席相對，須講説指畫，使相見也。文王世子云：「侍坐於大司成，遠近間三席。」席之制三尺三寸三分寸之一，則三席是一丈，故鄭云「容丈」也。王肅以爲「杖」，言古人講説用杖指畫，故「容杖」也。然二家可會。

愚謂此亦謂室中布席之法也。饗食，燕之正禮，賓席於牖間。若尋常燕食，則有席於室者，其席蓋賓在西南隅，東向，而主人在北墉下，南向也。非飲食之客，謂凡以事相詣者。其席蓋賓在西南隅，東向；而主人在户内之西，西向，對之也。鄭氏以此爲講問之客，蓋據文王世子言之。然以下文「主人跪正席」及「客徹重席」觀之，則此乃敵體之客，而與主人非有教學之分者。蓋非飲食之客，其布席皆函丈，不但講問爲然也。

主人跪正席，客跪，撫席而辭。客徹重席，主人固辭。客踐席，乃坐。

鄭氏曰：雖來講問，猶以客禮待之，異於弟子。撫之者，答主人之親正。徹，去也。去重席，謙也。再辭曰固。客踐席乃坐者，客坐，主人乃敢安也。

孔氏曰：撫，謂以手按止之也。禮器云：「諸侯席三重，大夫再重。」又鄉飲酒之禮：「公三重，大夫再重。」是尊者多，卑者少。故主人爲客設重席，客謙而自徹也。固辭、再辭，止客之徹也。踐，履也。客踐席乃坐者，客還，履席將坐，主人待客坐，乃坐也。

愚謂重席蓋一種席而重之者也。大夫席再重，士不重。此客有重席，不辨大夫、士者，禮器謂行禮之席，此尋常待客之法也。然大夫之重席，以二種席重之，公食禮「蒲筵常，加萑席尋」是也。此一種席而重之，則亦異乎大夫之再重矣。客徹重席者，不敢自異於主人也。禮有三辭，一辭曰禮辭，再辭曰固辭，三辭曰終辭。凡禮辭者，其辭皆不行。冠禮「戒賓，賓禮辭，許」，鄉飲酒、鄉射「宿賓，賓禮辭，許」，士相見禮「若嘗爲臣者，則禮辭其贄」是也。凡終辭，其辭皆行。士相見禮「士見於大夫，終辭其贄」是也。若固辭，則有行者，有不行者。士相見禮主人對曰：「某也固辭，不得命，將走見。」又曰：「某也固辭，不得命，敢不敬從。」此皆固辭而不行者也。客固辭，主人肅客而入；主人固辭，然後客復就西階；客徹重席，主人固辭，客踐席，乃坐。此皆固辭而行者也。主人跪正席，客跪，撫席而辭，客徹重席，主人固辭，此皆敵者之禮，鄭氏以爲講問之客，非矣。

於卒遽。

主人不問，客不先舉。

鄭氏曰：客自外來，宜問其安否無恙，及所爲來故。

愚謂客來詣己，則主人宜問其所爲來，然後客舉其所欲言者告之。若客先舉，則近於卒遽。

將即席，容毋怍。兩手摳衣，去齊尺。衣毋撥，足毋蹶。先生書策、琴瑟在前，坐而遷之，戒勿越。孔疏以「足毋蹶」以上屬上「若非飲食之客」爲一節。今按：自此以下至「稱先王」，言弟子見師即席講問之禮，與上言賓主敵體之禮不同，又其文皆用韻，「席」字、「怍」字、「尺」字爲韻，「撥」字、「蹷」字、「越」字爲韻，「前」字、「安」字、「顔」字、「言」字爲韻，「容」字、「恭」字、「同」字、「王」字爲韻，當爲一節，不宜與上文相屬。

鄭氏曰：怍，顔色變也。齊，謂裳下緝也。撥，發揚貌。蹶，行遽貌。戒勿越，廣敬也。在前，謂當行之前。

孔氏曰：摳，提挈也。衣，謂裳也。將就席之時，以兩手提裳，令裳下緝去地一尺，恐轉足躡履之也。足毋蹶者，謂勿得行遽，恐有蹶蹪之貌也。策，篇簡也。坐亦跪也。坐名通跪，跪名不通坐。越，踰也。

愚謂怍者，色慚變也。幼者之色，易於慚變，故戒之。言去齊尺，則所摳者裳也，而曰「摳衣」者，深衣衣裳相連也。趨走則衣易撥開，行易卒遽，毋撥毋蹶，皆爲其失容也。

虛坐盡後，食坐盡前。坐必安，執爾顔。長者不及，毋儳言。

鄭氏曰：盡後，謙也。盡前，爲污席。執，猶守也。儳，猶暫也，非類雜。

孔氏曰：虛，空也。空，謂非飲食坐也。盡後不敢近前，以爲謙也。玉藻云「徒坐不盡席尺」是也。食坐，飲食坐也。俎豆皆陳席前，若坐近後，則濺污席，故盡前也。玉藻云「讀書、食則齊，豆去席尺」是也。凡坐好自摇動，故戒令安坐。久坐好異，故戒令如嚮者，無怍顔容也。長者，猶先生也，互言耳。及，謂所及之事也。長者正論甲事，未及乙事，少者不得輒以乙事雜甲事，暫然雜錯長者之説。

朱子曰：説文云：「儳，儳互，不齊也。」儳言，儳長者之先而言也。

愚謂上言將即席之法，此又言既即席之法也。毋儳言，謂長者方與甲言，未與乙言，則乙不得以己言儳雜之。論語曰「言未及之而言，謂之躁」是也。

正爾容，聽必恭。毋勦説，毋雷同。必則古昔，稱先王。

鄭氏曰：正爾容，聽必恭，聽先生之言，既説又敬。勦猶擥也，謂取人之説以爲己説。雷之發聲，物無不同時應者，人之言當各由己，不當然也。則古昔，稱先王，言必有依據。

孔氏曰：語當稱師友，無得擥人説以爲己語。則，法也。言雖不當雷同，又不得專輒，必法於古昔之正。所言之事，必稱先王。

愚謂此謂長者既言及之，則其容貌應對當如此也。即席之時，既執爾顔，先生言及之，則當益正其容，而恭敬以聽也。勦説則掠美，雷同則無識，既戒是二者，而或游談不根，妄自立説，又不可也。故又當則古昔，稱先王。古昔，言其時。先王，言其人。稱先王，正所以則古昔也。自「將即席」至此，皆弟子見師，即席講問之法也。

侍坐於先生，先生問焉，終則對。

鄭氏曰：不敢錯亂尊者之言。

請業則起，請益則起。

鄭氏曰：尊師重道也。起，若今摳衣前請也。業，謂篇卷也。益，謂受説不了，欲師更明説之。子路問政，子曰：「先之勞之。」請益，曰：「無倦。」

父召無諾，先生召無諾，唯而起。

鄭氏曰：應辭。唯恭於諾。

孔氏曰：父與先生呼召，稱唯，唯，㖐也，不得稱諾。其稱諾，則似寬緩驕慢。但今人稱諾，猶古之稱唯，其意急；今之稱㖐，猶古之稱諾，其意緩。是古今異也。

侍坐於所尊敬，毋餘席。見同等不起。

鄭氏曰：毋餘席，必盡其所近尊者之端，爲有後來者。見同等不起，不爲私敬。

孔氏曰：坐於近尊者之端，勿使有空餘之席，欲得親近先生，備擬顧問，且擬後人之來，闕在下空處以待之也。同等後來，不爲之起，尊敬先生，不敢曲爲私敬也。

愚謂弟子職曰：「後至就席，狹坐則起。」是非狹坐則不爲之起也。

燭至起，食至起，上客起。

鄭氏曰：燭至起，異晝夜。食至起，爲饌變。上客起，敬尊者。

孔氏曰：上客，謂尊者之上客也。尊者見之則起，故侍者宜從之而起。

愚謂燭至起者，當起而執燭也，弟子職曰「昏將舉火，執燭隅坐」是也。食至起者，當起而饋饌也，弟子職曰「先生將食，弟子饌饋，攝衽盥漱，跪坐而饋」是也。上客起者，既隨長者而起，且爲當給使令也，弟子職曰「若有賓客，弟子駿作，對客無讓，應且遂行，趨進受命，所求雖不得，必以反命」是也。

燭不見跋。

鄭氏曰：跋，本也。燭盡則去之，嫌若燼多，有厭倦。

孔氏曰：小爾雅云：「跋，本也。」本，把處也。古者未有蠟燭，唯呼火炬爲燭，炬盡則藏所然殘本，恐客見殘本積多，則知夜深，慮主人厭倦，或欲辭退也。

愚謂不見跋，謂出而棄之，弟子職曰「有墮代燭，交坐毋倍尊者，乃取厥櫛，遂出是去」是也。蓋燭本不淨，故不置於席旁而使之露見，恐先生見之而生憎惡，亦所以爲敬也。注疏專以待賓客言之，非是。

尊客之前不叱狗。

鄭氏曰：主人於尊客之前，不敢倦，嫌若風去之。孔氏曰：尊客至而主人叱狗，則似厭倦其客，欲去之也。卑客亦當然，舉尊爲甚。方氏慤曰：不以至賤駭尊者之聽。

讓食不唾。

鄭氏曰：嫌有憎惡。

呂氏大臨曰：嫌若呰主人食，亦不敬也。

【朱氏訓纂】先生書策、琴瑟在前，坐而遷之，戒勿越。注：廣敬也。釋文：策，編簡也。**虛坐盡後，**注：謙也。正義：虛，空也，謂非飲食坐也。正義：坐，亦跪也。越，踰也。**食坐盡前。**注：爲污席。正義：謂飲食坐也。玉藻云「徒坐不盡席尺」是也。古者地鋪席，而俎豆皆陳於席前之地。若坐近後，則濺污席，故盡前也。玉藻云「讀書、食則齊，豆去席尺」是也。**坐必安，執爾顏。**注：執，猶守也。正義：凡坐好自搖動，故戒之。

長者不及，毋儳言。注：儳，猶暫也，非類雜。說文：「儳，儳互，不齊也。」段氏玉裁曰：「周語『戎翟冒没輕儳』，注：『儳，進退上下無列也。』」正義：長者，猶先生，互言耳。言長者正論甲事，少者不得輒以乙事雜錯其說。**正爾容，聽必恭，**注：聽先生之言，既說又敬。正義：正，謂矜莊也。顏、容，通語耳。**毋勦說，**注：勦，猶擥也，謂取人之説以爲己説。**毋雷同，**注：雷之發聲，物無不同時應者。人之言當各由己，不當然也。　正義：凡人當自立己心，斷其是非，不得聞他人之語，附而同之。**必則古昔，稱先王。**注：言必有依據。**侍坐於先生，先生問焉，終則對。**注：不敢錯亂尊者之言。**請業則起，請益則起。**注：尊師重道也。起，若今摳衣前請也。業，謂篇卷也。益，謂受説不了，欲師更明説之。子路問政，子曰：「先之勞之。」請益，曰：「無倦。」

父召無諾，先生召無諾，唯而起。注：應辭。唯恭於諾。

侍坐於所尊敬，無餘席。注：必盡其所近尊者之端，爲有後來者。　正義：所以然者，欲得親近先生，似若扶持然，備擬先生顧問，不可過遠，且擬後人之來，故闕其在下空處以待之。**見同等不起。**注：不爲私敬。**燭至起，**注：異晝夜。**食至起，**注：爲饌變。**上客起。**注：敬尊者。　正義：上客，謂尊者之上客也。尊者見之則起，故侍者宜從之而起。然食與燭至起，則尊者不起。**燭不見跋。**注：跋，本也。燭盡則去之，嫌若燼多，有厭倦。

尊客之前不叱狗。注：主人於尊客之前，不敢倦，嫌若風去之。　蒼頡篇：叱，呵也。　方性夫曰：不敢以至賤駭尊者之聽。

讓食不唾。注：嫌有穢惡。　呂與叔曰：嫌若訾主人食，亦不敬也。

【郭氏質疑】虚坐盡後，食坐盡前。

鄭注：盡後，謙也。盡前，爲汙席。

嵩燾案：玉藻「徒坐不盡席尺」，鄭注文王世子「席之制，廣三尺三寸三分」，「不盡席尺」，則屈足而坐，得席二尺三寸。此云「盡後」「盡前」，前後皆當虚席一尺。所謂虚坐，即徒坐也。蓋平居即席之常禮，凡席升降皆自旁，其升席就坐，當以中爲準，虚坐則當膝處宜中，而虚其前以待事，食坐盡前以就食，豆去席尺，足以相及。曰虚坐者，正言不與賓客爲禮也。盡後不當爲謙，鄭注似泥。

侍坐於所尊敬，毋餘席。見同等不起。

鄭注：「必盡其所近尊者之端，爲有後來者。」孔疏：「坐於近尊者之端，勿使更有空餘之席，欲得親近先生，且擬後人之來，故闕其在下空處以待之。」

嵩燾案：周官司几筵五几五席，皆不著其尺度。公食大夫記：「司宫具几與蒲筵常，加萑席，尋。」鄭注：「丈六尺曰常，半常曰尋。」大率禮席下爲筵，其加席小於筵者半。鄭注文王世子：「席之制，三尺三寸三分。」似常席應如此。鄭注：「群居五人，則長者必異席。」一云席以四人爲節，孔疏引公食大夫記「蒲席常容四人」，周官匠人「度九尺之筵，凡室二筵，則丈八尺也」，以丈八尺之室而有丈六尺之席，疑異席無所容。經以五人爲言，知凡室必有四席以待賓客，席容二人，四人以下可以專席，至五人必有同席者。若爲同等，宜先上以明敬，有長者則專席。經言「長者異席」，謂專席也。先盡卑幼同席，五人以上可以類推。證之經傳，無四人同席之文。賓主相接，各自爲席，其賓席或專席，或同席，視人數爲衡。「毋」「無」字通，言「毋餘席」，正謂坐席已滿。疏據爲「勿使有餘席」，於事爲牾，於辭亦爲不文。經意侍坐於所尊敬，賓至，所尊敬者主之，與己同等，而起與爲禮，嫌於自主，而其坐席已不能容，又疑以己私敬，强所尊敬爲加設一席，皆非所安也。使後至者亦所尊敬，豈容不起，亦使有餘席？即同等，亦可起而讓坐。經文交互見義，注以「近尊者」爲義，失之。

燭不見跋。

鄭注：「跋，本也，燭盡，則去之，嫌若燼多，有厭倦。」疏謂「藏所然殘本，恐客見之，知夜深，慮主人厭倦」。

嵩燾案：燕禮、大射禮宵則庶子執燭於阼階上，司宫執燭於西階上，甸人執大燭於庭，閽人爲大燭於門外，鄭注：「作大燭以俟賓客出。」是宵而執燭，則賓當出。春秋莊公二十二年左傳：「陳敬仲云『臣卜其晝，未卜其夜』。」夜則賓應退也。「燭不見跋」，承上「燭至起」爲文。燭至而晝夜異，燭而見跋則夜久矣，故雖侍食尊者，亦盡燭而出。其曰「燭不見跋」者，以是爲之節也。此記侍坐於所尊敬之儀，鄭注於「燭不見跋」一語，又旁及執燭者，似於文爲岐出。

曲禮注疏長編卷九

一·二八 ○**侍坐於君子，君子欠伸、撰杖屨、視日蚤莫，侍坐者請出矣。**以君子有倦意也。撰，猶持也。○欠，丘劍反。伸，音身。撰，仕轉反。屨，紀具反，下同。蚤，音早。莫，音暮。**侍坐於君子，君子問更端，則起而對。**離席對，敬異事也，君子必令復坐。○離，力智反。令，力呈反。**侍坐於君子，若有告者曰：「少間，願有復也[一]。」則左右屏而待。**復，白也。言欲須少空間，有所白也。屏，猶退也，隱也。○間，音閑，注同。○**毋側聽，毋噭應，毋淫視，毋怠荒。**嫌探人之私也。側聽，耳屬於垣。○探，音貪。屬，之玉反。垣，音袁。

[一] 少間願有復也　閩、監、毛本同，嘉靖本同。石經「間」作「閒」，岳本同，衛氏集説同。釋文出「少閒」云：「音閑，注同。」五經文字云：「閒從月，經典閑暇字用之。」則字當作「閒」爲是。然此「閒」並從日，後放此。○鍔按：「少間」上，阮校有「侍坐於君子節」六字。

遊毋倨，立毋跛，坐毋箕，寢毋伏。斂髮毋髢，冠毋免。勞毋袒，暑毋褰裳[一]。皆爲其不敬。噭，號呼之聲也。淫視，睇眄也。怠荒，放散身體也。跛，偏任也。伏，覆也。髢，髲也，毋垂餘如髲也。免，去也。褰，袪也。髢，或爲「肄」。○噭，古弔反。視，如字，徐市志反。倨，音據。跛，彼義反，又波我反，徐方寄反。髢，徒細反，髲垂如髲。袒，徒旱反，露也。褰，起連反。爲，于僞反，下「爲妨」「爲于」「皆爲」「爲其」「爲後」同。號，户高反，本又作「啼」字。呼，火故反，又如字。睇，大計反。眄，莫遍反。覆，芳伏反。髲，皮義反。袪，丘魚反。肄，以二反，餘也。

【疏】「侍坐」至「褰裳」。○正義曰：此一節明卑者事君子之禮。

○「君子欠伸」者，君子志疲則欠，體疲則伸。

「撰杖屨」者，則君子自執杖在坐，著屨升堂，脱之在側，若倦，則自撰持之也。

○「視日蚤莫」者，君子或瞻視其庭影，望日蚤晚也。

○「侍坐者請出矣」者，禮，卑者、賤者請進不請退，退由尊者，是以論語云「杖者出，斯出矣」，不敢自專。今若見尊者爲上諸事，皆是欲起之漸，故侍坐者得請出矣。

[一] 暑毋褰裳 閩、監本同，石經同，岳本、嘉靖本同，衛氏集説同，考文引宋板、古本、足利本同。毛本「褰」誤「蹇」，釋文出「毋騫」。○按：騫，正字；褰，假借字。

○「侍坐於君子」者，此又明卑侍尊[一]。事異於上，故又言「侍坐」也。

○「君子問更端」者，更端，別事也。謂嚮語已畢，更問他事。

「則起而對」者，事異，宜新更敬，又起對也。

○「侍坐於君子」者，此亦卑事於尊。所明既異，故更言「侍坐」。

○「若有告者曰：少間，願有復也」者，間，謂清閑也[二]。復，白也。卑者正侍坐於君子，而忽有一人來告君子云：「欲得君子少時無事清閑，己願有所白也。」

○「則左右屏而待」者，屏，退也。侍者聞告欲有所白，則當各自屏退，左右避之，不得遠也[三]。

○「毋側聽」者，此已下亦是侍君子之法。凡人宜當正立，不得傾欹側聽人之語，嫌探人之私，故注云「側聽，耳屬於垣」。若側聽，則耳屬於垣壁，聽旁人私言也。

○「毋噭應」者，噭，謂聲響高急，如叫之號呼也。應答宜徐徐而和，不得高急也。

○「毋淫視」者，淫，謂流移也。目當直瞻視，不得流動邪盻也[四]。

[一] 此又明卑侍尊　閩、毛本同，惠棟校宋本「尊」下有「也」字，監本「卑」誤「異」。

[二] 間謂清閑也　閩、監本同。毛本「閑」作「閒」，下「無事清閑」同。

[三] 不得遠也　閩本同，考文引宋板同。監本作「不得迫也」，毛本作「不得近也」，並誤。

[四] 不得流動邪盻也　閩本同，監、毛本「盻」作「眄」，衛氏集說作「不得斜眄」。

○「毋怠荒」者，謂身體放縱，不自拘斂也。

○「遊毋倨」者，遊，行也。倨，慢也。身當恭謹，不得倨慢也。

○「立毋跛」者，跛，偏也。謂挈舉一足，一足蹋地。立宜如齊，雙足並立，不得偏也。

○「坐毋箕」者，箕，謂舒展兩足，狀如箕舌也。

○「寢毋伏」者，寢，卧也。伏，覆也。卧當或側或仰而不覆也。

○「斂髮毋髢」者，髢，髲也，垂如髲也。古人重髮，以纚韜之，不使垂也。

○「冠毋免」者，免，脱也。常著在首[一]，不可脱也。

○「勞毋袒」者，袒，露也。雖有疲勞之事，厭患其衣而不得袒露身體。

○「暑毋褰裳」者，暑雖炎熱，而不得褰袪取涼也。然上諸事條目，誡侍者左右屏隱之人也。既屏隱，好生上事，或私覘清閑，或隔尊自恣，故宜兼戒，亦可通戒爲人之法也[二]。

【衛氏集説】侍坐於君子，君子欠伸、撰杖屨、視日蚤莫，侍坐者請出矣。侍坐於君子，君子問更端，則起而對。侍坐於君子，若有告者曰：「少間，願有復也。」則左右屏

[一] 常著在首　閩本同，惠棟校宋本同，衛氏集説同，監、毛本「在」作「於」。

[二] 故宜兼戒亦可通戒爲人之法也　閩、監、毛本二「戒」字作「誡」，衛氏集説同。案：此作「戒」者，省文耳。

而待。

鄭氏曰：撰，猶持也。欠伸、撰杖屨，君子有倦意也。起對，謂離席而對，敬異事也，君子必令復坐。復，白也。言欲須少空閒，有所白也。屏，猶退也，隱也。

孔氏曰：自此至「褰裳」，明卑者事君子之禮。志疲則欠，體疲則伸。君子執杖在坐，脱屨在側，倦則自撰持之。或瞻視其庭影，皆是尊者欲起之漸，故得請出。禮，卑者、賤者請進不請退，退由尊者故也。更端，別事也。

廬陵胡氏曰：撰，猶數也。如撰德、自撰之類，皆謂數視也。升堂則杖屨在側，若欲起，則撰數其在亡。

藍田吕氏曰：賢者謂之君子，不肖者謂之小人，天下之達稱也。古之貴者皆賢，賤者皆不肖，故貴者亦稱君子，賤者亦稱小人。後世貴者未必賢，而猶稱君子者，蓋曰居是位者，不可以非君子之行也。如論語「君子之德風，小人之德草」，「君子學道則愛人，小人學道則易使」，孟子云「無君子，莫治野人；無野人，莫養君子」，此皆以貴賤稱之也。此篇多稱「先生」，稱「長者」，稱「君子」，蓋天下有達尊三：先生，兼德齒而言也；長者，止謂有齒者；君子，止謂有爵者也。君子示以倦，則請出，不敢勤君子也。君子問更端，則起而對，因事有所變而起其敬也。人侯間而有復，則屏而待，不敢干其私也。間，謂間隙也。俟事之有間隙而言之，聘禮「賓曰俟間」，亦此意也。舊音曰「閒」，「間」則「閒」

矣，然不若「間」之爲勝。

嚴陵方氏曰：間，即無事之時也。與孟子言「連得間矣」之「間」同義。復者，報於上之謂，與周官言「諸侯之復」同義。少間，願有復，則機事之欲密者也，故左右屏而待焉。屏者，退而自隱之謂，既屏而又待者，且防君子之有所召故也。

永嘉戴氏曰：夫禮，少事長，求進不求退，故必長者有欲退之意，而後少者敢求退焉。大抵少者不當順適己意，而要以求長者之便安也。故少者雖勞不憚，而長者不可使少勞也；少者雖久立無害，而長者亦不可使久坐也。

毋側聽，毋噭應，毋淫視，毋怠荒。遊毋倨，立毋跛，坐毋箕，寢毋伏。斂髮毋髢，冠毋免。勞毋袒，暑毋褰裳。

鄭氏曰：側聽，耳屬於垣，嫌探人之私也。噭，號呼之聲也。淫視，睇眄也。怠荒，放散身體也。跛，偏任也。伏，覆也。髢，髲也，毋垂餘如髲也。免，去也。褰，袪也。

孔氏曰：此以下亦侍君子之法。側聽，謂壁聽旁人私言也。噭，謂聲高急，應答宜徐徐而和也。淫，謂流移也。目當直瞻視，不得斜眄。怠荒，謂放縱，不自拘斂。跛，謂挈舉一足，一足蹋地。立宜如齊。箕，謂舒展兩足，狀如箕舌。寢，卧也。卧當或側或仰而不可覆也。古人重髮，以纚韜之，不使垂也。冠常著在首，不可脱。袒，露也。雖有疲勞之事，不得袒露身體。雖炎熱，不得褰袪取涼。然上諸事條目，誡侍者左右屏隱之人也。既屏隱，好生上事，或私覘清閒，或隔尊自恣，故宜兼誡，亦可通誡爲人之法也。

藍田吕氏曰：侍於君子，視聽言動，無所不在於敬。頭容欲直，故毋側聽。聲容欲静，故毋噭應。目容欲端，故毋淫視。氣容欲肅，故毋怠荒。足容欲重，故遊毋倨。立如齊，故毋跛。坐如尸，故毋箕。正其衣冠，故斂髮毋髢，冠毋免，勞毋袒，暑毋褰裳。

嚴陵方氏曰：毋側聽，見前解「不傾聽」下。冠固有時而可免，若居喪之類，則冠可免矣。勞固有時乎可袒，若割牲之類，則勞可袒矣。

廣安游氏曰：大率人之所患，在乎徇其意之所安，而不由於正人之所安。其病有五：曰傾邪，曰放縱，曰惰偷，曰倨慢，曰輕易。此五者，人之常患也。曰側聽，曰淫視，此傾邪者也。曰怠荒，曰立而跛，曰冠而免，曰勞而袒，曰暑而褰裳，此惰偷者也。曰噭應，曰斂髮而髢，此輕易者也。曰游而倨，曰坐而箕，曰寢而伏，此放縱倨傲者也。此五者，禮之所禁也。君子持身，未論其他，獨於視聽、游行、坐立、卧起、衣冠之際，而自克焉，斯過半矣。世之妄者，其言則曰君子學以致其道，吾惟道之知，其他皆末節也，不知此乃古先聖人之所甚急。視聽、游行、坐立、卧起、衣冠之際，有不防焉，而五者之病乘之，則有羣居而袒衣者矣，有爲下而傲其上者矣，有習行如此，因以成性，而不屈折以趨於善道者矣，有敢爲異衆而寢以爲亂者矣，有以是區區之間相責望而成争鬬之禍者矣。故夫禮者，内以正人之心，而外以正其遊行、視聽、坐立、卧起、衣冠之際，此所以止邪於未形，而求以弭亂之道也。

永嘉戴氏曰：甚矣，人情之不美也，安於四肢之怠惰，不樂於衣冠之拘束。起居坐立，惟其便安而已矣。然而人之常情，終日袒裼箕踞，而肢體頹惰；若不勝其勞，終日衣冠佩玉，其始雖勞，而終也身體安舒，夫然後知禮者，筋骸之束，所以安乎人情而便乎其身也。惰其四肢則怠荒矣，逸遊宴樂則倨矣，立不正方則跛矣。原壤夷俟，聖人罪之，而況於箕乎？夫子寢猶不尸，而況於伏乎？斂髮毋髢，冠毋免，則囚首被髮者無有也。勞毋袒，暑毋褰裳，則袒裼裸裎者無有也。以此教天下，其有傲慢放逸之禍乎？嗟乎！不觀鄉黨之躬行，無以知曲禮之非虛言；不觀西晉之致亂，無以知先王之禮有益於人國也。

長樂陳氏曰：立毋跛，而魯之有司跛倚者，禮之所棄。坐毋箕，而原壤夷俟，孔子之所非。古之養老則袒而割牲，祭祀則袒而迎牲，喪禮以袒踊爲孝，喪服以袒免爲制，士虞則「鈎袒，取黍稷」，大射則「袒決遂，執弓」，然則袒，豈先王之所不爲？以爲無故而袒，則非禮也。蓋先王以人不知服飾之爲禮也，爲之冠以旌其首，爲之屨以重其足，爲之衣以充其身，束則有帶，佩則有玉，深衣毋見膚，絺綌必有表，凡惡其無文而已。

山陰陸氏曰：遊毋倨，雖遊且如此，其他可知也。

廬陵胡氏曰：毋淫視，視流。坐毋箕，尉佗箕踞而坐。

馬氏曰：此言燕遊之際，猶不忘敬也。

【吴氏纂言】侍坐於君子，君子欠伸、撰杖屨、視日蚤莫，侍坐者請出矣。

鄭氏曰：以君子有倦意也。撰，猶持也。

孔氏曰：志疲則欠，體疲則伸。君子執杖在坐，脱屨在側，倦則自撰持之。或瞻其庭影，望日早晚。禮，卑者、賤者請進不請退，退由尊者。今見尊者爲上諸事，皆是欲起之漸，故侍坐者得請出。

侍坐於君子，君子問更端，則起而對。

孔氏曰：更端，别事也，謂嚮語已畢，更問他事。

鄭氏曰：離席對，敬異事也，君子必令復坐。

侍坐於君子，若有告者曰：「少間，願有復也。」則左右屏而待。

鄭氏曰：復，白也。言欲須少空閒，有所白也。屏，猶退也。

吕氏曰：閒，謂閒隙。俟事之閒隙而言之，聘禮「賓曰俟閒」，亦此意也。舊音曰「閑」，「閒」則「閑」矣。人俟閒而有復，則屏以待，不敢干其私也。

方氏曰：閒，即無事之時。復者，報于上之謂，與周官言「諸侯之復」同義。

毋側聽，毋噭應，毋淫視，毋怠荒。遊毋倨，立毋跛，坐毋箕，寢毋伏。斂髮毋髢，冠毋免。勞毋袒，暑毋褰裳。

鄭氏曰：側聽，耳屬於垣，嫌探人之私也。噭，呼號之聲也。淫視，睇眄也。怠荒，放散身體也。跛，偏任也。伏，覆也。髢，髮也，毋垂餘髮如髮也。免，去也。褰，袪也。

孔氏曰：凡人宜正立，不得傾欹側聽人之語。噭，謂聲響高急，如叫之號呼。應答宜徐徐而和，不得高急也。淫，謂流移，目當直瞻視，不得流動邪眄也。怠荒，謂身體放縱，不自拘斂也。遊，行。倨，慢。身當恭謹，不得倨慢也。跛，謂挈舉一足，一足蹋地。立宜雙足並立，不得偏也。箕，謂舒展兩足，狀如箕舌也。寢，卧也。卧或側或仰，而不覆也。古人重髮，以纚韜之，不使垂如髮也。免，脱也。冠常着在首，不可脱也。袒，露也。雖有疲勞之事，厭患其衣，而不得袒露身體。暑雖炎熱，而不得褰袪取涼也。

游氏曰：人之所患，在乎徇其意之所安，人之所安，其病有五：曰傾邪，曰輕易，曰放縱，曰倨慢，曰惰偷。側聽，淫視，傾邪者也。噭應，斂髮而髮，輕易者也。遊而倨，坐而箕，寢而伏，此放縱倨慢者也。怠荒，立而跛，冠而免，勞而袒，暑而褰裳，惰偷者也。五者，禮之所禁也。夫禮者，内以正人之心，而外以正其遊行、視聽、坐立、卧起、衣冠之際，此所以止邪於未形也。

陳氏曰：古之養老則袒而割牲，祭祀則袒而迎牲，喪禮以袒踊爲孝，喪服以袒免爲制，士虞則「鈎袒，取黍稷」，大射則「袒決遂，執弓」，然則袒，豈先王之所不爲？無故而袒，則非禮也。

【陳氏集説】**侍坐於君子，君子欠伸、撰杖屨、視日蚤莫，侍坐者請出矣。**氣乏則欠，體疲則伸。撰，猶持也。此四者皆厭倦之容，恐妨君子就安，故請退。**侍坐於君子，君子問更端，則起而對。**呂氏曰："問更端，則起而對"者，因事有所變而起敬也。**侍坐於君子，若有告者曰："少間，願有復也。"則左右屏而待。**居左則屏於左，居右則屏於右。鄭氏曰：復，白也。言欲須少空閑，有所白也。屏，猶退也。呂氏曰：屏而待，不敢干其私也。**毋側聽，毋噭應，毋淫視，毋怠荒。**上言聽必恭，側耳以聽，非恭也。應答之聲宜和平，高急者，悖戾之所發也。淫視，流動邪眄也。怠荒，謂容止縱慢。**遊毋倨，立毋跛，坐毋箕，寢毋伏。**遊，行也。倨，傲慢也。立當兩足整齊，不可偏任一足。箕，謂兩展其足，狀如箕舌也。伏，覆也。**斂髮毋髢，**疏曰：髢，髲也，垂如髲也。古人重髮，以纚韜之，不使垂。**冠毋免。勞毋袒，暑毋褰裳。**喪有喪冠，吉有吉冠，非當免之時不可免。有袒而露其裼衣者，有袒而割牲者，因勞事而袒則爲褻。褰，揭也，涉淺而揭則可，暑而揭其裳亦爲褻。

【納喇補正】**冠毋免。**

集説　免音問。喪有喪冠，吉有吉冠，非當免之時不可免。

竊案　禮固有喪冠曰免者，"檀弓免焉""五世袒免"是也。人情惡凶好吉，非當吉之時而吉冠者，有之矣。未有非當喪之時，而喪冠者也。何必著之禮文，以垂戒乎！鄭氏曰：「免，去也。」孔氏云：「免，脱也。冠常著在首，不可脱也。」豈不直捷，而好爲改作乎？若程氏演繁露謂喪無免制，而凡記中言免者，皆作「免去」之免，則又非矣。

【郝氏通解】侍坐於先生，先生問焉，終，則對。請業則起，請益則起。父召無諾，先生召無諾，唯而起。侍坐於所尊敬，無餘席。見同等不起，燭至起，食至起，上客起。燭不見跋。尊客之前不叱狗。讓食不唾。侍坐於君子，君子欠伸、撰杖屨、視日蚤莫，侍坐者請出矣。侍坐於君子，君子問更端，則起而對。侍坐於君子，若有告者曰：「少間，願有復也。」則左右屏而待。

問終乃對，不敢儳也。古者席地坐，以兩膝著席，兩股著足。有請，則伸股起。起有二：長者坐，少者請業、請益、問更端之類則膝跪而股起。燭至、食至、上客至之類則足立而身起也。請業，問所習學之事。請益，既告而復問也。諾者，應之徐。唯者，應之疾。無餘席者，坐垂席端，恭敬不寧之貌。侍先生坐，見同等者，則先生亦其同敬，敬有所專，不敢顧私，故不爲起。燭至起，以時變也。食至起，敬主人之供也。上客起，非同等，長者之所敬亦敬也。古者以薪炬爲燭，燒餘爲跋，勿使客見，恐其厭久也。叱狗，惡聲，嫌暴怒也。讓食而唾，近穢惡也。吸氣曰欠，舒體曰伸，欠則氣乏，伸則體疲。撰，古算，通心計貌，將起尋覓杖屨也。視日早晚，思息也。皆厭倦之容。更端，更舉一事問也。起而對，待命復坐也。有告者，他人告君子也。少間，須少空閒也。復，白也。必空閒而後白，則幾事也。屏，退也。左右，隨便也。屏隱而待，不敢干其私也。

【方氏析疑】遊毋倨，立毋跛，坐毋箕。

嬉遊之時，易至傲慢，其立易跛，其坐易箕。若禮法之地，則不必用此爲戒矣。

斂髮毋髢。

以纚韜髮有定制，無事以垂爲戒也。婦人寡髮益以髢，若男子則第斂其髮，不得施髢，嫌爲婦飾也。莊子曰：「禿而施髢。」亦謂婦人。若男子雖禿不得施，以「禿者不免」知之也，施髢則可免矣。

【欽定義疏】侍坐於君子，君子欠伸、撰杖屨、視日蚤莫，侍坐者請出矣。

正義 鄭氏康成曰：撰，猶持也。請出，以君子有倦意也。

孔氏穎達曰：志疲則欠，體疲則伸。君子自執杖在坐，著屨升堂時，杖屨在側。若倦，則自起持之。瞻視庭影，望日蚤晚也。禮，卑者、賤者請進不請退，退由尊者。今見尊者爲上諸事，皆是欲起之漸，故侍坐者得請出。

呂氏大臨曰：君子示以倦，則請出，不敢勤君子也。

侍坐於君子，君子問更端，則起而對。

正義 鄭氏康成曰：起對，謂離席而對，敬異事也，君子必令復坐。

孔氏穎達曰：更端，別事也。謂鄉語已畢，更問他事。

呂氏大臨曰：起而對，因事有所變而起敬也。

朱氏申曰：問者異事，則對者異儀。

通論 陳氏櫟曰：君子更前事而别問一端，則不敢坐對。如曾子侍坐，子問至德要道，曾子避席而對，子命之復坐是也。

侍坐於君子，若有告者曰：「少間，願有復也。」則左右屏而待。

正義 鄭氏康成曰：復，白也。言欲須少空間，有所白也。屏，猶退也，隱也。

孔氏穎達曰：左右避之，不得迫也。

呂氏大臨曰：屏而待，不敢干其私也。間，謂閒隙。聘禮「賓曰俟間」，亦此意也。

方氏慤曰：「少間，願有復」，則機事之欲密者也，故「左右屏而待」焉。既屏而又待者，防君子之有所召。

楊氏鼎熙曰：必待者，以君子未命退也。

餘論 戴氏溪曰：夫禮，少事長，求進不求退。故必長者有欲退之意，而後少者敢求退焉。大抵少者雖勞不憚，而長者不可使少勞也。少者雖久立無害，而長者不可使久坐也。

案 此以上雜舉侍坐之禮。蓋子之侍父，弟子之侍師，凡於所尊者，大略同也。

毋側聽，毋噭應，毋淫視，毋怠荒。

正義 鄭氏康成曰：噭，呼號之聲也。淫視，睇眄也。怠荒，放散身體也。孔疏：噭，謂聲高急應，答宜徐徐而和也。淫，謂流移也，目當直瞻視，不得邪眄。怠荒，謂放縱，不自拘斂。

陳氏櫟曰：此言通戒敬身者，當如是也。毋傾側其耳以聽，與「不傾聽」同。

陳氏澔曰：上言「聽必恭」，側耳以聽，非恭也。應答之聲宜和平，高急者，悖戾之所發也。淫視，流動邪眄也。怠荒，謂容止縱慢。

存疑 鄭氏康成曰：側聽，耳屬於垣，嫌探人之私也。孔疏：側聽，謂壁聽旁人私言也。

孔氏穎達曰：已下亦侍君子之法。

案 此數節，謂人容貌之常皆當敬，而不可敖慢邪辟。即不侍君子，亦當然也。鄭以「側聽」爲「耳屬於垣」，恐非正義。

遊毋倨，立毋跛，坐毋箕，寢毋伏。

正義 鄭氏康成曰：跛，偏任也。孔疏：跛，謂挈舉一足，一足踏地，立宜如齊。伏，覆也。孔疏：寢，卧也。卧當或側或仰，而不可覆也。

孔氏穎達曰：箕，謂舒展兩足，狀如箕舌也。

朱氏申曰：遊，宴遊也。倨，傲也。跛足，不正也。寢毋伏，伏則失仰側之節也。

徐氏師曾曰：行當恭謹，立當整齊，坐必斂足，寢不如尸，皆敬也。案：徐訓「遊」爲行，良是。揖者行容之俯，遊者行容之仰，遊則易倨，故戒之。

通論　胡氏銓曰：坐毋箕，尉佗箕踞而坐。

斂髮毋髢。

正義　鄭氏康成曰：髢，髲也，毋垂餘髮如髲也。孔疏：古人垂髮，以纚韜之，不使垂如髲。案：纚長六尺，以之韜髮，安得復有垂餘如髲？疑女人以髮多爲美，故加髢而後以纚韜之；男子但取斂髮，不得加髢，嫌爲婦飾也。

冠毋免。勞毋袒，暑毋褰裳。

正義　鄭氏康成曰：免，去也。孔疏：冠，常著在首，不可脱。褰，袪也。皆爲其不敬也。孔疏：雖炎熱，不得褰袪取涼。

孔氏穎達曰：袒，露也。雖有疲勞之事，厭患其衣而不得袒露身體。

通論　陳氏祥道曰：立毋跛，而魯之有司跛倚者，禮之所棄。坐毋箕，而原壤夷俟，孔子之所非。古之養老則袒而割牲，祭祀則袒而迎牲，喪禮以袒踊爲孝，喪服以袒免爲制，士虞則「鈎袒，取黍稷」，大射則「袒決遂，執弓」，然則袒，豈先王之所不爲？以爲無故而袒則非禮也。蓋先王以人不知服飾之爲禮也，爲之冠以旌其首，爲之屨以重其足，爲之衣以充其身，束則有帶，佩則有玉，深衣毋見膚，絺綌必有表，凡惡其無文而已。

餘論　方氏慤曰：冠固有時而可免，若居喪之類，則冠可免矣。勞固有時乎可袒，若割牲之類，則勞可袒矣。

游氏桂曰：人之所患，在徇其意之所安，而不由於正人之所安。其病有五：曰傾邪，曰放縱，曰惰偷，曰倨慢，曰輕易。側聽、淫視，傾邪者也。怠荒及立而跛，冠而免，勞而袒，暑而褰裳，惰偷者也。嗷應、斂髮而髢，輕易者也。遊而倨，坐而箕，寢而伏，放縱倨傲者也。此五者，禮之所禁也。君子持身未論其他，獨於視聽遊行，坐立臥起，衣冠之際而自克焉，斯過半矣。

總論 呂氏大臨曰：頭容欲直，故毋側聽。聲容欲静，故毋嗷應。目容欲端，故毋淫視。氣容欲肅，故毋怠荒。足容欲重，故遊毋倨。立如齊，故毋跛。坐如尸，故毋箕。正其衣冠，故斂髮毋髢，冠毋免，勞毋袒，暑毋褰裳。

【杭氏集説】侍坐於君子，君子欠伸、撰杖屨、視日蚤莫，侍坐者請出矣。

姚氏際恒曰：撰，治具之意。鄭氏謂「猶持也」，非。

姜氏兆錫曰：氣乏則欠，體疲則伸。撰，猶持也。四者皆厭倦之容，恐妨其就安，故請退也。

侍坐於君子，君子問更端，則起而對。

朱氏申曰：問者異事，則對者異儀。

陳氏櫟曰：君子更前事，而别問一端，則不敢坐對，如曾子侍坐，子問至德要道，曾子避席而對，子命之復坐是也。

姜氏兆錫曰：呂氏曰：「謂因事有所變而敬也。」

侍坐於君子，若有告者曰：「少間，願有復也。」則左右屏而待。

楊氏鼎熙曰：必待者，以君子未命退也。

姚氏際恒曰：間，去聲，隙也。鄭氏以爲空間，音閑，非。

姜氏兆錫曰：復，白也。言欲少空間，有所白也。屏，猶退也。左則屏於左，右則屏於右。呂氏謂不敢干其私也。又曰：此章言侍君子者應對進退之禮。

毋側聽，毋噭應，毋淫視，毋怠荒。

陳氏櫟曰：此言通戒敬身者當如是也。毋傾側其耳以聽，與「不傾聽」同。

陳氏澔曰：上言聽必恭，側耳以聽，非恭也。應答之聲宜和平，高急者，悖戾之所發也。淫視，流動邪眄也。怠荒，謂容止縱慢。

姜氏兆錫曰：噭，高急也。淫，流動也。聽必恭，側聽則慢。應必和，噭應則戾。視必正，淫視則邪。此歷言耳、目、口諸官也。

遊毋倨，立毋跛，坐毋箕，寢毋伏。

朱氏申曰：遊，宴遊也。倨，傲也。跛，足不正也。寢毋伏，伏則失仰節之節也。

徐氏師曾曰：行當恭敬，立當整齊，坐必斂足，寢不如尸，皆敬也。案，徐訓遊爲行，良是。揖者，行容之俯；遊者，行容之仰。遊則易倨，故戒之。

姜氏兆錫曰：遊，行。倨，慢也。跛，一足偏任也。箕，兩足狀如箕舌也。伏，猶覆也。此遞言行止坐卧也。

方氏苞曰：嬉遊之時，易至傲慢，其立易跛，其坐易箕，若禮法之地，則不必用此爲戒矣。

斂髮毋髢，冠毋免。勞毋袒，暑毋褰裳。

萬氏斯大曰：免，如字，謂常時不得免冠也。舊説讀音問，此喪冠矣，人縱不循禮，豈有無喪而肯服喪冠者乎？

姜氏兆錫曰：以髮益髮曰髢，古者韜髮以纚，不使垂如髢。免，注謂去也，疏謂冠常在首，不可去也。袒，露也。褰，揭也。或袒其裼衣，或袒而割牲，或涉淺而揭裳之類，皆有故爲之。若勞而袒，暑而褰，皆褻也。此又言冠服之屬也。又曰：此章通言凡人容止服御之禮。

方氏苞曰：以纚韜髮有定制，無事以垂爲戒也。婦人寡髮益以髢，若男子則第斂其髮，不得施髢，嫌爲婦飾也。莊子曰：「禿而施髢。」亦謂婦人。若男子雖禿不得施，以「禿者不免」知之也，施髢則可免矣。

鄔汝龍問：「斂髮毋髢，疏曰『髲也』，髲爲何物？」世駿曰：「髮垂者爲髲，以纚韜其髮，不使垂而不整。」

【孫氏集解】侍坐於君子，君子欠伸、撰杖屨、視日蚤莫，侍坐者請出矣。

鄭氏曰：以君子有倦意也。撰，猶持也。

孔氏曰：君子志疲則欠，體疲則伸。撰杖屨者，君子自執杖在坐，著屨升堂，脱之在側，若倦，則自撰持之也。視日蚤莫者，君子或瞻視庭影，望日蚤莫也。禮，卑賤者請進不請退，退由尊者。今尊者爲上諸事，皆是欲起之漸，故侍坐者得請出矣。

愚謂諸事皆君子厭倦之容，故侍坐者得請出，體尊者之意也。

侍坐於君子，君子問更端，則起而對。

鄭氏曰：離席對，敬異事也。君子必令復坐。

侍坐於君子，若有告者曰：「少間，願有復也。」則左右屏而待。

鄭氏曰：復，白也。言欲少須空間，有所白也。屏，猶退也，隱也。

吕氏大臨曰：人俟間而有復，則屏而待，不敢干其私也。

毋側聽，毋噭應，毋淫視，毋怠荒。遊毋倨，立毋跛，坐毋箕，寢毋伏。斂髮毋髢，冠毋免。勞毋袒，暑毋褰裳。

鄭氏曰：毋側聽，嫌探人之私也。側聽，耳屬於垣。「毋噭應」以下皆爲其不敬。噭，號呼之聲也。淫視，邪眄也。怠荒，放散身體也。跛，偏任也。伏，覆也。髢，髲也，毋垂餘如髲也。免，去也。褰，袪也。

孔氏曰：凡人當正立，不得傾欹側聽，嫌探人之私也。噭，謂聲響高急，應答宜徐徐而和，不得高急如叫也。淫，謂流移也。瞻視當直，不得流動邪眄也。怠荒，謂身體放縱，不自拘斂也。遊，行也。身當恭謹，不得倨慢也。跛，偏也，謂挈舉一足，一足蹋地。立宜如齊，雙足並立，不得偏也。箕，謂舒展兩足，狀如箕舌也。寢，卧也。伏，覆也。卧當或側或仰而不覆也。髢，髲也。髮以纚韜之，不使垂如髲也。

愚謂此節通戒容儀之法，孔疏蒙上「侍君子」爲義，非是。

【朱氏訓纂】侍坐於君子，君子欠伸、撰杖屨、視日蚤莫，侍坐者請出矣。注：以君子有倦意也。撰，猶持也。　正義：志疲則欠，體疲則伸。撰杖屨者，君子自執杖在坐，著屨升堂，脱之在側，若倦，則自撰持之也。視日蚤莫者，瞻視庭影，望日蚤晚也。禮，卑者、賤者請進不請退，退由尊者。今若見尊者爲上諸事，皆是欲起之漸，故侍坐者得請出矣。

侍坐於君子，君子問更端，則起而對。注：離席對，敬異事也。君子必令復坐。　正義：更端，别事也。謂嚮語已畢，更問他事。

侍坐於君子，若有告者曰：「少間，願有復也。」則左右屏而待。注：復，白也。言欲須少空閒，有所白也。屏，猶退也，隱也。

毋側聽，注：嫌探人之私也。側聽，耳屬於垣。

毋噭應，毋淫視，毋怠荒。游毋倨，立毋跛，坐毋箕，寢毋伏。斂髮毋髢，冠毋免。勞

毋袒，暑毋褰裳。注：皆爲其不敬。噭，號呼之聲也。淫視，睇眄也。怠荒，放散身體也。跛，偏任也。伏，覆也。髢，髮也，毋垂餘如髮也。免，去也。褰，袪也。　正義：淫，謂流移也，目當直瞻視，不得流動邪眄也。游，行也。倨，慢也。身當恭謹，不得倨慢也。跛，偏也，謂挈舉一足。立宜如齊，雙足並立，不得偏也。箕，謂舒展兩足，狀如箕舌也。寢，卧也。卧當或側或仰，而不覆也。斂髮毋髢者，垂如髮也。古人重髮，以纚韜之，不使垂也。免，脱也，常著在首，不可脱也。袒，露也。

【郭氏質疑】坐毋箕。

孔疏：箕，謂舒展兩足，狀如箕舌。

嵩燾案：魏志管甯傳注引高士傳：「甯越海及歸，常坐一木榻，積五十餘年，未嘗箕股，其榻上當膝處皆穿。」古人坐，先屈兩膝，故當膝處榻爲之穿，箕股猶今盤坐，亦謂之箕踞。李善注文選高唐賦：「箕踵，前闊後狹。」九章算術有「箕田」，亦云「前闊後狹」。凡盤足坐，其形正如箕，兩膝張處猶箕舌也。古人坐皆席地，脱屨而後升席，無舒展兩足之理，孔疏失之。

斂髮毋髢。

鄭注：「髢，髮也，毋垂餘髮如髢也。」孔疏：「古人重髮，以纚韜之，不使垂。」

嵩燾案：説文：「髢，髮也。」「髲，益髮也。」少牢饋食禮「主婦被錫」，鄭注：「『被錫』讀爲髲鬄。古者或剔賤者、刑者之髮，以被婦人之紒爲飾，周禮所謂『次』也。」春秋左傳哀十七年：「衛莊公見己氏之妻髮美，使髡之以爲呂姜髢。」髢所以益髮，若今之假紒。周官追師「掌王后之副編次」，鄭注：「副之言覆，所以覆首爲之飾。編，編列髮爲之。次，次第髮之長短，即所謂髢也，爲婦人首飾。」内則「櫛縰笄總」，總以束髮，縰以韜髮，男婦並同，惟婦人加髢以爲髮之飾，總與縰皆所以斂髮也。「毋髢」謂不加飾。詩「鬒髮如雲，不屑髢也」，言婦人髮美不施髢。莊子「秃而施髢」，則男子無髮者亦可以髢飾之。「毋髢」者，嫌爲婦飾也。鄭謂「垂餘髮如髢」，婦人髲鬄之制，冒之髮端，不垂以爲飾也。

一·二九 ○**侍坐於長者，屨不上於堂，**屨賤，空則不陳於尊者之側。○上，時掌反。**解屨不敢當階。**爲妨後升者。○妨，音芳。**就屨，跪而舉之，屏於側。**謂獨退也。就，猶著也。屏亦不當階。○著，丁略反。**鄉長者而屨，跪而遷屨，俯而納屨。**謂長者送之也，不得屏，遷之而已[一]。俯，俛也。納，内也。遷，或爲「還」。

[一] 不得屏遷之而已 閩、監、毛本同，岳本同，嘉靖本同，衛氏集説同。通解「遷之」作「遷就近」。○鍔按：「不得」上，阮校有「侍坐於長者節」六字。

【疏】「侍坐」至「納屨」[一]。○正義曰：此一節明解屨著屨之法，事異於上，故别言「侍坐」也。

「屨不上於堂」者，長者在堂，而侍者屨賤，故脱於階下，不著上堂。若長者在室，則侍者得著屨上堂，而不得入室，「户外有二屨」是也。或云悉不得上也。「户外有二屨」，是狎客，非須擯通也。

○「解屨不敢當階」者，解，脱也。屨既不上於堂，故解之於階下也。謂脱爲解者，案内則云：「屨，著綦。」鄭云：「綦，屨繫也。」又冠禮云：「黑屨，青絇。」鄭云：「絇之言拘也，以爲行戒，狀如刀衣鼻，在屨頭。」案内則注有「屨繫」之文，冠禮有絇，如刀衣鼻，在屨頭及行戒之間，故師説云：「用物穿屨頭爲絇，相連爲行戒也。」今云解屨，是解繫也。故隱義云：「古者屨頭鼻，綦繩相連結之，將升堂，解之也。」「不敢當階」者，謂人與屨並不當階，側就階邊而解。若留屨置階道，爲妨後升也。

「就屨，跪而舉之」者，此侍者或獨暫退時[二]取屨法也。就，猶著也。初升時，解置階側，今下著之，先往階側跪舉取之，故云「就屨，跪而舉之」。

○「屏於側」者，屏，退也。退不當階也。

[一] 侍坐至納屨　惠棟校宋本無此五字。
[二] 此侍者或獨暫退時　閩、監、毛本作「侍」，此本「侍」誤「待」，今正。

○「鄉長者而屨」者，此明少者禮畢退去，爲長者所送之法也。既爲長者所送，則於階側跪取屨，稍移之，面鄉長者而著之，故云「鄉長者而屨」。

○「跪而遷屨」者，遷，徙也。就階側跪取，稍移近前。

○「俯而納屨」者，納，内也。既取，因俯身向長者而内足著之。不跪者，若跪則足向後，不便，故俯也。雖不並跪，亦坐左納右，坐右納左耳。

【衛氏集説】侍坐於長者，屨不上於堂，解屨不敢當階。就屨，跪而舉之，屏於側。鄉長者而屨，跪而遷屨，俯而納屨。

鄭氏曰：屨賤，空則不陳於尊者之側。不敢當階，爲妨後升者。就屨，謂獨退也。就，猶著也。屏亦不當階。鄉長者而屨，謂長者送之也。不得屏，遷之而已。俯，俛也。納，内也。遷，或爲「還」。

孔氏曰：此一節明解屨著屨之法。長者在堂，而侍者屨賤，故脱於階下。若長者在室，則侍者得著屨上堂，不得入室，「户外有二屨」是也。解，脱也。内則云：「屨，著綦。」鄭云：「綦，屨繫。」解屨，是解繫也。屨既不上於堂，故解之於階下。若侍者獨暫退，則先往階側跪舉取之。屏，退也。退不當階也。若少者退，爲長者所送，則階側取屨，稍移之，面向長者而著之。遷，徙也。就階側跪取，稍移近前。俯身内足著之。不跪者，若跪則足向後，不便，故俯也。雖不並跪，亦坐左納右，坐右納左耳。

新安朱氏曰：注云「長者送之」，恐非是。但謂雖降階出户，猶向長者，不敢背耳。

長樂陳氏曰：禮，凡祭於室中，堂上無跣，燕則有之，故特牲、少牢饋食自主人以至凡執事之人，自迎尸以至祭末，旅酬無筭爵，與夫尸謖、餕食之節，皆不脱屨，而尸坐亦不脱屨，以其侍神，不敢燕惰也。若夫登坐於燕飲，侍坐於長者，無不脱屨，以其盡歡致親，不敢不跣也，故在堂則屨不上於堂，在室則屨不入户。排闔脱屨於户内者，一人而已，有尊長在則否。然則君屨不下於堂，不出於室矣。解屨必屏於側，取屨必隱辟，納屨必鄉長者。遷之必跪，納之必俯。脱之必主人先左，賓先右。納之必坐左納右，坐右納左，則屨之脱納皆有儀矣。屨之爲物，有以不脱爲敬，有以脱爲敬。鄉飲、鄉射禮未畢不脱屨，祭祀尸未謖不脱屨，此以不脱爲敬也。及升堂燕私則脱焉，此以脱爲敬也。昔褚師聲子韈而登席，其君戟手而怒之，此知脱屨而不知跣也。後世人臣脱屨然後登堂，此知致敬而不知非坐不脱屨也。禮書。

藍田吕氏曰：屨云解者，屨有繫也。士禮，夏葛屨，冬白屨，組綦繫於踵，言有繫也。就屨既退，復著屨也。

廬陵胡氏曰：解屨不敢當階側，就階邊自卑巽意，俯而納屨，俯首向長者而納足於屨。

嚴陵方氏曰：出而就屨，屏於側，則不特不當階而已。若長者送出，則跪而遷屨，不特屏之於側而已，納之時又俯焉。

【吴氏纂言】侍坐於長者，屨不上於堂，解屨不敢當階。就屨，跪而舉之，屏於側。鄉長者而屨，跪而遷屨，俯而納屨。

鄭氏曰：屨賤，空則不陳於尊者之側。不敢當階，爲防後升者。就屨，謂獨退也。就，猶著也。屏亦不當階。鄉長者而屨，謂長者送之也，不得屏，遷之而已。俯，俛也。遷，或爲「還」。

孔氏曰：長者在堂，故屨脱於階下。若長者在室，則得著屨上堂，不得入室。解，脱也，解屨綦也。初升時，解屨置階側。若獨暫退，則先往階側跪舉取之。屏，退也。屏退於側，不當階也。遷，徙也。若爲長者所送，則就階側跪取屨，稍移近前。既取，因俯身鄉長者而納足著之。不跪者，跪則足鄉後，不便，故俯也。雖不並跪，亦坐左納右，坐右納左爾。

朱子曰：長者送之，恐非是。但謂雖降階出户，猶鄉長者，不敢背爾。

【陳氏集説】侍坐於長者，屨不上於堂，解屨不敢當階。侍長者之坐於堂，故不敢以屨升。若長者在室，則屨得上堂而不得入室，「户外有二屨」是也。解，脱也。屨有綦繫，解而脱之，不敢當階，爲妨後升者。**就屨，跪而舉之，屏於側。**疏曰：此侍者或獨暫退時取屨法也。就，猶著也。初升時，解置階側，今下著之，先往階側跪舉取之，故云「就屨，跪而舉之」也。「屏於側」者，屏退不當階也。**鄉長者而屨，跪而遷屨，俯而納屨。**疏曰：此明少者禮畢退去，爲長者所送，則於階側跪取屨，稍移之，面向長者而著之。遷，徙也，就階側跪取，稍移近前也。「俯而納」者，既取，因俯身向長者而納足著之。不跪者，跪則足向後，不便，故俯也。雖不並跪，亦坐左納右，坐右納左。

【郝氏通解】毋側聽，毋噭應，毋淫視，毋怠荒。遊毋倨，立毋跛，坐毋箕，寢毋伏。斂髮毋髢，冠毋免。勞毋袒，暑毋褰裳。侍坐於長者，屨不上於堂，解屨不敢當階。就屨，跪而舉之，屏於側。鄉長者而屨，跪而遷屨，俯而納屨。

毋側聽，毋側耳探聽人之私也。應必和平，毋噭號暴厲也。視必直，毋流移邪眄也。怠荒，謂身體放散不收也。遊，行也。倨，驕傲也。跛，偏欹也。箕坐，伸兩足，狀如箕舌也。伏，覆也，以胸腹帖席也。斂髮，以纚韜髮也。髢，假髮，一云髲，勿使髮垂如髲也。免，脱也，非凶事不脱冠。袒，解衣露體也。雖有疲勞之事，不得肉袒，雖當炎暑，不得揭下裳取涼也。屨賤，少者屨尤賤。長者坐於室，則著屨升堂而脱之户外以入。長者在堂，則屨不上堂而脱之階下以升。屨有繫，解之不敢當階，爲妨後升者。有事暫起，就階下著屨，必跪而舉屨屏於側，著不當階也。禮畢退，長者送己，向長者前著屨。屨在階側，跪而遷移近己，勿妨長者降也。俯而納屨，不跪者，納屨足在前也。

【方氏析疑】就屨，跪而舉之，屏於側。

長者就屨，則跪而舉之，以適長者。「屏於側」，待長者著屨也。下節乃「鄉長者而屨」之儀。

【江氏擇言】就屨，跪而舉之，屏於側。鄉長者而屨，跪而遷屨，俯而納屨。

朱子云：注云「長者送之」，恐非是。但謂雖降階出户，猶嚮長者，不敢背耳。

按：「就屨，跪而舉之，屏於側」，是解屨後未上堂時事；「鄉長者而屨」，是既退下階時事，不可以此句連上句也。「跪而遷屨」，是將納屨時稍移近前，非申言舉而屏也。此節只當從孔疏與朱子説，更無別解。

【欽定義疏】侍坐於長者，屨不上於堂，解屨不敢當階。

正義 鄭氏康成曰：屨賤，空則不陳於尊者之側。不敢當階，爲妨後升者。

孔氏穎達曰：長者在堂，故屨脱於階下。若長者在室，則得著屨上堂，不得入室解脱也。解屨綦也。初升時，解屨置階側。

呂氏大臨曰：「屨」云解者，屨有繫也。士禮：「夏葛屨，冬白屨」。案：此句誤。禮，緇布冠、玄端、黑屨，皮弁服、白屨，爵弁服、纁屨，冬則皮屨可也。組綦繫於踵，言有繫也。

胡氏銓曰：不當階，自卑巽也。

存疑 林氏光朝曰：屨著綦，屨之有繫，欲足之加斂也。解屨而後登堂，不敢瀆也。古人解屨，則結襪而前。

徐氏師曾曰：此言初至解屨之法。

案　古人無所爲襪。詩「邪幅在下」，則君亦見其邪幅矣。左傳「帶裳幅舃，昭其度也」，褚師聲子以足疾，襪而登席，其君怒之，欲斷其足。則襪非禮服，無疾不用可知。或謂「履」字從舟，「襪」字從㦸，皆取載義。韓非子言文王襪繫自結之。漢、魏人辭賦中所言「襪」，皆指女人，似襪薄輕而履重。厚襪即屨，非今人所謂「襪」也。林氏「解屨，則結襪而前」，未知何據。

就屨，跪而舉之，屏於側。

正義　鄭氏康成曰：就屨，謂獨退也。就，猶著也。屏亦不敢當階。孔疏：屏，退於側，不當階也。

孔氏穎達曰：若獨暫退，則先往階側，跪舉取之。

案　屏於側，仍不敢當階，與同退鄉長者而屨異。蓋此一人獨退，長者未必視之也。

鄉長者而屨，跪而遷屨，俯而納屨。

正義　鄭氏康成曰：不得屏，遷之而已。俯，俛也。納，内也。遷，或爲「還」。孔疏：少者禮畢退去，則就階側跪取屨，移前近。既取，因俯身鄉長者，而納足著之。

孔氏穎達曰：納屨不跪者，跪則足鄉後，不便，故但俯也。雖不竝跪，亦坐左納右，坐右納左。

徐氏師曾曰：此終退納屨之法。面鄉長者而著之，恐背尊也。將屨之時，則就階側跪取，稍移近前，欲便著也。方屨之時，則不跪而但俯身納之，亦便著也。

通論　陳氏祥道曰：禮，凡祭於室中，堂上無跣，燕則有之。故特牲、少牢饋食自主人以至凡執事，皆不脱屨，而尸坐亦不脱屨，以其侍神，不敢燕惰也。若夫登坐於燕飲，侍坐於長者，無不脱屨，以其盡歡致親，不敢不跣也。故在堂則屨不上於堂，在室則屨不入於户。排闔脱屨於户内者，一人而已，有尊長在則否。然則君屨不下於堂，不出於室矣。解屨必屏於側，取屨必隱辟，納屨必鄉長者。遷之必跪，納之必俯，脱之必主人先左，賓先右。納之必坐左納右，坐右納左，則屨之脱納皆有儀矣。屨之爲物，有以不脱爲敬，有以脱爲敬。鄉飲、鄉射禮未畢不脱屨，祭祀尸未謖不脱屨，此以不脱爲敬也。及升堂燕私則脱焉，此以脱爲敬也。昔褚師聲子襪而登席，其君戟手而怒之，此知脱屨而不知跣也。後世人臣脱屨然後升堂，此知致敬而不知非坐不脱屨也。

餘論　王氏炎曰：解屨取屨，其事甚小。古人至謹如此，敬長之心誠，一舉足而不敢忘矣。

存疑　鄭氏康成曰：鄉長者而屨，謂長者送之也。

辨正　朱子曰：注云「長者送之」，恐非是。但謂雖降階出户，猶鄉長者，不敢背耳。

案：侍坐者羣退，則長者亦自送之。故必鄉長者而屨，不敢背也。

【杭氏集説】侍坐於長者，屨不上於堂，解屨不敢當階。

林氏光朝曰：屨著綦，屨之有繫，欲足之加斂也。解屨而後登堂，不敢瀆也。古人解屨，則結襪而前。

徐氏師曾曰：此言初至解履之法。

姜氏兆錫曰：不以屨升於堂，以長者在堂故也。惟長者在室，則屨乃得升堂矣。前章「户外有二屨」是也。解，脱也。謂屨有綦繫，脱之也。不敢當階，蓋以妨後升者與？

就屨，跪而舉之，屏于側。

方氏苞曰：長者就屨，則跪而舉之，以適長者。「屏於側」，待長者著屨也。下節乃「鄉長者而屨」之儀。

李若珠問：「『就屨，跪而舉之』二節，兩時事，抑一時事與？」世駿答曰：「此言著屨之法，不必泥定一時兩事。上節言取屨，下節言納屨，亦可。上節言暫退，下節言辭去，亦可。」

鄉長者而屨，跪而遷屨，俯而納屨。

徐氏師曾曰：此終退納屨之法。面鄉長者而著之，恐背尊也。將屨之時，則就階側跪取，稍移近前，欲便著也。方屨之時，則不跪而但俯身納之，亦便著也。

王氏炎曰：解屨、取屨，其事甚小。古人至謹如此，敬長之心誠，一舉足而不敢忘矣。

姚氏際恒曰：鄭氏曰：「就屨，謂獨退也。鄉長者而屨，謂長者送之也。」朱仲晦曰：「長者送之，非是。但謂雖降階出户，猶鄉長者，不敢背耳。」按，鄭謂長者送之，固未然。然鄭分爲兩時事解，則是。不然，既云「跪而舉之」，不當又云「跪而遷屨」矣。此疑兩處之文。

朱氏軾曰：「就屨」二字總冒下「跪而舉之」十二字，一氣讀。而舉謂納屨也，解雖不當階中，猶去中不遠。屏于側，又遠于解之處，然總在階下。望見長者，故必向上納屨，不敢背長者也。跪而遷，即上「舉而屏」意。申言之，以起下文，言雖跪而遷之，必俯而納之也。

姜氏兆錫曰：此條舊多疑義。注曰：「就屨，謂獨退也。就，猶著也。鄉長者而屨，謂長者送之也。」疏曰：「若侍者獨暫退而就屨，則往階畔跪取屨，屏退而不敢當階。若侍者禮畢而退，爲長者所送，則就階側跪取屨，稍徙近前，而納足著之也。所以俯納而不跪者，跪則足向後，而不便納，蓋亦坐左納右，坐右納左而已。」愚按，注、疏如此，是納屨有二禮也。朱子則云：「注謂『長者送之』，恐非是。但謂雖降階出户，猶向長者，而不敢背耳。」味朱子之意，是侍坐無長者送之之禮，第降階就屨，而不背之也。長樂劉氏又云：「解屨必不當階，取屨必屏而隱避，納屨必向長者，遷之必跪，納之必俯，脱之必主人先左，賓先右。納之必坐左納右，坐右納左。屨之脱納，有儀如此。」味長樂之意，是屨之脱納，類必如此，亦不言有二禮也。且據疏所引，坐左納右，坐右納左者，出於玉藻篇侍坐于君之禮。疏蓋以事上事長，其禮略同，而跪遷、俯納者，亦必左右以次坐納爾。今考玉藻篇，云「退則坐取屨，隱避而後屨，坐左納右，坐右納左」，坐與跪同，是知屏側隱避之時，未嘗不跪遷而左右坐納也。其必跪遷而左右坐納者，以身雖屏側，而面必向尊也。歷考諸説，則本文向長者而屨，合屬上文「跪舉屏側」爲一條，而跪遷二句，則申上文之詞，並非侍坐納屨而有二禮也，蓋此及玉藻篇互文起義。禮畢退去，而跪，而取屨，屏於其側者，乃以明不瀆尊者之義。而必以身向長者而屨者，又以示不背尊者之意，即玉藻所謂「退，則坐取屨，隱避而後屨」也。其所以跪而遷屨，俯而納屨者，舉屨時，兩屨在手，至屏側納屨，必先置地，然後漸次跪而遷移，而左右俯身坐納之，亦即玉藻所謂「坐左納右，坐右納左」也。舊説不味其互文相足，乃硬以「暫退而就屨」與「禮畢，長者送之而屨」，分爲二禮。如其説，一則徒有跪舉屏側，而無遷屨、納屨之文；一則直以遷屨、納屨而別指爲向長者而屨之禮。義固難通，况各經文及朱子、陳氏之説不亦悖哉？學者詳之。　又曰：此章言侍長者脱屨、納屨之禮。

任氏啟運曰：鄭以屏于側爲暫時獨退，鄉長者而屨爲禮畢退去，而長者送之。朱子謂長者不當送。愚意鄭所謂送，或身略起而目送之與？

【孫氏集解】侍坐於長者，屨不上於堂，解屨不敢當階。

鄭氏曰：不上於堂，屨賤，空則不陳於尊者之側。不敢當階，爲妨後升者。

孔氏曰：屨不上於堂者，長者在堂，而侍者屨賤，故解於階下，不著上堂。若長者在室，則侍者得著屨上堂，而不得入室也。解，脱也。

愚謂安坐必先脱屨。侍者統於長者，當就主人之階。解屨不敢當階，則當解於東階之東也。

就屨，跪而舉之，屏於側。

鄭氏曰：謂獨退也。就，猶著也。屏亦不當階。

愚謂此侍者退，而長者不送之者也。解屨固不當階矣，又必跪而舉之。屏於側者，長者在堂，不敢對尊者著屨，故必跪而舉之，而轉就旁側，乃著屨也。側，謂堂下東序之東，長者所不見之處。玉藻「隱辟而後屨」是也。

鄉長者而屨，跪而遷屨，俯而納屨。鄭注：遷，或爲「還」。

鄭氏曰：謂長者送之也。不得屏，遷之而已。俯，俛也。納，内也。

孔氏曰：内屨不跪者，若跪則足向後，不便也。雖不並跪，亦坐左納右，坐右納左。

愚謂侍者退而長者送之，則當鄉長者著屨，屨不當階，必遷之轉就階側，乃得鄉長者而屨也。

【朱氏訓纂】侍坐於長者，屨不上於堂，注：屨賤，空則不陳於尊者之側。　正義：

長者在堂，侍者屨賤，故脱於階下。若長者在室，則侍者得著屨上堂，不得入室。**解屨不敢當階。**注：爲妨後升者。　正義：解，脱也。屨既不上於堂，故解之於階下也。**就屨，跪而舉之，屏於側。**注：謂獨退也。就，猶著也。屏，亦不當階。　正義：初升時，解置階側。今下著之。屏，退也，退不當階也。**鄉長者而屨，跪而遷屨，俯而納屨。**注：謂長者送之也。不得屏，遷之而已。俯，俛也。納，内也。遷，或爲「還」。　正義：遷，徙也。就階側跪取，稍移近前。既取，因俯身向長者而内足著之。不跪者，若跪則足向後，不便，故俯也。雖不並跪，亦坐左納右，坐右納左耳。

一·三〇 〇**離坐離立，毋往參焉。離立者，不出中間。**爲干人私也。離，兩也。〇**男女不雜坐，不同椸枷**[一]**，不同巾櫛，不親授。嫂叔不通問，諸母不漱裳。**

[一] 不同椸枷　閩本、監本、毛本同，石經同，岳本、嘉靖本同，衛氏集説同。釋文出「同杝」，又出「枷」云：「本又作『架』，徐音稼，古本無此字。」正義此句闕疏，其本無可考。臧琳經義雜記云：「案注云『椸，可以枷衣者』，然則經無『枷』字矣。今内則亦有『枷』字，疑誤衍。鄭箋鵲巢云：『鵲之作巢，冬至架之，至春乃成。』記注『枷』字與詩箋同意，並是運動之言，非實指器物之名也。釋器『竿謂之箷，亦單稱箷』郭注云：『衣架。』與鄭合。據徐音，知此字晉以來已衍。古本無此字，陸當據徐本云然耳。」〇鍔按：「不同」上，阮校有「離坐離立節」五字。

外言不入於梱，内言不出於梱。女子許嫁，纓，非有大故，不入其門。姑、姊、妹、女子子，已嫁而反，兄弟弗與同席而坐，弗與同器而食。皆爲重別，防淫亂。不雜坐，謂男子在堂，女子在房也。椸，可以枷衣者。通問，謂相稱謝也。諸母，庶母也。漱，澣也。庶母賤，可使漱衣，不可使漱裳。裳賤。尊之者，亦所以遠別。外言、内言，男女之職也。不出入者，不以相問也。梱，門限也。女子許嫁系纓[一]，有從人之端也。大故，宫中有災變若疾病，乃後入也。女子有宫者[二]，亦謂由命士以上也。春秋傳曰：「羣公子之舍，則已卑矣。」女子十年而不出嫁，及成人可以出矣，猶不與男子共席而坐[三]，亦遠别也。○椸，羊支反，衣架也。枷，本又作「架」，徐音稼，古本無此字。櫛，側乙反。嫂，字又作「㛮」，素早反。漱，悉侯反。梱，本又作「閫」，苦本反。別，彼列反，下及注同。澣，户管反。○**父子不同席。**異尊卑也。**男女非有行媒，不相知**

[一] 女子許嫁系纓　閩、監、毛本「系」作「繫」，岳本同，衛氏集説同，嘉靖本同。
[二] 女子有宫者　閩、毛本同，岳本、嘉靖本同，衛氏集説同。監本「宫」誤「官」。
[三] 猶不與男子共席而坐　閩、監本同，岳本同，衛氏集説同，考文引宋板、古本、足利本同，毛本「共」誤「同」。

名[一]**，**見媒往來傳昏姻之言，乃相知姓名。○媒，音梅。不相知，本或作「不相知名」，「名」，衍字耳。傳，直專反。**非受幣，不交不親。**重別，有禮乃相纏固。**故日月以告君，**周禮「凡取判妻入子者」，媒氏書之以告君，謂此也。○判，普叛反。**齊戒以告鬼神，**昏禮凡受女之禮皆於廟，爲神席以告鬼神，謂此也。○齊，側皆反。**爲酒食以召鄉黨僚友，**會賓客也。**以厚其別也。**厚，重慎也。**取妻不取同姓，故買妾不知其姓則卜之。**爲其近禽獸也。妾賤，或時非媵，取之於賤者，世無本繫。○取，七住反，本亦作「娶」，下「賀取妻」同。媵，羊證反，又繩證反。繫，音計，又音户計反。**寡婦之子，非有見焉，弗與爲友。**辟嫌也[二]。有見，謂有奇才卓然，衆人所知。○見，賢遍反。辟，音避，本亦作「避」，下同，餘皆放此。

【疏】「離坐」至「爲友」[三]。○正義曰：此一節總明不干人私并遠嫌之法，今各隨

[一] 不相知名　閩、監、毛本同，石經同，岳本、嘉靖本同，衛氏集説同。釋文出「不相知」云：「本或作『不相知名』，『名』衍字耳。」正義本作「不相知名」。經義雜記云：「案注云『見媒往來傳昏姻之言，乃相知姓名』。經如本有『名』字，鄭可無庸注矣。」案：臧説非也，注正解經「名」字爲姓名耳，當以正義本爲長。

[二] 辟嫌也　閩、監、毛本同，岳本、嘉靖本同，衛氏集説同。考文引古本「辟」作「避」，釋文出「避嫌」云：「本亦作『避』。」正義云：「明避嫌也。」字亦作「避」。○按：避，正字；辟，假借字。

[三] 離坐至爲友　惠棟校宋本無此五字。

文解之。

○「離坐離立」，離，兩也。若見彼或二人併坐，或兩人併立，既唯二人，恐密有所論，則己不得輒往參預也。

○「離立者，不出中間」者，又若見有二人併立，當己行路，則避之，不得輒當其中間出也。不云「離坐」者，道路中非安坐之地，故不云「坐」也。識與不識，通如此也。

○注「離，兩也」。○正義曰：案易象云「明兩作離」，是離爲兩也。

○「男女」至「而食」。○「不親授」者，男女有物，不親相授也。内則云：「非祭非喪，不相授器。其相授，則女授以篚，無篚，則皆坐奠之而後取之。」

○「諸母不漱裳」者，諸母，謂父之諸妾有子者。漱，浣也。諸母賤，乃可使漱浣盛服，而不可使漱裳，裳卑褻也。欲尊崇於兄弟之母，故不可使漱裳耳，又欲遠別也。

○「外言不入於梱」者，外言，男職也。梱，門限也。男職在於官政，各有其限域，不得令婦人預之，故云「外言不入於梱」也。

○「内言不出於梱」者，内言，女職也。女職謂織紝，男子不得濫預，故云「不出梱也」。

○「女子許嫁，纓」者，女子，婦人通稱也。不要對文，故不重云「子」也。婦人質弱，不能自固，必有繫屬，故恒繫纓。纓有二時：一是少時常佩香纓，二是許嫁時繫纓。

此則爲許嫁時繫纓。何以知然者？内則云：「男女未冠笄，紟纓。」鄭以爲佩香纓，不云纓之形制。此云「許嫁，有從人之端也」。又昏禮「主人入，親説婦纓」，鄭注云：「婦人十五許嫁，笄而禮之，因著纓，明有繫也。蓋以五采爲之，其制未聞。」又内則云：「婦事舅姑，紟纓。」鄭云：「婦人有纓，示繫屬也。」以此而言，故知有二纓也。但婦人之紟纓，即是五采者，故鄭云「示繫屬也」。今此許嫁，謂十五時。

○「非有大故，不入其門」者，大故，謂喪病之屬也。女子已許嫁則有宫門，列爲成人，唯有喪病等，乃可入其門，非大故，則不入門也。

○「女子子」者，謂已嫁女子子，是己之女。不直云「女子」而云「女子子」者，凡男子、女子，皆是父生，同爲父之子。男子則單稱子，女子則重言「子」者，案鄭注喪服云，重言女子子，是「别於男子」，故云「女子子」。

○「兄弟弗與同席而坐」者，雖已嫁及成人，猶宜别席。不云「姪」及「父」，唯云「兄弟」者，姪、父尊卑禮殊，不嫌也。

○「弗與同器而食」者，熊氏以爲「不得傳同器，未嫁亦然。今嫌嫁或有異於未出，故明之，皆爲重别，防淫亂也。」

○注「不雜」至「别也」。○正義曰：「謂男子在堂，女子在房也。」○熊氏云：「謂若大宗收族，宗子燕食族人於堂，宗子之婦燕食族婦於房也。」

○注「春秋傳曰：羣公子之舍，則已卑矣」，引公羊傳證女子有別宮也。莊元年秋，築王姬之館於外。公羊傳曰：「路寢則不可，小寢則嫌。羣公子之舍，則以卑矣。」何休云：「路寢是君聽事之處，不可嫁他女；小寢是夫人所居，天王女宜遠別，不可住也。」「羣公子之舍，則以卑矣」者，羣公子，是魯侯之諸女也。魯侯女宮爲卑，不可處王女也。何休又云：當築夫人宮下，羣公子宮上[一]。公羊以爲築宮於外，非禮也。左氏以爲築宮於外，禮也。鄭康成亦以爲築宮當於宮外是也。

○「男女非有行媒，不相知名」者，相知男女名者，先須媒氏行傳昏姻之意，後乃知名，見媒往來傳昏姻之言，乃相知姓名也。故昏禮有六禮，二曰問名。

○「非受幣，不交不親」者，幣，謂聘之玄纁束帛也。先須禮幣，然後可交親也。

○「故日月以告君」者，既男女須辨，故婦來則書取婦之年月日時以告國君也。

注「周禮『凡取判妻入子者』，媒氏書之以告君，謂此也」，引媒氏職，證必書告君也。妻是判合，故云判也。「入子」者，鄭康成注云：「入子者，謂容媵及姪娣不聘者也。」妾既非判合，但廣其子胤而已，故云「入子」。

○「齊戒以告鬼神」者，並厚重遠別也。齊戒，謂嫁女之家受於六禮，並在於廟布席

[一] 當築夫人宮下羣公子宮上　○按：今公羊注無二「宮」字。

告先祖也。明女是先祖之遺體，不可專輒許人。而取婦之家，父命子親迎，乃並自齊絜，但在己寢，不在廟也。所以爾者，白虎通云：「娶妻不告廟者，示不必人女也。」[一]然夫家若無父母，則三月廟見亦是告鬼神，故云齊戒以告鬼神。

○注「昏禮」至「此也」。○正義曰：昏禮「納采，主人筵於户西，西上，右几」，注：爲神布席，將以先祖之遺體許人，不敢不告。昏禮又云受諸禮於廟而設几筵也。

○「故買妾不知其姓則卜之」。○熊氏云：「卜者，卜吉凶。既不知其姓，但卜吉則取之。」義或然也。

○注「爲其」至「本繫」。○正義曰：郊特牲云：「無別無義，禽獸之道。」此不取同姓，爲其近禽獸故也。云「妾賤，或時非媵，取之於賤者」，如諸侯取一國之女，則二國同姓以姪娣媵。媵，送也。妾送嫡行，則明知姓氏。大夫、士取，亦各有妾媵，或時非此媵類。取於賤者，不知何姓之後，則世無本繫，但卜得吉者取之。

○「寡婦之子，非有見焉，弗與爲友」者，明避嫌也[二]。見，謂奇才卓異可見也。寡婦無夫，若其子有奇才異行者，則已可與之爲友。若此子凡庸，而已與其往來，則於寡婦

[一] 白虎通云娶妻不告廟者示不必人女也　閩本同，考文引宋板同。監、毛本「告」上有「先」字，「人女」二字倂作「安」字，與今白虎通同。

[二] 弗與爲友者明避嫌也　閩、監、毛本作「者」，此本「者」誤「○」。

有嫌也。是以鄭注「有見，謂奇才卓然，衆人所知」也。

【衛氏集説】離坐離立，毋往參焉。離立者，不出中間。

鄭氏曰：爲干人私也。離，兩也。

孔氏曰：自此至「弗與爲友」爲一節，明不干人私并遠嫌之法。若見彼或二人併坐，或併立，恐密有所論，已不得輒往參預。二人併立，當己行路，則避之，不得輒當其中間出也。

嚴陵方氏曰：兩相麗之謂離，三相成之謂參，彼坐立者兩人，而我一人往焉，則成爲三矣。

男女不雜坐，不同椸枷，不同巾櫛，不親授。嫂叔不通問，諸母不漱裳。外言不入於梱，内言不出於梱。女子許嫁，纓，非有大故，不入其門。姑、姊、妹、女子子，已嫁而反，兄弟弗與同席而坐，弗與同器而食。

鄭氏曰：皆爲重别，防淫亂。不雜坐，謂男子在堂，女子在房也。椸，可以枷衣者。通問，謂相稱謝也。諸母，庶母也。漱，澣也。庶母賤，可使漱衣，不可使漱裳。裳賤。尊之者，亦所以遠别。外言、内言，男女之職也。不出入者，不以相問也。梱，門限也。女子許嫁繫纓，有從人之端也。大故，宫中有災變若疾病，乃後入也。女子有宫者，亦謂由命士以上也。春秋傳曰：「羣公子之舍，則已卑矣。」女子十年而不出嫁，及成人可以出矣，猶不與男子共席而坐，亦遠別也。

孔氏曰：自此至「弗與爲友」，總明遠嫌之法。「不親授」者，男女有物，不親相授也。諸母，謂父之諸妾有子者。外言、内言，謂男職在官政，女職在織紝，各有限域，不得濫預。女子，婦人通稱也。婦人質弱，不能自固，必有繫屬，故恒繫纓。纓有二時：一是少時常佩香纓，内則云「男女未冠笄，衿纓」是也；二是許嫁時繫纓，昬禮「主人入，親説婦纓」，鄭注「婦人十五許嫁，笄而禮之，因著纓」是也。蓋以五采爲之，其制未聞。又内則曰：「婦事舅姑，衿纓。」以此而言，故知有二纓也。大故，謂喪病之屬也。女子已許嫁則有宫門，列爲成人，唯有喪病等，乃可入其門。「女子子」者，謂已嫁女子，男子則單稱子，女子則重言「子」者，鄭注喪服云，是「别於男子」，故云「女子子」。女雖已嫁，及成人，猶宜别席。鄭引公羊傳，見莊元年，證女子有别宫也。熊氏云：鄭謂男子在堂，女子在房，若大宗收族，宗子燕食族人於堂，宗子之婦燕食族婦於房也。兄弟弗與同席、同器，未嫁亦然。

藍田吕氏曰：人之所以異於禽獸者，以有别也。有别者，先於男女天地之義、人倫之始，内則曰「禮始於謹夫婦，爲宫室，辨内外。男子居外，婦人居内，深宫固門，閽、寺守之，男不入，女不出」，所以别於居處者至矣。非祭非喪，不相授器，其相受則女受以篚，其無篚，則皆坐奠之，而後取之。不雜坐，不通乞假，内言不出，外言不入，所以别於往來者至矣。道路男子由右，婦人由左，女子出門必擁蔽其面，夜行以燭，無燭則止，御婦人則進左手，所以别於出入者至矣。外内不共井，不共湢浴，不通寢席，不通衣裳，不同椸枷，不同巾櫛，不敢縣於夫之楎椸，不敢藏於夫之篋笥，所以别於服御器用者至矣。姑、姊、妹、女子子，天屬也，許嫁，則非有大故，不入其門，已嫁而反，則不與同席而坐，同器而食。嫂與諸母，同宫之親也，嫂叔則不通問，諸母則不漱裳。妻之母，婚姻之近屬也，壻見主婦，闔扉立于其内，壻立于門外，東面，主婦一拜，壻答再拜，主婦又拜，壻出，所以别於宗族婚姻者至矣。男女非有行媒，不相知名；非受幣，不交不親。必日月以告君，齊戒以告鬼神，爲酒食以召鄉黨僚友，所以厚别於交際者至矣。取妻不取同姓，買妾不知其姓則卜之。寡婦之子，非有見焉，則弗與爲友，所以厚别於交際者至矣。男女不雜坐，經雖無文，然喪祭之禮，男女之位異矣。男子在堂，則女子在房。男子在堂下，則女子在堂上，男子在東方，則女子在西方，坐亦當然。

長樂劉氏曰：家人内政，不嚴以防之於細微之初，不剛以正之於未然之始，則其悔咎不可逭矣。易曰「閑有家，志未變也」，男女之志，既爲情邪之所變，閑禁雖嚴，求其無咎而咎可無哉？故夫婦未七十，雖同藏未有可嫌也。聖人制禮必爾者，以無嫌正有嫌也，用有情之難正無情之易也，而況於男女未有室家者哉？女子許嫁，纓，所以繫屬其心，以著誠於夫氏，起其孝義也。既許嫁，則有姆教之，處於閫内之别室，男子非有疾憂之故，不入其門也。

嚴陵方氏曰：嫂叔不通問，若問安、問疾之類，蓋生不相通問，死不相爲服，皆所以推而遠之而已。坊記言「婦人疾，問之，不問其疾」，則男女非不通問也。特不施於嫂叔、姑、姊、妹、女子子之名，蓋據制禮於家者稱之耳，非據循禮於家者稱之也。謂之姑，非爲姪行稱之，亦爲姑之兄弟言之而已，若姪行則卑而無嫌矣。謂之女子子，非爲父行稱之，亦爲女子子兄弟言之而已，若父行則尊而無嫌矣。故下文止言兄弟者，爲是故也。若是則第曰姊妹足矣，而又言姑與女子子，何哉？蓋姑則尊行也，女子子則卑行也，姊妹則同行也。制禮者以爲出嫁而反者，其類雖多，要爲之不過是三等而已，故必舉是以爲言焉。

永嘉戴氏曰：嫂叔不通問，比於不授受，則尤嚴矣。死喪之威，嫂叔不相爲服，如路人，然曾同室之不如，其推而遠之，若此其嚴哉。男不言內，女不言外，禮也。外言入梱，則謀及婦人，死之招也；內言出梱，則婦言是用，亂之階也。

長樂陳氏曰：禮始於謹夫婦。爲宮室，辨內外，故七年男女不同席，不共食，則長可知矣。道路男子由左，婦人由右，則闈門可知矣。然同藏，唯七十可也。親授，唯喪祭可也。通問，唯援溺可也。男正位乎外，女正位乎內，此內外之辨也。然內言不出而有所謂出，外言不入而有所謂入，周官內小臣達王后之好事于四方，則內言出於梱矣。內宰以陰禮教六宫，則外言入於梱矣。蓋先王制禮，爲嫌疑無别而已。嫌疑有以别，雖內言之出，外言之入，可也。

廬陵胡氏曰：繫纓有固束之義，此及喪服，皆云女子子，重云「子」者，衍文也。鄭云「重言子者，别於男子也」，只云「女子」，已别於男子矣，安用更言「子」乎？

父子不同席。男女非有行媒，不相知名；非受幣，不交不親。故日月以告君，齊戒以告鬼神，爲酒食以召鄉黨僚友，以厚其别也。取妻不取同姓，故買妾不知其姓則卜之。寡婦之子，非有見焉，弗與爲友。

鄭氏曰：父子不同席，異尊卑也。男女有媒往來傳昏姻之言，乃相知姓名。有禮乃相纏固，故必受幣。周禮「凡取判妻入子者」，媒氏書之以告君，謂「日月以告君」也。昏禮凡受女之禮皆於廟，爲神席以告鬼神，謂「齊戒以告鬼神」也。爲酒食，會賓客。厚，重慎也。不取同姓，爲其近禽獸也。妾賤，或時非媵，取之於賤者，世無本繫，故卜之。寡婦之子弗友，辟嫌也。有見，謂有奇才卓然，衆人所知。

孔氏曰：昏有六禮，二曰問名，乃相知名也。幣，謂聘之玄纁束帛也。先須禮幣，然後可交親。婦來則書取婦之年月日時以告國君。齊戒，謂嫁女之家受六禮，並在廟布席告先祖也。明女是先祖之遺體，不可專輒許人。而取婦之家，父命子親迎，並自齊潔，但在己寢，不在廟也。夫家若無父母，則三月廟見亦是告鬼神。鄭謂「妾賤，或非媵者」，諸侯取一國之女，則二國同姓以姪娣媵。媵，送也。妾送嫡行，則明知姓氏。大夫、士取，亦各有妾媵，或時非此媵類。取於賤者，不知何姓之後，但卜得吉者取之。寡婦無夫，若其子凡庸，與其來往，則於寡婦有嫌也。

藍田吕氏曰：「父子不同席」者，此承上文「姑、姊、妹、女子子已嫁」而言也。父子之間，雖男子，猶不同席，況女子子已嫁而反者乎？故因而言之。

馬氏曰：坐則異席，居不同宫者，著父子之位也。禮者以爲民坊也，非行媒不相知名，所以遠嫌也。非受幣，不交不親，所以致敬也。遠嫌致敬，則安有桑中之奔，溱洧之亂乎？明而尊者，莫如君書日月以詔之。幽而嚴者，莫如鬼神致齊戒以告之。近而親者，莫如鄉黨僚友爲飲食以命之。所以備禮而厚其别也。

金華邵氏曰：上言「兄弟不同席而坐」，所以遠嫌，此言「父子不同席」，所以嚴分，言雖同而意則異也。夫婦之合，在謹其始，始之不謹，則其合易離，有行媒而後知名，受幣而後交親，庶乎行之以禮矣。然必日月告君，以示不失時；齊戒告鬼神，以示不敢專；召鄉黨僚友，以示同其慶，如是而後男女之别厚。取妻不取同姓，買妾必卜其姓，又所以重宗也。人之同姓，其始皆一宗耳，其後譜系、派别、支族分散，遂以爲非親，苟自其宗而推之，安知其不與吾爲姊妹也？與吾爲姪娣也？豈不害教乎？

嚴陵方氏曰：内言不出，而女正位乎内，外言不入，而男正位乎外，一家之内禮且然也。則一家之外，男女之名，豈得相知乎？先王於是立媒氏焉。以其通内外，故謂之行媒。行者，往來有所通之謂也，非是而相知名，則爲褻矣。「非受幣，不交不親」者，周官：「凡嫁子取妻，入幣純帛，無過五兩。」於外則以之行禮，於内則以之將意，行禮於外，所以交之也，將意於内，所以親之也。鄉黨，在私而同國者也。僚友，在公而同官者也。爲酒食以召之，且以見婚姻之道合乎公私之議也。昭公之取於吴，是失取妻之禮矣，晉侯之有四姬，是失買妾之禮矣，陳司敗、鄭子産所以譏之也。

廣安游氏曰：古之人君，其道至簡而要，故夫百執事之事，小事則從其長，而諸侯之士有不命於大君者，則是天下之事，人君固有不與知者也。今也一國之中，匹夫匹婦嫁娶之事，必以告君者，此古人之所致謹，而其義有異於後世者也。關雎之化，后妃之本，人君之所當謹固也。若夫召南之詩，專言男女之事；行露之詩，則言男女之貞潔；野有死麕之詩，則言强暴者不得爲非，而其所以爲極治者，專在於男女之不相侵犯。讀詩至此，然後知三代盛時所以化天下者，不惟道化之力，亦其法制之委曲詳備有以至此也。古之人君，其事若至微而君必與知之者不一也。生齒之數，君與知之；獄訟之數，君與知之；窮民之訴，君與知之；鰥寡孤獨之養，君與知之；小民奇衺，君與知之；國子之率教不率教，君與知之。若此之類，止於匹夫匹婦之事，而君必與知之者，皆所當致謹焉，而嫁取之事，亦其一也。古之事有決之人而不得者，決之於鬼神。古人尊敬鬼神而信卜筮，後之人矯誣鬼神而卜筮不可信。卜筮之不可信，起於人之矯誣，又起於不信者之要盟。傳曰「明神不蠲要盟，背之可也」，古未有誣神而背盟者也。背盟之説，蓋起於此。買妾，不可以取同姓，惟卜之吉則取之，此人事所不能決而決之於鬼神也。且古人之事決之於鬼神而與後世異焉者，亦不一也。周禮司盟之書「有獄訟者，則使之盟詛」，古之所以求民情者至悉也。然有所不能盡，則不求之於聰明智術之中而屬之於鬼神，蓋有如此者也。司盟之傳曰「使人盟詛者，所以省獄訟也」，古之決於鬼神者，所以存天下畏忌之心，而又有省獄訟之利焉，買妾而卜，亦其類也。

永嘉戴氏曰：春秋傳以爲昏禮有四，曰納采、問名、納徵、請期，禮記昏義又有納吉一禮，在問名後，蓋男女未相知名，因媒者納采而後問名。既問名，而後女始受幣，故曰納徵。既納徵，而後請期，而後親迎，共牢合巹，始親之也。禮以納幣迎女爲重，故得書於春秋。非有媒妁之言、幣帛之交，則終身以爲妾，不特此也。上以告之人君，幽以告諸鬼神，明以質諸鄉黨親戚，上下幽明，咸與聞之，焉可誣也？禮莫重於有别，無别則禽獸是也。知之者衆，則其别厚矣。不觀周、召之詩，無以知周之所以治；不觀氓與桑中之詩，無以知衛之所以亂。故昏姻者，治亂之本也，可不謹哉？可不畏哉？

長樂劉氏曰：夏、商以前，容取同姓，周公佐武王得天下，取神農、黄帝、堯、舜、禹、湯之子孫，列土封之，以爲公侯，而使姬姓子孫與之爲昏姻，欲先代聖王子孫，共饗天下之禄也，乃立不取同姓之禮焉。寡婦之子，非有奇才卓行見於鄉里，則不與之爲友，非徒辟嫌，亦以勵孤子之德慧術智，禮豈徒然哉？

長樂陳氏曰：姓非天子不可以賜，而氏非諸侯不可以命。姓所以繫百世之正統，氏所以別子孫之旁出，族則氏之所聚而已。然氏亦可以謂之姓，故大傳言「繫之以姓」，又言「庶姓別於上」，則氏與姓一也。氏又可以爲之族，故羽父爲無駭請族，隱公命以爲展氏，則氏族一也。蓋別姓則爲氏，即氏則有族，族無不同氏，氏有不同族，故「八元」「八愷」出於高辛氏，而謂之十六族，是氏有不同族也。商氏、條氏、徐氏之類，謂之六族。陶氏、施氏之類，謂之七族。宋之華氏謂之戴族，向氏謂之桓族，是族無不同氏也。古者或氏於國，則齊、魯、秦、吳；氏於謚，則文、武、成、宣；氏於官，則司馬、司徒；氏於爵，則王孫、公孫；氏於字，則孟孫、叔孫；氏於居，則東門、北郭；氏於志，則三烏、五鹿；氏於事，則巫乙、匠陶，而受姓命氏粲然衆矣。秦興滅學，失周官小史之職，於是繫世昭穆失其本宗。及漢司馬遷約世本，脩史記，因周譜，明世家，乃知姓氏之所由出。至晉，賈弼有姓氏簿狀，賈希鏡有姓氏要狀。唐李守素有肉譜，柳沖有姓系録，而路敬、韋述之徒，傳述不一。推叙昭穆，使不相亂，昏姻得之而有別，親疏得之而有屬，則姓氏之學，其可忽哉？國語曰「教之世，爲之昭明德而廢幽昏」，則姓氏又可以示天下後世之勸戒也。禮書。

慮氏曰：古者男女多不辨姓，蓋古者有姓，有氏，有族。以大槩而言，魯，姬姓也，桓公之族爲仲孫氏、叔孫氏、季孫氏，仲孫之族爲孟氏、南宮氏、子服氏，叔孫之族爲叔仲氏，季孫之族爲公父氏、公儀氏、公鉏氏；宋，子姓也，戴公之族爲華氏、樂氏、皇氏，莊公之族爲司城氏，桓公之族爲魚氏、蕩氏、向氏、鱗氏。蓋自五宗之法行，惟長子、嫡孫族世世不遷，若支子、庶孫，繼高祖之旁統者，五世無服，不相稟承，各爲族氏，故五世之後，氏別於下，則姓系於上。昏姻之交，或知有氏而不知有姓矣。是以商無譜系，六世而昏姻遂通。昔司馬遷作史記，以唐堯、虞舜皆黃帝子孫，説者尚譏史遷之謬，以爲堯妻舜二女，是以姑配姪。自今觀之，豈足爲史遷之謬？蓋自商以前，禮制質，譜系不明，至於周人，然後奠繫世，辨昭穆，故曰「繫之以姓而弗別，綴之以食而弗殊，雖百世而昏姻不通者，周道然也」，是故禮記之言，不可據今時而論也。雖然，今之秦、梁、徐、葛、江、黃同出於嬴姓，今之莒、郯、蘇、顧、董、温同出於己姓，若是之類，不可槩舉，故隋王通作中説，以爲任、薛、王、劉、崔、盧之昏非古也，蓋亦氏變爲姓故耳，但其源流已遠，不可改正，學者不可以不知也。

江陵項氏曰：古者姓與氏爲二，後世姓與氏爲一。姓者，諸眷之所同。氏者，一房之所獨。姓以別同異，氏以定親疏，皆不可無也。如嬀姓之生衆矣，凡居嬀、汭者，不知其幾族，皆同姓也，而於諸嬀之中，有有虞氏焉，則舜之家所獨稱也，故書載堯之嫁女曰「釐降二女于嬀、汭，嬪于虞」，言嬀以著姓，明自祁適嬀，所以正昏姻之禮也；言虞以別氏，明所歸之族，所以詳室家之辨也。古人於此謹矣，後世直以氏爲姓，一家百族，同用一氏，親疏遠近，更無分別，則與古之用姓異矣。故史臣書之皆曰姓某氏，見姓之與氏，自是爲一，不可復知也。昔者聖人之立姓，專以爲昏姻之辨，字皆從女，惟女子稱姓以別之，是則有姓之初，便有昏姻不通之法，大傳謂至周始繫之以姓，而百世不通，非也。姓氏之法，起於黄帝，故凡天下之姓，皆自以黄帝爲祖也。其實，人之有姓，自黄帝始耳。至漢，此法猶有存者，夏侯嬰爲滕令，子孫遂爲滕氏；又有與孫公主爲昏者，遂爲孫氏；田千秋好乘小車，子孫遂爲車氏。史記諸臣傳稱滕公、萬石君、太倉公、魏其、武安，皆不著姓，此即古人以官爲氏之意。蓋用此，以自別於同姓之諸侯。然自是，遂忘其本姓，則史職不脩之過也。古者太史氏掌奠繫世，辨昭穆，凡立氏者，必告于太史氏，春秋之末，「智果别族於太史，爲輔氏」，此其驗也。後世史職既廢，宗法又亡，而欲田里之氓，自記其世繫，難矣。此其故，皆起於封建、世禄、井田之法壞。諸侯、卿、大夫之後，降爲甿隸；士、庶人之族，散而之四方。故宗法不可得而立，史職不可得而紀，以至於大廢而盡亡矣。

【吴氏纂言】離坐離立，毋往參焉。離立者，不出中間。

鄭氏曰：爲干人私也。離，兩也。

孔氏曰：見彼二人併坐或併立，恐密有所論，己不得往參預。二人併立，當己行路，則辟之，不得輒當其中間出也。

方氏曰：兩相麗之謂離，三相成之謂參。彼坐立者兩人，而我一人往焉，則成三矣。

男女不雜坐，不同椸枷，不同巾櫛，不親授。外言不入於梱，内言不出於梱。女子許嫁纓，非有大故不入其門。姑、姊、妹、女子子已嫁而反，兄弟弗與同席而坐，弗與同器而食。

鄭氏曰：皆爲重別防淫亂。不雜坐，謂男子在堂，女子在房也。椸，可以架衣者。外言、内言，男女之職也。不出入者，不以相問也。梱，門限也。女子許嫁繫纓，有從人之端也。大故，宫中有災變若疾病，乃後入也。女子有宫者，亦謂由命士以上也。女子十年而不出嫁，及成人可以出矣，猶不與男子共席而坐，亦遠別也。

孔氏曰：不親授者，男女有物不親授也，内則云「其相授則以篚，無篚，則皆坐奠之，而後取之」。外言、内言，謂男職在官政，女職在織紝，各有限域，不得濫預。女子，婦人通稱也。婦人質弱，不敢自固，必有繫屬，故恒繫纓。纓有二時：一是少時常佩香纓，内則云「男女未冠笄，紟纓」是也。二是許嫁時繫纓，昏禮「主人入，親説婦纓」，鄭注「婦人十五許嫁，笄而禮之，因著纓」是也。蓋以五采爲之，其制未聞。又内則曰「婦事舅姑紟纓」，以此而言，知有二纓也。大故，謂喪病之屬。女子已許嫁則有宫門，列爲成人，惟有喪病等，乃可入其門。女子子，謂己之女。凡男子、女子，皆是父所生之子，男則單稱子，女則於「子」之上加「女子」二字以別於男子，故云「女子子」也。兄弟弗與同席而坐者，雖已嫁及成人，猶宜別席。不云「姪」及「父」，惟云「兄弟」者，姪父尊卑禮殊，不嫌也。弗與同器而食者，熊氏以爲不許傳同器，未嫁亦然。

澄曰：巾，謂帨手之巾。櫛，謂理髮之櫛。姑、姊、妹、女子子，此謂一家之内有父之姊妹，有己之姊妹，有子之姊妹。若已嫁而反者，其兄弟皆不與同席同器也。

嫂叔不通問，諸母不漱裳。

方氏曰：通問，若問安、問疾之類。蓋生不相通問，死不相爲服，皆所以推而遠之。坊記言：「婦人疾，問之，不問其疾。」則男女非不通問也。特不施于嫂叔。

鄭氏曰：通問，謂相稱謝也。諸母，庶母也。漱，澣也。庶母賤，可使漱衣，不可使漱裳。裳賤。尊之者，亦所以遠別。

孔氏曰：諸母，謂父之諸妾有子者。

父子不同席。

鄭氏曰：異尊卑也。

澄曰：古者一席坐四人。言父子偶共一處而坐，雖止一人，必各坐一席。蓋以父昭子穆，父穆子昭，尊卑不同故也。若兄弟之齒，雖有長幼，而尊卑之分則同，故可同一席而坐。

男女非有行媒，不相知名；非受幣，不交不親。

鄭氏曰：見媒往來傳昏姻之言，乃相知姓名。有禮乃相纏固。

孔氏曰：昏禮有六禮，二曰問名。先須媒氏行傳昏姻之意，後乃知名。幣，謂聘之玄纁束帛。先須禮幣，然後可交親也。

澄曰：昏禮先有行言之媒，女家許，乃納采。謂男家納禮，聽女家采擇，采擇而可，乃問女名。將以女之名歸而卜其吉與否，自此男家既知女名，女家亦知男名矣，故曰相知名。卜而吉乃報女家，曰納吉。納吉後，納徵。有幣而女家受之，自此乃請期，親迎而成昏也。交，謂交接。親，謂親近也。

故日月以告君，齊戒以告鬼神。爲酒食以召鄉黨僚友，以厚其別也。

鄭氏曰：周禮「凡取判妻入子者，媒氏書之以告君」。昏禮凡受女之禮皆於廟，爲神席以告鬼神。召鄉黨僚友，會賓客也。厚，重慎也。

孔氏曰：男女須辨，故婦來則書取婦之年月日以告國君。齊戒，謂嫁女之家受六禮，並在廟布席告先祖也。

戴氏曰：上以告之人君，幽以告諸鬼神，明以質諸鄉黨親戚，上下幽明，咸與聞之。禮莫重於有別，知之者衆，則其別厚矣。

取妻不取同姓，故買妾不知其姓則卜之。

鄭氏曰：妾賤，或時非媵，取之於賤者，世無本繫。

孔氏曰：熊氏云：「既不知其姓，但卜吉則取之。」

寡婦之子，非有見焉，弗與爲友。

鄭氏曰：避嫌也。有見，謂有奇才卓然，衆人所知。

孔氏曰：寡婦無夫，若其子凡庸，與其來往，則於寡婦有嫌也。

【陳氏集說】離坐離立，毋往參焉。離立者，不出中間。方氏曰：兩相麗之謂離，三相成之謂參。應氏曰：出其中閒，則立者必散而不成列矣，故君子謹之。**男女不雜坐，不同椸枷，不同巾櫛，不親授。**內則注云：植者曰楎，橫者曰椸。枷與架同，置衣服之具也。巾以涚潔，櫛以理髮，此四者，皆所以遠私褻之嫌。**嫂叔不通問，諸母不漱裳。**不通問，無問遺之往來也。諸母，父妾之有子者。漱，浣也。裳，賤服。不使漱裳，亦敬父之道也。**外言不入於梱，內言不出於梱。**梱，門限也。內外有限，故男不言內，女不言外。**女子許嫁，纓，非有大故，不入其門。**許嫁則繫以纓，示有所繫屬也。此與幼所佩香纓不同。大故，大事也。**姑、姊、妹、女子子，已嫁而反，兄弟弗與同席而坐，弗與同器而食。**女子子，重言「子」者，別於男子也。專言兄弟者，遠同等之嫌。**父子不同席。**尊卑之等異也。**男女非有行媒，不相知名；非受幣，不交不親。**行媒，謂媒氏之往來也。名，謂男女之名也。受幣，然後親交之禮分定。**故日月以告君，齊戒以告鬼神，爲酒食以召鄉黨僚友，以厚其別也。**日月，娶婦之期也。媒氏書之以告於君。厚其別者，慎重男女之倫也。**取妻不取同姓，**鄭氏曰：爲其近禽獸。**故買妾不知其姓則卜之。**卜其吉凶。**寡婦之子，非有見焉，弗與爲友。**有見，才能卓異也。若非有好德之實，則難以避好色之嫌，故取友者謹之。

【納喇補正】故買妾不知其姓則卜之。

集説 卜其吉凶。

竊案 此承上文「取妻不取同姓」而言。則卜者，卜其是同姓與否，故鄭注無文，從可知也。熊氏云：「卜者，卜吉凶。既不知其姓，但卜吉則取之。」失經旨矣。陳氏從之，何邪？或謂卜而同姓則凶，異姓則吉，此亦爲先儒文過之辭。

【郝氏通解】離坐離立，毋往參焉。離立者，不出中間。**男女不雜坐，不同椸枷，不同巾櫛，不親授。嫂叔不通問，諸母不漱裳。外言不入於梱，内言不出於梱。女子許嫁，纓，非有大故，不入其門。姑、姊、妹、女子子，已嫁而反，兄弟弗與同席而坐，弗與同器而食。**

離，猶麗也，兩相與曰麗。兩成離，加一爲參。兩人同坐立，必有所私，毋往參之。道遇麗立者，行其旁，毋出其中間。枷、架同，置衣服之具，横者曰椸。巾以拭汗，櫛以理髮。問，贈貽也，詩云「雜佩以問」。諸母，父妾之有子者。漱，浣也。裳，褻服。不使漱裳，惡瀆尊，遠嫌也。内言、外言，男女各職也。梱，門限也。内外有限，男女不相通言也。纓，佩也，絛組之屬。女子既許嫁佩纓，成人之飾也。大故，謂病喪之類。非是，不入其門。門，謂女子所居室之户。女子子，即女也，重言「子」者，别于男子之爲子也。兄弟，謂姑、姊、妹、女子子各有兄弟也。坐食，男子在堂，則婦人在室。

父子不同席。

古者一席坐四人，父子同席，則尊卑無等，父必異席。

男女非有行媒，不相知名；非受幣，不交不親。故日月以告君，齊戒以告鬼神，爲酒食以召鄉黨僚友，以厚其别也。取妻不取同姓，故買妾不知其姓則卜之。

行媒，謂媒氏通往來也。名，謂男女之名也。受幣，謂納幣以後，乃通交相親也。周禮「凡取判妻入子者」，媒氏書之以告君也。「告鬼神」者，告其先祖，非是則無别，爲此以厚别也。厚，猶遠也。妻取同姓，則近于禽獸，妾或不知姓，亦必卜之，以決疑也。

寡婦之子，非有見焉，弗與爲友。

寡婦之子，弗輕與之爲友，避嫌也。見，謂其子有德業聞望表見于世。無所見而友其子，欲何爲乎？所以嫌也。

【方氏析疑】諸母不漱裳。

舊説敬父之道亦所以遠别，非也。曰「諸母」，則非以例父之羣妾也，蓋體兄弟之心而達其敬爾。

姑、姊、妹、女子子，已嫁而反，兄弟弗與同席而坐，弗與同器而食。

遠同等之嫌，第曰女子已嫁而反，可矣。列言姑、姊、妹、女子子者，見踰等及尊卑懸絶者，不必嫌也。

故買妾不知其姓則卜之。

卜之以決其爲同姓與否，非決其吉凶。古者有姓有氏，氏者，庶姓之别於下者也。魯之姬，姓也，季、孟、臧、展，氏也；齊之姜，姓也，崔、慶、欒、高，氏也。周道繫之以姓而不别，雖百世而婚姻不通。若第知其氏，則數世以後有同姓而通婚者矣。惟門祚顯赫，姓與氏始並著，單微轉徙，則氏存而姓失者多矣。故妻之姓氏並著者爲多，而妾或但知其氏，其出微也。喪服小記：復與書銘，「男子稱名，婦人書姓與伯仲，若不知其姓，則書氏」。爲氏存而姓失者多，故禮文備此。或曰知其氏則知其姓矣，不知古以王父之字爲氏，最易相混，如晉有欒氏，齊亦有欒氏；齊有國氏，鄭亦有國氏；魯卿同時有二叔氏。若式微轉徙，安知其氏之所從出乎？

【江氏擇言】嫂叔不通問。

鄭注：通問，謂相稱謝也。

方氏云：若問安問疾之類。

陳氏云：無問遺之往來也。

朱文端公云：謂不相親問答也。

按：諸説皆可通，文端公説爲優。有當問者，使人傳之，可也。

女子許嫁，纓。

按：此纓俟昏禮之夕，壻親脱之。

【欽定義疏】離坐離立，毋往參焉。離立者，不出中閒。

正義 鄭氏康成曰：爲干人私也。離，兩也。

孔氏穎達曰：見彼或二人併坐或併立，恐密有所論，己不得輒往參預。二人併立，當己行路，則辟之，不得輒當其中閒出也。

方氏慤曰：兩相麗之謂離，三相成之謂參。彼坐立者兩人，而我一人往焉，則成爲參矣。

案 兩相麗之謂離，即未必有私而我往參其閒，亦非慎以持己、謙以待人之道，故記戒之。

男女不雜坐，不同椸枷，不同巾櫛，不親授。

正義 鄭氏康成曰：此以下皆爲重别，防淫亂也。不雜坐，謂男子在堂，女子在房也。椸，可以枷衣者。

孔氏穎達曰：「不親授」者，男女有物不親相授也。内則云：「其相授，則以篚，無篚，則皆坐奠之，而後取之。」

陳氏櫟曰：施衣其上曰椸，加衣其上曰枷。

朱氏申曰：以拭物而上下通用者謂之巾，以治髮而疏密有節者謂之櫛。

陳氏澔曰：内則注云：植者曰楎，横者曰椸。枷，與「架」同，置衣服之具也。巾以涚潔，櫛以理髮，此四者皆所以遠私褻之嫌。

嫂叔不通問，諸母不漱裳。

正義 鄭氏康成曰：通問，謂相稱謝也。諸母，庶母也。漱，澣也。庶母賤，可使漱衣，不可使漱裳。裳賤。尊之者，亦所以遠别。

孔氏穎達曰：諸母，謂父之諸妾有子者。

朱氏申曰：不通問，禮，問不敢褻也。

陳氏澔曰：不通問，無問遺之往來也。裳，賤服。不使漱裳，亦敬父之道也。

外言不入於梱，内言不出於梱。

正義 鄭氏康成曰：外言、内言，男女之職也。孔疏：男職在官政，女職在織紝。不出入者，不以相問也。孔疏：各有限域，不得濫預。

陳氏櫟曰：梱，中門限，所以限内外也。外言不入梱，男不言内也。内言不出梱，女不言外也。

女子許嫁，纓，非有大故，不入其門。

入也。女子有宫者，亦謂由命士以上也。

正義 鄭氏康成曰：女子許嫁繫纓，有從人之端也。大故，宫中有災變若疾病，乃後入也。女子有宫者，亦謂由命士以上也。

孔氏穎達曰：女子，婦人通稱也。婦人質弱，不能自固，必有繫屬，故恒繫纓。纓有二時：一是少時常佩香纓，内則云「男女未冠笄，衿纓」是也；二是許嫁時繫纓，「主人入，親説婦纓」，鄭注「婦人十五許嫁，笄而禮之，因著纓」是也。蓋以五采爲之，其制未聞。又内則曰「婦事舅姑，衿纓」，以此而言，故知有二纓也。大故，謂喪病之屬。女子已許嫁，則有宫門，列爲成人。惟有喪病等，乃可入其門。

胡氏銓曰：繫纓，有固束之義。

劉氏彝曰：「女子許嫁，纓」，所以繫屬其心，以著誠於夫氏，起其孝義也。既許嫁，則有姆教之，處於梱内之别室，男子非有疾憂之故，不入其門也。

林氏光朝曰：内則：子生七年，則男女不同席，不共食。於童稚之時，而教之遠嫌也。婦人十五而許嫁，則繫纓。笄，成人之飾。纓，許嫁則繫之。不入其門者，謂許嫁則異宫而處也。

姑、姊、妹、女子子，已嫁而反，兄弟弗與同席而坐，弗與同器而食。父子不同席。

正義 鄭氏康成曰：女子十年而不出嫁，及成人可以出矣，猶不與男子共席而坐，亦遠别也。孔疏：兄弟弗與同席而坐者，雖已嫁及成人，猶宜别席。

孔氏穎達曰：女子，謂己之女。男子、女子皆是父所生之子，男則單稱子，女則於子之上加「女子」二字，以别於男子，故云「女子子」也。熊氏云：「兄弟弗與同席、同器，未嫁亦然。」

陳氏櫟曰：父之姊妹曰姑，己之女兄弟曰姊妹，己之女曰女子子。若已嫁而歸寧還家，兄弟弗與同席而坐，弗與同器而食。

通論 吕氏大臨曰：人之所以異於禽獸者，以有别也。有别者，先於男女，天地之義，人倫之始。内則曰：「禮始於謹夫婦。爲宫室，辨外内。男子居外，婦人居内，深宫固門，閽、寺守之。男不入，女不出。」所以别於居處者至矣。非祭非喪，不相授器，其相授，則女授以篚，其無篚，則皆坐奠之，而後取之。不雜坐，不通乞假。内言不出，外言不入，所以别於往來者至矣。道路，男子由右，婦人由左，女子出門，必擁蔽其面，夜行以燭，無燭則止。御婦人則進左手，所以别於出入者至矣。外内不共井，不共湢浴，不通寢席，不通衣裳，不同椸枷，不同巾櫛，不敢縣於夫之楎椸，不敢藏於夫之篋笥，所以别於服御器用者至矣。姑、姊、妹、女子子，天屬也，許嫁則非有大故，不入其門。已嫁而反，則不與同席而坐，同器而食。嫂與諸母，同宫之親也。嫂叔則不通問，諸母則不漱裳。妻之母，婚姻之近屬也。壻見主婦，闔扉立於其内。壻立於門外，東面，主婦一拜，壻答再拜，主婦又拜，壻出。所以别於宗族婚姻者至矣。男女非有行媒不相知名，非受幣，不交不親。必日月以告君，齊戒以告鬼神，爲酒食以召鄉黨僚友。取妻不取同姓，買妾不知其姓，則卜之。寡婦之子，非有見焉，則弗與爲友，所以厚別於交際者至矣。男女不雜坐，經雖無文，然喪祭之禮，男女之位異矣。男子在堂，則女子在房，男子在堂下，則女子在堂上，男子在東方，則女子在西方。坐亦當然。

陳氏祥道曰：同藏，惟七十可也。親授，惟喪祭可也。通問，惟援溺可也。內言不出而有所謂出，外言不入而有所謂入。周官內小臣達王后之好事於四方，則內言出於梱矣。內宰以陰禮教六宮，則外言入於梱矣。蓋先王制禮，惟嫌疑無別而已。嫌疑有以別，雖內言之出，外言之入可也。

存異　鄭氏康成曰：父子不同席，異尊卑也。

孔氏穎達曰：不云「姪」及「父」，唯云「兄弟」者，姪、父尊卑禮殊，不嫌也。

辨正　吕氏大臨曰：「父子不同席」者，此承上「女子子已嫁」而言。父子之間，雖男子猶不同席，況女子已嫁而反者乎？故因而言之。

陳氏櫟曰：女子子以父視，則子也，亦不同席而坐。今人單舉此句，施之父子之同筵者，非矣！

姚氏舜牧曰：詩曰：「女子有行，遠父母兄弟。」則出嫁之女，父亦不當與之同席矣。

案 不言姪者，以父子兄弟親，而姪疏，其宜遠嫌，猶易見耳。孔疏「姪、父尊卑禮殊，不嫌」，全失禮意。

男女非有行媒，不相知名；非受幣，不交不親。

正義 鄭氏康成曰：男女有媒，往來傳婚姻之言，乃相知姓名。孔疏：先須媒氏行傳婚姻之意，後乃知名。重别，有禮乃相纏固。

孔氏穎達曰：昏禮有六禮，二曰問名。幣，謂聘之玄纁束帛。先須禮幣，然後可交親也。

馬氏晞孟曰：非行媒不相知名，以遠嫌也。非受幣，不交不親，以致敬也。

王氏炎曰：昏禮，納采而後問名，故非行媒不相知名。納吉而後納徵，故受幣而後相親愛。

餘論 方氏慤曰：先王立媒氏以通内外，故謂之行媒。行者，往來有所通之謂也，非是而相知名，則爲褻矣。「非受幣，不交不親」者，周官：「凡嫁子娶妻，入幣純帛無過五兩。」於外則以之行禮，於内則以之將意。行禮於外，所以交之也；將意於内，所以親之也。

故日月以告君，齊戒以告鬼神，爲酒食以召鄉黨僚友，以厚其别也。

正義 鄭氏康成曰：周禮「凡取判妻入子者」，媒氏書之以告君。孔疏：男女須辨，故歸來則書取婦之年月日，以告國君。昏禮，凡受女之禮，皆於廟爲神席以告神，孔疏：受六禮並在廟，布席告先祖也。明女是先祖之遺體，不可專輒許人。爲酒食以會賓客也。厚，重慎也。

杜氏預曰：禮，逆女必先告祖廟而後行。

孔氏穎達曰：齊戒，謂嫁女之家。而取婦之家，父命子親迎，並自齊潔，但在寢，不在廟也。夫家若無父母，則三月廟見，亦是告鬼神。

馬氏晞孟曰：明而尊者，莫如君書日月以詔之。幽而嚴者，莫如鬼神致齊戒以告之。近而親者，莫如鄉黨僚友爲飲食以命之。所以備禮而厚其別也。

邵氏淵曰：日月告君，以示不失時；齊戒告鬼神，以示不敢專；召鄉黨僚友，以示同其慶。如是而男女之别厚。

方氏慤曰：鄉黨在私，而同國者也。僚友在公，而同官者也。爲酒食以召之，且以見婚姻之道合乎公私之議也。

陳氏澔曰：「厚其别」者，重慎男女之倫也。

案 周禮「媒氏掌萬民之判」，乃主合婚姻之官，非記所謂「行媒」也。行媒者，將合婚姻，必使媒通言，始行納采、問名之禮。至納吉後行納徵禮，必有幣，純帛無過五兩。五兩用五疋，疋四丈。從兩頭卷之，則五兩爲十端，每端二丈。侈則費不給，簡則禮不備，曰無過，則庶人不必備，大夫不可踰也，而昏禮成。夫然後請期、親迎焉，故曰「非受幣，不交不親」。至「日月以告君」，有位者固然，在士庶則告於官，即告於君矣。若「齊戒以告鬼神」，則鄭惟指女父母，謂以先祖遺體許人，不敢專輒。白虎通謂「男不告廟，示不必安」，然左傳楚圍言「告於莊、共之廟而來」，「鄭忽先配後祖」，鍼子譏之。儀禮：父命子親迎，曰「往迎爾相，承我宗事」。則男亦當先告廟矣。記者故謂重厚，此男女之別也。

取妻不取同姓，故買妾不知其姓則卜之。

正義 鄭氏康成曰：爲其近禽獸也。妾賤，或時非媵，取於賤者，世無本繫，故卜之。

孔疏：鄭謂妾賤，或非媵者，諸侯取一國之女，則二國同姓以姪娣媵。媵，送也。妾送嫡行，則明知姓氏。大夫、士取，亦各有妾媵，或時非此媵類。取於賤者，不知何姓之後。

朱氏申曰：取同姓，是無別也。

邵氏淵曰：取妻不取同姓，買妾必卜其姓，所以重宗也。

通論 方氏慤曰：昭公之取於吴，是失取妻之禮矣。晉侯之有四姬，是失買妾之禮矣，陳司敗、鄭子産所以譏之也。

存異 熊氏安生曰：卜者，卜吉凶。既不知其姓，但卜吉，則取之。

案 此條鄭注未詳，及之熊氏之説，孔氏采入爲疏。後儒因皆本此爲説，但上文曰「不取同姓」，此曰「不知其姓」，明以辨姓爲重也。故卜之者，乃卜其姓之同與否耳。又案：古天子賜姓，諸侯命氏。然姓必賜於天子，而氏不必皆命於諸侯。如魯孔氏以祖孔父字爲氏而姓「子」，鄭孔張以祖子孔字爲氏而姓「姬」，衛之孔圉則孔氏而「姞」姓，陳之孔寧則孔氏而「嬀」姓。氏同而姓異，彰彰也。其餘或以官爲氏，如司馬牛，然其兄魋，或稱向魋，或稱桓魋，則又以其祖爲氏，一家而三氏矣。蓋氏或其人自繫之，或他人舉以目之，不必皆命於諸侯也。故惟門祚最顯者，則姓與氏並著。其側陋之家有本無姓，而或以其祖之字，或以其祖之官，或即所居之地以爲氏者；或本有姓而式微，轉徙忘其姓，但記其氏者。古人最重婚姻，取妻必世家大族，未有不知其姓者，買妾則不知其姓者有之，故卜之。如有嬀之後，將育於姜，則亦可。因卜而決其與我同姓否也。自熊氏「但卜其吉凶」之説，而此義晦矣。喪服小記書銘「婦人書姓與伯仲，若不知其姓，則書氏」，則此時不知其姓必多，故爲之權禮如此。

寡婦之子，非有見焉，弗與爲友。

正義　鄭氏康成曰：避嫌也。有見，謂有奇才卓然，衆人所知。

孔氏穎達曰：寡婦無夫，若其子凡庸，與其來往，則於寡婦有嫌也。

陳氏澔曰：非有好德之實，則難以避好色之嫌，故取友者謹之。

餘論　彭氏絲曰：不與往來，豈徒避嫌？亦以礪孤子之德慧術知，禮豈徒然哉？

總論　孔氏穎達曰：「男女不雜坐」至「弗與爲友」，總明遠嫌之法。

【杭氏集説】離坐離立，毋往參焉。離立者，不出中間。

姜氏兆錫曰：此章泛言凡坐立之禮。

男女不雜坐，不同椸枷，不同巾櫛，不親授。

陳氏櫟曰：施衣其上曰椸，加衣其上曰枷。

朱氏申曰：以拭物而上下通用者謂之巾，以治髮而疏密有節者謂之櫛。

陳氏澔曰：内則注云：植者曰楎，横者曰椸。枷與架同，置衣服之具也。巾以涚潔，櫛以理髮。此四者，皆所以遠私褻之嫌。

姜氏兆錫曰：雜，亂也。椸枷以置衣，巾以涚身拭體，櫛以理髮，凡此皆當遠嫌也。

吕氏曰：經雖無文，然喪祭男女之位，男在堂，女在房，男在堂下，女在堂上，男在東，女在西，坐亦當如之也。

嫂叔不通問，諸母不漱裳。

朱氏申曰：不通問，禮，問不敢褻也。

陳氏澔曰：不通問，無問遺之往來也。裳，賤服，不使漱裳，亦敬父之道也。

朱氏軾曰：不通問，不親相問答也。或作問遺，亦通。

姜氏兆錫曰：問，問遺也。諸母，謂父妾之有子者。漱，浣也。不與通，亦以遠嫌。不使漱裳，蓋以敬父。

方氏苞曰：舊説敬父之道，亦所以遠别，非也。曰「諸母」，則非以例父之羣妾也，蓋體兄弟之心而達其敬爾。

外言不入於梱，内言不出於梱。

陳氏櫟曰：梱，中門限，所以限内外也。外言不入梱，男不言内也。内言不出梱，女不言外也。

女子許嫁，纓，非有大故，不入其門。

劉氏彝曰：女子許嫁，纓，所以繫屬其心，以著誠於夫氏，起其孝義也。既許嫁，則有姆教之，處於梱内之别室，男子非有疾憂之故，不入其門也。

林氏光朝曰：内則：子生七年，則男女不同席，不共食。於童稚之時，而教之遠嫌也。婦人十五而許嫁，則繫纓。笄，成人之飾。纓，許嫁則繫之。不入其門者，謂許嫁則異宫而處也。

姜氏兆錫曰：許嫁則繫以纓，示有所繫屬之義，非幼所佩香纓也。大故，謂大事。

齊氏召南曰：按，二纓之説與賈疏同，但此疏云今此許嫁，謂十五時，雖本儀禮鄭注，而意未圓。賈疏云：「按曲禮云『女子許嫁，纓』，又云『女子許嫁，笄而字』，鄭據此許嫁文而言。但言十五許嫁，則以十五爲限，即十五以上皆可許嫁也。」

姑、姊、妹、女子子，已嫁而反，兄弟弗與同席而坐，弗與同器而食。父子不同席。

陳氏櫟曰：父之姊妹曰姑，己之女兄弟曰姊妹，己之女曰女子子。若已嫁而歸寧還家，兄弟弗與同席而坐，弗與同器而食。

顧氏炎武曰：女子子，謂己所生之子也，若兄弟之子，言女子者，別于男子也，猶左氏言女公子。疏不直云「女子」，而云「女子子」者云云，古人謂其女亦曰子，詩曰「齊侯之子」，論語曰「以其子妻之」是也。此章言男女之別，故加「女子」于「子」之上以明之，下乃專言兄弟者。兄弟至親，兄弟之于姊妹，猶弗與同席同器，而況于姑乎？況于女子乎？不言從子，不言父，據兄弟可也。喪服小記言「女子子在室，爲父母在」，然則女子子爲己所生之子，明矣。胡氏謂重言「子」，衍文。黄氏以爲女子之子。皆非也。内則曰「七年，男女不同席，不共食」，則不待已嫁而反矣。

姚氏際恒曰：若後人行文，第云姊妹已嫁而反，兄弟弗與同席云云，足矣，必連姑與女子子言者，以出嫁有此三等也。此古人迂執處，更不補兄弟之子與父耳。

朱氏軾曰：許嫁、已嫁猶然，未許、未嫁可知矣。許嫁，不入其門；嫁反，兄弟不同席同食，互見也。

姜氏兆錫曰：女子子，重言「子」者，男子、女子皆男女之通稱，故重言「子」，以見其爲子也。兄弟不與同坐食者，嫌疑之意，無所不致其謹也。父子亦不同席者，嫌疑雖非施于父子，然禮有不得廢也，況其他哉？　又曰：鄭氏曰：兄弟弗與同席同器，雖未嫁，亦然也。呂氏曰：「父子不同席，承上文而言。父子之間，雖男子，亦不同席，況女子已嫁而反乎?」愚按,本節首言姑、姊、妹、女子子句,故下以兄弟、父子分疏之如此,姑姪亦父子之屬也,而陳註父子不同席句,徒以尊卑異等釋之,則於上下文義未屬。而考諸内則,復與「父母之子,雖老不坐」之禮相背也。且其註兄弟一條,以爲遠同等之嫌,則似異等者無嫌矣,不又自相矛盾乎?凡陳註如此類者,皆似是實非,學者詳之。又曰:此章言男女别嫌明微之禮。

方氏苞曰:遠同等之嫌,第曰女子已嫁而反可矣,列言姑、姊、妹、女子子者,見踰等及尊卑懸絶者,不必嫌也。

李若珠問:「姑、姊、妹、女子子,何以重言『子』?下何以專言兄弟,而不及姑姪?又下節父子不同席,姜兆錫欲通上節爲一節,其説何如?」世駿答曰:「專言女子,則姑、姊、妹亦女子也。言女子子,則有父可知,此記者之法。鄭康成儀禮喪服傳注云:『重言女子子,是别於男子,故云女子子。』孔疏云:『不云姪及父,唯云兄弟,姪、父尊卑禮殊,不嫌也。』姜欲通父子不同席於上節,正以上有『兄弟弗與同席而坐』牽合之。吳草廬纂言之論,無深意也。」

男女非有行媒,不相知名;非受幣,不交不親。

王氏炎曰:昏禮,納采而後問名,故非行媒不相知名。納吉而後納徵,故受幣而後相親愛。

故日月以告君，齊戒以告鬼神，爲酒食以召鄉黨僚友，以厚其别也。

杜氏預曰：禮，逆女必先告祖廟而後行。

陳氏澔曰：「厚其别」者，重慎男女之倫也。

姚氏際恒曰：按，取妻日月告君，此疑春秋時制，亦屬有位者言，非庶民也。周禮「凡取判妻入子者，皆書之」，正襲此，不得引以爲證。齊戒以告鬼神，左傳鄭公子忽取于陳，陳鍼子譏其先配而後祖，以未告鬼神也。

取妻不取同姓，故買妾不知其姓則卜之。

熊氏安生曰：「卜者，卜吉凶。既不知其姓，但卜吉則取之。」此説雖是，尚欠明了，其以卜吉，即其異姓；卜凶，則爲同姓與？

朱氏申曰：取同姓，是無别也。

姚氏際恒曰：按喪服小記云：復與書銘，婦人如不知姓則書氏。蓋姓與氏别，常有氏之傳遠寖微而昧其姓者，若今人不分姓氏，統名爲姓，則豈有不知姓之人哉？説詳喪服小記下。

朱氏軾曰：吉，則必非同姓也。

姜氏兆錫曰：不娶同姓，爲其近禽獸也。妾輕於妻矣，然亦卜之者，欲審其吉凶，以辨同姓與否也。又曰：此章指言婚娶之禮。

方氏苞曰：卜之以決其爲同姓與否，非決其吉凶。古者有姓有氏，氏者，庶姓之別於下者也。魯之姬，姓也，季、孟、臧、展，氏也；齊之姜，姓也，崔、慶、欒、高，氏也。周道繫之以姓而不別，雖百世而婚姻不通。若第知其氏，則數世以後有通姓而通婚者矣。惟門祚顯赫，姓與氏始並著，單微轉徙，則氏存而姓失者多矣。故妻之姓氏並著者爲多，而妾或但知其氏，其出微也。喪服小記：「復與書銘，男子稱名，女子書姓與伯仲，若不知其姓則書氏。」爲氏存而姓失者多，故禮文備此。或曰知其氏則知其姓矣，不知古以王父之字爲氏，最易相混，如晉有欒氏，齊亦有欒氏，齊有國氏，鄭亦有國氏。魯卿同時二叔氏。若式微轉徙，安知其氏之所從出乎？

鄔汝龍問：「買妾不知其姓則卜之，妾雖賤，亦有父毋，何以不知其姓？」世駿答曰：「古人有姓有氏，姓者本之於祖，如魯爲姬，晉、衛亦姬姓，魯之叔孫、季孫則以王父字爲氏。魯嫁女，二國同姓皆媵之，此知其姓者也。其人式微已久，離其祖遠，或大夫、士之支子分氏，則其遠祖之姓，或與己同出一祖，亦未可定，故卜之，吉則取之。古諸侯之後，分氏甚多，豈能槩知其姓？」

寡婦之子，非有見焉，弗與爲友。

陳氏澔曰：非有好德之實，則難以避好色之嫌，故取友者謹之。

彭氏絲曰：不與往來，豈徒避嫌？亦以礪孤子之德慧術知，禮豈徒然哉？

姚氏舜牧曰：謂有介紹相見之禮，蓋古人相交，必登堂拜母，不輕交寡婦之子，亦以遠嫌也。

姚氏際恒曰：此謂寡婦之子，非有先見于我，我則弗與爲友，蓋我若先往見，恐致嫌也。鄭氏曰：「有，謂其奇才卓然，衆人所知。」若是，寡婦之子，其得齒於人者鮮矣，幼既無父，天又不授以奇才異能，使其不得齒于人數，而無與爲友，豈不可哀哉？

姜氏兆錫曰：此亦前章別嫌明微之禮也。

【孫氏集解】離坐離立，毋往參焉。離立者，不出中間。

鄭氏曰：爲干人私也。離，兩也。

孔氏曰：若見兩人併坐或兩人併立，恐密有所論，則己不得輒往參預之也。又若見有二人併立，當己行路，則避之，不得出其中間也。不云「離坐」者，道路非安坐之地，故不云「坐」也。

男女不雜坐，不同椸枷，不同巾櫛，不親授。

鄭氏曰：自此至「弗與同器而食」，皆爲重別，防淫亂。不雜坐，謂男子在堂，女子在房也。椸，可以架衣者。

呂氏大臨曰：男女不雜坐，經雖無文，然喪祭之禮，男女之位異矣。男子在堂，則女子在房，男子在堂下，則女子在堂上，男子在東方，則女子在西方，坐亦宜然。

陳氏澔曰：植者曰楎，横者曰椸。枷與架同，置衣裳之具也。巾以捝潔，櫛以理髮，此四者，所以遠私褻之嫌。

嫂叔不通問，諸母不漱裳。

鄭氏曰：通問，謂相稱謝也。諸母，庶母也。漱，澣也。庶母賤，可使漱衣，不可使漱裳，裳賤，尊之者，亦所以遠别。

孔氏曰：諸母，謂父之諸妾有子者。諸母不可使漱裳，欲尊崇於兄弟之母，又欲遠别也。

外言不入於梱，内言不出於梱。

鄭氏曰：外言、内言，男女之職也。不出入者，不以相問也。

孔氏曰：梱，門限也。外言，男職也；内言，女職也。男職在於官政，不得令婦人預之，故不入於梱；女職織紝，男子不得濫預，故不出於梱。

愚謂此以嚴外内之限也。

女子許嫁，纓，非有大故，不入其門。

鄭氏曰：女子許嫁繫纓，有從人之端也。大故，宫中有災變若疾病，乃後入也。女子有宫者，亦謂由命士以上也。春秋傳曰：「羣公子之舍，則已卑矣。」

孔氏曰：女子，婦人通稱也。婦人質弱，必有繫屬，故恒繫纓。纓有二時：一是少時常繫香纓，內則云：「男女未冠笄，衿纓。」鄭以爲佩香纓，不云纓之形制。一是許嫁時繫纓，昏禮「主人入，親説婦纓」，鄭註云：「婦人十五許嫁，笄而禮之，因著纓，明有繫也。蓋以五采爲之，其制未聞。」又內則云：「婦事舅姑，衿纓。」鄭云：「婦人有纓，示繫屬也。」以此而言，有二纓也，婦人之衿纓即是五采者。故鄭云「示繫屬也」。

姑、姊、妹、女子子，已嫁而反，兄弟弗與同席而坐，弗與同器而食。

孔氏曰：女子子，謂己之女也。男子單稱「子」，女子則重言「子」者，案鄭註喪服云「別於男子」，故云「女子子」。兄弟弗與同席而坐，弗與同器而食，未嫁亦然。今嫌嫁或有異，故明之皆爲重別，防淫亂也。不云「姪」及「父」，唯云「兄弟」，姪、父尊卑殊，不嫌也。

愚謂謂「女子子」，亦子也，但曰「女子」則無以著其爲子，但曰「子」，則無以別其爲女，故兼而稱之。內則：「七年，男女不同席，不共食。」此云「既嫁而反」者，明雖嫁猶然也。上云「姑、姊、妹，女子子」，而下言「兄弟」，惟據姊妹者，舉其中以該上下，避文繁也。孔氏謂「姪、父尊卑殊，不嫌」，非也。

父子不同席。

鄭氏曰：異尊卑也。

愚謂注説非也。此子亦謂女子子也。但言子者，蒙上可知也。上言「兄弟弗與同席而坐，弗與同器而食」，既據姊妹以見姑與女子子矣，又言此者，嫌父之與女尊親兼極，或無事乎遠别，故又明之。父子不同席，則亦不同器而食，可知也。

男女非有行媒，不相知名；非受幣，不交不親。

鄭氏曰：有媒往來傳昏姻之言，乃相知姓名。重别，有禮乃相纏固。

愚謂行媒，謂媒妁之往來也。士昏記昏辭曰：「吾子有惠，貺室某也。」鄭云：「某，壻名。」此以男之名達之於女家也。昏禮「問名」，問女之名也。此以女之名達之於男家也。幣，納徵之幣也。庶人緇幣五兩，大夫、士玄纁束帛，諸侯加以大璋，天子加以穀圭。既納吉而後納幣，納幣而昏姻之禮定。交，謂交際往來，若「執贄以相見」是也。親，謂相親近，若「親御授綏，親之也」是也。

故日月以告君，齊戒以告鬼神，爲酒食以召鄉黨僚友，以厚其别也。

鄭氏曰：周禮「凡取判妻入子者」，媒氏書之以告君，謂此也。昏禮凡受女之禮皆於廟，爲神席以告鬼神，謂此也。爲酒食以召鄉黨僚友，會賓客也。厚，重慎也。

愚謂「日月以告君」者，内則：子生，書曰「某年某月某日某生」，以告閭史，閭史獻諸州史，州史獻諸州伯，意娶妻者其禮亦若此。小司徒、鄉師等皆云「稽其夫家」，蓋即據諸此也。鬼神，謂祖禰也。士昏禮不告廟，然左傳鄭公子忽娶於陳，先配而後祖，陳鍼子譏之；楚公子圍娶於鄭，亦言「布几筵，告於莊、共之廟」。自大夫以上，有告廟之禮也。

同官爲僚，同志爲友。爲酒食以召鄉黨僚友者，昏禮有饗送者之禮。鄉黨僚友，蓋亦有與於斯禮者與？男女有别，故其合也，不可以苟，昏禮慎重如此，所以厚男女之别也。

取妻不取同姓，故買妾不知其姓則卜之。

鄭氏曰：爲其近禽獸也。妾賤，或時非媵，取之於賤者，世無本繫。

孔氏曰：郊特牲云：「無别無義，禽獸之道也。」不取同姓，爲其近禽獸也。諸侯取一國之女，二國同姓以姪娣媵，大夫、士取，亦有妾媵，或時非此媵類。取於賤者，不知何姓之後，但卜得吉者取之。

顧氏炎武曰：天地之化，專則不生，兩則生。故叔詹言：「男女同姓，其生不蕃。」而子産之告叔向云：「内官不及同姓，美先盡矣，則相生疾。」晉司空季子之告公子曰：「異德合姓。」鄭史伯之對桓公曰：「先王聘后於異姓，務和同也。聲一無聽，物一無文。」是知禮不娶同姓者，非但防嫌，亦以戒獨也。

愚謂娶妻不娶同姓，固兼有遠嫌戒獨之義，而此節所言，則主於遠嫌厚别之義而已。然男女同姓，其生不蕃，卜之而吉，則其非同姓可知矣。

寡婦之子，非有見焉，弗與爲友。

鄭氏曰：遠，嫌也。有見，謂有奇才卓然，衆人所知。

孔氏曰：寡婦無夫，若其子有奇才異行，則可與之爲友。若此子凡庸，而已與往來，則於寡婦有嫌也。○自「男女不雜坐」至此，明男女遠嫌厚别之禮。

【朱氏訓纂】離坐離立，毋往參焉。離立者，不出中間。注：爲干人私也。離，兩也。正義：或二人併坐，或兩人併立，恐密有所論，已不得輒往參預也。若見二人併立，當己行路，則避之，不得輒當其中間出也。王氏念孫曰：參者，間厠之名，故爲分也。毋往參焉，是其義也。方言、廣雅云：參，分也。

男女不雜坐，不同椸枷，不同巾櫛，不親授。注：皆爲重别，防淫亂。不雜坐，謂男子在堂，女子在房也。椸，可以枷衣者。爾雅：「竿，謂之箷。」郭注：「衣架也。」説文：椸，衣架也。倉頡篇：椸，格也，亦衣桁也。邵氏晉涵曰：箷，蓋衣架之在牆者，釋宫「謂之楎」。其以竹木横列者謂之箷。正義：不親授者，男女有物不親相授也。内則云：「非祭非喪，不相授器。」

嫂叔不通問，注：謂相稱謝也。朱氏軾曰：謂不親相問答也。江氏永曰：有當問者，使人傳之。

諸母不漱裳。注：諸母，庶母也。漱，澣也。庶母賤，可使漱衣，不可使漱裳。裳賤。尊之者，亦所以遠别。説文：常，下帬也，或从衣。

外言不入於梱，内言不出於梱。注：外言、内言，男女之職也。不出入者，不以相問也。梱，門限也。説文：梱，門橛也。正義：男職在於官政，不得令婦人預之。女職謂織紝，男子不得濫預。

女子許嫁，纓，非有大故，不入其門。注：女子許嫁繫纓，有從人之端也。大故，宫中有災變若疾病，乃後入也。　正義：女子，婦人通稱。婦人質弱，不能自固，必有繫屬。纓有二，一是少時常佩香纓，二是許嫁時繫纓。此則爲許嫁時繫纓。知然者，昏禮「主人入，親脱婦纓」，鄭注云：「婦人十五許嫁，笄而禮之，因著纓，明有繫也。蓋以五采爲之，其制未聞。」

姑、姊、妹、女子子已嫁而反，兄弟弗與同席而坐，弗與同器而食。注：女子十年而不出嫁，及成人可以出矣，猶不與男子共席而坐，亦遠别也。　正義：女子子，是己之女。重言「子」者，鄭注：「喪服云『别於男子』。」　劉氏台拱曰：言兄弟，則兄弟之子可知者。父子本不同席，不待言也。故下文類及之。**父子不同席。**注：異尊卑也。

男女非有行媒，不相知名。注：見媒往來傳昏姻之言，乃相知姓名。　正義：昏禮有六禮，二曰問名。**非受幣，不交不親。**注：重别，有禮乃相纏固。　正義：幣，謂聘之玄纁束帛也。**故日月以告君，**注：周禮「凡取判妻入子者」，媒氏書之以告君，謂此也。**齊戒以告鬼神，**注：昏禮凡受女之禮皆於廟，爲神席以告鬼神，謂此也。　正義：昏禮「納采，主人筵於户西，西上，右几」，注：「爲神布席，將以先祖之遺體許人，不敢不告。」昏禮又云：「受諸禮於廟，而設几筵也。」**爲酒食以召鄉黨僚友，以厚其别也。**注：會賓客也。厚，重慎也。

取妻不取同姓，故買妾不知其姓則卜之。注：爲其近禽獸也。妾賤，或時非媵，取之於賤者，世無本繫。　正義：熊氏云：「卜者，卜吉凶。既不知其姓，但卜吉則取之。」　彬案：春秋昭元年左傳：「故志曰：『買妾不知其姓則卜之。』」蓋古有是言，而記人述之。

寡婦之子，非有見焉，弗與爲友。注：辟嫌也。有見，謂有奇才卓然，衆人所知。

【郭氏質疑】兄弟弗與同席而坐，弗與同器而食。父子不同席。

鄭注：女子十年不出嫁，及成人可以出矣，猶不與男子共席而坐。父子不同席，異尊卑也。

嵩燾案：內則：「父母舅姑之衣衾、簟席、枕几，不傳。敦、牟、卮、匜，非餕，莫敢用。」疑此云「同席」「同器」，猶上「同椸枷」「同巾櫛」之義。古人男女皆異器服，即樿椸、篋笥，夫婦各别不相混，上云「男女不雜坐」，皆親屬也，此復别爲姑、姊妹、女子子，容已嫁而反，器服備用者當别制之，雜坐且有禁，焉有兄弟共席而坐，共器而食之理？案，「兄弟」，通辭也，賅上言之曰姑，賅下言之曰女子子。兄弟至親，舉以爲例，孔疏：「不云『姪』及『父』，惟云『兄弟』，姪、父尊卑禮殊，不嫌。」大誤。子婦佐餕，則食餘之器仍而不易，而几席無敢憑坐，專言「父子不同席」，則女子子反在室者，亦可佐父母之餕，此當通內則之文而互求之，舊注皆恐未安。

齊戒以告鬼神。

鄭注：「昏禮凡受女之禮皆於廟，爲神席以告鬼神。」孔疏：「受六禮並在廟，明女是先祖遺體，不可專輒許人。」

嵩燾案：鄭注於「告鬼神」，據女氏爲説。白虎通義：「娶妻不先告廟者，示不必安也。」是以禮家論昏禮，皆無告廟之文。據春秋左氏傳：「鄭公子忽如陳逆婦嬀，先配而後祖。」杜注：「逆婦必先告祖廟而後行，故楚公子圍稱告莊公之廟。」朱子儀禮經傳通解引此説，與儀禮及白虎通義不同，疑左氏不足信。記禮者獨於此著其義，文王世子亦云：「五廟之孫，祖廟未毁，雖爲庶人，冠、娶妻必告。」足見左氏之文、杜預之注之必有所本矣。今就昏禮記之文求之，可推見者亦有數條，其曰：「凡行事必用昏昕，受諸禰廟。」明言親迎之期，質明告廟也。其納吉曰：「吾子有貺，命某加諸卜，占曰吉。」卜必於廟，卜吉即告廟也。儀禮之文，不具者多矣，如昏禮「戒女」「醮子」及「三月廟見」之文，皆詳見昏禮記中。案，士昏記「婦入三月，然後祭行」，即曾子問所謂「三月廟見」是也，士昏禮「若舅姑既没，則婦入三月乃奠菜」，即曾子問所謂「擇日而祭於禰」是也。舊注皆未分明。言禮者於「戒女」「醮子」則信之，於「廟見」「告廟」一依經文爲斷，謂無是禮，傳、記所載悉廢不用，鄭注至以「告鬼神」屬之女氏，於此節文義亦爲岐出矣。

故買妾不知其姓則卜之。

鄭注：「妾賤，世無本繫，故卜之。」孔疏引熊氏云：「卜者，卜吉凶，既不知其姓，但卜吉則取之。」

嵩燾案：白虎通義：「娶妻卜之何？卜女之德，知相宜否。」昏禮記所謂「命某加諸卜」是也。凡娶必卜，此云「買妾不知其姓，則卜之」，必非專卜吉凶，明矣。疏與鄭異義，殆非也。史記黄帝二十五子，其得姓者十四人。國語黄帝之子二十五人，同生而異姓者，四母之子别爲十二姓。族姓之傳始於黄帝，氏分益繁，而受姓止有此數。春秋左氏傳族姓見於卜者，如「爲嬴敗姬」，如「有嬀之後，將育於姜」，如「利以伐姜，不利子商」，未嘗不可因卜而測之。此當云「卜其同姓與否」，不當僅以「卜吉凶」爲言也。

曲禮注疏長編卷十

一·三一 ○賀取妻者[一]曰：「某子使某，聞子有客，使某羞。」謂不在賓客之中，使人往者。羞，進也，言進於客。古者謂候爲進[二]，其禮蓋壺酒、束脩若犬也。不斥主人，昏禮不賀[三]。

【疏】「賀取」至「羞」。○正義曰：謂親朋友有昏，己有事碍不得自往[四]而遣人往也。案郊特牲云：「昏禮不賀，人之序也。」此云「賀」者，聞彼昏而送筐篚，將奉淳

[一] 賀取妻者 閩、監本同，石經同，岳本、嘉靖本同，衛氏集説同。毛本「取」作「娶」。釋文於上出「取妻」云：「本亦作『娶』，下『賀取妻』同。」則作「娶」者，釋文之又本也。正義本從作「取」。○鍔按：「賀取」上，阮校有「賀取妻者節」五字。

[二] 古者謂候爲進 閩、毛本同，岳本、嘉靖本同，衛氏集説同。監本「候」誤「侯」。

[三] 昏禮不賀 閩、監本同，岳本、嘉靖本同，衛氏集説同，考文引宋板同，毛本「禮」誤「賔」。

[四] 碍不得自往 閩、監、毛本「碍」作「礙」，衛氏集説同。

意[一]，身實不在爲賀，故云賀而其辭則不稱賀。「曰：某子使某」者，此使者辭也。某子者，賀者名。使某者，使自稱名也。言彼使我來也。

○「聞子有客」者，聞子，呼娶妻者爲子也。昏禮既不稱賀，故云「聞子有客」也。客者，鄉黨僚友之屬也。

○「使某羞」者，某是使者名也。羞，進也。子既召賓客，或須飲食，故使我將此酒食以與子進賓客[二]。

○注「謂不」至「不賀」。○正義曰：「羞，進也，言進於客也。古者謂候爲進」者，證呼送禮爲進。候，猶進也。古時謂迎客爲進，漢時謂迎客爲候。此記是古法，故飲食與彼迎接呼爲進也。鄭注周禮候人云：「候，候迎賓客之來。」是也。

云「其禮蓋壺酒、束脩若犬也」者，言於禮物用壺酒及束脩。束脩，十脡脯也。若無脯則壺酒及一犬，故云「若犬」也。少儀云：「其以乘壺酒、束脩、一犬賜人。若獻人，則陳酒執脩以將命。」是酒、脩獻人之法也。此賀用酒，或亦四壺也。

云「不斥主人，昏禮不賀」者，解所以不云賀主人昏，而云「有客」之義。主人有嗣

[一] 將奉淳意　閩、監、毛本「奉淳」作「表厚」，是也，衛氏集説同。

[二] 以與子進賓客　閩、監、毛本同，惠棟校宋本「客」下有「也」字。

代之序，故不斥云賀也。

【衛氏集説】鄭氏曰：賀，謂不在賓客之中，使人往者。羞，進也，言進於客。古者謂候爲進，其禮蓋壺酒、束脩若犬也。不斥主人，昏禮不賀。

孔氏曰：謂親朋友有昏，已有事礙不得自往而遣人往也。昏禮有嗣代之序，故不賀，此云「賀」者，聞彼昏而送筐篚，將表厚意，身實不在爲賀，故其辭不稱賀。「曰：某子使某」者，此使者辭也。某子，賀者名。使某，使自稱名也。言彼使我來也。聞子，呼取妻者爲子也。不賀，故云「聞子有客」也。「使某羞」者，某是使者名也。使某將此酒食與子進賓客也。

藍田呂氏曰：郊特牲云：「昏禮不賀，人之序也。」賀者，以物遺人而有所慶也。昏禮，嘉禮也，然著代以爲先祖後，人子之所不得已，故不用樂，即不賀也。雖曰不賀，然爲酒食以召鄉黨僚友，則問遺不可廢也。故其辭曰「聞子有客，使某羞」，舍曰「昏禮」而謂之「有客」，則所以羞者，佐其共具之費，以待鄉黨僚友而已，非賀也。世之不知禮者，以其所以問遺者，猶以慶賀名之。君子雖不曰賀，而問遺猶行，故作記者因俗之名稱「賀」也。

長樂陳氏曰：賀之者，賀其有客也，非賀昏也。使人羞之而已，非親往也。

廬陵胡氏曰：羞，進也，謂進物於取妻者，春秋傳「可羞於王公」是也。鄭謂「進於客」，誤矣。

【吴氏纂言】此言爲彼取妻而致餽遺，其辭命如此也。「某子」之某，致餽者之氏也。「使某」之某，爲使者之名也。「聞子」之子，指取妻之人而言也。

鄭氏曰：爲不在賓客之中，使人往者。羞，進也，言進於客。其禮蓋壺酒、束脩若犬。

孔氏曰：親朋友有昏，已有事礙不得自往而遣人往。昏禮不賀，此云「賀」者，聞彼昏而送筐篚，將表厚意，身實不在爲賀，故云賀而其辭則不稱賀，曰使者辭也。「某子」，賀者名，言彼使我來也。「聞子」，呼取妻者爲子也。「某」，是使者名。不賀，故但云「聞子有客」，使某將此酒食與子，進於客也。

吕氏曰：賀者，以物遺人而有所慶也。昏禮著代以爲先祖後，人子之所不得已，故不用樂，不賀也。雖曰不賀，然爲酒食以召鄉黨僚友，則問遺不可廢。故其辭舍曰「昏禮」，而謂之「有客」，則所以羞者，佐其共具之費，以待鄉黨僚友而已，非賀也。世之不知禮者，以其問遺，猶以慶賀名之，故作記者因俗之名稱「賀」也。

陳氏曰：賀其有客，非賀昏也。

【陳氏集説】吕氏曰：賀者，以物遺人而有所慶也。著代以爲先祖後，人子之所不得已，故不用樂，且不賀也。然爲酒食以召鄉黨僚友，則遺問不可廢也。故其辭曰：「聞子有客，使某羞。」舍曰「昏禮」，而謂之「有客」，則所以羞者，佐其供具之廢而已，非賀也，作記者因俗之名稱賀。

【納喇補正】賀取妻者。

集説 作記者因俗之名稱「賀」。

竊案 昏禮不賀，人之序也。故嫁女之家，三夜不息燭，思相離也；取婦之家，三日不舉樂，思嗣親也。俗人稱賀，失禮意矣。記者將以先王之典示後世，豈可苟徇俗稱？陳氏既不能正其失，奈何又從爲之辭？

【郝氏通解】凡以財慶人曰賀。昏禮無賀，以人子將有嗣代之憂也。如賀，則直云「某聞子有客，使某來進食」，不直言賀也。某子，賀者名。使某，使者自名。羞，進食也。

【欽定義疏】正義 鄭氏康成曰：賀，謂不在賓客之中，使人往者。孔疏：謂親朋友有昏，己有事礙不得自往而遣人往也。羞，進也，古者謂候爲進。孔疏：古時謂迎客爲進，漢時謂迎客爲候。其禮，蓋壺酒、束脩若犬也。不斥主人，昏禮不賀。

孔氏穎達曰：昏禮有嗣代之序，故不賀。此云「賀」者，聞彼昏而致筐篚，將表厚意，身實不往爲賀，故其辭不稱賀。「曰：某子使某」者，此使者辭也。某子，賀者名。使某，使自稱名也。言彼使我來也。聞子，呼取妻者爲子也。不賀，故云「聞子有客」也。「使某羞」者，使某將此酒食與子進賓客也。

呂氏大臨曰：郊特牲云：「昏禮不賀，人之序也。」賀者，以物遺人而有所慶也。昏禮，嘉禮也，然著代以爲先祖後，人子之所不得已，故不用樂，即不賀也。雖曰不賀，然爲酒食以召鄉黨僚友，則問遺不可廢也。故其辭曰「聞子有客，使某羞」，舍曰「昏禮」，而謂之「有客」，則所以羞者，佐其共具之費，以待鄉黨僚友而已，非賀也。言賀，因俗之名。

吴氏澄曰：此言爲彼取妻而致餽遺，其辭如此也。

案 此節因上言昏取而附記之。前章云「爲酒食，以召鄉黨僚友」，即有客之謂也。惟以供具之助，爲問遺之端，使授受皆得其宜，而仍不違於禮之不賀，此古人措辭之善也。

【杭氏集説】吴氏澄曰：此言爲彼取妻而致饋遺，其辭如此也。

姜氏兆錫曰：吕氏曰：「賀者，以物遺人而有所慶也。著代以爲先祖後，蓋有不得已者，故不用樂，且不賀。郊特牲云『昏者不賀，人之序也』是也。然爲酒食以召鄉黨僚友，則問遺不可廢也，故其辭如此。蓋舍曰『昏禮』，而謂之『有客』，是特佐其供具而已，非賀也，記者殆因俗而名以賀與？」又曰：此章言婚娶問遺之禮。

馮成章問：「古者設昏娶，原爲先祖父慶嗣續之長，宜用樂。文王得后妃，而宫人以琴瑟鐘鼓樂之者，朱子訓釋謂當親愛而娛樂之也。而吕氏釋禮記『賀娶妻者』，謂『著代以爲先祖後，人子所不得已，故不用樂，且不賀』，果爾，則祭祀怵惕悽愴，亦大不得已矣，何以獨用樂？後世遇喪用樂，名曰鬧喪，滅禮傷化，固不足道，而昏禮非喪比也，亦不用樂，得毋非人情乎？」世駿答曰：「君子無故不去琴瑟，關雎所言是平日，不是言成昏之時。祭義『樂以迎來』，故禘有樂而嘗無樂，樂非凶不用。樂，幽陰之義也。」

【孫氏集解】鄭氏曰：謂不在賓客中，使人往者。羞，進也，言進於客。古者謂候爲進，其禮蓋乘壺酒、束脩若犬也。不斥主人，昏禮不賀。

孔氏曰：某子，賀者名。使某，使自謂也。

吕氏大臨曰：賀者，以物遺人而有所慶也。昏禮不賀，人之序也。雖曰不賀，然爲酒食以召鄉黨僚友，則問遺不可廢也。故其辭舍曰「昏禮」，而曰「有客」，則所以羞者，佐其供具之費，以待鄉黨僚友而已，非賀也。言賀，因俗之名。

【朱氏訓纂】注：謂不在賓客之中，使人往者。羞，進也，言進於客。古者謂候爲進，其禮蓋壺酒、束脩若犬也。不斥主人，昏禮不賀。正義：此使者辭也。某子者，賀者名。使某者，使自稱名。客者，鄉黨僚友之屬。

一·三二 〇**貧者不以貨財爲禮**[一]**，老者不以筋力爲禮。**禮許儉，不非無也。年

[一] 貧者節 惠棟云：「『貧者』節經注之下接上節『賀取』至『羞』疏文。」

五十始杖，八十拜君命，一坐再至。○筋，音斤。**○名子者**[一]**，不以國，不以日月，不以隱疾，不以山川。**此在常語之中，爲後難諱也。春秋傳曰：「名，終將諱之。」隱疾，衣中之疾也，謂若黑臀、黑肱矣。疾在外者，雖不得言，尚可指擿。此則無時可辟。俗語云：「隱疾難爲醫。」○臀，徒孫反。擿，徐吐歷反，或音的。醫，於其反。

【疏】「名子」至「山川」。○正義曰：此一節明與子造名字之法，各依文解之。

○「名子者，不以國」者，不以本國爲名，故杜氏注春秋桓六年傳云：「不以本國爲名。」如是他國，即得爲名。故桓十二年「衛侯晉卒」，襄十五年「晉侯周卒」是也。

○「不以日月」者，不以甲、乙、丙、丁爲名。殷家得以爲名者，殷質，不諱名，故也。然案春秋魯僖公名申，蔡莊公名甲午者，周末亂世，不能如禮，或以爲不以「日」「月」二字爲名也。

○「不以隱疾」者，謂不以體上幽隱之處疾病爲名。

○注「謂若黑臀、黑肱矣」。○正義曰：案宣二年「晉使趙穿迎公子黑臀於周[二]而立之」。周語單子云：「吾聞晉成公之生，夢神規其臀以黑，使有晉國。」此天所命也，

[一] 名子者節　惠棟云：「『常語之中』至後頁注『無大小皆相名』『相』字止，宋本闕。」

[二] 迎公子黑臀於周　閩、監、毛本同，惠棟校宋本「迎」作「逆」。○按：作「迎」與宣二年傳合。

有由而得爲名。昭元年楚公子黑肱、昭三十一年邾黑肱得爲名，或亦有由，或亂世而不能如禮。

云「名，終將諱之」者，案桓六年九月丁卯，子同生。公問名於申繻。申繻對曰：「名有五：有信，有義，有象，有假，有類。以名生爲信。」杜注云：若唐叔虞、魯公子友。以德命爲義，若文王名昌，武王名發；以類命爲象，若仲尼首象尼丘；取於物爲假，若伯魚生，人有饋之魚，因名之曰鯉；取於父爲類，若魯莊公與桓公同日生，名之曰同也。按傳文云「不以官，不以畜牲，不以器幣」，此記文略耳。傳云：「以官則廢職，以山川則廢主，以畜牲則廢祀，以器幣則廢禮。晉以僖侯廢司徒，宋以武公廢司空，先君獻、武廢二山。」杜注云：「司徒改爲中軍，司空改爲司城。魯獻公名具，武公名敖。」按國語范獻子聘魯，問具、敖之山，魯人以鄉名對，獻子云：「何不云具、敖乎？」對曰：「先君獻、武之所諱也。」此等所以皆爲名者，以其不能如禮，故申繻言之。「周人以諱事神」者，謂周人諱神之名而事神，其名終没爲神之後，將須諱之，故不可以爲名也。

【衛氏集説】貧者不以貨財爲禮，老者不以筋力爲禮。

鄭氏曰：禮許儉，不非無也。年五十始杖，八十拜君命，一坐再至。

藍田吕氏曰：君子之於禮，不責人之所不能備，「貧者不以貨財爲禮」是也；不責人之所不能行，「老者不以筋力爲禮」是也。禮者，敬而已矣。心苟在敬，財力之不足，非禮之訾也。潢汙行潦可薦於鬼神，瓠葉兔首不以微薄廢禮，此不以貨財者也。五十杖於家，至一坐再至，此不以筋力者也。又有法之所不得爲者，有疾而不能行者，臨難而不得已者，土地之所不有者，君子亦不責也。王子爲其母請數月之喪，雖加一日，愈於已也。季子、儲子皆以幣交，他日孟子見季子而不見儲子，以季子不得之鄒，儲子得之平陸故也。如季子、王子者，法之所不得爲者也。喪禮「禿者不免，傴者不袒，跛者不踊」，此有疾而不能行者也。男女不授受，嫂溺則援之以手，君子正其衣冠，同室有鬬，則被髮纓冠而救之，此臨難而不得已也。居山者不以魚鼈爲禮，居川者不以鹿豕爲禮，此土地之所不有也。凡此皆禮之變也，行禮而知變，所謂非禮之禮也。

長樂陳氏曰：禮非貨財不足以爲文，非筋力不足以爲儀。貧者不足於貨財，老者不足於筋力，於其不足而責之以爲禮，則不恕矣。古者凶荒則殺禮，況貧者乎？聘、射之禮，非强有力者不能行，況老者乎？

名子者，不以國，不以日月，不以隱疾，不以山川。

鄭氏曰：此在常語之中，爲後難諱也。春秋傳曰：「名，終將諱之。」隱疾，衣中之疾也，謂若黑臀、黑肱矣。疾在外者，雖不得言，猶可指擿。此則無時可辟。

孔氏曰：此一節明與子造名字之法。「不以國」者，不以本國爲名，他國即得爲名，衛侯晉、晉侯周是也。「不以日月」者，不以甲、乙、丙、丁爲名，殷家以爲名者，殷質，不諱，故也。然案春秋傳魯僖公名申，蔡莊公名甲午者，周末亂世，不能如禮，或以爲不以「日」「月」二字爲名也。「不以隱疾」者，謂不以體上幽隱之處疾病爲名。春秋晉成公名黑臀，又有楚公子黑肱、邾黑肱是矣。桓六年九月丁卯，子同生。公問名於申繻，申繻對曰：「名有五：有信，有義，有象，有假，有類。以名生爲信。」杜注云：若唐叔虞、魯公子友；以德命爲義，若文王名昌，武王名發；以類命爲象，若仲尼首象尼丘；取於物爲假，若伯魚生，人饋魚，因名鯉；取於父爲類，若魯莊公與桓公同日生，名曰同也。案傳文云「不以官，不以畜牲，不以器幣」，此記文略耳。傳云：「以官則廢職，以山川則廢主，以畜牲則廢祀，以器幣則廢禮。晉以僖侯廢司徒，宋以武公廢司空，先君獻、武廢二山。」杜注云：「司徒改爲中軍，司空改爲司城。魯獻公名具，武公名敖。」案國語范獻子聘魯，問具、敖之山，魯人以鄉名對。獻子云：「何不云具、敖乎？」魯人對曰：「先君獻、武之所諱也。」此皆不能如禮者也。

藍田吕氏曰：古者生子三月，妻以子見而父名之。名者，識之以是物，苟别而已。殷人以前質，不諱名，至周人以諱事神，名終將諱之，故名子者必有所辟，以其終將諱也。國若晉、宋之屬，天子之所封也。日月若甲、子之屬，天下之達稱也。隱疾者，人之所難言也。山川者，國之望也。名之必可言也，所難言者不可傳於人，故不以隱疾也。名之必將諱之，諱之必將改之。改天子之所封，則不敬上，故不以國；改天下之達稱，則不同乎俗，故不以日月；改國之望，則不敬鬼神，故不以山川。春秋之時，名字之禮廢，犯此四禁而莫之恤也。

長樂陳氏曰：名子之禮，世子、適子則名之於君，庶子、衆子則名之於有司，大夫、士、庶之子皆名之於父。其名之之禮雖殊，而名之之戒則一。古人之於命物也，猶曰名之必可言，況名子乎？二名猶不可以偏諱，況大物乎？魏王昶之名子也，皆以「玄默」「沖虚」爲稱，欲使顧名思義而已。

李氏曰：魯申繻言不以國，不以日月，不以山川，不以隱疾，不以器幣，不以官，不以牲，蓋諸侯有百官，有祭祀，有器幣，有牲，庶人名之則可也。

王氏子墨曰：名子，父之責也。命之名，所以示之教也。以國非所以教謙也，以日月非所以教敬也，以隱疾非所以教之進乎德也，以山川非所以教之求諸己也。命名而必示之教，申繻所謂「以德命爲義」者也。雖古人之名其子或有所因，不盡若是，而曲禮之意蓋主乎以德命也，又況以諱事神，周道也。名終而將諱之，得不擇夫可諱者以名之乎？子生三月而父名之，既有以教其終身，而又慮其子若孫之難避也，不亦太蚤計乎？非蚤計也。君子之所以示其子孫，無非爲久遠之慮也。於名而慮其遠如是，則將無所不慮乎遠也。以爲鬼神而諱之，多且百年，少亦數十載之後矣，而其諱之難易基於一日命名之初，是以君子之於子孫，無非於其始而謹之也。於名而謹其始如是，則將無所不謹其始也，是曲禮之意。

【吴氏纂言】貧者不以貨財爲禮，老者不以筋力爲禮。

鄭氏曰：禮許儉，不非無也。年五十始杖，八十拜君命，一坐再至。

陳氏曰：禮非貨財不足以爲文，非筋力不足以爲儀。貧者不足於貨財，老者不足於筋力。於其所不足而責之以爲禮，則不恕矣。

吕氏曰：君子之於禮，不責人之所不能備，不責人之所不能行。

名子者，不以國，不以日月，不以隱疾，不以山川。

鄭氏曰：此在常語之中，爲後難諱也。春秋傳曰：「名，終將諱之。」隱疾，衣中之疾也，謂若黑臀、黑肱。疾在外者雖不得言，猶可指擿。此則無時可辟。

孔氏曰：不以國者，不以本國爲名，它國即得爲名。衛侯晉，晉侯周是也。不以日月，不以甲、乙、丙、丁爲名。殷家以爲名者，殷質，不諱，故也。魯僖公名申，蔡莊公名甲午者，周末亂世，不能如禮。不以隱疾者，不以體上幽隱之疾爲名。不以山川者，魯獻公名具、武公名敖。范獻子聘魯，問具、敖之山，魯人以鄉名對，獻子云：「何不云具、敖乎？」對曰：「先君獻、武之所諱也。」此皆不能如禮者也。

【陳氏集説】貧者不以貨財爲禮，老者不以筋力爲禮。應氏曰：無財不可以爲悦，而財非貧者之所能辦；非强有力者不足以行禮，而强有力非老者之所能勉。**名子者，不以**

國，不以日月，不以隱疾，不以山川。常語易及，則避諱爲難，故名子者不之用。

【郝氏通解】貧者不以貨財爲禮，老者不以筋力爲禮。

貧者不能備將禮之物，老者不能任行禮之勞。禮不在儀文，故無財亦可行也。禮不在周旋，故衰老亦可行也。不然，豈貧者、老者遂無禮乎？故曰禮云。禮云「君子義以爲質」，此之謂也。

名子者，不以國，不以日月，不以隱疾，不以山川。

子生三月，而父名之，義方之始，不可不慎。以國則僭上，以日月則褻天，以隱疾則貪蓄，以山川則瀆神，推而廣之，必正乃順。隱疾，隱諱之疾，如目疾名瞎，足疾名跛之類。

【欽定義疏】貧者不以貨財爲禮，老者不以筋力爲禮。

正義　鄭氏康成曰：禮許儉，不非無也。年五十始杖，八十拜君命，一坐再至。

吕氏大臨曰：君子之於禮，不責人之所不能備，不責人之所不能行。禮者，敬而已矣。心苟在敬，財力之不足，非禮之訾也。

陳氏祥道曰：禮非貨財不足以爲文，非筋力不足以爲儀。貧者不足於貨財，老者不足於筋力，於其不足而責之以爲禮，則不恕矣。

通論　吕氏大臨曰：潢汙行潦可薦於鬼神，瓠葉兔首不以微薄廢禮，此不以貨財者也。五十杖於家，至一坐再至，此不以筋力者也。又有法之所不得爲者，有疾而不能行者，臨難而不得已者，土地之所不有者，君子亦不責也。王子爲其母請數月之喪，法之所不得爲者也。喪禮「秃者不免，傴者不袒，跛者不踊」，此有疾而不能行者也。嫂溺則援之以手，同室有鬬，被髮纓冠而救之，此臨難而不得已也。居山不以魚鼈爲禮，居川不以鹿豕爲禮，此土地之所不有也。凡此皆禮之變也。

餘論 陳氏祥道曰：古者凶荒則殺禮，況貧者乎？聘、射之禮，非强有力者不能行，況老者乎？

案 此一節明用禮之宜，所謂以權制者也。責貧以財，則禮廢於貧。責老以力，則禮廢於老。如是，在己可以自安，在人可以不責。

名子者，不以國，不以日月，不以隱疾，不以山川。

正義 鄭氏康成曰：此在常語之中，爲後難諱也，春秋傳曰：「名，終將諱之。」隱疾，衣中之疾也，謂若黑臀、黑肱。孔疏：宣二年「晉使趙穿迎公子黑臀於周而立之」。昭元年，楚公子黑肱。昭三十一年，邾黑肱。疾在外者，雖不得言，猶可指摘。此則無時可辟。

杜氏預曰：隱痛疾患，避不祥也。

孔氏穎達曰：以國，衛侯晉，晉侯周是也。甲、乙、丙、丁，殷家以爲名，殷質，不諱，故也。魯僖公名申，蔡莊公名甲午者，周末不能如禮。山川，魯獻公名具，武公名敖。此皆不能如禮者也。

陳氏澔曰：常語易及，則避諱爲難。

通論 李氏曰：魯申繻言不以國，不以官，不以山川，不以隱疾，不以畜牲，不以器幣，蓋諸侯有百官，有祭祀，有器幣，有牲。庶人名之則可也。

徐氏師曾曰：申繻對魯桓公曰：「名有五：名生爲信，案杜注：若唐叔虞、魯公子友。德命爲義，案杜注：若文王昌、武王發。類命爲象，案杜注：若仲尼首象尼丘。取於物爲假，案杜注：若伯魚生，君饋之鯉。取於父爲類。案杜注：若魯莊公與父同日。」又曰：「以官則廢職，案杜注：若晉僖侯改司徒爲中軍，宋武公改司空爲司城。以畜牲則廢祀，以器幣則廢禮。」此可以補曲禮之闕。

餘論 呂氏大臨曰：名子者必有所辟，以其終將諱也。國，天子之所封也。日月，天下之達稱也。隱疾者，人之所難言也。山川者，國之望也。名之必可言也，所難言者，不可傳於人，故不以隱疾也。名之必將諱之，諱之必將改之。改天子之所封，則不敬上。改天下之達稱，則不同乎俗。改國之望，則不敬鬼神。春秋之時，名子之禮廢，犯此四禁而莫之恤也。

陳氏祥道曰：名子之禮，世子、適子則名之於君，庶子、衆子則名之於有司，大夫、士、庶之子皆名之於父。其名之之禮雖殊，而名之之戒則一。古人之於命物也，猶曰名之必可言也，況名子乎？魏王昶之名子也，以「元默」「沖虚」爲稱，欲使顧名思義而已。

存疑 孔氏穎達曰：不以國者，不以本國爲名，他國即得爲名。

案 如孔説，則魯公名宋、衛侯名鄭，皆禮所得爲，而會同大典，與相朝於廟，將易其國乎？抑不諱乎？恐亦非是。

【杭氏集説】貧者不以貨財爲禮，老者不以筋力爲禮。

姜氏兆錫曰：應氏曰：「無財不可以爲悦，而財非貧者所能辦。非强有力者不足以行禮，而力非老者所能勉。」 又曰：此章言行禮之變。

名子者，不以國，不以日月，不以隱疾，不以山川。

杜氏預曰：隱痛疾患，避不祥也。

陳氏澔曰：常語易及，則避諱爲難。

徐氏師曾曰：申繻對魯桓公曰：「名有五，名生爲信，案杜注：若唐叔虞、魯公子友。德命爲義，案杜注：若文王昌、武王發。類命爲象，案杜注：若仲尼首象尼丘。取於物爲假，案杜注：若伯魚生，君饋之鯉。取於父爲類。案杜注：若魯莊公與父同日。」又曰：「以官則廢職，案杜注：若晉僖侯改司徒爲中軍，宋武公改司空爲司城。以山川則廢主，以畜牲則廢祀，以器幣則廢禮。」此可以補曲禮之闕。

姚氏際恒曰：左傳魯申繻所言，較此無「不以日月」，多「不以官」「不以畜牲」「不以器幣」。

姜氏兆錫曰：命名有五，如左傳「名生爲信，德命爲義」類是也。國，若晉侯周、衛侯晉。日月，若殷甲、乙、丙、丁。隱疾，若黑臀、黑肱。山川，若獻、武、具、敖。五者非以示教，且常語避諱難也。左傳云「不以官，不以山川，不以畜牲，不以器幣。以官則廢職，以山川則廢主，以畜牲則廢祀，以器幣則廢禮」也。

李夔班問：「名子諸條，是國君之禮，抑凡名子者皆然？」世駿答曰：「凡爲子者。」

【孫氏集解】貧者不以貨財爲禮，老者不以筋力爲禮。

鄭氏曰：禮許儉，不非無也。年五十始杖，八十拜君命，一坐再至。

愚謂貨財、筋力，所以行禮也，然人之所無，而不可强者，君子有所不責焉，所以通禮之窮也。

名子者，不以國，不以日月，不以隱疾，不以山川。

鄭氏曰：此在常語之中，爲後難諱也。春秋傳曰：「名，終將諱之。」隱疾，衣中之疾，謂若黑臀、黑肱矣。疾在外者，尚可指擿。此則無時可避。

杜氏預曰：隱痛疾病，避不祥也。

孔氏曰：名子不以國者，不以本國爲名，如他國，則得爲名。故桓十三年「衛侯晉卒」，襄十五年「晉侯周卒」，是也。不以日月者，不以甲、乙、丙、丁爲名。殷家得以爲名者，殷質，不諱名，故也。然案春秋魯僖公名申、蔡莊公名甲午者，周末亂世，不能如禮。

或以爲不以「日月」二字爲名也。皆爲其難避也。

愚謂日，謂支干也。日以支干相配爲名，月謂晦、朔、弦、望，或曰謂十二月之名，爾雅「正月曰陬，二月曰如」之屬是也。○左傳魯申繻曰：「名不以國，不以官，不以山川，不以隱疾，不以牲畜，不以器幣。周人以諱事神，名，終將諱之。故以國則廢名，以官則廢職，以山川則廢主，以牲畜則廢祀，以器幣則廢禮。晉以僖侯廢司徒，宋以武公廢司空，先君獻、武廢二山。是以大物不可以命。」

愚謂周人以諱事神，謂不正稱其名耳，非謂他處皆避之也。書言「惟有歷年」，詩言「克昌厥後」「駿發爾私」，此即王季、文、武之名也，則諱名之法可見矣。周末文勝而諱避繁，故有如此記與申繻之所言者。雖然，臣子尊其君父，聞名心瞿，有忠敬之心焉，固非禮之訾也。

【朱氏訓纂】貧者不以貨財爲禮，老者不以筋力爲禮。注：禮許儉，不非無也。年五十始杖，八十拜君命，一坐再至。呂與叔曰：君子之於禮，不責人之所不能備，不責人之所不能行。財力之不足，非禮之訾也。

名子者，不以國，不以日月，不以隱疾，不以山川。注：此在常語之中，爲後難諱也。春秋傳曰：「名，終將諱之。」隱疾，衣中之疾也，謂若黑臂、黑肱矣。正義：不以國者，不以本國爲名，他國即得爲名。桓十二年「衛侯晉卒」、襄十五年「晉侯周卒」是也。

不以日月者，不以甲、乙、丙、丁爲名。殷家得以爲名者，殷質，不諱名，故也。案春秋魯僖公名申，蔡莊公名甲午者，周末亂世，不能如禮。傳曰：「以官則廢職，以山川則廢主，以畜牲則廢祀，以器幣則廢禮。晉以僖侯廢司徒，宋以武公廢司空，先君獻、武廢二山。」杜注云：「司徒改爲中軍，司空改爲司城。魯獻公名具，武公名敖。」按：國語范獻子聘魯，問具、敖之山，魯人以鄉名對。獻子云：「何不云具、敖乎？」對曰：「先君獻、武之所諱也。」

一·三三　○**男女異長。**各自爲伯季也。**男子二十，冠而字**[一]。成人矣，敬其名。○冠，古亂反。**父前子名，君前臣名。**對至尊，無大小皆相名。**女子許嫁，笄而字。**以許嫁爲成人。○笄，古兮反。

【疏】「男女」至「而字」[二]。○正義曰：此一節明男女冠笄名字之法，各依文解之。○「男女異長」者，按冠禮加字之時，「伯某甫仲叔季，唯其所當」，又檀弓云：「幼

[一]　男子二十冠而字　閩、監、毛本同，岳本、嘉靖本同，衛氏集説同。釋文出「二十冠」，石經「二十」合作「廿」，後並同，不複出。○鍔按：「男子」上，阮校有「男女異長節」五字。

[二]　男女至而字　惠棟校宋本無此五字。

名，冠字，五十以伯仲。」知女子亦各自爲叔季者，春秋隱公二年「伯姬歸于紀」、隱七年「叔姬歸于紀」是也。禮緯含文嘉云：「文家稱叔，質家稱仲。」以此言之，則周有管叔、蔡叔之屬，是文家，故稱叔也。禮緯又云：「嫡長稱伯，庶長稱孟。」

○「君前臣名」者，成十六年鄢陵之戰，公陷于淖，欒書欲載晉侯，鍼曰：「書退。」鍼是書之子，對晉侯而稱書，是於君前臣名其父也。

【衛氏集說】鄭氏曰：男女各自爲伯季也。冠，是成人矣，敬其名。父前、君前，對至尊，無大小皆相名。女子以許嫁爲成人。

孔氏曰：此一節明男女冠笄名字之法。案冠禮加字之時，「伯某甫仲叔季，唯其所當」，又檀弓云：「幼名，冠字，五十以伯仲。」知女子亦自爲叔季者，春秋隱公二年「伯姬歸于紀」、七年「叔姬歸于紀」是也。成十六年鄢陵之戰，公陷于淖，欒書欲載晉侯，鍼曰：「書退。」鍼是書之子，對晉侯而稱書，是於君前臣名其父也。

賈氏曰：名是受於父母，爲質。字者受於賓，爲文。故君父之前稱名，至於他人稱字，是敬其名也。儀禮疏。

長樂陳氏曰：家無二長，故父前無伯仲之稱。國無二上，故君前無爵位之稱。記曰：「士於君所言大夫，没矣，則稱謚若字。」則大夫於大夫，没矣而名之，可知也；士於没者稱謚若字，則於生者名之，又可知也。大夫没矣爲可諱，而大夫猶名之，大夫於士爲尊矣，而士於生者猶名之，則君前無適而不名也。

王氏子墨曰：長者，伯仲叔季之序也。男子伯仲叔季之序達於四方，女子之長少則不出閨闥而已，其各爲長，宜也。冠，成人之服也。自成童至於成人矣，其可不敬其名乎？於是從而字之，亦宜也。夫成人，則人以字稱我矣，則人之名非我所當名也。又況有長幼之序、貴賤之别，其可名之哉而有時乎？名之者，君父之前，尊有所伸，則私有所屈也。一家之尊，無以加於父也，父之前，無長幼皆名之，不敢致私敬於其長也。天下之尊，無以加於君也，君之前，無貴賤皆名之，不敢致私敬於其所貴也。女子之笄，猶男子之冠，閨門之内，亦當敬其名。不言許嫁之年，不可以預定也。聖人之制禮，未嘗不謹其微也。男女之别，居有堂室之分，衣有椸枷之異，所以爲内外之辨亦至矣。而必異其長，以明其無所不當别異也。聖人之慮蓋微也，冠禮醮而三加，猶懼其幼志之未棄，名字之間，若未容遽示以所敬也，而必敬其名者，以爲少長之禮於是乎分也。字之以别少長，聖人之慮蓋微也。晨昏之禮行於家，朝覲之禮行於國，登降、拜俯、趨進、應對之節，截乎其嚴矣。父子家庭之間，君臣燕閒之際，或不名其兄弟同列之名，若未害也。而聖人之意，以爲君父之前而不名其兄弟同列，則於臣子之敬有所未足也。聖人之慮蓋微也。男女雖異，而伯仲之序可以同者，必吾同氣之兄弟也。以吾同氣之兄弟而猶不與之同其長，則男女之别可不致其嚴哉？冠而見字，所以責成人之禮備也。夫人且將敬我矣，我可不思所以自敬乎？可不懼不足以得人之敬乎？侍父侍君，語之及乎他人者，猶必謹而名之，而畏乎語之誤也，則兢兢慄慄之念，豈容不加乎？起敬起孝之誠，豈容不至乎？然則聖人之謹其微，所以愛天下後世者深矣。

藍田呂氏曰：事父者，家無二尊，雖母不敢以抗之，故無長幼皆名，不敢致私敬於其長也。事君者，國無二尊，雖父不敢以抗之，故無貴賤尊卑皆名，不敢致私敬於其所尊貴也。

嚴陵方氏曰：字緣名生，固以敬其名。經言「廟中不諱」，與「父前子名」同意，又言「君所無私諱」，與「君前臣名」同意。

廬陵胡氏曰：「父前子名，君前臣名」，宣十五年申犀謂楚王曰：「毋畏知死而不敢廢王命。」襄二十一年欒盈謂王行人曰「陪臣書」，皆名其父於君前也，於他國君前亦然。成三年荀罃謂楚王曰：「以賜君之外臣首。」

馬氏曰：女子許嫁，則十五而笄，未嫁則二十而笄，笄而字之，猶男子之冠也。

【吳氏纂言】鄭氏曰：男女各自爲伯季也。冠是成人矣，敬其名。父前、君前，對至尊，無小大皆相名。女子以許嫁爲成人。

【陳氏集説】男女異長，各爲伯仲，示不相干雜之義也。**男子二十冠而字**。冠而字之，敬其名也。**父前子名，君前臣名**。呂氏曰：事父者家無二尊，雖母不敢以抗之，故無長幼皆名，不敢致私敬於其長也。事君者國無二尊，雖父不可以抗之，故無貴賤尊卑皆名，不敢致私敬於其所尊貴也。春秋鄢陵之戰，欒書欲載晉侯，其子鍼曰「書退」。此君前臣名，雖父亦不敢抗也。**女子許嫁，笄而字。**許嫁則十五而笄，未許嫁則二十而笄，亦成人之道也，故字之。

【郝氏通解】男女異長。男子二十，冠而字。

異長，各自爲伯仲。男子之長幼達于四方，女子之長幼閨門之内耳，故不相雜。男子冠而字之，重成人，不斥其名也。

父前子名，君前臣名。

名，謂自稱與稱同輩皆以名。父尊于一家，子自稱及稱家衆皆以名也。君尊于國，臣自稱與稱他人皆以名也。春秋傳鄢陵之戰，晉侯陷于淖，欒書欲載晉侯，鍼曰「書退」。鍼，書之子也，對晉侯稱書，是君前子亦名父，他可推。

女子許嫁，笄而字。

女子十五以上，皆可許嫁。許則十五而笄，未許則二十亦笄矣。字之，亦敬其名也。

【欽定義疏】男女異長。

正義　鄭氏康成曰：各自爲伯季也。孔疏：案冠禮加字之時，「伯某甫仲叔季，惟其所當」，又檀弓云：「幼名，冠字，五十以伯仲。」知女子亦自爲叔季者，春秋「伯姬歸於紀」「叔姬歸於紀」是也。

孔氏穎達曰：文家稱叔。案：管叔以下皆稱叔，惟末爲聃季云。質家稱仲，嫡長稱伯，案：若衛共伯。庶長稱孟。案：若魯孟孫。

黄氏震曰：異長，亦示别也。

陳氏澔曰：各爲伯仲，示不相干雜之義也。

男子二十，冠而字。

正義 鄭氏康成曰：冠是成人矣，敬其名。

朱氏申曰：二十曰弱冠，已冠而字之，成人之道也。

父前子名，君前臣名。

正義 鄭氏康成曰：對至尊，無大小皆相名。孔疏：鄢陵之戰，欒書欲載晉侯，鍼曰：「書退。」鍼是書之子，對晉侯而稱名，是於君前臣名其父也。

賈氏公彦曰：名是受於父母，爲質。字者受於賓，爲文。故君父之前稱名，至於他人稱字，是敬其名也。

陳氏祥道曰：家無二長，故父前無伯仲之稱。國無二上，故君前無爵位之稱。

呂氏大臨曰：事父者，家無二尊，雖母不敢以抗之。故無長幼皆名，不敢致私敬於其長也。事君者，國無二尊，雖父不敢以抗之，故無貴賤尊卑皆名，不敢致私敬於所尊也。

通論 胡氏銓曰：「父前子名，君前臣名」，宣十五年申犀謂楚王曰：「毋畏知死而不敢廢王命。」襄二十一年欒盈謂王行人曰「陪臣書」，皆名其父於君前也，於他國君前亦然。成三年荀罃謂楚王曰：「以賜君之外臣首。」

餘論　方氏慤曰：字緣名生，固以敬其名。經言「廟中不諱」，與「父前子名」同意。又言「君所無私諱」，與「君前臣名」同意。

女子許嫁，笄而字。

正義　鄭氏康成曰：女子以許嫁爲成人。

黄氏震曰：字以尊名，男冠女笄，皆成人而字，惟君父之前則名。

陳氏澔曰：許嫁，則十五而笄。未許嫁，則二十而笄，亦成人之道也，故字之。

餘論　王氏子墨曰：男子伯仲叔季之序，達於四方，女子之長，少不出閨闥，其各爲長，宜也。既冠成人，敬其名而字之，宜也。而有時乎名之者，君父之前，尊有所伸，則私有所屈也。女子之笄，猶男子之冠，閨門之内，亦當敬其名。不言許嫁之年，不可以豫定也。聖人之制禮，未嘗不謹其微也。男女之别，居有堂室之分，衣有椸枷之異，所以爲内外之辨亦至矣。而必異其長，以明其無所不當别異也。

【杭氏集説】男女異長。

孔氏穎達曰：文家稱叔，案管叔以下皆稱叔，惟末爲聃季云。質家稱仲。嫡長稱伯，案若衛共伯。庶長稱孟。案，若魯孟孫。

黄氏震曰：異長，亦示别也。

陳氏澔曰：各爲伯仲，示不相干雜之義也。

朱氏軾曰：異長，亦是別男女意。

陳詮問：「男女異長，是男以男之長幼爲稱，女以女之長幼爲稱否與？」世駿答曰：「猶易言長男、中男、少男，長女、中女、少女。」

男子二十，冠而字。

朱氏申曰：二十曰弱冠，已冠而字之，成人之道也。

姜氏兆錫曰：冠而字之，敬其名也。

父前子名，君前臣名。女子許嫁，笄而字。

黄氏震曰：字以尊名，男冠女笄，皆成人而字，惟君父之前則名。

陳氏澔曰：許嫁則十五而笄，未許嫁則二十而笄，亦成人之道也，故字之。

姚氏際恒曰：内則云「十有五年而笄，二十而嫁」，則十五以後，二十以前，皆笄之時，故不言年數，可與内則互相備。

曲禮諸文，每段皆取文義相生，委委屬屬，若斷若連，極爲有致。如此節，本言男女之字，因男子之字，遂及君父前名之義，以之厠于中間，何其絶去板腐比偶之迹？善讀書者兼以此意，處處檢校，最得古文之妙。因嘆後儒將禮記割裂分類，豈非夏蟲之見耶？

姜氏兆錫曰：此章類言稱名之禮。

【孫氏集解】男女異長。

鄭氏曰：各自爲伯季也。

男子二十，冠而字。

鄭氏曰：成人矣，敬其名。

父前子名，君前臣名。

鄭氏曰：對至尊，無小大皆稱名。

孔氏曰：君前臣名者，成十六年鄢陵之戰，陷於淖，欒書欲載晉侯。鍼曰：「書退。」鍼是書之子，對晉侯而稱書，是於君前臣名其父也。賈氏公彦曰：名受於父母，爲質。字受於賓，爲文。故君父之前稱名，至於他人則稱字。

胡氏銓曰：宣十五年申犀謂楚王曰：「毋畏知死而不敢廢王命。」襄二十一年欒盈謂王行人曰「陪臣書」，皆名其父於君前也。於他國君亦然。成三年荀罃謂楚王曰：「以賜君之外臣首。」

愚謂成人雖爲之字，然對君而言臣，對父而言子，則皆稱其名。謂卿大夫於君前名其僚友，子於父前名其兄弟，蓋至尊之前無私敬也。統以父則皆子，統以君則皆臣。故對父，雖弟亦名其兄，對君，雖子亦名其父也。

女子許嫁，笄而字。

鄭氏曰：以許嫁爲成人。

陳氏澔曰：許嫁則十五而笄，未許嫁則二十而笄。

愚謂男子冠而婦人笄，然冠之年有一定，而笄之年無定。內則曰「女子十五而笄」，蓋自十五以前未可許嫁也。至十五始可許嫁，許嫁則笄矣。然許嫁不必皆十五，即笄亦不必皆十五也。故於男子言二十而冠，而女子之笄不著言其年也。○自「名子者」至此，記男女名字之法。

【朱氏訓纂】男女異長。注：各自爲伯季也。　正義：按冠禮加字之時，「伯某甫仲叔季，唯其所當」，又檀弓云：「幼名，冠字，五十以伯仲。」知女子亦各自爲叔季者，春秋隱公二年「伯姬歸於紀」、隱七年「叔姬歸於紀」是也。

男子二十，冠而字。注：成人矣，敬其名。

父前子名，君前臣名。注：對至尊，無大小皆相名。　正義：成十六年，鄢陵之戰，公陷於淖。欒書欲載晉侯，鍼曰：「書退。」鍼是書之子，是於君前臣名其父也。

女子許嫁，笄而字。注：以許嫁爲成人。　春秋僖九年公羊傳：「婦人許嫁，字而笄之。」何休注：「字者，尊而不泄，所以遠別也。笄者，簪也，所以繫持髮，象男子飾也。服此者，明繫屬於人，所以養貞一也。婚禮曰：『女子許嫁，笄而醴之，稱字。』」

一·三四　○**凡進食之禮**[一]**：左殽右胾，食居人之左，羹居人之右。**皆便食也。殽，骨體也。胾，切肉也。食，飯屬也。居人左右，明其近也。殽在俎，胾在豆。○殽，户交反，熟肉有骨曰殽。胾，側吏反，大臠。食，音嗣，飯也，注「食，飯屬」同，徐音自。羹，古衡反，舊音衡。便，音婢面反，下同。近，如字。**膾炙處外，醯醬處内**[二]**，**殽胾之外内也。近醯醬者，食之主。膾炙皆在豆。○膾，古外反。炙，章夜反，注同。醢，徐音海，本又作「醯」，呼兮反。醬，子匠反。**葱⿰氵⿱云木處末**[三]**，**⿰氵⿱云木，烝葱也，處醯醬之左。言末者，殊加也[四]。⿰氵⿱云木在豆。○⿰氵⿱云木，以制反。烝，之承

[一]　凡進食之禮節　惠棟校宋本「凡進」至「虛口」疏合下疏十四節，在「庶人齕之」經注之下。

[二]　醯醬處内　閩、監、毛本同，石經同，岳本、嘉靖本同，衛氏集説同。釋文出「醢」云：「徐音海，本又作『醯』，呼兮反。」正義云：「此『醯醬』，徐音作海，則醢之與醬，兩物各別。」又云：「今此經文若作『醯』字，則是一物也。」又云：「則醯醬一物爲勝。」據此正義本從作「醯」。

[三]　葱⿰氵⿱云木處末　閩、監、毛本同，石經同，岳本、嘉靖本同，衛氏集説同。釋文出「葱渫」。案：渫，本字；⿰氵⿱云木，唐人避諱字。石經中凡偏旁涉「世」字者，多改從「云」，如「棄」作「弃」，「勩」作「⿰⿱云貝力」、「葉」作「⿱艹⿱云木」。此「⿰氵⿱云木」及「⿰木⿱云木」「⿰革⿱云木」「⿰女⿱云木」「⿰言⿱云木」「⿰土⿱云木」「⿰亻⿱云木」皆是也。廣韻「葱渫」字作「⿰氵葉」。

[四]　言末者殊加也　閩、監本同，岳本、嘉靖本同，衛氏集説同，考文引宋板同，毛本「加」誤「如」。

反。**酒漿處右**[一]。處羹之右，此言若酒若漿耳，兩有之則左酒右漿。此大夫士與賓客燕食之禮，其禮食，則宜放公食大夫禮云。○漿，子羊反，字亦作「將」。燕，本亦作「宴」，於遍反。放，方兩反。公食，音嗣，此儀禮篇名也，後放此，下文及注「執食」同。**以脯脩置者，左朐右末。**亦便食也。屈中曰朐。○朐，其俱反。**客若降等，執食興辭，**辭者，辭主人之臨己食，若欲食於堂下然。**主人興，辭於客，然後客坐。**復坐。**主人延客祭，**延，道也。祭，祭先也，君子有事，不忘本也。客若降等，則先祭[二]。○客祭，禮，飲食必祭，示有所先也。干寶注周禮云：「祭五行六陰之神，與人起居。」道，音導。**祭食，祭所先進。**主人所先進，先祭之；所後進，後祭之。如其次[三]。**殽之序，徧祭之。**謂胾、炙、膾也，以其本出於牲體也。公食大夫禮：魚、腊、湇、

[一] 酒漿處右　閩本同，石經同，宋監本同，岳本、嘉靖本同，衛氏集説同，惠棟校宋本同。監、毛本「右」誤「内」。石經考文提要云：案鄭注云「處羹之右」，王制「殷人以食禮」疏引此經亦作「處右」，宋大字本、宋本九經、南宋巾箱本、余仁仲本、宋劉叔剛本、至善堂九經本並作「右」。

[二] 客若降等則先祭　閩、監、毛本同，岳本同，衛氏集説同。惠棟校宋本「若」作「不」，嘉靖本同，宋監本同，考文引古本、足利本同，是也。

[三] 如其次　閩、監本同，岳本、嘉靖本同，衛氏集説同，考文引宋板同，毛本「如」誤「所」。

醬不祭也[一]。○徧，音遍，下注同。腊，音昔。湇，音泣。**三飯，主人延客食胾**[二]**，然後辯殽**[三]。先食胾，後食殽，殽尊也。凡食殽，辨於肩[四]，食肩則飽也。○飯，扶晚反，下注「禮飯以手」同，依字書食旁作卞，扶萬反，食旁作反，符晚反，二字不同，今則混之，故隨俗而音此字。辨，音遍，下同。**主人未辯，客不虛口。**俟主人也。虛口，謂酳也。客自敵以上，其酳不待主人飽，主人不先飽也。○酳音胤，又士覲反，嗽口也。以酒曰酳，以水曰漱。

[一] 魚腊湇醬不祭也　閩、監、毛本同，岳本、嘉靖本同，衛氏集説同。浦鏜校云：「『湇』誤『湆』，後同。『湇醬』，儀禮作『醬湇』。」案五經文字云：「湇、湆，並丘及反。上從泣，下月，大羹也；上從泣，下日，幽深也。今禮經大羹相承多作下字，或傳寫久訛，不敢便改。」此唐人所不敢改者，浦鏜輒欲改之，非也。○按：段玉裁云「『湇』字不見於説文」，則未知張説何本。儀禮音義引字林云：「湇，羹汁。」玉篇、廣韻同。然則本無異字也。

[二] 主人延客食胾　各本同，此本「胾」誤「誠」，今正。

[三] 然後辯殽　惠棟校宋本同，石經同，宋監本同，岳本、嘉靖本同，衛氏集説同。閩、監、毛本「辯」作「辨」，下「主人未辯」同。案：五經文字云「辯、辨，並皮勉反，上理也，下别也，經典或通用之。禮記亦借『辯』爲『徧』字。」

[四] 凡食殽辨於肩　閩、監、毛本同。岳本「辨」作「辯」，嘉靖本同，考文引宋板同。

【疏】「凡進」至「虛口」[一]。○正義曰：此一節推明飲食之法也[二]，各隨文解之。今此明卿大夫與客燕食之禮。

○「左殽右胾」者，熟肉帶骨而臠曰殽，純肉切之曰胾。骨是陽，故在左；肉是陰，故在右。

○「食居人之左，羹居人之右」者，食飯燥爲陽，故居左；羹濕是陰，故右設之。並在殽胾之内。

○注「皆便」至「在豆」。○正義曰：「皆便食也」者，此中有三便：一則純肉在右，先取爲便也；二則羹飯並近，人之食，先取羹飯，亦便；三則飯在左，羹在右，右手取羹，羹重於右，亦便，故云「皆便食」。

云「食，飯屬」者，知食是飯者，春秋左氏傳云「粢食不鑿」，論語云「一簞食」，玉藻云「子卯稷食」，皆飯也。言「屬」者，諸飯悉然，故云屬也。

云「居人左右，明其近也」者，以其繫人言之，故云近也。

云「殽在俎」者，春秋宣十六年王享士會，「殽烝」下云「宴有折俎」。又昏禮及特牲、少牢皆骨體在俎，是「殽在俎」。知「胾在豆」者，公食大夫禮：庶羞十六豆，有牛胾、

[一] 凡進至虛口　惠棟校宋本無此五字。

[二] 此一節推明飲食之法也　閩、監、毛本同。惠棟校宋本「推」作「雜」，衛氏集説同。

羊胾，是「胾在豆」。

○注「殽胾」至「在豆」。○正義曰：知在「殽胾之外内」者，以此饌之設，羹食最近人，羹食之外，乃有殽胾。今云「膾炙處外，醯醬處内」，明其不得在羹食之内，故知在殽胾之外内。此「醯醬」，徐音作海，則醢之與醬，兩物各別。依昏禮及公食大夫禮，醬在右，醢在左。此醯醬處内，亦當醬在右，醯在左也。按公食大夫禮「宰夫自東房授醯醬，公設之」，鄭注云「以醯和醬」也。又周禮醯人「祭祀共虀菹醯物」，則醯、醬共爲一物也。今此經文若作「醯」字，則是一物也。「醢」之與「醯」，其義皆通，未知孰是。但鄭注「葱渫」云「處醯醬之左」[一]，則醯醬一物爲勝。

云「膾炙皆在豆」者，以公食下大夫十六豆，有牛炙、羊炙及芥醬、魚膾，故知在豆。

○注「處醯」至「在豆」。○正義曰：知「處醯醬之左」者，地道尊右，既云「處末」，則末在左，上繼「醯醬」，文承其下，故云在醯醬之左。知葱渫殊加者，以儀禮正饌唯有菹醢，無葱渫，故知葱渫爲殊加也。以其菹類，故知在豆也。

○注「若酒」至「禮云」。正義曰：卑客則或酒或漿，若尊客則有酒有漿。案公食大夫禮云「設酒於豆東」，是酒在左也。公食大夫禮又云「賓三飯，設漿飲於稻西」，鄭注

[一] 但鄭注葱渫云處醯醬之左　閩、監本同，毛本「醯」誤「醢」，衛氏集説亦作「醯」。

云「酒在東，漿在西，所謂左酒右漿」是也。

云「此大夫與賓客燕食之禮，其禮食則宜放公食大夫禮云」者，從上進食之禮，至此所陳饌具，皆是卿大夫燕食也。其禮食則似公食大夫禮所陳是也。案公食大夫禮：醯醬陳於席前，豆六。設於醬東，西上。韭菹以東，醓醢、昌本。南，麋臡。以西，菁菹、鹿臡。士設俎於豆南，牛俎在西，牛俎東羊俎，羊俎東豕俎。又牛俎南魚俎，魚俎東腊俎，腊俎東有腸胃俎。又有膚俎，在兩行俎之東，縱設之。黍稷六簋，設於俎西。黍簋當牛俎西，其西稷，稷西黍。黍南稷，稷東黍，黍東稷。屈爲兩行。大羹在醬西。鉶四，設於豆西。牛鉶在東，牛西羊，羊南豕，豕東牛。飯酒設於豆東，粱飯設於湆西，稻于粱西。庶羞十六豆，設於稻南，屈折而陳，凡爲四行：膷東臐，臐東膮，膮東牛炙；炙南醢，醢西牛胾，胾西醢，醢西牛膾；膾南羊炙，炙東羊胾，胾東醢，醢東豕炙；炙南醢，醢西豕胾，胾西芥醬，醬西魚膾。此是公食下大夫禮云[一]。若上大夫，八豆、八簋、六鉶、九俎，庶羞二十也。

○「以脯脩置」者，設食竟所須也。脯訓始，始作即成也。脩亦脯也。脩訓治，治之

[一] 此皆是公食下大夫禮云　惠棟校宋本有「皆」字。此本「皆」字脱，閩、監、毛本同。

乃成。鄭注腊人云：「薄折曰脯，棰而施薑桂曰鍛脩[一]。」今明置設脯脩與客之法，故云「以脯脩置者」。

○「左朐右末」者，朐，謂中屈也。屈脯，朐朐然也。左朐，朐置左也。右末，末，邊際；置右，右[二]手取際擘之便也。脯脩則處酒左，以燥爲陽也。脯脩皆左邊也。注「亦便」至「便也」。○「客若降等」者，降，下等也，謂大夫爲卿之客，其品等卑下也。

○「執食興辭」者，執，捉也。食，飯也。興，起也。客既卑，故未食必先捉飯而起，以辭謝主人之臨己也，又若欲往堂下食然也。堂下是卑者食處，飯爲食主，故特執之也。公食大夫禮云「賓北面，自間坐，左擁簠粱[三]，右執湆以降」是也。鄭云：「自間坐，由兩饌之間也。」辭主人臨己食，若欲食於堂下然。此降等，謂大夫於卿，故欲降而不降，若臣於君，則降也。故公食云「賓擁簠粱以降」是也。若敵者，全無欲降之禮，故公食禮云：「大夫相食，賓執粱與湆，之西序端。」無降法也。

[一] 捶而施薑桂曰鍛脩　閩本同。監、毛本「捶」作「棰」，「鍛」作「腶」。考文引宋板亦作「捶」，作「鍛」。周禮腊人注「棰」從木旁，「鍛」從金旁。衛氏集説作「捶」「腶」。

[二] 末邊際置右右　惠棟校宋本作「左右」，是也。

[三] 左擁簠粱　監、毛本同，閩本「梁」作「粱」。

○「主人興辭於客，然後客坐」者，主人見客執飯起，故主人亦起，辭止之，則客從辭而止，乃坐食復坐也。

○「主人延客祭」者，延，道也。祭者，君子不忘本，有德必酬之，故得食而種種出少許，置在豆間之地，以報先代造食之人也。若敵客則得自祭，不須主人之延道。今此卑客聽主人先祭道之，已乃從之，故云「延客祭」也。

○「祭食，祭所先進」，凡祭食之法，隨主人所設前後、次第種種而次祭之。故主人所先進，先祭之；所後進，後祭之。所從如其次也。

○「殽之序，偏祭之」者，序，次序也，謂膾、炙、胾之屬也。偏，匝也。炙胾之屬，雖同出於牲[一]，今祭之，故種種次序，偏匝祭之。

○注「謂胾」至「祭也」。○正義曰：案公食大夫禮云：「三牲之肺不離，贊者辯取之，壹以授賓[二]。賓興受，坐祭，挩手。」又云「魚、腊、醬、湆不祭」也。

○「三飯，主人延客食胾」者，三飯，謂三食也。禮，食三飧而告飽，須勸乃更食。三飯竟，而主人乃道客食胾也。公食大夫禮云：「賓三飯，以湆、醬。」鄭云：「每飯歠湆，以殽擩醬，食正饌也。」案：彼文是三飯但食醬及他饌，而未食胾，故三飧竟，而主人道

[一] 炙胾之屬雖同出於牲　閩、監、毛本同，衛氏集説「雖」作「本」。

[二] 壹以授賓　惠棟校宋本同，閩、監、毛本「壹」作「一」。

客，使之食胾也。所以至三飧後乃食胾者，公食禮亦以胾爲加，故客三飧前未食之，故鄭注云「以殽擩醬，食正饌」。正饌則非胾也。然公食禮三飧竟挩手，起，受漿漱口，受束帛之物，升，降拜，禮畢方是升還坐，食取飽，飽又三漱。不云「三飯，延客食胾」者，與此異也。

○「然後辯殽」者，然後，謂食胾竟後也。辯，匝也。主人皆道客令食至飽，食殽得匝也。

○注「先食」至「飽也」。○正義曰：純肉爲陰，陰，卑也。帶骨爲陽，陽，尊也。尊，故後食之也。云「凡食殽，辯於肩，食肩則飽」者，案特牲、少牢云初食殽，次食脊，次食骼，後食肩，是辯於肩也。故云「食肩則飽」也。鄭云「舉前正脊，後肩，自上而卻[一]，下綍而前，終始之次也」。案鄭云，是先食脇脊，次食骼，食骼竟，又屈食脇脊，竟乃食肩。

○「主人未辯，客不虛口」者，虛口，謂食竟飲酒蕩口，使清絜及安食也。用漿曰漱，令口以絜清爲義。用酒曰酳，酳訓演，言食畢以酒演養其氣。主人若食殽未辯，則客雖已辯，而不得輒酳漱也。主人恒讓客，不自先飽，故客待主人辯乃得爲酳也。此謂卑客

[一] 自上而卻下　閩、監本同，毛本「自」誤「是」，考文引宋板亦作「自」。

耳。敵客以上，則不待主人也。音義隱云：飯畢蕩口也[一]。○注「俟主」至「酳也」。○正義曰：案公食禮云：「賓卒食，會飯三飲」，鄭云：「三漱漿也。」明是食竟漱也。又初三飯竟，設漿稻西，「賓坐祭，遂飲」，鄭云：「飲，漱也。」案此漱是三飧竟，又有事，故用漿漱口。若如斯，則公食之禮雖設酒爲優賓，不得用酳。故鄭注彼云「設而不舉」，明但以漿漱口而已也。此是私客，故用酒以酳，所以異於公食禮也，故鄭此云「謂酳也」。

云「客自敵已上，其酳不待主人飽」者，客不敵，故待主人。主人不先飽者，緣主人不先飽，故待之也。

【衛氏集說】凡進食之禮：左殽右胾，食居人之左，羹居人之右。膾炙處外，醯醬處內，葱渿處末，酒漿處右。以脯脩置者，左朐右末。

鄭氏曰：左、右，皆便食也。殽，骨體也。胾，切肉也。食，飯屬也。居人左右，以其近也。外、內，殽胾之外內也。近醯醬者，食之主。渿，烝葱也，處醯醬之左。言末者，殊加也。殽在俎，胾與膾炙、葱渿皆在豆。酒、漿，處羹之右，此言若酒若漿耳，兩有之則左酒右漿。此大夫士與賓客燕食之禮，其禮食，則宜放公食大夫禮云。左朐右末，亦便食

[一] 音義隱云飯畢蕩口也　惠棟校宋本同，閩本同。監本「音義隱」三字闕，毛本作「酳隱義」。案：疏中屢稱「音義隱」，亦或稱「隱義」。

也。屈中曰朐。

孔氏曰：自此至「歠之」，雜明飲食之法。今自此至「虛口」，明卿大夫士與客燕食之禮。熟肉帶骨而臠曰殽，純肉切之曰胾。骨是陽，故在左；肉是陰，故在右。飯燥爲陽，故居左；羹濕是陰，故居右。此饌之設，羹食最近人。羹食之外，乃有殽胾，故此膾炙、醯醬知在殽胾之外内也。醯字，徐作醢，則醢之與醬，兩物各別。依昏禮及公食大夫禮，醬在右，醢在左。醯醬處内，亦當醬在右，醢在左。案公食大夫禮「宰夫自東房授醯醬，公設之」，鄭注云「以醯和醬」，又周禮醯人「共齊菹醯物」，則醯醬共爲一物也。今此經文若作「醯」字，則是一物。「醢」之與「醯」，其義皆通，未知孰是。但鄭注「葱渫云『處醯醬之左』」，則醯醬一物爲勝。地道尊右，葱渫既處末，則末在左，上文繼「醯醬」之下，故知在醯醬之左。儀禮正饌唯有菹醢，無葱渫，故鄭知葱渫爲殊加也。鄭知殽在俎者，春秋宣十六年王享士會，「殽烝」下云「宴有折俎」。又昏禮及特牲、少牢皆骨體在俎，是「殽在俎」。又公食大夫禮：庶羞十六豆，有牛胾、羊胾、牛炙、羊炙、芥醬、魚膾。故知胾、膾炙皆在豆。葱渫亦菹類，故知在豆也。卑客則或酒或漿，若尊客則有酒有漿。案公食大夫禮云「設酒于豆東」，是酒在左也；又云「賓三飯，設漿飲于稻西」，所謂「左酒右漿」也。以脯脩置者，設食竟所須也。脯訓始，始作即成也。脩亦脯也。脩訓治，治之乃成。鄭注腊人云：「薄析曰脯，捶而施薑桂曰腶脩。」今明置設脯脩與客之法，故云「以脯脩置」。左朐，以中屈處置左也。右末，以末邊際置右也。右手取末祭，擘食之便，脯脩則處酒左。

藍田吕氏曰：據此章所陳饌與辭遜之節，雖與公食大夫禮少有不同，其大略無甚異，恐此即大夫士與賓客禮食之節也。公食大夫禮三牲之俎在左，庶羞之豆在右，俎實皆殽。殽，骨體也。羞豆有胾。胾，切肉也。此則「左殽右胾」矣。公食大夫禮庶羞之豆有膾、有炙，設于稻南簋西，則處外矣。公設醯醬于席前，則處内矣。此其所同也。公食大夫禮設黍稷六簋于俎西，設鉶四于豆西。俎，豆南，則鉶、簋同列矣。簋實食也，鉶實羹也，無左右之别也。公食大夫禮飲酒實于觶，設于豆東，漿飲設于稻西，稻東則左，稻西則右，是左酒右漿，不俱在右。又無葱渫脯脩之品，此其所異也。鄉飲酒之禮以飲爲主，故先酌酒以行獻酢。食禮以食爲主，故卒食設酒以酳之，不獻也。左右、内外之設，皆便乎食，因以寓陰陽之義也。左氏傳「粢食不鑿」，玉藻云「稷食菜羹」，皆飯也。醯醬，食之主也。公食大夫禮賓將食，宰夫自東房授醯醬，公設之；卒食，賓取粱與醬，興，以降，貴食之主也。膾炙，庶羞也。庶羞非正食，加饌而已，爲主者在内，加者在外，此所以分内外也。葱渫亦加品，與膾炙同物，故處末，末與外皆陽也。酒漿與羹同物，故處右，右，陰也。若兩有酒漿，則左酒右漿，酒陽漿陰也。脯脩皆有朐。

嚴陵方氏曰：食以六穀爲主。穀，地産也，所以作陽德，故居左。羹以六牲爲主。

牲，天産也，所以作陰德，故居右。

馬氏曰：晏子曰：「先王之濟五味，以平其心。」然則君子之於飲食，豈徒充口腹之欲哉？醯醬葱渫之類，所以和五味之不及，養氣而平心也。孔子「不撤薑食」「不得其醬不食」，亦是意也。

客若降等，執食興辭，主人興，辭於客，然後客坐。主人延客祭，祭食，祭所先進。殽之序，徧祭之。三飯，主人延客食胾，然後辯殽。主人未辯，客不虚口。

鄭氏曰：辭者，辭主人之臨己食，若欲食於堂下然。延，道也。祭，祭先也。君子有事，不忘本也。客若降等，則先祭。主人所先進，先祭之；所後進，後祭之。如其次也。殽徧祭，謂胾、炙、膾也，以其本出於牲體也。公食大夫禮：魚、腊、湆、醬不祭也。延客先食胾，後食殽，殽尊也。凡食殽，辯於肩，食肩則飽。客不虚口，俟主人也。虚口，謂酳也。客自敵以上，其酳不待主人飽。主人不先飽也。

孔氏曰：降，下等也，謂大夫爲卿之客，其品等卑下也。執，捉也。食，飯也。興，起也。客既卑，故未食先執飯起，以辭謝主人。飯爲食主，故特執之。客既興辭，故主人亦起，辭止之，則客從辭而止，乃復坐食也。「延客祭」者，君子得食，則種種出少許，置在豆間之地，以報先代造食之人，敵客則得自祭，不須主人之延道也。凡祭食之法，隨主人所設前後、次第種種而次祭之。序，次序也。次序偏匝祭之也。三飯，謂三食也。禮，食三飧而告飽，須勸乃更食。三飯竟，主人乃道客食胾。案公食大夫禮，三飯但食醬及他饌，而未食胾，蓋以胾爲加，客三飧前未食之。然公食禮三飧竟，不云「延客食胾」，與此異也。食胾竟後，乃始辯殽。辯，匝也。主人道客，令食至飽，故食殽得匝也。特牲、少牢云初食殽，次食脊，次食骼，後食肩，故鄭云「辯於肩，則飽也」。虛口，謂食竟飲酒蕩口，使清潔及安食也。用漿曰漱，令口以潔清爲義。用酒曰酳，酳訓演，言食畢以酒演養其氣。客雖食殽已匝，不得輒酳，蓋主人常讓客，不自先飽，故客待之也。案公食禮雖設酒優賓，不得用酳，但以漿漱口，此是私客，故用酒以酳也。

藍田呂氏曰：降等，謂大夫於卿，士於大夫也，但執食興辭而不下堂；大夫於君其辭也，必下堂，君辭而後升，公食大夫禮「賓左擁簠粱，右執湆，以降，公辭。賓坐奠于階西，對，坐取之，升，反奠于其所」是也。君子戒慎乎其所不睹，恐懼乎其所不聞，所以敬乎神明者，未嘗斯須忘也。神無方不在，則未嘗有所間也。故飲食必祭，所以祭者莫適祭也。祭其神也，莫適祭，則吾之敬心無時而不存也。延客祭者，客卑於主人，客不敢先，必延之而後祭也，孔子曰「吾食於少施氏而飽，吾祭，作而辭曰：疏食不足以祭」是也。主人所先進者，則先祭之；後進者，則後祭之。亦所以敬主人也。殽謂骨體，如特牲、少牢尸飯舉幹、舉骼、舉肩，皆振祭，是謂徧祭，既食胾，則徧食之，所謂「辯殽」也。徧食，如尸嚌之是也。先儒以此殽爲膾炙，膾炙，禮謂之庶羞，非殽也。所謂「徧祭」者，謂徧舉骨體而祭也。胾，加豆也。客既三飯，主人延客食加，所以盡其勤也。主人未辯，客不虚口，亦謂降等之客，必俟主人徧食殽胾，乃敢卒食而酳，蓋有所待也。

臨川王氏曰：主人延客祭，先王制禮，無非教也。「無終食之間違仁」者，其祭之謂乎？

長樂陳氏曰：古者於爨則祭先炊，於樂則祭樂祖，將射則祭侯，用火則祭司爟，用龜則祭先卜，養老則祭先老，於馬則祭馬祖、馬社，於田則祭先嗇、司嗇，於學則祭先聖、先師，凡此不忘本也，又況飲食之間哉？

馬氏曰：飲食唯魚、腊、醬、湆不祭，以其非物之盛，則餘殽莫不徧祭也。飲禮三爵而退，食禮三飯而止者，不盡人之歡，非專爲飲食之義也，故三飯，主人延客食胾，然後辯殽，蓋主人之加禮，則義不可辭也。

廬陵胡氏曰：祭食，祭所先進。食，飯也，黍稷稻粱之屬。所先進者則祭之，後者不祭，若殽之序則徧祭。徧，皆也。公食之禮，雖設酒爲優賓，不得用酳，故鄭注彼云但以漿漱口而已，則此虚口，安知其酳耶？愚謂若主人食殽未徧，客不虚口耳，非酳也。

王氏曰：殽之序，徧祭之，則自殽之外，蓋有不祭者，如魚、腊、醬、湆，非食之盛，可以無祭也。此據卑客，故一聽命於主人，食至則必興辭，以祭則不敢先舉，以胾則不敢先嘗，殽之徧不敢先飽，若敵客則不然矣。雖然禮無惡乎過厚，賓主既設，其勢必有所先，以敵者而施是禮焉，其誰曰不可？而況賓主燕食之間，恩意相接，客之謙，惟恐先乎主人，而主人之厚於客，惟恐有所不足也。雍容揖遜，愛敬有餘，較之公食大夫之禮尊卑不至截然，蓋得禮之中者也，孰得而少之哉？

【吴氏纂言】凡進食之禮：左殽右胾。食居人之左，羹居人之右。膾炙處外，醯醬處内，葱渿處末，酒漿處右。以脯脩置者，左朐右末。

鄭氏曰：皆便食也。殽，骨體也。胾，切肉也。殽在俎，胾在豆。食，飯屬也。居人左右，明其近也。外内，殽胾之外内也。膾炙皆在豆，近醯醬者，食之主。渿，蒸葱也，處醯醬之左。言末者，殊加也。渿在豆。酒漿處羹之右，言若酒若漿爾，兩有之則左酒右漿。此大夫、士與賓客燕食之禮，其禮食，則宜放公食大夫禮云。左朐右末，亦便食也。屈中曰朐。

孔氏曰：孰肉帶骨而臠曰殽，純肉切之曰胾。骨是陽，故在左，肉是陰，故在右。飯燥爲陽，故左，羹濕是陰，故右。此饌之設，羹食最近人。羹食之外，乃有殽胾。故膾炙、醯醬知在殽胾之外内也。「醯」字，徐作「醢」，則醢之與醬，兩物各别。依昏禮及公食大夫禮，醬在右，醢在左。此「醯醬處内」，亦當醬右醢左也。按公食禮：「宰夫自東房授醯醬，公設之。」鄭注云「以醯和醬」。又周禮醯人「共齊菹醯物」，則醯醬共爲一物也。今此記文若作「醯」字，則是一物。「醢」之與「醯」，其義皆通，未知孰是。但鄭注「葱滐」，云「處醯醬之左」，則醯醬一物爲勝。地道尊右，則末在左。葱滐文繼醯醬之下，故知在醯醬之左。儀禮正饌惟有葅醢，無葱滐，故鄭以葱滐爲殊加也。卑客則或酒或漿，若尊客則有酒有漿。以脯脩置者，設食竟所須也。脯訓始，始作即成。脩訓治，脩治之乃成。鄭注腊人云：「薄析曰脯，捶而施薑桂曰腶脩。」左朐，以中屈處置左也。右末，以末邊際置右也。右手取末際，擘食之便，脯脩處酒左。

客若降等，執食興辭，主人興辭於客，然後客坐，主人延客祭。祭食，祭所先進，殽之序，徧祭之。三飯，主人延客食胾，然後辯殽。主人未辯，客不虛口。

鄭氏曰：辭者，辭主人之臨己食，若欲食於堂下然。延，道也。祭，祭先也，君子有事不忘本也。客不降等，則先祭。主人所先進，先祭之，所後進，後祭之。如其次也。殽之序徧祭，謂胾、炙、膾也，以其本出於牲體也。公食大夫禮：魚、腊、湆、醬不祭也。延客先食胾，後食殽，殽尊也。凡食殽，辯於肩，食肩則飽也。客不虛口，俟主人也。虛口，謂酳也。客自敵以上，其酳不待主人飽，主人不先飽也。

孔氏曰：降，下等也，謂大夫爲卿之客，其品等卑下也。執，捉也。興，起也。客既卑，故未食先執飯起以辭謝主人。飯爲食主，故特執之。客既興辭，故主人亦起辭止之，則客從辭而止，乃復坐食也。延客祭者，君子得食，則種種出少許，置在豆間之地，以報先代造食之人。敵客則得自祭，不須主人之延道也。凡祭食之法，隨主人所設前後次第而祭序。次，序也。次序，徧匝祭之也。三飯，謂三食也。禮，食三飧而告飽，須勸乃更。食三飯竟，主人乃道客食胾也。按公食大夫禮三飧竟，不云「延客食胾」，與此異。食胾竟後，乃始辯殽。辯，匝也。主人道客，令食至飽，故食殽得匝也。特牲少牢云「初食殽，次食脊，次食骼，後食肩」。辯於肩則飽也。虛口，謂食竟飲酒蕩口，使清潔及安食也。用漿曰漱，以口潔清爲義；用酒曰酳，酳訓演，言食畢以酒演養其氣。客雖食殽已匝，不得輒酳，蓋主人常讓客，不自先飽，故客待主人辯乃酳。此謂卑客，敵以上，其酳不待。按公食禮雖設酒優賓，不得用酳，但以漿漱口。此是私客，故用酒以酳也。

【陳氏集説】**凡進食之禮：左殽右胾。食居人之左，羹居人之右。膾炙處外，醯醬處內，葱渫處末，酒漿處右。以脯脩置者，左朐右末。**肉帶骨曰殽，純肉切曰胾。骨剛故左，肉柔故右。飯左羹右，分燥濕也。膾炙異饌，故在殽胾之外。醯醬，食之主，故在殽胾之內。葱渫，烝葱，亦菹類，加豆也，故處末。酒漿，或酒或漿也，處羹之右。若兼設，則左酒右漿。　疏曰：脯訓始，始作即成也。脩亦脯，脩訓治，治之乃成。薄析曰脯，捶而施薑桂曰腶脩。朐，謂中屈也。左朐，朐置左也。脯脩處酒左，以燥爲陽也。　呂氏曰：其末在右，便於食也，食脯脩者先末。**客若降等，執食興辭，主人興辭於客，然後客坐。**降等，謂爵齒卑於主人也。不敢當主賓之禮，故食至則執之以起，而致辭於主人。主人見客起辭，故亦起而致辭於客，客乃復就其坐也。**主人延客祭。祭食，祭所先進，殽之序，**

偏祭之。古人不忘本，每食必每品出少許，置於豆間之地，以報先代始爲飲食之人，謂之祭。延，導之也。祭食之禮，主人所先進者則先祭之，後進者後祭，各以殽之次序而祭之徧也。朱子曰：古人祭酒於地，祭食於豆間，有板盛之，卒食徹去。**三飯，主人延客食胾，然後辯殽。**疏曰：三飯，謂三食也。禮，食三飧而告飽，須勸乃更食。三飯竟，而主人乃導客食胾也。公食大夫禮云：「賓三飯，以湆、醬。」鄭云：「每飯歠湆，以殽擩醬，食正饌也。」所以至三飯後乃食胾者，以胾爲加，故三飧前未食。食胾之後，乃可徧食殽也。**主人未辯，客不虛口。**疏曰：虛口，謂食竟而飲酒蕩口，使清潔及安食也。用漿曰漱，以潔清爲義。用酒曰酳，酳訓演，演養其氣也。

【納喇補正】**葱渫處末。**

集說　渫，烝葱。

竊案　此鄭注也。郝氏敬曰：「葱渫處末，『渫』與『渫』通作『泄』。易云『井渫不食』，古字借作『屑』，内則『屑薑與桂』，既夕禮云『甕三醯醢屑』是也。」而注曰「烝葱」，非矣。

客若降等，執食興辭。

集說　不敢當主賓之禮，故食至則執之以起，而致辭於主人。

竊案　此注非不是，而興辭之故，則未能深明也。凡飲食之禮，臣於君則降食於堂下，公食大夫禮云「賓左擁簠粱，右執湆以降」是也。若賓主相敵，無欲降之理，公食大夫禮云「大夫相食，賓執粱與湆之西序端」是也。惟大夫於卿，則欲降而不降。此記云「客若降等，執食興辭」，鄭注謂「辭者，辭主人之臨己食，若欲食於堂下然」是也。陳氏但言「不敢當主賓之禮」，而不深明其故，則所謂「致辭於主人」者，何爲乎？

【郝氏通解】殽，牲體熟而升之俎也。胾，純肉切而盛于豆也。謂之殽者，骨肉雜也。禮重骨賤肉，故左殽右胾。食，飯也。穀食爲主，故居左。肉汁爲羹，羹陪食，故居右。細切爲膾，燒肉爲炙，盛之以豆，居食羹之外也。醢，醬屬，或云醋也。醢，通爲醬。醢、醬之類不一，皆所以和諸饌，亦盛以豆，居殽胾之内也。葱渿所以爲和也，渿當作屑，内則云「屑桂與薑」，士喪禮云「醢醢屑」是也，亦盛以豆，居諸饌之末。漿，諸飲之屬。周禮有三酒六飲，居右，與羹近，取便也。脯、脩皆乾肉。「薄析曰脯」，脯，始也，始成爲脯。「捶而施薑桂曰脵」，脩，脩治也，治而後成也。朐，屈也。末，謂兩端，乾肉屈中而以末端向右，食脯先末，便于擘取也。降等，謂客分卑於主人也。執食起辭，如儀禮臣食于君，先捉飯而起，欲往食于堂下之類。主人起止客，然後客坐也。延，請也。食每品取少許置于豆閒之地，以祭先代造食之人，不忘本也。若敵客則自祭，不須延請。若降等之客，待主人延請而後祭也。凡祭食之禮，祭其所先進之食，後進者後祭之，各以進殽之序，祭之必徧也。飯，食飯也。三飯，三食也。每飯皆食殽，擩以醢醬，殽與飯爲正饌。三飯竟，主人乃延客食胾，然後徧食各殽。辯、徧通，周也。必俟主人食殽徧，而後客止。如主人方食，客虚口不食，是違主人之意也。

按：飲食，人之大欲，無禮則亡厭，故先王因飲食行禮，俎豆有常品，陳設有定位，以將敬而導讓也。苟薦獻有文，辭受有節，豐儉有數，因時制宜，皆可名禮。故夫殽胾之左右，羹炙之内外，脩脯之本末，主客之拜興，善用禮者不簡不煩，當乎人情，愜乎事理，合乎時宜，所謂「義以爲質，禮以行之，遜以出之，信以成之」，如是而已。故禮有情有文，非徒鼎俎之多寡，左右之陳設，一一依倣陳跡，如鄭康成輩牽强附合，虚敝精神，無適于用耳。

【方氏析疑】主人未辯，客不虚口。

客雖已飽而主人未辯，必微有所食而不虚口，嫌於憎棄主人之品味也。

【江氏擇言】凡進食之禮：左殽右胾，食居人之左，羹居人之右。膾炙處外，醯醬處内，葱渫處末，酒漿處右。以脯脩置者，左朐右末。

按：以鄭注繹之，食羹最近人，膾炙醯醬在殽胾之外内，葱渫處醯醬之左，酒漿處羹之右，則諸物當列爲四行：第一行左食右羹，而酒漿在羹之右。第二行爲醯醬，而葱渫在醯醬之左。第三行左殽右胾。第四行爲膾炙。又「醯醬」，一本作「醢醬」，孔疏有二説：若是二物，則醬在右，醯在左，如昏禮、公食大夫禮之設。今本作醯醬，則是以醯和醬共爲一物。疏又謂鄭注「蔥渫」云處「醯醬之左」，則醯醬一物爲勝。脯脩之設，注無明文。孔疏謂處酒左，以燥爲陽也。按酒左是羹，何得於此置脯脩？此則孔疏之誤，當是設於酒漿之右耳。

祭食，祭所先進。殽之序，徧祭之。

按：公食禮先設正饌訖，賓祭正饌，後設加饌，賓又祭加饌。其祭如所設之序，而設饌唯有二次。此記尋常賓客飲食之禮。主人與之共食，雖未知設饌幾次，要必設訖而後祭，非進一殽祭一殽也。

【欽定義疏】凡進食之禮：左殽右胾，食居人之左，羹居人之右。膾炙處外，醯醬處内，葱渫處末，酒漿處右。以脯脩置者，左朐右末。

正義 鄭氏康成曰：左右，皆便食也。殽，骨體也。胾，切肉也。殽在俎，孔疏：左傳王享士會，「殽烝」下云「宴有折俎」。少牢、特牲禮皆骨體在俎。胾在豆。孔疏：公食大夫禮庶羞十六豆，有牛胾、羊胾。食，飯屬。居人左右，明其近也。孔疏：此饌之設，羹食最近人。外内，殽胾之外内也。孔疏：羹食之外，乃有殽胾，故膾炙在殽胾外，醯醬在殽胾内，不得在羹食内也。膾炙皆在豆。醯醬，食之主，故近。渫，烝葱也，處醯醬之左。言末者，殊加也。孔疏：地道尊右，則末在左。葱渫，文繼醯醬之下，故知在醯醬之左。儀禮正饌，惟有菹醯，無葱渫。故鄭以葱渫爲殊加也。渫在豆。酒漿處羹之右，言若酒若漿爾。兩有之，則左酒右漿。孔疏：卑客，則或酒或漿。若尊客，則有酒有漿。此大夫、士與賓客燕食之禮，其禮食，則宜放公食大夫禮云。左朐右末，亦便食也。屈中曰朐。孔疏：左朐，以中屈處置左也。右末，以末邊際置右也。右手取末際，擘食之便。脯脩處酒左，以燥爲陽也。

孔氏穎達曰：熟肉帶骨而臠曰殽，純肉切之曰胾。骨是陽，故在左，肉是陰，故在右。飯燥爲陽，故左；羹濕是陰，故右。「醯」字，徐音作醢，則醢之與醬，兩物各別。依昏禮及公食大夫禮，醬在右，醢在左。此醯醬處内，亦當醬右醯左也。案公食大夫禮「宰夫自東方授醯醬，公設之」，鄭注「以醯和醬」。又周禮醯人「共齊菹醯物」，則醯醬共爲一物也。今此記文，若作「醯」字，則是一物。「醯」之與「醢」，其義皆通，未知孰是。但鄭注「葱渿」云「處醯醬之左」，則醯醬一物爲勝。以脯脩置者，設食竟所須也。脯訓作始，始作即成。脩訓治，脩治之乃成。鄭注「腊人」云「薄析曰脯，捶而施薑桂曰腶脩。」

朱氏申曰：膾炙異饌，故處外。醯醬，食主，故處内。葱渿，微物，故處末。酒漿，盛禮，故處右。

彭氏絲曰：膾，牛羊魚肉聶而切之，爲膾也。炙，燔肉也。處外，處殽胾之外也。此加饌，非主也，故在外。醢，醋也。案食禮復設酒漿者，蓋食畢用漿以潄口，用酒以演氣也。

通論 吕氏大臨曰：據此章，所陳饌與辭遜之節，雖與公食大夫禮少有不同，其大略無甚異，恐此即大夫、士與賓客禮之節也。公食大夫禮：三牲之俎在左，庶羞之豆在右，俎實皆殽。殽，骨體也。羞豆有胾。胾，切肉也。此則「左殽右胾」矣。公食大夫禮庶羞之豆，有膾有炙，設於稻南簋西，則處外矣。公設醓醬於席前，則處内矣，此其所同也。公食大夫禮：設黍稷六簋於俎西，設鉶四於豆西，俎，豆南，則鉶、簋同列矣。簋實食也，鉶實羹也，無左右之别也。公食大夫禮：飲酒實於觶，設於豆東，漿飲設於稻西。豆東則左，稻西則右，是左酒右漿，不俱在右。又無葱渿脯脩之品，此其所異也。鄉飲酒之禮以飲爲主，故先酌酒以行獻酢。食禮以食爲主，故卒食設酒以酳之，不獻也。左右、内外之設，皆便於食，因以寓陰陽之義也。左氏傳「粢食不鑿」，玉藻云「稷食菜羹」，皆飯也。醓醬，食之主也。公食大夫禮：賓將食，宰夫自東方授醓醬，公設之。卒食，賓取粱與醬，興，以降，貴食之主也。膾炙，庶羞也。庶羞非正食，加饌而已。爲主者在内，加者在外，此所以分内外也。葱渿亦加品，與膾炙同物，故處末，末與外皆陽也。酒漿與羹同物，故處右。右，陰也。若兩有酒漿，則左酒右漿，酒陽漿陰也。脯脩皆朐。

案彭氏燕食禮圖其第一行食左羹右，最近人。其第二行葱渿在左，醓醬在葱渿之右，脯脩又在醓醬之右。脯脩皆有朐，則朐左末右。又酒漿在脯脩之右，則酒左漿右，較脯脩處稍近人。第三行爲殽胾，則殽左胾右。第四行爲膾炙，則炙左膾右，最在外。今據鄭注細玩之，當是食左羹右，醓又在食之左，醬又在羹之右。葱渿又在醓之左，酒漿又在醬之右，共爲一行，最近人。第二行爲殽胾，三行爲膾炙。

客若降等，執食興辭，主人興，辭於客，然後客坐。

正義　鄭氏康成曰：辭者，辭主人之臨己食，若欲食於堂下然。坐，復坐也。

孔氏穎達曰：降，下等也，謂大夫爲卿之客，其品等卑下也。執，捉也。興，起也。客既卑，故未食先執飯起，以辭謝主人。飯爲食主，故特執之。客既興辭，故主人亦起，辭止之，則客從辭而止，乃復坐食也。

吕氏大臨曰：降等，謂大夫於卿、士於大夫也。但執食，興，辭而不下堂。

陳氏澔曰：不敢當主賓之禮，故食至則執之以起，而致辭於主人。

案　凡飲食之禮，臣於君則降食於堂下，公食大夫禮云「左擁簠粱，右執湆以降」是也。若賓主相敵，無降理，公食大夫禮云「大夫相食，賓執粱與湆之西序端」是也。惟大夫於卿，則欲降而不降，此記云「客若降等，執食興辭」是也。凡卑幼食於尊長而尊長賓之，其禮皆然。陳氏所謂「不敢當賓主之禮」是也。

主人延客祭，祭食，祭所先進。殽之序，徧祭之。

正義　鄭氏康成曰：延，道也。祭，祭先也。孔疏：延客祭者，君子得食，則種種出少許，置在豆間之地，以報先代造食之人。君子有事，不忘本也。客若降等，則先祭。孔疏：敵客則得自祭，不須主人之延道也。「殽之序，徧祭之」，謂胾炙膾也，以其本出於牲體也。孔疏：雖同出牲體，而祭必次序，徧匝祭之。公食大夫禮：魚、腊、湆、醬不祭也。

呂氏大臨曰：「延客祭」者，客卑於主人，客不敢先，必延之而後祭也。殽，謂骨體。如特牲、少牢尸飯，舉幹、舉骼、舉肩，皆振祭，是謂「偏祭」。

朱子曰：古人祭酒於地，祭食於豆間，有板盛之，卒食徹去。

通論 陳氏祥道曰：古者，於爨則祭先炊，於樂則祭樂祖，將射則祭侯，用火則祭司爟，用龜則祭先卜，養老則祭先老，於馬則祭馬祖、馬社，於田則祭先嗇、司嗇，於學則祭先聖、先師，凡此不忘本也，又況飲食之間哉？

存疑 鄭氏康成曰：主人所先進，先祭之；所後進，後祭之。如其次也。

辨正 胡氏銓曰：祭食，祭所先進。食，飯也，黍、稷、稻、粱之屬。所先進者則祭之，後者不祭。若殽之序，則偏祭。偏，皆也。

徐氏師曾曰：此卑客就食之儀，若敵則不必然。夫禮要於中而已矣。

案 鄭意「祭食，謂所食之殽」，胡以「飯」與「殽」對舉，似胡得之。但公食大夫禮「黍、稷、粱、稻皆祭」，此非於君，故略與？

三飯，主人延客食胾，然後辯殽。

正義 鄭氏康成曰：延客先食胾，後食殽，殽尊也。凡食殽，辯於肩，食肩則飽也。

孔疏：食胾竟後，乃始辯殽。辯，匝也。主人道客，令食至飽，故食殽得匝也。特牲、少牢云：初食骸，次食脊，次食骼，後食肩。辯於肩，則飽也。

孔氏穎達曰：三飯，謂三飧也。案：朝曰饔，夕曰飧。此三飯不應以飧言。飧，疑「餐」字之誤。禮，食三飧而告飽，須勸乃更食。三飯竟，主人乃道客食胾也。公食大夫禮云：「賓三飯，以湆、醬。」鄭云：「每飯歠湆，以殽擩醬，食正饌也。」是三飯，但食醬及他饌，而未食胾也。所以至三飯後乃食胾者，以胾爲加，故客三飧前未食之。然公食禮三飧竟，不云「延客食胾」，與此異。案：公食大夫，君禮也。此主賓禮，自當有異。

賈氏公彦曰：公食大夫爲禮食，故先食殽。此大夫、士與客燕食，故先食胾。

呂氏大臨曰：既食胾，則徧食之。所謂辯殽也，徧食如尸嚌之是也。先儒以此殽爲膾炙。膾炙，禮謂之庶羞，非殽也。案：分言之，則羊、豕、魚、腊爲正饌，膷、臐、炙、胾爲加饌。通言之，則凡列皆謂之殽。所謂「徧祭」者，謂徧舉骨體而祭也。胾，加豆也。客既三飯，主人延客食加，所以盡其勤也。

馬氏晞孟曰：飲食，惟魚、腊、醬、湆不祭，以其非物之盛，則餘殽莫不徧祭也。飲禮三爵而退，食禮三飯而止者，不盡人之歡，非專爲飲食之義也。故三飯主人延客食胾，然後辯殽。蓋主人之加禮，則義不可辭也。

主人未辯，客不虚口。

正義　鄭氏康成曰：客不虚口，俟主人也。虚口，謂酳也。客自敵以上，其酳不待主人飽，主人不先飽也。孔疏：虚口，謂食竟飲酒蕩口，使清潔及安食也。用漿曰漱，令口以潔清爲義。用酒曰酳，酳訓演，言食畢以酒演養其氣。客雖食殽已匝，不得輒酳。蓋主人常讓客，不自先飽，故客待主人辯乃酳。

孔氏穎達曰：此謂卑客。案公食禮雖設酒，優賓不得用酳，但以漿漱口。此是私客，故用酒以酳也。

吕氏大臨曰：降等之客，必俟主人徧食殽胾，乃敢卒食而酳，蓋有所待也。

存疑 胡氏銓曰：疏謂公食之禮雖設酒，爲優賓不得用酳。故鄭注彼云「但以漿漱口而已」。則此虚口安知其酳邪？或曰：客雖已飽，而主人未辯，客必微有所食，若食猶未竟者然。

案 客降等，若士之於大夫，既非均敵，又不若大夫之於君，其等懸殊，故介於二者之間最宜。細看進食之序，左殽右胾。右近人便於食，故先胾而後殽。又胾，純肉，爲陰，卑。殽帶骨，爲陽，尊。卑先食，尊後食也。公食大夫「酳以漿」，此私客，自當以酒。以漿以酒，皆可謂之虚口，亦不必泥。

【杭氏集説】凡進食之禮：左殽右胾，食居人之左，羹居人之右。膾炙處外，醯醬處内，葱渫處末，酒漿處右。以脯脩置者，左朐右末。

朱氏申曰：膾炙異饌，故處外。醯醬食主，故處内。葱渫微物，故處末。酒漿盛禮，故處右。

彭氏絲曰：膾，牛、羊、魚肉，聶而切之爲膾也。炙，燔肉也。處外，處殽胾之外也。

此加饌，非主也，故在外。醯，醋也。案食禮，復設酒漿者，蓋食畢用漿以滌口，用酒以演氣也。

朱氏軾曰：據鄭注，食左羹右，醢又在食之左，醬又在羹之右，葱渿又在醢之左，酒漿又在醬之右，共爲一行，最近人。第二行爲殽胾。三行爲膾炙脯修，則食竟設之，在酒漿之左。朐訓中屈，蓋脯修俱薄片而長，故屈其上截。

姜氏兆錫曰：此節自「處内」以上，與公食大夫之禮同。肉帶骨曰殽，純肉切曰胾，聶切曰膾，火炙曰炙。骨左肉右，分剛柔也；飯左羹右，分燥濕也。膾炙，饌之異，故居殽胾之外。醯醬，食之主，故居殽胾之内。葱渿亦菹類，是爲加豆，故處席末也。或酒或漿，又處羹右，若兼設，則又左處酒、右處漿也。疏曰：脯訓甫，甫作即成也。修訓治，治之乃成也。薄折曰脯，捶而施薑桂曰腶。修伸曰脡，中屈曰朐，邊際曰末。吕氏曰：「食脯修者先末，故右之也。自此至『削瓜』節，通爲一章，備言飲食之禮，而此首言設饌之禮也。」

任氏啟運曰：孔云在酒之左，愚疑當在食之左，而亦左朐右末也。孔云朐之末在右，以右手擘之便也，末知是否？鄭氏曰：「此大夫、士與賓客燕食之禮，其食禮則當放公食大夫禮云。」

李若珠問：「葱渿何物？席際曰末，亦分左右否？酒漿處右，注云『若兼設，則左酒右漿』，此左右即上文左右乎？抑就羹而分左右也？」世駿答曰：「葱是生葱，渫是蒸葱。鄭康成云『處酒漿之右』，酒漿，曲禮云處右，鄭以爲處羹之右，兩有之則左酒右漿，此大夫、士與賓客燕食之禮。若公食大夫禮，酒漿兼有，自分左右，與曲禮不同。」

鄔汝龍問：「以脯脩置者，左朐右末，脯脩置外，抑置内？又朐爲中屈，此何物？」世駿曰：「屈中曰朐，屈其脯朐朐然也。左朐，朐置左也。右末，末邊際置右，右手取祭，擘之便也。脯脩皆在左邊，左則外也。」

客若降等，執食興辭，主人興，辭於客，然後客坐。

陳氏澔曰：不敢當主賓之禮，故食至則執之以起，而致辭於主人。

姜氏兆錫曰：此降等，謂爵降於主人也。公食大夫禮：臣於君降食于堂下，大夫、士相食則否。惟大夫、士於卿，士於大夫則若降而不遽降，故起而致辭，若飲食於堂下然，主亦致辭，乃就坐也。

主人延客祭，祭食，祭所先進。殽之序，徧祭之。

朱子曰：古人祭酒于地，祭食於豆間，有板盛之，卒食徹去。

徐氏師曾曰：此卑客就食之儀，若敵，則不必然。夫禮，要於中而已矣。

姜氏兆錫曰：延，導也。古人不忘本，每食必每品出少許，以祭先代始爲飲食之人。必主導之，乃祭也。食，飯也。胡氏：「黍、稷、稻之屬，祭所先進者而已。若殽之序，則以次徧祭也。」殽，鄭謂通胾、膾炙而言也；吕氏謂專指殽而言，如舉幹、舉骼、舉肩之屬也。　又曰：朱子曰：「古人祭酒於地，祭食於豆間，有板盛之，卒乃徹去。」王氏曰：「客卑，一聽于主，食至則必興辭，祭則不敢先舉。胾殽則不敢先嘗、先飽。若客敵，則不然。」

三飯，主人延客食胾，然後辯殽。

賈氏公彦曰：公食大夫爲禮食，故先食殽。此大夫、士與客燕食，故先食胾。

姜氏兆錫曰：疏曰：「三飯，三湌也。禮，食三飧而告飽，須勸導，乃更食。」儀禮公食大夫篇「三飯，以湆、醬」，鄭注「每飯歠湆，以殽擩醬，食正饌」，即此也。必三飯後乃導食胾者，以胾爲加也，食胾後，乃徧食殽矣。

齊氏召南曰：按特牲、少牢「初舉肺脊以授尸，尸三飯告飽」，注曰「禮一成也」。「佐食舉幹，尸又三飯」，注曰「禮再成也」。「舉骼，尸又三飯」，注曰「禮三成也」。「舉肩」，注曰「不復飯者，三三，士之禮大成也」。舉，先正脊，後肩，自上而却下。綍而前，終始之次也」。此文似應云「初食脊，次食幹，次食骼，後食肩」。

李若珠問：「三飯食胾，何謂？三飯，何謂？辯殽胾食，食何饌？」世駿答曰：「儀禮賈疏有一飯、三飯、五飯、七飯，至十三飯而止。公食大夫禮有韭菹、昌本、鹿臡、麋臡、羊俎、膚俎、豕俎、羊炙、豕炙、牛炙等，上大夫八豆、八簋、八鉶、九俎，庶羞二十，皆是正饌。而羊胾、牛胾、豕胾爲加豆，故三飯前未敢食也。特牲少牢禮初食殽，次食脊，次食骼，後食肩，是辯於殽。」

主人未辯，客不虚口。

姚氏際恒曰：儀禮、曲禮，古人各自爲書，未嘗相通。鄭氏執禮解禮，牽强附會，反使本文諸義皆誤，最爲害事。如「葱渿處末」，則曰殊加也，蓋因公食禮正饌惟有菹醢，無葱渿，故云殊加。不知既謂此爲士、大夫與賓客燕食之禮，何爲反殊加于公食大夫禮乎？一也。于「酒漿處右」，則曰此言若酒若漿耳，兩言之則左酒右漿，蓋因公食禮設酒于豆東，又設漿飲于稻西。鄭氏注云「酒在東，漿在西，所謂左酒右漿」是也，今以但云酒漿處右，不合左酒右漿之説，乃以爲若酒若漿之一，記文明言二，鄭言一，何耶？且據彼處右者漿也，若酒亦處右，不仍不合其左酒右漿之説乎？二也。于「主人未辯，客不虚口」，則曰「虚口，謂酳也」，據酳是食竟飲酒蕩口之名，今以虚口爲酳也，蓋因公食禮賓三飯，宰夫執觶漿飲賓，坐祭，遂飲。是彼三飯竟，飲漿而漱，故謂此三飯竟，飲酒而酳，以見其事相當，而彼爲漱，此爲酳，又以見私客異于公食之禮也。不知虚口者，是爲主人食殽未徧，客不敢先虚其口，以示食竟，所以俟主人也。今以虚口爲飲酒蕩口，迂妄無稽，三也。

朱氏軾曰：「祭食」十二字一氣讀，謂進一殽，祭一殽，隨所進而挨次逐一祭之，務徧也。必言殽者，魚、腊、湆、醬，非食之盛者，則不祭也。

姜氏兆錫曰：疏曰謂食竟而蕩口，使潔及安食也。用漿曰漱，以潔清爲義。用酒曰醑，醑訓演，以演養爲義。又曰：此以上降等，主賓燕食之禮也。按，後文「卒食」一條，當在此節之下，說見下文。

方氏苞曰：客雖已飽而主人未辯，必微有所食而不虛口，嫌於憎棄主人之品味也。

【孫氏集解】凡進食之禮：左殽右胾，食居人之左，羹居人之右。膾炙處外，醯醬處內，葱渫處末，酒漿處右。

鄭氏曰：皆便食也。殽，骨體也。胾，切肉也。食，飯屬也。居人左右，明其近也。殽在俎，胾在豆。近醯醬者，食之主，膾炙皆在豆。渫，烝葱也。言末者，殊加也。渫在豆。酒漿處羹之右，此言若酒若漿耳，兩有之則左酒右漿。此大夫、士與賓客燕食之禮，其禮食，則宜放公食大夫禮云。

孔氏曰：熟肉帶骨而臠曰殽，純肉切之曰胾。骨是陽，故在左，肉是陰，故在右。食飯燥爲陽，故居左，羹濕是陰，故居右。此醯醬，徐音作海，則醢之與醬兩物各別。按：公食大夫禮「宰夫自東房授醯醬，公設之」，鄭注云「以醯和醬」也，則醯醬共爲一物，「醯」之與「醢」，其義皆通，未知孰是。儀禮正饌惟有菹醢，無葱渫，故知葱渫殊加也。

愚謂食，饌具之總名也。骨剛爲陽，肉柔爲陰。食燥爲陽，羹濕爲陰。或左或右者，順其陰陽也。食羹係人言之者，明其在席前而最近人也。肉聶而切之曰膾，公食禮作「鮨」。炙，炙肉也。醢，肉醬也。周禮注云：「作醢及臡者，必先膊乾其肉，乃後莝之，雜以粱麴及鹽，漬以美酒，塗置甀中，百日則成矣。」凡胾與膾，必配醢設之。公食禮及內則三牲之胾及牛鮨、牛膾，皆有醢。特牲禮羞庶羞四豆，有醢。少牢禮羞胾兩瓦豆，有醢。此有胾有膾，則有醢必矣。豆數必偶。胾也，膾也，炙也，醢也，庶羞之四豆也。醬爲食之主，下云「客自前跪，徹飯齊以授相者」，注云「齊，醬屬」是也。膾炙處外，處醢醬之外也。醢醬處內，處膾炙之內也。酒，清醴。漿，酨漿也。公食禮：「酒在豆東，漿在稻西。」此禮亦當兼有酒漿。漿處右，酒處左，弟子職云「左酒右漿」是也。乃云「酒漿處右」者，酒漿雖並設，而食畢但飲漿，故據所飲者言之也。「葱渿處末」者，處殽之外，以其最遠於食也，故言末焉。殽在俎，食在敦，羹及膾炙、醢醬、葱渿在豆，酒漿在觶。其設之在左者，食最近人。其外殽，其外葱渿，而酒在食之左。在右者，羹最近人，其外胾，胾外炙，炙右膾，膾內醢，醢內醬，而漿在羹之右。食與羹，殽與胾之間，蓋容人焉。弟子職曰：「羹胾中別，胾在醬前，其設要方。」公食禮曰：「庶羞設於稻南簋西，間容人。」此大夫、士與賓客燕食之禮，故無正豆，正豆尊，不用於燕食也。鄭氏謂「膾炙處外，醢醬處內，爲在殽胾之內外」。今按：炙、胾、膾、醢爲庶羞之四豆，其設之當在一處，若如鄭說，則膾、炙、醢三者或左或右，非設饌之法也。

以脯脩置者，左朐右末。

鄭氏曰：亦便食也。屈中曰朐。

孔氏曰：「脯訓始，始作即成也。脩亦脯也，脩訓治，治之乃成。鄭注腊人云：「薄析曰脯，捶而施薑桂曰腶脩。朐，脯中屈，朐朐然也。朐置左。末，邊際。置右，右手取祭，擘之便也。」

愚謂脯爲籩實，惟飲酒有之。此燕食乃有脯者，用之以代膾也。蓋釋而煎之以醢，而盛之則以豆與？其設之亦於膾之處。內則曰：「大夫燕食，有膾無脯，有脯無膾。」

客若降等，執食興辭，主人興，辭於客，然後客坐。

鄭氏曰：辭者，辭主人之臨己食，若欲食於堂下然。

愚謂食，飯也。執食者自席前殽胾間容人之處，向席而跪執之。辭，告也。賓席於奥，而主人席於阼，降等之客，不敢食於尊處，故執食而興，告於主人，言己欲食於他處也。公食大夫禮：「賓左擁簠粱，右執湆，以降。」又大夫相食，賓執粱與湆，之西序端。此雖降等之客，然與公食大夫有君臣之分者不同，其辭於主人，蓋當告主人以將往食於西序端也。必執食者，以其爲饌之主，而主人之所親饋者也。然禮食無阼席，主人立而視客食，故雖大夫相食敵體之禮，必執食之西序端，且又不告於主人而遽往，蓋不安於主人之不食而立而臨己也。此燕食，賓主皆坐，設席對食，故非降等之客，則不必辭。「執食興辭」者，惟降等之客耳。然興即致辭，尚未離乎席前也，則與大夫相食之不辭而遽之西序端者亦異矣。「主人興，辭於客」者，告客使反食於席也。於賓及主人皆言興，則設饌時，主人與客皆已即席坐矣。又此言「客若降等，執食興辭」，則降等之客，其禮之異者惟此耳。若下文所言，則皆爲賓主燕食之通禮，非專據降等之客。猶「凡與客入者」一節，言「客若降等，則就主人之階」，而自「主人與客讓登」以下，又皆言賓主之通禮，非惟降等之禮也。注疏因此言「客若降等」，遂於下文「主人延客祭」「主人未辯，客不虛口」，皆以爲降等之禮，非是。

主人延客祭，祭食，祭所先進。殽之序，徧祭之。

鄭氏曰：延，道也。祭，祭先也。君子有事，不忘本也。客若降等，則先祭。主人所先進，先祭之；所後進，後祭之。如其次。殽之序，徧祭之，謂胾、膾、炙也，以其同出於牲體也。公食大夫禮：「魚、腊、湆、醬不祭。」

孔氏曰：祭者，君子不忘本，有德必酬之。故得食而種種出少許，置之豆間之地，以報先代造食之人也。

愚謂禮食無阼席，故惟客祭。燕食賓主並設席而食，則主人必先祭以道客，而後客祭也。蓋主人以爲己之食不足以當客之祭，故但自祭而已。玉藻孔子食於少施氏，孔子祭，作而辭曰「疏食不足祭也」是也。主人祭，則客從而祭，是主人之祭實所以道客也。下言「延客食胾」亦然。食，饌具也。祭食，祭所先進者，先進者先祭之，後進者後祭之也。公食大夫禮先設豆，次設俎，次設黍稷，次設鉶。此禮食設饌之次也。昏禮、特牲禮亦然。弟子職云：「置醬錯食，陳膳毋悖。凡置彼食，鳥獸魚鼈，必先菜羹。羹胾中別，胾在醬前，其設要方。飯是爲卒，左酒右漿。」此朝夕燕食設饌之次也。此與客燕食，其設饌之次不可考。然以設饌内外之法觀之，則當先設羹食於内，而後設殽胾於外。則亦先祭食而後祭殽胾與？殽，謂牲骨在俎者，注以爲胾、膾、炙，非也。殽之體骨非一，初時惟祭其肺，其餘體骨，至食則振祭，故曰「殽之序，徧祭之」，謂依所食之次第而祭之也。食胾之後乃辯殽，未辯殽則猶未徧祭也。此因言祭食，遂並言祭殽之法耳。

三飯，主人延客食胾，然後辯殽。

鄭氏曰：先食胾，後食殽，殽尊也。凡食殽，辯於肩，食肩則飽也。

孔氏曰：三飯，謂三食也。禮，食三飧而告飽，須勸乃更食。三飯竟，而主人乃道客食胾也。公食大夫禮云：「賓三飯，以湇、醬。」鄭云：「每飯歠湇，以殽擩醬，食正饌也。」案：彼文是三飯但食醬及他饌，而未食胾，故三飧竟，而主人道客，使之食胾也。所以至三飧後乃食胾者，公食禮亦以胾爲加，故客三飧前未食之。然公食禮三飧竟，起，受漿漱口，受束帛之物，升，降拜，禮畢方還坐，更食取飽，不云「三飯，延客食胾」，與此異也。辯，匝也。食胾竟後，主人道客，令食至飽，食殽得匝也。案：特牲、少牢禮初食脊，次食脅，次食骼，後食肩，是辯於肩，故云「食肩則飽也」。

賈氏公彥曰：一口謂之一飯。

愚謂三飯，食三口也。殽之體骨非一，三飯先食殽，三飯既竟，主人乃食胾以道客，客既食胾，然後徧食殽之體骨也。食胾之前，固已食殽矣，特未辯耳。注謂「先食胾，後食殽」，非也。疏引公食注「賓三飯，以殽擩醬，食正饌」，似已以此注「先食胾」之説爲不然。然公食注「三飯，以殽擩醬，食正饌」之説，實亦非是。昏禮云：「皆食以涪、醬，皆祭舉食舉也。」先云「皆食以涪、醬」，而後云「皆祭舉食舉」，則是食涪、醬與食殽實爲二事，初非以殽擩醬而食也。公食禮「賓三飯，以涪、醬」，又云「賓卒食會飯，三飲，不以醬、涪」，而不言食殽、胾之詳。

案：大宗伯上公「食禮九舉」，侯、伯「七舉」，子、男「五舉」，則卿大夫食禮當三舉，而公食禮不言舉數，蓋其禮節之詳必已別見於他經，而今不可考矣。然特牲禮尸舉肺、脊，三飯，次舉獸幹及魚，次羞庶羞四豆，次舉骼，次舉肩，少牢禮尸亦舉肺、脊，三飯，次舉牢幹，次食胾，次舉魚，次舉獸肩，次舉骼，次舉肩，意公食禮亦必如此。此與客燕食之禮，雖其牲體不必皆備，然先食殽，三飯竟，乃食胾，既食胾，而後辯殽，其禮亦不異也。蓋食以牲體爲主，故食皆以是始終焉。庶羞卑，但於其中間一食之耳。

主人未辯，客不虚口。

鄭氏曰：俟主人也。虚口，謂酳也。

孔氏曰：主人恒讓客，不自先飽，故待主人辯，乃得爲酳也。酳，隱義云「飯畢蕩口也」。案：公食禮雖設酒優賓，不得用酳，但以漿漱口而已。此是私客，故用酒以酳，異於公食禮也。

愚謂主人道客食胾，則亦道客食殽矣，乃云「主人未辯，客不虛口」者，蓋主人雖先食以道客，客既食殽，則主人又緩食以待客之先飽也。食畢飲酒謂之酳。酳，演也，所以演安其所食也。飲漿，謂之漱。漱者，漱濯之意。食畢，恐口有滓穢，故飲漿以滌蕩之也。蓋酒之味濃厚而漿清薄，故其爲義之異如此。虛口，即漱也。祭祀，尸食畢而獻之謂之酳。士昏禮「合巹而酳」，樂記云「食三老五更於大學，天子執爵而酳」，此皆用酒者也。食老更之禮不可考，若士昏及特牲、少牢，則漿皆不設。公食禮兼設酒、漿，而賓但飲漿。弟子職云「左酒右漿」，又云「先生已食，弟子乃徹，趨走，進漱」，亦但飲漿而已。是則禮之重者，食畢用酒以酳而無漿；禮之輕者兼設酒、漿，而食畢但飲漿也。士昏非重於公食而用酒以酳者，所謂鬼神陰陽也。此燕食禮輕，用漿虛口，注以爲酳，非也。主人不先客辯殽，客不先主人虛口，賓主相敬之道，然也。

【朱氏訓纂】凡進食之禮：左殽右胾，食居人之左，羹居人之右。注：皆便食也。殽，骨體也。胾，切肉也。食，飯屬也。居人左右，明其近也。殽在俎，胾在豆。釋文：熟肉有骨曰殽。胾，大臠。　正義：「殽在俎」者，春秋宣十六年王享士會，「殽烝」下云「宴有折俎」。又昏禮及特牲、少牢皆骨體在俎，是「殽在俎」。知「胾在豆」

者，公食大夫禮庶羞十六豆，有牛胾、羊胾，是「胾在豆」。**膾炙處外，醯醬處内。**注：殽胾之外内也。近醯醬者，食之主。膾炙皆在豆。說文：膾，細切肉也。　正義：以此饌之設，羹食最近人。羹食之外，乃有殽胾。今云「外内」，明其不得在羹食之内，故知在殽胾之外内。依昏禮、公食大夫禮「醬在右，醢在左」，此亦當醬在右，醢在左也。按：公食大夫禮「宰夫自東房授醯醬，公設之」，鄭注「以醯和醬也」。又周禮醢人「祭祀，共齏菹醯物」，則醯醬共爲一物也。「膾炙皆在豆」者，以公食下大夫十六豆，有牛炙、羊炙及芥醬魚膾，故知在豆。**葱渫處末，**注：渫，烝葱也，處醯醬之左。言末者，殊加也。渫在豆。　正義：地道尊右，既云「處末」，則末在左上。知葱渫殊加者，以儀禮正饌唯有菹醢，無葱渫，故知葱渫爲殊加。以其菹類，故知在豆也。**酒漿處右。**注：處羹之右。此言若酒若漿耳。兩有之，則左酒右漿。此大夫、士與賓客燕食之禮。其禮食，則宜放公食大夫禮云。**以脯脩置者，左朐右末。**注：亦便食也。屈中曰朐。　正義：鄭注腊人云：「薄析曰脯，捶而施薑桂曰腶脩。」左朐，朐置左也。右末，末，邊際。置右，右手取祭擘之便也。脯脩則處酒左，以燥爲陽也。廣韻：脯，乾脯。東方朔曰：「乾肉爲脯。」江氏永曰：以鄭注繹之，食羹最近人，膾炙、醯醬在殽胾之外内，葱渫處醯醬之左，酒漿處羹之右，則諸物當列爲四行：弟一行，左食右羹，而酒漿在羹之右；弟二行爲醯醬，而葱渫在醯醬之左；弟三行，左殽右胾；弟四行爲膾炙。

客若降等，執食興辭。注：辭者，辭主人之臨己食，若欲食於堂下然。　正義：此降等，謂大夫於卿，故欲降而不降，若臣於君，則降也。故公食云「賓擁簠粱以降」是也。若敵者，全無欲降之禮。**主人興，辭於客，然後客坐。**注：復坐。**主人延客祭，**注：延，道也。祭，祭先也。君子有事，不忘本也。客若降等，則先祭。　正義：君子有德必酬之，故得食種種出少許，置在豆間之地，以報先代造食之人也。**祭食，祭所先進，**注：主人所先進，先祭之；所後進，後祭之。如其次。**殽之序，徧祭之。**注：謂胾、炙、膾也，以其本出於牲體也。公食大夫禮：魚、腊、湆、醬不祭也。　江氏永曰：按公食禮先設正饌訖，賓祭。正饌後設加饌，賓又祭。加饌，其祭如所設之序。設饌唯有二次。此記尋常賓客飲食之禮。主人與之共食，雖未知設饌幾次，要必設訖而後祭，非進一殽，祭一殽也。**三飯，主人延客食胾，然後辯殽。**注：先食胾，後食殽，殽尊也。凡食殽，辯於肩，食肩則飽也。　正義：三飯，謂三食也。禮，食三飧而告飽，須勸乃更食。公食大夫禮云：「賓三飯，以湆、醬。」鄭云：「每飯歠湆，以殽擩醬，食正饌也。」三飧後乃食胾者，公食禮以胾爲加，故客三飧前未食之。**主人未辯，客不虛口。**注：俟主人也。虛口，謂酳也。客自敵以上，其酳不待主人飽，主人不先飽也。　釋文：酳，漱口也。以酒曰酳，以水曰漱。

【郭氏質疑】左殽右胾，食居人之左，羹居人之右。膾炙處外，醯醬處內。

鄭注：食，飯屬。居人左右，明其近也。外内，殽胾之外内也。

嵩燾案：公食大夫禮「庶羞十六豆」，皆加豆也，在稻南簋西，其序：西北上，牛炙最北，次牛胾、牛鮨，次羊炙、羊胾、豕炙，次豕胾、魚膾，凡四列。牛、羊、豕皆有胾、有炙，或異列，或同列，而炙必先胾，膾炙不得處殽胾之外，明矣。就公食大夫禮之文推之，醯醬最先設，大羹湆實於鐙，在醬西。所謂「羹居人之右」也。豆六在醬東，鉶四在豆西。豆二列，則鉶當在豆南。俎在豆南，黍稷六簋在豆西。簋又在鉶南，所謂「食居人之左」也。粱在湆西，稻在粱西。鄭注：進稻粱以簠。公食大夫禮云：贊者取黍稷授賓，祭之。又云：賓坐席末，取粱稻祭於醬湆閒。粱稻近而黍稷遠，故也。禮以黍稷爲尊，經所謂「食居人之左」，當指稷言之。酒實於觶，正饌在豆東，漿飲在稻西。豆東，則酒在左。稻西，則漿在右。經並酒漿處右言之，文略也。此云進食之禮，自當以公食大夫禮爲據。鄭云胾在豆，殽在俎，而膾炙皆豆實也，與殽之在俎者相距遠，所云處外、處内，據初設之醯醬與加豆之庶羞，以明其終始陳設之序次。舉膾炙而胾亦在其中，與上「左殽右胾」各爲一義，鄭注誤連殽胾外内言之。彭氏燕食禮圖因列食羹爲第一行，醯醬、葱渫、脩脯、酒漿爲第二行，殽胾爲第三行，膾炙爲第四行，顯與儀禮參差矣。

葱渫處末。

鄭注：「渫，烝葱也，處醯醬之左。言末者，殊加也。渫在豆。」孔疏：「儀禮正饌惟有菹醢，無葱渫，故知葱渫爲殊加也。」

嵩燾案：鄭意以「葱渿處末」，承上「膾炙處外」。膾炙加豆在右，葱渿菹屬在左，故云「處末」，以殊於加豆之在右者，語極分明。孔疏似失其義，據內則「膾，春用葱，秋用芥，脂用葱，肉腥細者爲膾，大者爲軒」，切葱若薤，實諸醯以柔之，似葱芥一類皆以佐膾，加豆，有芥醬與魚膾最處末。經云「末」者，當豆南盡處，與「醯醬處内」對文。鄭注「處醯醬之左」恐誤。禮，葱與薤皆切而實於醯，無云「烝葱」者。鄭注少儀「牛羊魚之腥，聶而切之爲膾」，云：「聶之言牒也。」説文：「牒，薄切肉也。」正韻：「牒，縷切也。」釋文「葱渿」作「葱渫」。渫，渿本字，疑渫當爲「牒」，葱之切而佐膾，以實於醯者也。據內則「春用葱，秋用芥」之文，則葱渿與芥醬互用。

祭食，祭所先進。殽之序，徧祭之。

鄭注：主人所先進，先祭之，所後進，後祭之，如其次之序。殽謂胾、炙、膾也。

嵩燾案：經分「食」與「殽」二者，鄭意似專以「殽」釋之，蓋據公食大夫禮正饌之黍稷、加饌之稻粱皆祭，故不言「祭食」，而通以殽之先後爲序。疑此證之特牲、少牢禮，可以通其義。特牲饋食禮：佐食取黍稷授尸，尸祭之。其後九飯皆不祭，而舉肺、脊，舉幹，舉骼，舉肩，尸振祭，嚌之，賓長以肝從，兄弟長以燔從，尸皆振祭，嚌之。少牢饋食禮：下佐食取肺，上佐食與黍授尸，尸同受於豆祭，其後十一飯皆不祭，而祭羊鉶、豕鉶，上佐食舉牢幹、舉魚、舉腊肩、舉牢肩，取肝，尸皆振祭，嚌之。似食先進黍，一祭而止，而殽體皆祭。公食大夫禮「魚、腊、醬、湆不祭」，而又云「賓三飯，以湆、醬」，則亦不祭也。是其云「祭所先進」，就進食時言之，以明侑食三飯以下皆不祭。而凡舉肺、舉肝皆祭，此食禮之可推見者，禮文之不具，蓋多也，而十七篇中互文見義，可以參考而得之。胡氏銓云：「黍稷稻粱之屬，所先進者祭之，後者不祭，於文順矣，而又於禮無徵。」則所謂知其一，未知其二者也。

曲禮注疏長編卷十一

一·三五　**侍食於長者，主人親饋，則拜而食。**勸長者食耳。雖賤，不得執食興辭，拜而已，示敬也。○饋，徐其類反。**主人不親饋，則不拜而食。**以其禮於己不隆。

【**疏**】「侍食」至「而食」。○正義曰：嚮是自爲客法[一]，此明侍從尊長爲客禮也。「主人親饋，則拜而食」者，饋，謂進饌也。己雖侍尊長，而主人若自親饋與己，己則拜謝之而後食也。

○注「勸長」至「敬也」。○正義曰：言己今侍食，雖賤，不得執食興辭，故但拜之以示敬也[二]。

【**衛氏集説**】鄭氏曰：勸長者食耳。雖賤，不得執食興辭，拜而已，示敬也。不拜，以其禮於己不隆。

[一]　正義曰嚮是自爲客法　閩、監、毛本同，惠棟校宋本無「正義曰」三字。○鍔按：「正義」上，阮校有「侍食於長者節」六字。

[二]　以示敬也　惠棟校宋本此下另行標「禮記正義卷第三終」，記云「凡二十七頁」。

其禮於己不隆。

孔氏曰：向是自爲客法，此明侍從尊長爲客禮也。饋，謂進饌也。己雖侍尊長，而主人若自親饋與己，己則拜謝之而後食也。

横渠張氏曰：從長者而就人食，若主人親饋及己，則拜而食。若不親饋，則禮非爲我，不拜而食，不敢當其禮也。與「雖貳不辭」同義。

藍田吕氏曰：凡稱侍者，少賤之於長者，毋敢視賓客也，若執弟子職而侍之，侍飲、侍食、侍坐皆然。以賓主之義不全，故無「執食興辭」之節也。若長者加禮，略申賓主之敬而親饋之，則拜之而已。若不親饋，則主人之敬不足，亦不必拜也。

王氏曰：禮於施報之義貴適中而已，主人親饋而客不拜以答之，固無是理；主人不親饋而客或拜焉，是爲佞者也，是愧主人而使之不自安也。既以失己，又以失人，知禮者爲之乎？故聖人謹之。

【吴氏纂言】孔氏曰：此侍從尊長，爲客禮也。饋，謂進饌也。己雖侍尊長，而主人若自親饋於己，己則拜謝之而後食也。

張子曰：從長者而就人食，若主人親饋及己，則拜而食。若不親饋，則禮非爲我，不拜而食，不敢當其禮也。與「雖貳不辭」同義。

【陳氏集説】饋，進饌也。方氏曰：凡以稱禮之施而已。

也。不拜，以其禮於己不隆。

【欽定義疏】正義 鄭氏康成曰：勸長者食耳。雖賤，不得執食興辭，拜而已，示敬之，侍飲、侍食、侍坐皆然。以賓主之義不全，故無「執食興辭」之節也。若長者加禮，略

通論 呂氏大臨曰：凡稱侍者，少、賤之於長者，毋敢視賓客也。若執弟子職而侍中賓主之敬而親饋之，則拜之而已。若不親饋，則主人之敬不足，亦不必拜也。

存疑 孔氏穎達曰：鄉是自爲客法，此明侍從尊長爲客禮也。饋，謂進饌也。己雖侍尊長，而主人若自親饋與己，己則拜謝之而後食也。

張子曰：從長者而就人食，若主人親饋及己，則拜而食。若不親饋，則禮非爲我，不拜而食，不敢當其禮也。與「雖貳不辭」同義。

徐氏師曾曰：侍長者而爲客，非自爲客也。故雖少，無「執食興辭」之禮，但視主人之施而答之耳。

案 上是降等之客，此侍食於長者，則侍者非客，長者亦未嘗客之也。此長者即是主人，若如孔疏，是侍長者而食於人，非侍食於長者，而長者與主人爲二人矣，張子、徐氏皆從孔疏。案「侍食於長者」與後「侍飲於長者」，句法正同。孔後訓「長者賜侍者酒」，則此亦長者賜侍者食耳，安得云「從長者而爲客」乎？鄭云「勸長者食」，蓋子侍父食、臣侍君食，無不當勸者。看「侍」字甚明。

【杭氏集説】徐氏師曾曰：侍長者而爲客，非自爲客也。故雖少，無「執食興辭」之禮，但視主人之私而答之耳。

姜氏兆錫曰：饋，進饌也。鄭氏曰：「侍長者食耳。雖不得執食興辭，拜，示敬而已。」横渠張子曰：饋及己則拜，否則不拜，不敢當體也。與「御同于長者，雖貳不辭」同義。此言侍食與長者之禮。按文義，此與後文「卒食」一條，次於上文「客不虚口」之下，則彼此各以類從矣。

李若珠問：「主人親饋，則拜而食，方氏曰『稱施也』，若敵客，又當何如？」世駿曰：「侍食於長者，不敢當客，故但拜而食。若是敵客，則當執食興辭，不止於拜而已。」若珠又問：「如諭，果爾，則所云『客若降等，執食興辭。主人興，辭於客，然後客坐』，又何禮也？」世駿答曰：「此在禮亦無明文，以意度之，古人不嫌過自卑損，所以答主人之敬。」

【孫氏集解】鄭氏曰：勸長者食耳。雖賤，不得執食興辭，拜而已，示敬也。不拜者，以其禮於己不隆。

愚謂不執食興辭者，此侍食耳，不在賓客之位故也。主人即謂長者，長者之食，其子弟饋之。若長者敬己，而爲之親饋，則己當拜而後食。若但其子弟並饋之，則不必拜也。疏以此爲侍從長者爲客之禮，非也。

【朱氏訓纂】侍食於長者，主人親饋，則拜而食。注：勸長者食耳，雖賤不得執食興辭，拜而已，示敬也。正義：饋，謂進饌也。主人不親饋，則不拜而食。注：以其禮於己不隆。

一・三六　**共食不飽**[一]，謙也。謂共羹飯之大器也。**共飯不澤手**。爲汗手不絜也[二]。澤，謂挼莎也。禮，飯以手。澤，或爲「擇」。○爲，于僞反。汗，下半反，本或作「汙」。挼，乃禾反，沈耳佳反。莎，息禾反，沈又息隨反。○

【疏】「共食」至「澤手」。○正義曰：共食，謂同事聚居，非禮食，則有同器食法。

[一] 共食不飽節　惠棟校宋本以下首題「禮記正義卷第四」。惠棟又云：「宋本『共食』節、『毋摶飯』節、『卒食』節、『侍飲』節、『長者』節、『賜果』節、『御食』節、『餕餘』節、『御同於長者』節、『偶坐』節、『羹之有菜』節、『爲天子削瓜』節、『爲國君』節凡十三節，經注俱在三卷『則不拜而食』經注之下。」盧文弨云：「案自此至『爲國君』節凡十三節，經注俱尚在三卷『則不拜而食』經注之下，截此疏爲四卷起首，不可從。」

[二] 爲汗手不絜也　閩、監、毛本同。惠棟校宋本「手」作「生」，是也，宋監本同。岳本作「爲汙生不潔也」，衛氏集説作「謂汗手不潔也」。案疏言「汗生」，知此處當作「生」。古書「潔」多作「絜」。嘉靖本作「爲汙手不潔也」。○按：正義云：「一本『汙生不圭』，圭，絜也。」

共食宜謙，不輒厭飫爲飽也。

「共飯不澤手」者，亦是共器盛飯也。澤，謂光澤也。古之禮，飯不用箸，但用手。既與人共飯，手宜絜浄，不得臨食始挼莎手乃食，恐爲人穢也。○注「爲汗手不絜」。○正義曰：絜，淨也。若澤手，手必汗生，則不絜淨[一]。一本「汗生不圭」，圭，絜也。言手澤汗飯也[二]。

【方氏析疑】共飯不澤手。

與人飯則先自盥濯，不可使有汗澤，非當食而摩手也。古人於事尊親賓長之禮，無微不達，而坐則以席，飯則以手，非智不若後人也，其體驗於天理者蓋詳，而所以便其口體，則有不暇悉也。按：「飯黍毋以箸」，似餘食皆用箸。「毋搏飯」及此條，又似專用手，未詳何故。

【杭氏集説】共食不飽，共飯不澤手。

姚氏際恒曰：澤，沾漬也。古之飯者，以手著盛器中，故與人飯，手須潔淨，不可用汗污沾漬其手也。玉藻：「父没而不能讀父之書，手澤存焉爾。」「澤」字與此同。

姜氏兆錫曰：吕氏曰：「食非一品，飯則止飯而已。共食而求飽，非讓道也。共飯

[一] 則不絜淨　閩、監、毛本同，惠棟校宋本「淨」下有「也」字。

[二] 言手澤汙飯也　閩、監本作「汙」。此本「汙」誤「汗」，毛本同，今正。

而手有汗澤，人將惡之矣。」

方氏苞曰：與人飯則先自盥濯，不可使有汗澤，非當食而摩手也。古人於事尊親賓長之禮，無微不達，而坐則以席，飯則以手，非智不若後人也，其體驗於天理者蓋詳，而所以便其口體，則有不暇悉也。按：「飯黍毋以箸」，似餘食皆用箸。「毋摶飯」及此條，又似專用手，未詳何故。

【孫氏集解】共食不飽，共飯不澤手。鄭注：澤，或爲「擇」。

鄭氏曰：共食，謂共羹飯之大器也。不飽，謙也。澤，謂挼莎也。不澤手，爲汗手不絜也。禮，飯以手。

孔氏曰：共食，謂同事聚居，非禮食，則有同器食法。共食宜謙，不得厭飫爲飽也。「共飯不澤手」者，亦是共器盛飯。澤，謂光澤也。古禮飯用手，澤手則汗生，與人共飯，不得臨食始挼莎手乃食，恐爲人穢也。

【朱氏訓纂】共食不飽，注：謙也，謂共羹飯之大器也。**共飯不澤手。**注：爲汗生不絜也。澤，謂挼莎也。禮，飯以手。　正義：古之禮飯不用箸，但用手。既與人共飯，手宜絜淨，不得臨食始挼莎手乃食，恐爲人穢也。

一·三七　**毋摶飯，**爲欲致飽，不謙。○摶，徒端反。爲，于僞反，下皆同。

【疏】「毋摶飯」。○正義曰：共器若取飯作摶，則易得多，是欲争飽，非謙也。故注云「爲欲致飽，不謙」也。

一·三八　**毋放飯，**去手餘飯於器中[一]，人所穢。○去，起吕反。**毋流歠，**大歠，嫌欲疾。○歠，川悦反。**毋咤食，**嫌薄之。○咤，陟嫁反，叱咤也。**毋齧骨，**爲有聲響，不敬。○齧，五結反。**毋反魚肉，**爲已歷口，人所穢。**毋投與狗骨，**爲其賤飲食之物。**毋固獲，**爲其不廉也。欲專之曰固，争取曰獲。○固、獲並如字，徐云：鄭横霸反，一音護。**毋揚飯，飯黍毋以箸，毋嚃羹，**亦嫌欲疾也。嚃爲不嚼菜。○飯，扶晚反。箸，直慮反，説文云：「飯攲也。」嚃，他答反，一音吐計反，又音退。嚼，疾略反，又序略反。**毋絮羹，**爲其詳於味也。絮，猶調也。○絮，敕慮反，謂加以鹽梅也。**毋刺齒，**爲其弄口也。口容止。○刺，七亦反。弄，魯凍反。**毋歠醢。**亦嫌詳於味也。歠者，爲其淡故。○淡，度敢反。**客絮羹，主人辭不能亨**[二]**；客歠醢，主**

[一] 去手餘飯於器中　閩、監、毛本同，岳本同，嘉靖本同，衛氏集説同，考文引宋板「於」作「放」。○鍔按：「去手」上，阮校有「毋摶飯節」四字。

[二] 主人辭不能亨　石經同，岳本、嘉靖本同，閩、監、毛本同。釋文「亨」作「烹」，考文引古本同。

人辭以寠。優賓。○亨，普彭反，煮也。寠，其禹反，貧也。**濡肉齒決，**決，猶斷也。○濡，音濡，字亦作「濡」。斷，音短。**乾肉不齒決。**堅，宜用手。**毋嘬炙。**爲其貪食甚也。嘬，謂一舉盡臠。特牲、少牢：「嚌之，加于俎。」○嘬，初怪反。炙，章夜反。臠，力轉反。少，徐式照反，凡「少牢」皆同。嚌，音才細反。

【疏】「毋放」至「嘬炙」。○正義曰：「放飯」者，手就器中取飯，飯若黏著手，不得拂放本器中也[一]，去手餘飯於器中，人所穢者[二]。當棄餘於篚，無篚，棄餘於會。會，謂簋蓋也。

○「毋流歠」者，謂開口大歠，汁入口如水流，則欲多而速，是傷廉也。故鄭云：「大歠，嫌欲疾。」

○「毋咤食」者，咤，謂以舌口中作聲也，似若嫌主人之食也。

○「毋齧骨」者，一則有聲，二則嫌主人食不足，以骨致飽，故庾云「爲無肉之嫌」，三則齧之口脣可憎，故不齧也。「爲有聲響，不敬」，鄭舉一隅也。

「毋反魚肉」者，謂與人同器也，已齧殘，不可反還器中，爲人穢之也。故鄭云：「謂

[一] 不得拂放本器中也　惠棟校宋本作「也」。此本「也」改「者」，閩、監、毛本同。

[二] 去手餘飯於器中人所穢者　惠棟校宋本作「者」，是也。此本「者」改「也」，閩、監、毛本同。

已歷口，人所穢。」崔靈恩云：「不可反於故處，是以少牢禮尸所食之餘肉，皆別致於肵俎，不反本處也。」

○「毋投與狗骨」者，投，致也。狗，犬也。言爲客之禮，無得食主肉後，棄其骨與犬，故鄭云「爲其賤飲食之物」。

○「毋固獲」者，專取曰固，爭取曰獲。與人共食，不可專固獨得及爭取也。盧植云：「固獲取之，爲其不廉也。」

○「毋揚飯」者，飯熱，當待冷，若揚去熱氣，則爲貪快，傷廉也。

○「飯黍毋以箸」者，飯黍無用箸，當用匕。故少牢云「廩人溉匕與敦」，注云「匕，所以匕黍稷」是也。

○「毋嚃羹」者，人若不嚼菜，含而歠吞之，其欲速而多，又有聲，不敬，傷廉也。故鄭云「亦嫌欲疾也」。嚃爲不嚼菜。羹有菜者用挾[一]，故不得歠，當挾嚼也。

○「毋絮羹」者，絮，謂就食器中調和鹽梅也。若得主人羹，更於器中調和，是嫌主人食味惡也。

○注「爲其詳於味也。絮，猶調也」，詳，審也，謂更詳審，嫌淡也。

[一] 羹有菜者用梜　閩、監、毛本作「梜」，此本「梜」作「挾」，下「當梜嚼也」同。

○「毋刺齒」者，口容止不得刺弄之，爲不敬也。謂其弄口。少儀曰：「口容止。」容儀欲静止也。

「毋歠醢」者，醢，肉醬也。醬宜鹹，客若歠之，則是醬淡也。

○「客絮羹，主人辭不能亨」者，亨，煮也。若客失禮而絮羹，則主人宜有優賓之辭，謝之，云己家不能亨煮[一]，故羹味不調適也。

○「客歠醢，主人辭以窶」者，窶，無禮也。若客失禮而歠醢，則主人亦致謝，云主人作醢，淡而無鹽，故可歠也。詩云：「終窶且貧。」毛云：「窶，無禮也。」箋云「君於己禄薄，終不足以爲禮」也。兩辭皆優饒於賓也。

「濡肉齒決」者，濡，濕也。濕軟不可用手擘，故用齒斷決而食之。決，猶斷也。

○「乾肉不齒決」者，乾肉，脯屬也，堅肕不可齒決斷之，故須用手擘而食之。鄭注腊人云：「大物解肆乾之，謂之乾肉也。」

「毋嘬炙」者，火灼曰炙。炙肉濡，若食炙，先當以齒嚌而反置俎上，不一舉而併食，併食之曰嘬，是貪食也。

○注「爲其」至「于俎」。○正義曰：不細齧之，是一舉盡臠也。特牲、少牢「嚌之，

[一] 云己家不能亨煮　閩、監、毛本同，惠棟校宋本「己」作「以」，衛氏集説同。

加于俎」者，嚌，至齒也。特牲、少牢饋食禮[一]尸及祝、佐食、主人之徒，得肉皆嚌之，嚌之竟而加置于俎上也。但此所嚌，取彼嚌至齒，反置于俎則同。然前云「無反魚肉」，此得反于俎者，上文謂共人同器而食者，故鄭云「爲其已歷口，人所穢」。特牲、少牢獨食，故得反也。

【衛氏集説】共食不飽，共飯不澤手。毋摶飯，毋放飯，毋流歠，毋咤食，毋齧骨，毋反魚肉，毋投與狗骨，毋固獲，毋揚飯，飯黍毋以箸，毋嚃羹，毋絮羹，毋刺齒，毋歠醢。客絮羹，主人辭不能亨；客歠醢，主人辭以窶。濡肉齒決，乾肉不齒決。無嘬炙。

鄭氏曰：不飽，謙也。謂共羹飯之大器也。不澤手，爲汗生不絜也。澤，謂挼莎也。禮，飯以手。澤，或爲「擇」。放飯，謂去手餘飯於器中，人所穢也。流歠，大歠，嫌欲疾也。咤，嫌薄之。齧，爲有聲響，不敬。反魚肉，爲已歷口，人所穢也。投骨，爲其賤飲食之物。固獲，爲其不廉也。欲專之曰固，争取曰獲。嚃爲不嚼菜。絮，爲詳於味。絮，猶調也。刺，爲其弄口也。口容止。歠醢，亦嫌詳於味也。歠者，爲其淡故。決，斷也。乾肉堅，宜用手。嘬炙，爲其貪食甚也。嘬，謂一舉盡臠。特牲、少牢：「嚌之，加于俎。」

孔氏曰：非禮食，則有同器食法。共食宜謙，不輒厭飫爲飽也。與人共飯，手宜潔

[一] 特牲少牢饋食禮　惠棟校宋本作「饋」，此本誤「館」，閩、監、毛本同，今正。

淨，不得臨食始挼莎手乃食，恐爲人所穢也。取飯作摶，則易得多，是欲争飽，非謙也。手就器中取飯，若黏著手，不得拂放本器中，當棄於篚，無篚，棄於會。會，謂簋蓋也。流歠，謂開口大歠，汁入口如水流，則欲多而速，是傷廉也。咤，謂以舌口中作聲，似嫌主人之食。齧骨，一則有聲，二則嫌食無肉，三則以齧骨可憎也。魚肉，與人同器，已齧殘，不可反還器中。少牢禮尸所食之餘肉，皆别置於肵俎。固獲，謂與人共食，不可專固獨得及争取也。飯熱，當待冷，若揚去熱氣，則爲貪快，傷廉。飯黍當用匕，故少牢「廪人溉匕」，注云「匕，所以匕黍稷」也。羹有菜，當梜嚼，若含而歠吞之，是欲速而多又有聲，不敬且傷廉也。絮，謂就食器中調足鹽梅，是嫌主人食味惡也。口容欲静止，不得刺弄之，爲不敬。醢，肉醬也。醬宜鹹，客失禮而絮羹，則主人謝之，云以家不能亨煮，故味不調適也。窶，無禮也。客失禮而歠醢，則主人亦謝之，云作醢淡而無鹽，故可歠也。兩辭皆優饒於賓也。濡，濕也。軟則可以齒決。乾肉，腊屬也。火灼曰炙。炙肉濡，若食炙，先當以齒嚌而反置俎上，不一舉而併食，併食之曰嘬。

横渠張氏曰：共飯不澤手，必有物以取之，不使濡其手。共飯，雖食共一器，必各有器以取之。毋固獲，謂飲食在俎豆，越品争力，取而食之，嫌其貪也。

藍田吕氏曰：共食者，所食非一品也。共飯者，止飯而已。凡與人共者，必先人而後己，厚人而薄己，則不争矣。共食而求飽，非讓道也。古之飯者以手，與人共飯，摩手而有澤，人將惡之而難言也。食言放，羹言流，皆貪肆飲食而無容也。孟子曰：「放飯流歠，而問無齒決。」決之失小，而流、放之過大也。毋咤食，當食叱咤，惡無容也。毋投與狗骨，惡以人食而食獸也。毋固獲，惡必得也。毋揚飯，惡欲速也。毋飯黍以箸，惡用非所宜也。毋刺齒，取齒間之餘也。毋絮羹，絮讀如「漂絮」之絮，玩之而不食，必調飪失其節，故主人辭不能亨也。醢之味厚，非可歠，而歠之，則味薄可知，故主人辭以窶。

廣安游氏曰：聖人知夫人之大欲在夫飲食也，而致詳於飲食之禮。終食之間，而人之賢不肖可得而知也。貪也，犯人之所惡也，薄主人之飲食也，聲容之不敬也，所謂小人之情狀畢見於此矣。聖人之教，不待其已麗於大惡而後正之也。待其大惡而正之，則無及矣。故夫起居飲食之間而爲之禮焉，聖人之用意微矣。古之制禮者，禮與食相懸而爲重輕，故曰：「禮與食孰重？」孟子曰：「禮重。」惟其有禮而食也，則有「肉乾人饑而不食」者矣。惟其無禮而食也，則有「紾兄之臂而奪之食」者矣。惟其肉乾人饑而不食，而後其人可使饑餓，而不可使之犯非禮，可使蹈患難，而不可使之犯非義。若此者，治與安之所從生也。紾兄之臂而奪之食，則凡可以得食者無不爲，而凡可以取利者無不敢也，亂與亡之所從出也。去亂而即治，去亡而即安，則夫禮之施於飲食之際者，其可後乎？

馬氏曰：君子於觴酒豆肉之間，未嘗不致謙而養廉也。

【吴氏纂言】共食不飽，共飯不澤手。毋摶飯，毋放飯，毋流歠，毋咤食，毋齧骨，毋反

魚肉，毋投與狗骨，毋固獲，毋揚飯，飯黍毋以箸，毋嚃羹，毋絮羹，毋刺齒，毋歠醢。客絮羹，主人辭不能亨；客歠醢，主人辭以窶。濡肉齒決，乾肉不齒決。毋嘬炙。

鄭氏曰：不飽，謙也，謂共羹飯之大器也。澤，謂挼莎。不澤手，爲汙手不潔也。禮，飯以手，摶飯，謂欲致飽，不謙。放飯，去手餘飯於器中，人所穢也。流歠，大歠，嫌欲疾也。咤，嫌薄之。齧，謂有聲響，不敬。反魚肉，爲已歷口。投骨，爲其賤飲食之物。固獲，爲其不廉也，欲專之曰固，争取曰獲。嚃，不嚼菜。絮，猶調也，爲詳於味。刺齒，弄口也，口容止。歠醢，爲其淡，故亦嫌詳於味。決，猶斷也。嘬，謂一舉盡臠，爲其貪食甚也。

孔氏曰：共食宜謙，不輒厭飫爲飽也。與人共食，手宜潔清，不得臨時挼莎手乃食，恐爲人所穢也。取飯作摶，則易得多，是欲争飽，非謙也。手就器中取飯，若粘著手，不得拂放本器中，當棄於篚，無篚，棄於會。會，謂簋蓋也。流歠，謂開口大歠，汁入口如水流，則欲多而速，是傷廉也。咤，謂舌口中作聲。齧骨，一則有聲，二則嫌主人食不足，以骨致飽。魚肉與人同器，若已齧殘，不得反還器中。少牢禮尸所食之餘肉，皆别置於所俎。投，致也。爲客之禮，毋得食主肉後，棄其骨與犬。固獲，謂與人共食，不可專固獨得及争取也。飯熱，當待冷，若揚去熱氣，則爲貪快，傷廉。飯黍當用匕，故少牢「廩人溉匕」，註云「匕，所以匕黍稷」也。羹有菜，當梜嚼，若含而歠吞之，是欲速而多，又有聲，不敬也。絮，謂就食器中調足鹽梅，是嫌主人食味惡也。口容欲靜止，不得刺弄之，爲不敬。醢，肉醬也。醬宜鹹，客失禮而絮羹，則主人謝之，云家不能亨煮，味不調適也。客失禮而歠醢，則主人亦謝之，云作醢淡而無鹽，故可歠也。濡，濕也，濕軟不可用手擘，故用齒斷。乾肉，脯屬，堅韌不可齒斷，故須用手擘。火灼曰炙。若食炙肉，先當以齒嚌而反置俎上。嘬者，不細齧，一舉而并食之也。

朱子曰：放飯，大飯也。流歠，長歠也。

澄曰：此一節五「飯」字，皆當作上聲讀。飯，謂食之也。共飯，猶云共食。摶飯，謂以手摶斂而食之。放飯，當如朱子說，謂大口而食之，放肆無節也，與流歠爲類。流歠，謂長吸而歠之，如水之流也。揚飯，謂揚去熱氣而急欲食之。咤食，謂口內作聲而食之。固獲二字一意，謂固必而取得之也。摶飯、放飯、流歠、咤食、固獲、揚飯六句一類，二字皆虛。齧骨、嚃羹、絮羹、歠醢、嘬炙五句一類，二字上虛下實，下一字指所食之物而言。

【陳氏集説】共食不飽，共飯不澤手。 呂氏曰：共食者，所食非一品。共飯者，止飯而已。共食而求飽，非讓道也。不澤手者，古之飯者以手，與人共飯，摩手而有汗澤，人將惡之而難言。**毋摶飯，毋放飯，毋流歠，**「毋摶」者，疏云「若取飯作摶，則易得多，是欲爭飽也」。朱氏曰：放，謂食之放肆而無所節也。流，謂飲之流行而不知止也。**毋咤食，毋齧骨，毋反魚肉，毋投與狗骨，毋固獲，** 咤食，謂當食而叱咤。疏謂「以舌口中作聲」。毋咤，恐似於氣之怒也。毋齧，嫌其聲之聞也。毋反魚肉，不以所餘反於器，鄭云「謂已歷口，人所穢也」。毋投與狗骨，不敢賤主人之物也。求之堅曰固，得之難曰獲。固獲，謂必欲取之也。**毋揚飯，飯黍毋以箸，**揚，謂以手散其熱氣，嫌於欲食之急也。毋以箸，貴其匕之便也。**毋嚃羹，毋絮羹，毋刺齒，毋歠醢。客絮羹，主人辭不能亨；客歠醢，主人辭以窶。**羹之有菜宜用梜，不宜以口嚃取食之也。絮，就器中調和也。口容止，不宜以物刺於齒也。醢宜鹹，歠之，以其味淡也。客或有絮羹者，則主人以不能烹飪爲辭。客或有歠醢者，則主人以貧窶乏味爲辭。**濡肉齒決，乾肉不齒決。毋嘬炙。**濡肉，殽胾之類。乾肉，脯脩之類。決，斷也。不齒決，則當治之以手也。　疏曰：火灼曰炙。若食炙，不一舉而併食，併食之曰嘬，是貪食也。

【郝氏通解】侍食於長者，主人親饋，則拜而食。主人不親饋，則不拜而食。共食不飽，共飯不澤手。毋摶飯，毋放飯，毋流歠，毋咤食，毋齧骨，毋反魚肉，毋投與狗骨，毋固獲，毋揚飯，飯黍毋以箸，毋嚃羹，毋絮羹，毋刺齒，毋歠醢。客絮羹，主人辭不能亨；客歠醢，主人辭以窶。濡肉齒決，乾肉不齒決。毋嘬炙。

主人，即長者。饋，進饌也。共食，與人同席食也。非賓主勸侑而飽，則所取多矣。共飯，與人同器而飯也。古人飯以手，不澤手，手必潔也。沾汙曰澤，汗出曰手澤，涎沫曰口澤。凡涎沫著手、羹汁染手皆謂之澤，人所穢惡也。摶飯，團取飯，欲其多也。放飯，搶食也。流歠，亟飲也。咤，口舌聲。齧骨，嚼骨有聲。反魚肉，以所食餘反于器也。投與狗骨，則賤主人之物。固獲，堅取必得也。揚飯，去熱，急於食也。飯黍以匕不以箸，箸以食殽，非飯黍也。羹有菜，食用箸。嚃，以口嚃取也。絮羹，別取蔬品入羹和之也。刺齒，剔齒也。醢，醬屬，味鹹，以殽擩食之，非可歠也。可歠則味必淡，故客絮羹則似調和未善，主人辭以不能烹。客歠醢，則似醢味薄，無殽可飽，故主人辭以貧窶。濡肉，輭濕之肉。齒決，以齒斷而食之，不須手也。乾肉，脯脩之類，必手擘之，而後可食，用齒決斷，則失容也。一舉盡臠曰嘬。以上數者，皆貪饕粗率之狀，君子于觴酒豆肉未嘗不退讓，以養廉也。

【方氏析疑】毋放飯，毋流歠。

放飯者，餘粒散布。流歠者，餘瀝沾濺也。

【江氏擇言】共飯不澤手。

吴氏云：飯，扶晚切，下摶飯、放飯、揚飯、飯黍並同。又云：此節五「飯」字，皆當作上聲讀。飯，謂食之也。

按：陸氏釋文云：依字書，食旁作卞，扶萬反；食旁作反，符晚反。二字不同，今則混而一之。愚謂此節五「飯」字，唯放飯、飯黍二「飯」字音上聲。若共飯、摶飯、揚飯三「飯」字，當音扶萬切，指所食之飯，而吴氏皆讀上聲，誤矣。

毋咤食。

鄭注：嫌薄之。

孔疏云：咤，謂以舌口中作聲，似嫌主人之食也。

陳氏云：謂當食而叱咤，毋咤，恐似於氣之怒也。

按：陳説非是，當從注疏。

毋固獲。

吴氏云：「固」「獲」二字一意，謂固必而取得之也。

按：當從吴氏説。

飯黍毋以箸。

孔疏云：飯黍毋用箸，當用匕。故少牢云「廩人溉匕與敦」，注云「匕，所以匕黍稷」是也。

按：此句鄭氏無明釋。上文「共飯不澤手」，注云：「禮，飯以手。」孔疏云：「古之禮，飯不用箸，但用手。」然則「飯黍毋以箸」，亦謂不以箸而以手也。下文「羹之有菜者用梜」，鄭注云：「梜，猶箸也。」然則古人以箸食羹耳。此疏引少牢謂當用匕，與前「禮，飯以手」相牴牾。少牢之「匕黍稷」，謂從爨匕出入敦，非謂以匕食黍稷也。弟子職云「左執虚豆，右執梜朼，周旋而貳」，亦是以朼益飯，如今人之飯匙，非以朼食飯也。許慎説文釋「箸」爲「飯攲」，蓋後世始以箸食飯耳。

又按：鄭氏通「毋揚飯，飯黍毋以箸，毋嚃羹」三句，總注云「亦嫌欲疾也」。以此推之，古人之箸，即弟子職之「梜朼」，如今人之飯匙，所以盛飯入食器。飯黍以箸者，是欲食之急，於梜朼中食飯也。至漢初張良借箸陳事，以箸代算，始若今人之箸。若紂之象箸，當是以象飾梜朼耳。

毋嚃羹。

鄭注：亦嫌欲疾也。嚃爲不嚼菜。

按：羹無菜者不用梜，則亦有以口取食者矣，當從鄭注。

【欽定義疏】共食不飽，共飯不澤手。

正義 鄭氏康成曰：不飽，謙也。孔疏：共食宜謙，不輒厭飫爲飽。謂共羹飯之大器也。不澤手，爲汗手不潔也。案：陸氏釋文：「汗，下半反，本或作『汙』。」今考釋訓「挼莎」，則從「汗」爲是。澤，謂挼莎也。禮，飯以手。澤，或爲「擇」。孔疏：古之禮，飯不用箸，但用手。與人共飯，手宜潔淨，不得臨食始挼莎手乃食，恐爲人所穢也。

吕氏大臨曰：共食者，所食非一品。共飯者，止飯而已。凡與人共者，必先人而後己，厚人而薄己。共食而求飽，非讓道也。古人之飯者以手，與人共飯，摩手而有澤，人將惡之而難言也。

存疑 張子曰：共飯不澤手，必有物以取之，不使濡其手。共飯，雖食共一器，必各有器以取之。

案 古人飯皆以手，下言「摶飯」，其明徵也，惟飯黍用匕耳。此「共飯」，本大槩言之，張子乃以飯黍之匕槩之稻粱，其説未確。

毋摶飯，毋放飯，毋流歠。

正義 鄭氏康成曰：摶飯，謂欲致飽，不謙也。孔疏：取飯作摶，則易得多，是欲争飽，非謙也。流歠，大歠，嫌欲疾也。孔疏：謂開口大歠，汁入口如水流，則欲多而速，是傷廉也。

呂氏大臨曰：食言放，羹言流，皆貪肆飲食而無容也。

朱子曰：放飯、大飯，謂食之放肆而無所節。流歠，謂長歠，飲之流行而不知止也。

通論 呂氏大臨曰：孟子曰：「放飯流歠，而問無齒決。」齒決之失小，而流、放之過大也。

存疑 鄭氏康成曰：放飯，去手餘飯於器中，人所穢也。

孔氏穎達曰：手就器中取飯，若粘著手，不得拂放本器中，當棄於篚，無篚，棄於會。會，謂簋蓋也。

案 鄭、孔説亦可通。但如此，則非不敬之大，與孟子不合。

毋咤食，毋齧骨，毋反魚肉，毋投與狗骨，毋固獲。

【正義】鄭氏康成曰：咤，嫌薄也。齧，謂有聲響，不敬。反魚肉，爲已歷口，人所穢也。投骨，爲其賤飲食之物。固獲，爲其不廉也。

孔氏穎達曰：咤，謂以舌口中作聲。齧骨，一則有聲，二則嫌主人食無肉，三則齧之口脣可憎也。魚肉與人同器，若已齧殘，不得反還器中。高氏愈曰：已取而復反之，病其揀擇。少牢禮：「尸所食之餘肉，皆別置於肵俎。」投，致也。食肉後毋棄其骨與犬，爲賤飲食之物。案：且恐致犬争，驚衆亂席也。固獲，謂與人共食，不可專固獨得及争取也。

吕氏大臨曰：毋咤食，當食叱咤，惡無容也。毋固獲，惡必得也。

陳氏澔曰：毋咤，恐似於氣之怒也。

【存異】姚氏舜牧曰：毋反魚肉，謂器中尚有餘，不必以箸反掀而盡食之。案：此讀「反」爲「翻」，古人牲體載之有序，無可翻也。

鄭氏康成曰：欲專之曰固，争取曰獲。

【案】反，還也。姚讀爲翻，非是。固獲，只必得之意。鄭分專屬固，争屬獲，非。

毋揚飯，飯黍毋以箸。

【正義】鄭氏康成曰：揚飯，亦嫌欲疾也。

孔氏穎達曰：飯熱，當待冷。若揚去熱氣，則爲貪快，傷廉。飯黍當用匕，故少牢「廩人溉匕」，注云「匕，所以匕黍稷」也。彭氏汝礪曰：匕，今之匙。

呂氏大臨曰：飯黍以箸，惡用非所宜也。

陳氏澔曰：毋以箸，貴其匕之便也。

案 黍、稷、稻、粱皆可爲飯。黍極黏，難以手取，故或有用箸者。箸，梜也。羹有菜者可用箸。飯不可用箸，當用匕也。孔疏引「溉匕」，注兼稷言，誤。黍黏，稷不黏，不必用匕也。

毋嚃羹，毋絮羹，毋刺齒，毋歠醢。客絮羹，主人辭不能亨；客歠醢，主人辭以窶。

正義 鄭氏康成曰：嚃爲不嚼菜，亦嫌欲疾也。孔疏：羹有菜，當梜嚼。若含而歠吞之，是欲速而多，又有聲，不敬也。絮，猶調也。爲其詳於味也。孔疏：絮，謂器中調和鹽梅，是嫌主人味惡也。刺齒，爲其弄口也。口容止。孔疏：口容欲静止，不得刺弄之，爲不敬。歠醢爲其淡，故亦嫌詳於味也。孔疏：醢，肉醬也。醬宜鹹，客若歠之，則是醬淡也。主人兩辭，優賓也。孔疏：客失禮而絮羹，則主人謝之，云己家不能亨煮，故味不調適。客失禮而歠醢，則主人亦致謝，云作醢淡而無鹽，故可歠。皆以優饒於賓也。

呂氏大臨曰：毋刺齒，取齒閒之餘也。醢之味厚，非可歠而歠之，則味薄可知。

濡肉齒決，乾肉不齒決，毋嘬炙。

正義 鄭氏康成曰：決，猶斷也。孔疏：濡，濕也。濕軟不可用手擘，故用齒斷。乾肉堅，宜用手。孔疏：乾肉，脯肉也。堅肕不可齒斷，故須用手擘。徐氏師曾曰：各有宜也。嘬炙，爲其貪食甚也。嘬，謂一舉盡臠。特牲、少牢：「嚌之，加於俎。」孔疏：火灼曰炙。若食炙肉，先當以齒嚌而反置俎上。嘬者，不細齧，一舉而并食之也。

餘論 馬氏晞孟曰：君子於觴酒豆肉之閒，未嘗不致謙而養廉也。

【杭氏集説】毋摶飯，毋放飯，毋流歠。

朱子曰：放飯，大飯，謂食之放肆而無所節。流歠，謂長歠飲之，流行而不知止也。

姜氏兆錫曰：疏曰：「取飯作摶，是争多也。」朱子曰：「放，謂放而無節。流，謂流而不止。」

方氏苞曰：放飯者，餘粒散布。流歠者，餘瀝沾濺也。

毋咤食，毋齧骨，毋反魚肉，毋投與狗骨，毋固獲。

盧氏植曰：固獲取之，爲其不廉也。

陳氏澔曰：毋咤，恐似於氣之怒也。毋齧，嫌其聲之聞也。

姚氏舜牧曰：毋反魚肉，謂器中尚有餘，不必以箸反掀而盡食之。

姜氏兆錫曰：口舌作聲曰咤，惡其聲也。骨齒相攬曰齧，惡其狀也。反於器，恐歷己之口，爲穢也。投諸畜，恐賤主之物，爲嫌也。求之堅曰固，得之難曰獲，故備戒之。

毋揚飯，飯黍毋以箸。

陳氏澔曰：毋以箸，貴其匕之便也。

姜氏兆錫曰：揚者，以手散熱氣也。毋揚，嫌欲食之急。毋箸，貴用匕之便也。

毋嚃羹，毋絮羹，毋刺齒，毋歠醢。客絮羹，主人辭不能亨；客歠醢，主人辭以窶。濡肉齒決，乾肉不齒決。毋嘬炙。

姚氏際恒曰：古人取飯，以手著器中，故有摶飯之説。放飯，孟子趙注曰：「大飯是也。」少儀『毋放飯』，下曰『小飯而亟之』，則放飯爲大飯可知。大飯謂含餔多，小飯謂含餔少也。」鄭氏曰：「放飯，棄手餘飯于器中，人所穢。」孔氏曰：「手取飯，若黏著手，不得弗放本器中，當棄于篚，無篚，棄于會。會，簋蓋也。」鄭注既迂，孔疏尤鑿。棄于篚與會，已固不食之矣，然則終棄之乎？抑使僕隸賤人食乎？既在篚與會，是不終棄，而與僕隸賤人食明矣。彼亦人子，其能堪耶！絮羹，「絮」字如澡絮之「絮」，謂以箸旋轉之也。此共十五「毋」字，一「不」字，「不」字指齒決乾肉。孟子曰：「放飯流歠而問，無齒決。」可見「毋」字重，「不」字輕，古人用字不苟如此。

萬氏斯大曰：「客絮羹」四句，正明所以不可絮羹與歠醢之故，言爲客而絮羹、歠醢，主人即以此辭，客將何以爲情乎？故不可也。

姜氏兆錫曰：用口取食曰嚃，就器和羹曰絮，取物治齒曰刺，舍羹嘗醢曰歠。蓋羹菜用挾，不宜以口取食，故勿嚃。口容貴止，不宜以物治齒，故毋刺。客或絮羹，則主辭以烹飪無法。客或歠醢，則主人辭以貧窶乏味。此又釋無絮、無歠之意也。又曰：濡肉，殽胾之類。乾肉，脯修之類。決，斷也。嘬，併食也。不齒決，當治以手。毋嘬炙，當食之細。又曰：此以上備言食不以禮，戒之也。

【孫氏集解】毋摶飯，毋放飯，毋流歠。○放飯之「飯」，注疏如字。朱子孟子集注讀爲扶晚反，今從之。

鄭氏曰：毋摶飯，爲欲致飽，不謙。放飯，去手餘飯於器中，人所穢。大歠，嫌欲疾。

孔氏曰：取飯作摶，則易得多，是欲争飽，非謙也。去手餘飯於器中，人所穢也，當棄餘於篚，無篚，棄於會。會，謂簋蓋也。

朱子曰：放飯，大飯，謂食之放肆而無所節。流歠，長歠，飲之流行而不知止也。

毋咤食，毋齧骨，毋反魚肉，毋投與狗骨，毋固獲。

鄭氏曰：咤食，嫌薄之。齧骨，爲有聲響，不敬。反魚肉，爲已歷口，人所穢。投與狗骨，爲其賤飲食之物。固獲，爲其不廉也。欲專之曰固，争取曰獲。

孔氏曰：咤食，謂以舌口中作聲，似嫌主人之食也。毋齧骨者，一則有聲，二則嫌主人食不足，以骨致飽，三則口脣可憎。毋反魚肉，謂與人同器，已齧殘，反還器中，爲人所穢。

毋揚飯，飯黍毋以箸，毋嚃羹。

鄭氏曰：亦嫌欲疾也。嚃爲不嚼菜。

孔氏曰：飯熱，當待冷，若揚去熱氣，則爲貪快，傷廉也。飯黍無用箸，當用匕，故少牢云「廩人概匕與敦」，注云「匕，所以匕黍稷」是也。羹不嚼菜，含而歠吞之，欲速而多，又有聲，不敬傷廉也。

愚謂飯黍毋以箸者，黍雖黏，飯之猶用手而已，不用箸也。少牢禮：「上佐食爾上敦黍於筵上。」賈疏云「飯黍毋以箸，古者飯食不用匙箸，就器中取之，故移之席上，以便尸食」是也。飯黍以箸，亦由欲食之急，故不俟其涼，而以箸取之。孔疏謂「飯黍當用匕」，非是。少牢禮「概匕」，所用取黍稷於甑而實諸敦者，非飯時所用也。

毋絮羹，毋刺齒，毋歠醢。客絮羹，主人辭不能亨；客歠醢，主人辭以窶。

鄭氏曰：絮羹，爲其詳於味也。絮，猶調也。刺齒，爲其弄口也。口容止。歠醢，亦爲詳於味也。歠者，嫌其味淡。主人「辭不能亨」，「辭以窶」，優賓也。

孔氏曰：絮羹，謂就器中調和鹽梅，是嫌主人味惡也。刺齒，刺取齒間之留，爲弄口，不敬也。醢，肉醬也。醬宜鹹，客若歠之，是醬淡也。

愚謂醢，但用以擩物，無歠之之法。若歠之，是其味淡也。窶，言己貧，故不足於味也。

濡肉齒決，乾肉不齒決。毋嘬炙。

鄭氏曰：決，斷也，乾肉堅，宜用手。嘬炙，爲其貪食甚也。嘬，謂一舉盡臠。特牲、少牢：「嚌之，加於俎。」

并食之也。

孔氏曰：火灼曰炙。若食炙肉，先當以齒嚌而反置俎上。嘬者，不細齧之，一舉而

愚謂濡肉，胾炙之屬；乾肉，脯脩之屬。○自「共食不飽」至此，雜記飲食之法。

【朱氏訓纂】毋摶飯，注：爲欲致飽，不謙。通俗文：手團曰摶。正義：若取飯作摶，則易得多，是欲争飽。**毋放飯**，注：去手餘於器中，人所穢。正義：當棄餘於篚，無篚，棄餘於會。會，謂簋蓋也。**毋流歠**，注：大歠，嫌欲疾。正義：謂開口大歠，汁入口如水流，則欲多而速，是傷廉也。**毋咤食**，注：嫌薄之。釋文：咤，叱咤也。正義：謂以舌口中作聲也，似嫌主人之食也。**毋齧骨**，注：爲有聲響，不敬。正義：一則有聲，二則嫌主人食不足，以骨致飽，故庾云「爲無肉之嫌」，三則齧之口脣可憎，故不齧也。**毋反魚肉**，注：爲已歷口，人所穢。正義：崔靈恩云：「不可反於故處。」是以少牢禮尸所食之餘肉，皆别致於肵俎，不反本處也。**毋投與狗骨**，注：爲其賤飲食之物。**毋固獲**，注：爲其不廉也。欲專之曰固，争取曰獲。**毋揚飯**，正義：飯熱，當待冷，若揚去熱氣，則爲貪快，傷廉也。**飯黍毋以箸**，江氏永曰：上文「共飯不澤手」，孔疏云：「古之禮，飯不用箸，但用手。」然則「飯黍毋以箸」，亦謂不以箸而以手也。下文「羹之有菜者用梜」，鄭注「梜，猶箸也」，然則古人以箸食羹耳。此疏引少牢，謂當用匕，與前説相牴牾。少牢之「匕黍稷」，謂從爨匕出入敦，非謂以匕食黍稷也。説文釋箸

爲「飯敧」，蓋後世始以箸食飯耳。**毋嚃羹**，注：亦嫌欲疾也。嚃爲不嚼菜。説文：「䛟，歠也。」段氏玉裁注曰：「廣韻：『嚃，歠也。』然則『嚃』即『䛟』也。羹之無菜者不用梜，直歠之而已。禮禁䛟羹者，何也？䛟者流歠。許渾言之耳。」**毋絮羹**，注：爲其詳於味也。絮，猶調也。釋文：謂加以鹽梅也。正義：若得主人羹，更於器中調和，是嫌主人食味惡也。**毋刺齒**，注：爲其弄口也。口容止。**毋歠醢**。注：亦嫌詳於味也。歠者，爲其淡故。正義：醢，肉醬也。醬宜鹹，若歠之，是醬淡也。**客絮羹，主人辭不能亨；客歠醢，主人辭以窶**。注：優賓。釋文：亨，煮也。窶，貧也。倉頡篇：無財備禮曰窶。**濡肉齒決，乾肉不齒決**。注：決，猶斷也。堅宜用手。正義：濡，濕也。濕軟不可用手擘，故用齒斷決而食之。乾肉，脯屬也，堅肕不可齒決斷之，故須用手擘而食之。**毋嘬炙**。注：爲其貪食甚也。嘬，謂一舉盡臠。特牲、少牢：「嚌之，加於俎。」正義：火灼曰炙。炙肉濡，若食炙，先當以齒嚌而反置俎上，不一舉而併食，併食之曰嘬。然前云「毋反魚肉」，謂共人同器而食。特牲、少牢獨食，故得反也。

【郭氏質疑】毋嘬炙。

鄭注：「嘬，謂一舉盡臠。特牲、少牢：『嚌之，加於俎。』」孔疏：「前云『毋反魚肉』，此得反於俎者，上文共人同器而食。特牲、少牢獨食，故得反也。」

嵩燾案：少牢饋食禮羊俎、豕俎、魚俎、腊俎、膚俎皆設豆東，尸入，舉肺正脊，而後升肵俎，其舉肺脊、舉幹及取肝燔皆祭，嚌之而加於肵俎。鄭注特牲禮「佐食受而加之，反之也」，似肵俎以歸尸所祭之餘，與禮食加豆之炙之爲庶羞者自別。說文：「最，積也。」玉篇：「聚也。」爾雅「灌木，叢木」也。詩釋文：「叢木，一本作最木。」是最、聚字同訓。嘬，謂聚食之。孟子：「蠅蚋姑嘬之。」趙岐注：「嘬，相共食之也。」攢聚食之與聚所食，皆可名嘬。炙之加於豆者，蓋薄切而燔之，每食取其一，若連而聚之於梜，則爲貪食。鄭引饋食之反加於俎爲說，非也。疏據「毋反魚肉」爲共食、獨食之分，殆尤誤矣。

一·三九 **卒食，客自前跪，徹飯齊以授相者**[一]。謙也。自，從也。齊，醬屬也。相者，主人贊饌者。公食大夫禮「賓卒食，北面，取粱與醬，以降」也[二]。○卒，子恤反，後更不音者同。齏，本又作「齊」，將兮反。相，息亮反，注同。**主人興，辭於客，然後客坐。**不聽親徹。

【疏】「卒食」至「相者」。○正義曰：卒食，食已也。自，從也。食坐在前，面嚮，候

[一] 徹飯齊以授相者 閩、監、毛本同，石經同，岳本、嘉靖本同。釋文出「齏」云：「本又作『齊』。」正義本作「齊」。○鍔按：「徹飯」上，阮校有「卒食節」三字。

[二] 北面取粱與醬以降也 監本同。閩、毛本「粱」作「梁」，是也，岳本同。嘉靖本亦作「梁」。

客食竟，加于俎，起從坐前，北面，當以坐而跪[一]，自徹己所食飯與齊。飯齊，食主故，答主人初所親饋者也。此是卑者侍食之客耳，若敵者則否。

「以授相者」，相者，謂主人所使進食者。賓以所徹飯齊以授之。

○注「謙也」至「降也」。正義曰：「齊，醬屬也。」齊，醬葅通名耳。「公食大夫禮『賓卒食，北面，取粱與醬，以降』」者，引證自徹是卑客也。大夫卑，於公所爲客，故食竟親取飯及醬以降下。當知敵者否。

○「主人至客坐」者，主人起辭，不聽自徹，則客亦止而坐也。

【衛氏集説】鄭氏曰：謙也。自，從也。齊，醬屬也。相者，主人贊饌者。公食大夫禮「賓卒食，北面，取粱與醬，以降」也。興、辭，不聽親徹。

孔氏曰：卒食，食已也。食坐南向，候客食竟，起從坐前，北面，當己坐而跪，自徹己所食飯與齊以授相者。飯齊，食主故也，答主人初所親饋者也。齊，醬葅通名耳。此是卑者侍食之禮，敵者則否。

藍田吕氏曰：主人興辭於客，然後客坐，此與「客降等，執食興辭」之義同，敵者則不親徹也。凡此容止之節，疑若繁縟而難行，然大人成德，動容周旋中禮，則於斯也。不

[一]　當己坐而跪　惠棟校宋本作「己」，衛氏集説同。此本「己」作「以」，閩、監、毛本同。

待學而自中，若夫學者將學於禮，必先從事於節文之間，安於是而不憚煩，則其德爲庶幾矣。兹禮文之所以不可簡也。

【吴氏纂言】鄭氏曰：謙也。自，從也。齊，醬屬也。相者，主人贊饌者。公食大夫禮「賓卒食，北面，取粱與醬，以降」也。興、辭，不聽親徹。

孔氏曰：卒食，食已也。食坐南鄉，候客食竟，起從坐前，北面，當己坐而跪，自徹己所食飯與齊以授相者。飯齊，食主故也，答主人初所親饋也。齊，醬菹通名爾。此爲是卑者侍食之禮，敵者則否。

【陳氏集説】自，從也。齊，醬屬也。飯齊皆主人所親設，故客欲親徹，此亦謂降等之客耳，敵者不親徹也。

【方氏析疑】禮無不報。飯齊，主人所親設，雖敵者亦宜自徹。惟降等，乃自前跽，以致其恭。「主人興辭」，辭其跪，非辭自徹也。主人辭而客坐，時相者已受所徹而降也。若敵者則自徹而不跽，主人無所用其辭，故禮無其文，不得據爲不自徹之徵。至公食大夫，乃君臣之禮，故賓自取粱與醬以降，而不敢以授人，徹時亦不跽，乃事之體宜然。注、疏重複倫類，舉彼以證此，多所發明，然必各就其事，分别觀之，然後輕重之差見焉。

【欽定義疏】正義　鄭氏康成曰：謙也。自，從也。齊，醬屬也。相者，主人贊饌者。

孔疏：相者，謂主人佐助進食者，賓以所徹飯齊授之。公食大夫禮「賓卒食，北面，取粱與醬，以降」也。興、辭，不聽親徹。

孔氏穎達曰：卒食，食已也。食坐南鄉，客食竟，起從坐前，北面，當己坐而跪，自徹己所食飯與齊以授相者。飯齊，食主故也。答主人初所親饋者也。齊，醬菹通名耳。此是卑者侍食之禮，敵者則否。

陳氏櫟曰：飯與齊皆主人所親設，故客皆親徹，謙也。

吕氏大臨曰：主人興，辭於客，然後客坐，此與「客降等，執食興辭」之義同。敵者則不親徹也。

存疑　張子曰：此錯簡，當在前章「客不虚口」之下。

【杭氏集説】陳氏櫟曰：飯與齊皆主人所親設，故客皆親徹，謙也。張子曰：「此錯簡，當在前章『客不虚口』之下。」

姚氏際恒曰：齊，醬齊也。按，齊與韲同，韲菹之屬，菜肉通稱。内則曰：「獻孰食者操醬齊。」此不言醬，但言齊，略也。鄭氏以爲醬屬，混。此一節若在「客不虚口」之下爲順，但記者于中間雜入侍食禮及零星食禮，訖，然後以卒食之禮終之，下另言侍飲之禮，此與前「男子二十冠而字」一節相似，記中此類甚多。徐氏集注載張氏説，謂此爲錯簡，當在「口不虚客」之下。按，禮記傳于漢世，未經壁藏火焚，安得有錯簡？凡集注中所載張説錯簡者，皆妄也。今集注之書重刻盛行，恐人惑其説，故辨之，後倣此。

姜氏兆錫曰：自，從也。齊，醬屬也。飯齊皆主人所親設，故客欲親徹，此亦降等之客，敵者不然也。又曰：此條當在前文「客不虛口」之下，説已見上。

方氏苞曰：禮，無不報。飯齊，主人所親設，雖敵者亦宜自徹。惟降等，乃自前跪，以致其恭。主人興辭，辭其設，非辭自徹也。主人辭而客坐，時相者已受所徹而降也。若敵者則自徹而不跪，主人無所用其辭，故禮無其文，不得據爲不自徹之徵。至公食大夫，乃君臣之禮，故賓自取粱與醬以降，而不敢以授人，徹時亦不跪，乃事之體宜然。注、疏重複倫類，舉彼以證此，多所發明，然必各就其事，分別觀之，然後輕重之差見焉。

【孫氏集解】此五句舊在「毋嚃炙」之下，張子曰：「此錯簡，當在前『客不虛口』之下。」以文義考之，良是，今從之。

鄭氏曰：謙也。自，從也。齊，醬屬也。相者，主人贊饌者。主人興辭，不聽親徹。愚謂客自前跪，謂當席前，向席而跪也。飯齊，主人所親饋，故客親徹之。公食大夫禮：卒食，賓北面坐，取粱與醬，以降，大夫相食，卒食，徹於西序端。此但以授相者，亦燕食禮殺也。禮食，食畢即出，此客復坐者，尚有後事故也。○自「凡進食之禮」至此，記大夫、士燕食之禮。

【朱氏訓纂】**卒食，客自前跪，徹飯齊以授相者。**注：謙也。自，從也。齊，醬屬也。相者，主人贊饌者。公食大夫禮「賓卒食，北面，取粱與醬，以降」也。　正義：卒食，食已也。食坐在前，面嚮。候客食竟，加於俎，起從坐前，北面跪，徹己所食飯與齊，答主人親饋者也。此是卑者侍食耳，若敵者則否。**主人興，辭於客，然後客坐。**注：不聽親徹。

【郭氏質疑】**徹飯齊以授相者。**

鄭注：「公食大夫禮：『賓卒食，北面，取粱與醬，以降。』」孔疏：「此是卑者侍食之禮，若敵者則否。」

嵩燾案：公食大夫禮：北面坐，取粱與醬，以降。西面坐，奠於階，而大夫相食。卒食，徹於西序端。鄭注亦親徹，似大夫相食，但徹於西序端。於公所，則徹於西階。凡禮食皆親設，故必親徹。玉藻「主人自置其醬，則客自徹之」是也，疏恐失之。儀禮皆言「坐徹」，此云「客自前跪」，「主人興辭」，「然後客坐」，疑禮當然，儀禮之文不具也。公食大夫禮：宰夫授醯醬，公設之，賓辭。授飯粱，公設之於湆西，賓北面辭。主人親設而賓辭，賓徹，主人亦辭，於禮宜矣。孔云「主人起辭，不聽自徹，客亦止而坐」者，亦非也。

一·四〇 **侍飲於長者，酒進則起，拜受於尊所。**降席拜受，敬也。燕飲之禮鄉尊。○鄉，音嚮。**長者辭，少者反席而飲。長者舉，未釂，少者不敢飲。**不敢先尊者。盡爵曰釂。燕禮曰「公卒爵，而後飲」也。○少，式召反，下皆同。釂，子妙反，盡也。先，悉薦反，又如字。

【疏】「侍飲」至「敢飲」[一]。○正義曰：明侍尊長飲酒法也。食竟宜飲酒，故次之。

○「酒進則起」者，謂長者賜侍者酒，進至侍者前則起[二]。侍者見酒至，不敢即飲，故起也。

○「拜受於尊所」者，尊所者，以陳尊之處也[三]。侍者起而往尊處拜受之也[四]。陳尊之所，貴賤不同。若諸侯燕禮、大射，設尊在東楹之西，自北嚮南陳之。酌者在尊東，西嚮，以酌者之左爲上尊。尊面有鼻，鼻向君，示君專有此惠也。若鄉飲酒及卿大夫燕，

[一] 侍飲於長者　惠棟校宋本如此。此本「於長者」作「至敢飲」，誤，監、毛本同。閩本作「至而食」。○鍔按：「侍飲」上，阮校有「侍飲於長者節」六字。

[二] 進至侍者前則起　惠棟校宋本同。閩、監、毛本「則起」作「於是」，非也。

[三] 尊所者以陳尊之處也　閩、監、毛本同，惠棟校宋本無「者」字，「以」作「謂」。

[四] 侍者起而往尊處拜受之也　惠棟校宋本作「之也」。此本「之也」作「酒謂」，非，閩、監、毛本同。

則設尊陳於房户之間，賓主共之，尊面嚮南，酌者嚮北，以西爲上尊。時主人在阼，西嚮；賓在户西牖前，南嚮。使賓主得夾尊，示不敢專惠也。今云「拜受於尊所」者，當是燕禮，而燕禮不云「拜受於尊所」，鄉飲酒亦無此語，正是文不具耳。近尊嚮長者，故往於尊所，嚮長者而拜。

○注「降席」至「鄉尊」。○正義曰：何胤云：「尊者，主人也。拜者在尊所，對主人也。降席下，奠爵，再拜稽首。嚮尊，謂主人尊也。」崔靈恩云：「卿大夫燕飲[一]，主人面亦嚮尊。若鄉飲酒，皆主人與賓夾尊也。」今案何、崔並是解此「拜受尊若所嚮長者」之證也[二]。

○「長者辭，少者反席而飲」者，長者辭止少者之起，長者既止，故少者復反還其席而飲賜也。

○「長者舉，未釂，少者不敢飲」者，舉，猶飲也。釂，盡也。飲酒尊卑異爵，故燕禮公執膳爵，受賜爵者執散爵。今少者雖反席而飲，要須待長者盡爵後，少者乃得飲也。若長者飲未盡，則少者不敢飲也。

○注「不敢」至「飲也」。○正義曰：證長者未盡，少者不敢飲也。燕禮曰：「受賜

[一] 卿大夫燕飲　閩、監、毛本作「卿」，此本「卿」誤「鄉」，今正。
[二] 所若所嚮長者之證也　閩、監、毛本同，惠棟校宋本「若」字上無「所」字。

爵者，以爵就席坐，公卒爵，然後飲。」鄭注云：「不敢先虚爵，明此勸惠從尊者來也。」然此與燕禮及注合，而與士相見及玉藻違。案士相見禮云：「若君賜之爵，則下席，再拜稽首，受爵，升席祭，卒爵而俟，君卒爵，然後授虚爵。」鄭云：「受爵者，於尊所。至於授爵，坐授人耳。必俟君卒爵者，若欲其釂然也。」玉藻云：「君若賜之爵，則越席再拜稽首受，登席，祭之，飲，卒爵而俟，君卒爵，然後授虚爵。」注云：「不敢先君盡爵。」案二文皆先君卒爵，而此云後飲者，此據燕飲正禮，故引燕禮以証之，玉藻及士相見禮謂私燕之禮，故不同也。

【衛氏集説】鄭氏曰：降席拜受，敬也。燕飲之禮鄉尊。少者不敢先尊者。飲盡爵曰釂。燕禮曰「公卒爵，而後飲」也。

孔氏曰：明侍尊長飲酒法也。食竟宜飲酒，故次之。長者賜酒，進至侍飲者前則起，而拜受於尊所。尊所，謂陳尊之所，貴賤不同。諸侯燕禮，設尊在東楹之西，尊面有鼻，鼻向君，示君專有此惠也。若鄉飲酒及卿大夫燕，則設尊陳於房户之間，使賓主得夾尊，示不敢專惠也。此當是燕禮，燕禮無此語，文不具耳。近尊鄉長者，故往於尊所，向長者而拜。長者辭少者之起，故少者復反還其席而飲賜酒也。舉，猶飲也，須俟長者盡爵，而後少者乃得飲也。然士相見及玉藻皆云：「卒爵而俟，君卒爵，然後授虚爵。」二文皆先君卒爵者，謂私燕之禮，此據燕飲正禮，故不同也。

臨川王氏曰：拜受於尊所，此是初進酒時一拜受耳，不然則已煩矣。

藍田吕氏曰：侍飲之禮與侍食同，因燕閒而飲食，非賓主之正禮也。古之飲酒，貴賤少長無不及也。鄉飲酒之禮堂下之賓、樂工及笙無不與獻。特牲饋食禮賓、兄弟弟子、公有司、私臣無不與獻。其獻也，皆主人親酌授之。此侍飲者亦長者親酌授之，所以有拜受于尊所之節也。惟燕禮以宰夫爲獻主，故君不親酌也。長者舉，未釂，少者不敢飲，猶燕禮「受賜爵者以爵就席坐，公卒爵，然後飲」也。然士相見禮及玉藻與燕禮異者，恐侍飲於長者偶與燕禮同，而與侍飲於君異也。

嚴陵方氏曰：謂之尊所，以尊其惠之所自出故也。賜爵者必面於尊所，所以專惠於己。受爵者必拜於尊所，所以歸惠於上也。

王氏曰：禮莫嚴於少長之分，至於飲酒之際，尤人情之所易縱，故記禮者必致其委曲焉。一飲之頃，少之所以事長者如此其至，凡所以習人敬順之心，於平居無事之時，彼其瀆尊犯分之念，何自而有哉？經曰「禮之教化也微，其止邪於未形」之謂也。

【吴氏纂言】鄭氏曰：降席拜受，敬也。燕飲之禮，鄉尊，少者不敢先長者。飲盡爵曰釂，燕禮曰「公卒爵，而後飲」也。

孔氏曰：尊所，謂陳尊之處，貴賤不同。諸侯燕禮，設尊在東楹之西，尊面有鼻，鄉君。若鄉飲酒及鄉大夫燕，則設尊陳於房户之間，使賓主得夾尊。近尊鄉長者，故往於尊所，嚮長者而拜。長者辭止少者之起，故少者復反還其席而飲賜也。舉，猶飲也。須待長者盡爵後，少者乃得飲也。

臨川王氏曰：拜受於尊所，此是初進酒時，一拜受爾，不然則已煩矣。

【陳氏集說】尊所，置尊之所也。飲盡爵曰釂。呂氏曰：古之飲酒，貴賤長幼無不及。鄉飲之禮堂下之賓、樂工及笙無不與獻。特牲饋食禮賓、兄弟弟子、公有司、私臣無不與獻。其獻也，皆主人親酌授之。此侍飲者亦長者親酌授之，所以有拜受於尊所之節也。惟燕禮以宰夫爲獻主，故君不親酌。鄉飲、射、饋食禮皆尊於房户之間，賓主共之也。燕禮、大射皆尊於兩楹之西，尊面向君，君專之也。燕禮、鄉飲禮皆不云拜受於尊所，以禮與侍飲異也。

【方氏析疑】侍飲於長者，酒進則起，拜受於尊所。

疏謂此記與燕禮合，與士相見、玉藻違，而燕及鄉飲酒禮不聞「拜受於尊所」，疑文不具，非也。禮以義起，各緣其事，經所舉乃國政官司之守，記所傳乃鄉黨燕私之儀。其事本異，不可比而同。燕者，君飲其臣之典禮也。士相見、玉藻所稱，則偶值君之稍事而賜之飲，非獻酢正禮，故越席以拜，卒爵而俟。其義比於司正、舉觶者之導飲，宰夫之先嘗。若燕則宰夫爲獻主，自宜待君之卒爵而後飲，猶侍食於君，有嘗羞者，則俟君之食，然後食也。此記乃私家偶然之飲，長者酌於尊所，自宜就其所拜受。若燕及鄉飲酒禮，則賓之受爵有席位，主人酌致有常儀，安得羣就尊所，樊然淆亂而漫無統紀乎？記特舉卑者之拜受於尊所，則敵者無此儀。侍飲於父兄師長，異於君臣，不宜有宰夫先嘗、有司導飲之義，則俟長者之釂而後飲，宜也。若祭祀旅酬，子弟舉觶於父兄，則有先父兄而飲者，亦取導飲之意。禮之各以義起而即乎人心類如此。祭禮惟見尊彝與酌數，而五齊三酒之寒温無文。竊疑尸、賓、主人正爵，必四五舉，雖春秋仲月不能凍飲，況嚴冬乎？儐、尸之俎，猶燅而後進，楚辭「挫糟凍飲」，惟盛夏爲然。竊意齊酒必經火齊，而後以注於尊、罍，器大，有蓋冪，可久而不寒。及三貳、再貳則仍以温者益之，其法必已見於天子、諸侯祭饗之禮，故卿大夫以下文略耳。循數推理，祭祀饗燕正禮有酌數者，必就尊彝酌獻。其餘卿大夫、士相飲，雖陳尊，而未必皆於尊酌之，故韓奕之詩曰：「清酒百壺。」必酌於尊，則安用百壺？此記曰：「酒進則起，拜受於尊所。」則并非士大夫相飲之正禮也。若正禮，不宜有少者先列坐之事。必偶然會聚，少長皆坐，及時而陳尊，故曰「酒進」。其當受爵者，至是始起，敵者則立而待獻，卑者乃趨尊所以拜受耳。雖祭祀之嚴，主人所獻，不過祝侑、長賓、長兄弟、衆賓之長。則尋常燕飲，主人酌獻，不過所爲設飲及爲客者。公父文伯飲南宫敬叔酒，以路堵父爲客。至衆賓則獻，敵者宜使人代酌，如冠禮，使贊者酌，而後賓受之。降等之客，別有行爵者，如無算爵。其拜受於尊所，必長者加禮，而欲親酌，故就拜而辭焉。若衆人皆然，亦不勝其擾矣。或曰，齊酒理固宜温，而周官食醫職「飲齊視冬時」，何也？彼謂六飲食後，用以漱演，無妨於寒，非獻酬之飲也。

【江氏擇言】侍飲於長者，酒進則起，拜受於尊所。

鄭注：降席拜受，敬也。燕飲之禮鄉尊。

按：孔疏以尊所爲陳尊之處，廣引燕、射、鄉飲設尊處所，謂此言拜受於尊所者當是燕禮，而燕禮不云「拜受於尊所」，鄉飲亦無此語，疑是文不具。又引何胤云：「尊者，主人也。拜者在尊所，對主人也。降席下，奠爵，再拜稽首。嚮尊，謂主人尊也。」則「尊」字爲尊卑之「尊」，二說當以前說爲是。呂氏謂禮飲與侍飲異，亦是也。

【欽定義疏】正義 鄭氏康成曰：降席拜受，敬也。燕飲之禮鄉尊。案：鄉飲不鄉尊，「飲」字似誤，疏不明駁，疏例不駁注也。盡爵曰釂。不敢飲，不敢先長者飲也。孔疏：須待長者盡爵後，少者乃得飲也。燕禮曰「公卒爵，而後飲」也。孔疏：燕禮曰：「受賜爵者，以爵就席，坐。公卒爵，然後飲。」鄭注：「不敢先虛爵，明惠從尊者來也。」然此與燕禮合，與士相見及玉藻違。士相見及玉藻皆云：「卒爵而俟，君卒爵，然後授虛爵。」二文皆先君卒爵者，謂私燕之禮。此據燕飲正禮，故不同也。案，此賜爵乃無算爵時，惟公命所賜者，非與賓獻酬之爵，士相見禮亦略其文。

孔氏穎達曰：明侍尊長飲酒法也。食竟，宜飲酒，故次之。長者賜侍者酒，進至侍者前，侍者不敢即飲，起而拜受於尊處，謂陳尊之所，貴賤不同。若諸侯燕禮、大射，設尊東楹之西，自北鄉南陳之。酌者在尊東，西鄉，以酌者之左爲上尊。尊面有鼻，鼻鄉君，示君專有此惠也。若鄉飲酒及鄉大夫燕，則設尊房户之閒。東西列尊，尊面鄉南，酌者鄉北，以西爲上尊。時主在阼，賓在户西牖前，南鄉。賓主夾尊，示不敢專惠也。今云「拜受於尊」，所當是燕禮，而燕禮不言拜受，鄉飲亦無此語，疑文不具。近尊鄉長者，故往於尊所，鄉長者而拜。長者辭少者之起，案，起，當作「拜」。故少者復反還其席而飲賜酒也。舉，猶飲也。

王氏安石曰：拜受於尊所，此是初進酒時一拜受耳，不然則已煩矣。

徐氏師曾曰：受爵則聽於長者，飲酒則後於長者，皆敬也。

案燕禮有賓，賓主禮既成，下大夫媵爵於公，而後公爲賓舉旅，再媵爵，而後公爲卿舉旅，爲大夫舉旅。賓媵爵於公，而後公爲士舉旅，至無算爵，而後公命賜執膳爵者，賜執散爵者，則雖拜受執之，而不敢飲，必公卒爵，而後敢飲也。鄭引之以証「不敢飲」之意，而不與上「反席而飲」句違者，蓋所謂反席而飲，特將飲未飲，必待長者釂，而後敢飲也。

【杭氏集説】徐氏師曾曰：受爵則聽於長者，飲酒則後於長者，皆敬也。

姚氏際恒曰：禮言不同，此節注、疏執禮解禮之謬有二：「拜受於尊所」，鄭氏執燕禮曰「燕飲之禮鄉尊」，然遺拜受之義。孔氏爲之説曰：燕禮、大射設尊在東楹之西。尊面有鼻，鼻向尊，示君有此惠也。鄉飲酒及卿大夫燕，則設尊于房户之間，賓主得夾尊，示不敢專惠也。今云「拜受于尊所」，當是燕禮，燕禮不云「拜受于尊所」，鄉飲酒亦無此語，宜是文不具耳。孔欲牽合此文，反疑彼文爲不具，一也。「長者舉，未釂，少者不敢飲」，鄭氏執燕禮曰：「君卒爵，而後飲。」孔氏曰「此與燕禮合，而與士相見及玉藻違」。孔蓋以士相見及玉藻皆云「卒爵而俟君卒爵」故也，于是謂此爲燕飲正禮，玉藻及士相見爲私燕之禮，其偶合者合之，其不合者則加以武斷，二也。郝仲輿曰：按玉藻及士相見禮皆云「君賜爵，卒爵而俟，君卒爵」，是以先飲爲禮也，故禮不必强同。敏於從尊者之命，先飲可也；讓以待尊者之命，後飲亦可也。解者謂公私不同飲，豈私燕遂無導飲之禮乎？此説調停二禮之異，亦可通，附載之。

姜氏兆錫曰：尊所，謂置尊之所，如鄉飲禮「尊於房户之間」，燕禮、大射禮「尊於東楹之西」之類也。呂氏曰：古之飲酒，貴賤長幼必以次徧。鄉飲酒禮堂下之賓、樂工及笙，無不與獻。特牲饋食禮賓、兄弟弟子、公有司、私臣，獻亦如之。而鄉飲之屬，不拜受於尊所，豈禮與侍飲異與？　又曰：飲盡爵曰釂。「反席而飲」者，從其命也。未釂不敢飲者，謹乎節也。　又曰：此言侍飲于長者之禮也。

方氏苞曰：疏謂此記與燕禮合，與相見、玉藻違，而燕及鄉飲酒禮不聞「拜受於尊所」，疑文不具，非也。禮以義起，各緣其事，經所舉乃國政官司之守，記所傳乃鄉黨燕私之儀。其事本異，不可比而同。燕者，君飲其臣之典禮也。士相見、玉藻所稱，則偶值君之稍事而賜之飲，非獻酢正禮，故越席以拜，卒爵而俟。其義比於司正、舉觶者之導飲，宰夫之先嘗。若燕則宰夫爲獻主，自宜待君之卒爵而後飲，猶侍食於君，有嘗羞者，則俟君之食，然後食也。此記乃私家偶然之飲，長者酌於尊所，自宜就其所拜受。若燕及鄉飲酒禮，則賓之受爵有席位，主人酌致有常儀，安得羣就尊所，樊然淆亂而漫無統紀乎？記特舉卑者之拜受于尊所，則敵者無此儀。侍飲於父兄師長，異於君臣，不宜有宰夫先嘗、有司導飲之義，則俟長者之釂而後飲，宜也。若祭祀旅酬，子弟舉觶於父兄，則有先父兄而飲者，亦取導飲之意。禮之各以義起而即乎人心類如此。祭禮惟見尊彝與酌數，而五齊三酒之寒温無文。竊疑尸、賓、主人正爵，必四五舉，雖春秋仲月不能凍飲，況嚴冬乎？儐、尸之俎，猶熱而後進，楚辭「挫糟凍飲」，惟盛夏爲然。竊意齊酒必經火齊，而後以注於尊、罍，器大，有蓋冪，可久而不寒。及三貳、再貳則仍以温者益之，其法已見于天子、諸侯祭享之禮，故卿大夫以下文略耳。循數推理，祭祀饗燕正禮有酌數者，必就尊彝酌獻。其餘卿大夫、士相飲，雖陳尊，而未必皆於尊酌之，故韓奕之詩曰：「清酒百壺。」必酌於尊，則安用百壺？此記曰：「酒進則起，拜受於尊所。」則并非士、大夫相飲之正禮也。若正禮，不宜有少者先列坐之事。必偶然會聚，少長皆坐，及時而陳尊，故曰「酒進」。其當受爵者，至是始起，敵者則立而待獻，卑者乃趨尊所以拜受耳。雖祭祀之嚴，主人所獻，不過祝侑、長賓、長兄弟、衆賓之長。則尋常燕飲，主人酌獻，不過所爲設飲及爲客者。公父文伯飲南宮敬叔酒，以路堵父爲客。至衆賓則獻，敵者宜使人代酌，如冠禮，使贊者酌，而後賓受之。降等之客，別有行爵者，如無算爵。其拜受於尊所，必長者加禮，而欲親酌，故就拜而辭焉。若衆人皆然，亦不勝其擾矣。或曰，齊酒理固宜温，而周官食醫職「飲齊視冬時」，何也？彼謂六飲食後，用以漱演，無妨於寒，非獻酬之飲也。

【孫氏集解】鄭氏曰：降席拜受，敬也。少者不敢飲，不敢先尊者。盡爵曰釂。

愚謂此侍長者私飲之禮也。必拜受於尊所者，此蓋長者親酌而賜之，故於尊所拜受，不敢煩長者至己席前而授之也。私飲或在室中，其設尊蓋於北墉下與？玉藻：「君若賜之爵，則越席再拜稽首受，登席祭之，飲，卒爵而俟，君卒爵，然後授虛爵。」此「長者舉，未釂，少者不敢飲」，與彼異者，君臣尊卑闊絶，侍君飲者無爲賓客之嫌，故先君卒爵，若爲君嘗酒然。侍長者而先飲，則嫌以賓客自居，故長者舉未釂，少者不敢飲。禮各有當也。○鄭氏曰：燕飲之禮鄉尊。孔氏曰：陳尊之所，貴賤不同。若諸侯燕禮、大射，設尊在東楹之西。尊面有鼻，鼻嚮君，示君專有此惠也。若鄉飲酒及卿大夫燕，則設尊於房户之間，東西列尊，尊面嚮南，酌者嚮北。時主人在阼，西嚮；賓在户西牖前，南嚮。使賓主得夾尊，示不敢專惠也。今云「拜受於尊所」，當是燕禮，而燕禮不云「拜受於尊所」，鄉飲酒亦無此語，疑是文不具耳。尊嚮長者，故往尊所，嚮長者而拜。

愚謂侍飲於長者，謂長者私飲，而少者侍之耳。固非臣侍君燕之禮，亦非大夫、士燕飲之正。其設尊之所，於禮亦無文可言，而注乃云「燕飲之禮鄉尊」，其説殊不可曉。疏以鄉尊之言與玉藻言「唯君面尊者」合，遂以此爲燕禮。又以燕禮無「拜受於尊所」之文，而謂其文不具，不以經正注之失，而反以注疑經之闕，亦可怪矣。且記明言長者、少者，安可以爲君臣燕飲之禮耶？又疏謂燕禮酌者在尊東，西面，及尊鼻鄉君，亦皆非是。説見少儀。

【朱氏訓纂】侍飲於長者，酒進則起，拜受於尊所。注：降席拜受，敬也。燕飲之禮鄉尊。　正義：何胤曰：「尊者，主人也。拜者在尊所，對主人也。降席下，奠爵，再拜稽首。鄉尊，謂主人尊也。」崔靈恩云：「卿大夫燕飲，主人面亦鄉尊。若鄉飲酒，皆主人與賓夾尊也。」**長者辭，少者反席而飲。長者舉，未釂，少者不敢飲。**注：不敢先尊者。　正義：案士相見禮曰「公卒爵，而後飲」也。　説文：釂，飲酒盡也。盡爵曰釂。燕禮曰「公卒爵，而後飲」也。　正義：案士相見禮云：「若君賜之爵，則下席，再拜稽首，受爵，升席，祭，卒爵而俟，君卒爵，然後授虚爵。」玉藻云：「君若賜之爵，則越席再拜稽首，受，登席祭之，飲，卒爵而俟，君卒爵，然後授虚爵。」二文皆先君卒爵。此云後飲者，此據燕飲正禮，玉藻、士相見禮謂私燕之禮，故不同也。

【郭氏質疑】長者辭，少者反席而飲。長者舉，未釂，少者不敢飲。

鄭注：「燕禮曰：『公卒爵，而後飲。』」孔疏：「士相見及玉藻二文皆先君卒爵，而此後飲，此據燕飲正禮，玉藻及士相見謂私燕之禮，故不同也。」

嵩燾案：士相見及玉藻云「君賜之爵」，蓋專賜也。燕禮：無算爵，執膳爵者酌以進公，執散爵者酌以之公，命所賜。所賜者降席下，奠爵，再拜稽首。以爵就席坐，公卒爵，然後飲。則無算爵行而君賜之爵也。疏據此爲燕飲正禮，疑此云「長者」「少者」，通私燕言之，與士相見禮之賜爵正同。鄭注士相見「卒爵而俟」「君卒爵，若欲其釂然也」，竢君卒爵，然後授虚爵，所以示不敢先君之義。膳爵酌，先進，則公卒爵宜先矣。其義本無二也。

一·四一　**長者賜，少者、賤者不敢辭。**不敢亢禮也[一]。賤者，僮僕之屬。○亢，苦浪反。僮，音同。

【疏】「長者」至「敢辭」。○正義曰：此明凡受賜禮也。少，謂幼稚。賤，謂僮僕之屬也。若少者及賤者被尊長之賜，則不敢辭謙，宜即受也，不敢亢禮也。敵者亢而有辭，少者、賤者故不敢也。

【衛氏集説】鄭氏曰：不敢亢禮也。賤者，僮僕之屬。

[一] 不敢亢禮也　各本同，通典六十八「亢」作「抗」。○鍔按：「不敢」上，阮校有「長者賜節」四字。

孔氏曰：此明凡受賜禮也。少，謂幼穉。敵者亢而有辭，少者、賤者故不敢也。

藍田吕氏曰：辭遜之節行於賓主之際而已，體不敵，則毋敢視賓客。所謂「不敢辭」者，義所可受，不敢以辭之也。有一辭，有再辭，有三辭，各稱其事也。孟子曰：「尊者賜之。曰『其所取之者，義乎？不義乎？』以是爲不恭，故弗却。」若夫義不當受，雖尊者之賜，亦辭。如子思辭魯繆公之鼎肉，孟子辭齊之兼金百鎰是也。

長樂陳氏曰：上之賜也以恩，下之受也以義。義之所可，雖長者之賜，不敢辭。義之所不可，雖君之賜，有所不受。

【吴氏纂言】鄭氏曰：不敢亢禮也。

孔氏曰：少，謂幼稚。賤，謂童僕之屬。敵者亢而有辭，少者、賤者，則不敢被尊長之賜，宜即受也。

澄曰：章内或稱「先生」，或稱「長者」，或稱「君子」，又稱「所尊」，天下有達尊三，爵、齒、德是也。先生蓋兼齒、德，君子蓋兼爵、德，長者言其齒而已，所尊義同先生。但先生則謂教學之師，所尊則泛言齒、德之人。然皆互言爾，非有優劣輕重也。

方氏曰：「先生」，以教稱之也；「所尊」，以道稱之也；「君子」，以德稱之也；「長者」，以年稱之也。

【陳氏集説】辭而後受，賓主平交之禮，非少、賤事尊貴之道。

【欽定義疏】正義 鄭氏康成曰：不敢亢禮也。賤者，僮僕之屬。孔疏：敵者亢而有辭，少者、賤者則不敢被長者之賜，宜即受也。

孔氏穎達曰：少，謂幼稚。

吕氏大臨曰：辭遜之節，行於賓主之際而已。體不敵，則毋敢視賓客。

徐氏師曾曰：此因上節而并記之，蓋蒙酒食而言推之，凡賜亦當如是。

【杭氏集説】徐氏師曾曰：此因上節而并記之，蓋蒙酒食而言，推之，凡賜亦當如是。

姚氏際恒曰：上言侍食侍飲，下言賜果賜餘，則此賜當亦指飲食也。苟不明此義，啟少、賤貪得之心也。

朱氏軾曰：長者兼齒、爵言。

姜氏兆錫曰：長者賜，通爲凡受賜之類。辭而後受，賓主則然，非少、賤事尊貴之道也。

又曰：此通言侍飲食于長者之禮。按文義，後文「御同于長者」三句，亦當通此爲一條。

【孫氏集解】鄭氏曰：不敢亢禮也。賤者，僮僕之屬。

吕氏大臨曰：辭讓之節，行於賓主之際，而已體不敵，則毋敢視賓客。

【朱氏訓纂】**長者賜，少者、賤者不敢辭。** 注：不敢亢禮也。賤者，僮僕之屬。正義：少，謂幼稚。

一・四二 **賜果於君前，其有核者懷其核。**嫌棄尊者物也[一]。木實曰果。○核，户革反。

【吴氏纂言】鄭氏曰：木實曰果。懷核，嫌棄尊者物也。

吕氏曰：果核當棄，重君賜，故懷之而不棄。

【孫氏集解】鄭氏曰：嫌棄尊者物也。木實曰果。

【朱氏訓纂】注：嫌弃尊者物也。木實曰果。　吕與叔曰：果核當棄，重君賜，故懷之。

一・四三 **御食於君，君賜餘，器之溉者不寫，其餘皆寫。**重汙辱君之器也。溉，謂陶梓之器。不溉，謂萑竹之器也。寫者，傳已器中[二]乃食之也。勸侑曰御。○溉，古愛反。重，直勇反，徐治龍反。陶，音桃，瓦器也；沈音遥。萑，音丸，葦也。傳，直專反。侑，音又。

[一] 嫌棄尊者物也　閩、監、毛本同。岳本「棄」作「弃」，嘉靖本同。通典六十八作「嫌弃尊者之物」。○鍔按：「嫌棄」上，阮校有「賜果於君前節」六字。

[二] 寫者傳已器中　閩、監、毛本同，岳本同。惠棟校宋本「已」作「己」，衛氏集説同。○鍔按：「寫者傳已器」上，阮校有「御食於君節」五字。

【疏】「御食」至「皆寫」[一]。○正義曰：御者非侍者，但是勸侑君食也。○「君賜餘」者，謂君食竟，以食殘餘賜御者也。○「器之溉者，不寫」者，溉，滌也。寫，謂倒傳之也。若所賜食之器可滌溉者，不畏汙，則不須倒寫，仍於器中食之，食訖，乃澡絜以還君也。○「其餘皆寫」者，其餘，謂不可滌溉之器也。若不倒寫，久則浸汙其器，又不可澡絜，則壞尊者物也，故皆倒寫之。○注「重汙」至「曰御」。○正義曰：「溉，謂陶梓之器」者，陶是瓦甒之屬，梓是杯杅之屬，並可滌絜之者。何胤云：「梓，漆也。」「不溉，謂萑竹之器」者，萑，葦也，是織萑爲之器。竹，是織竹爲之器。並謂筐筥之屬，並不可澡絜者。鄭注司几筵職云：「萑如葦而細。」云「勸侑曰御」者，何胤云：「勸侑，謂卑者勸美尊者之食也。」

【衛氏集説】賜果於君前，其有核者懷其核。御食於君，君賜餘，器之溉者不寫，其餘皆寫。

鄭氏曰：懷核，嫌棄尊者物也。木實曰果。溉，謂陶梓之器。不溉，謂萑竹之器也。

[一] 御食於君　惠棟校宋本如此。此本作「御食至皆寫」，誤也，閩、監、毛本同。

寫者，傳己器中而食之。重汙辱君之器也。勸侑曰御。

孔氏曰：君食竟，以食殘餘物賜御者。器可滌溉，不畏汙，則不須倒寫，如陶是瓦甒之屬，梓是杯杅之屬，並可滌潔，仍於器中食之，食訖，則滌以還君。若其餘不可溉之器，如織萑葦、織竹爲筐筥，不可溉滌，不倒寫之，則浸汙其器，是褻尊者物也。

藍田呂氏曰：二者皆廣敬也。果核當棄，重君賜，故懷之而不棄也。御食，侍食也，如内則「父没母存，冢子御食」是也。

永嘉戴氏曰：果核，餘物也，不敢棄君之餘。器用，微物也，不敢同君之器。所以習臣子恭順之心於人情慢易之際也。

山陰陸氏曰：變「侍」言「御」，御以卑御尊；侍，侍之而已。陳敬仲曰「臣卜其晝，未卜其夜」，是御也，非侍也。

廬陵胡氏曰：寫，謂傾於别器。

【吴氏纂言】御食於君，君賜餘，器之溉者不寫，其餘皆寫。

鄭氏曰：勸侑曰御。溉，謂陶梓之器。不溉，謂萑竹之器。寫者，傳己器中乃食之。重汙辱君之器也。

孔氏曰：君食竟，以食殘餘賜御者，如陶是瓦甒之屬，梓是杯杅之屬，並可滌潔，不畏汙，則不須倒寫，仍於器中食之，食訖，則滌以還君。若其餘織萑葦、織竹爲筐筥等，不可溉滌，不倒寫之，則浸汙其器，是壞尊者物也。

【陳氏集説】賜果於君前，其有核者懷其核。敬君賜，故不敢弃核。**御食於君，君賜餘，器之溉者不寫，其餘皆寫。**御食於君者，君食而臣爲之勸侑也。君以食之餘者賜之，若陶器或木器可以洗滌者，則即食之。或其器是萑竹所織，不可洗滌者，則傳寫於他器而食之，不欲口澤之瀆也。

【欽定義疏】賜果於君前，其有核者懷其核。

正義　鄭氏康成曰：懷核，嫌棄尊者物也。木實曰果。

呂氏大臨曰：果核當棄，重君賜，故懷之。

徐氏師曾曰：不敢棄於地也。

御食於君，君賜餘，器之溉者不寫，其餘皆寫。

正義　鄭氏康成曰：重汙辱君之器也。溉，謂陶梓之器。孔疏：陶是瓦甒之屬，梓是杯杅之屬。不溉，謂萑竹之器也。孔疏：萑，葦也，是織萑爲之器。竹是織竹爲之器。並是筐筥之屬也。寫者，傳己器中乃食之也。勸侑曰御。

孔氏穎達曰：「君賜餘」者，謂君食竟，以食殘餘賜御者也。器可滌溉者，不畏汙，則於器中食之。食訖，則滌以還君也。其餘不可溉滌之器，若不倒寫，則浸汙其器，壞尊者物也。故皆倒寫之。

呂氏大臨曰：二者皆廣敬也。

總論　戴氏溪曰：果核，餘物也，不敢棄君之餘。器用，微物也，不敢同君之器。所以習臣子恭順之心於人情慢易之際也。

【杭氏集説】賜果於君前，其有核者懷其核。

徐氏師曾曰：不敢棄於地也。

姜氏兆錫曰：敬君賜，故不敢棄核。

御食於君，君賜餘，器之溉者不寫，其餘皆寫。

姚氏際恒曰：鄭氏謂「溉爲陶梓器，若萑竹器，則不溉」，殊杜撰。凡器，無不可溉滌，豈萑竹之器，便不可溉滌乎？且即陶梓器不溉，遂呼以爲溉，尤不可通。按，溉即「既」字，史五帝紀：「溉執中而徧天下。」徐廣注：「古『既』字，作水旁。」説文：「既，小食也。」「既」與「餼」「氣」通。中庸：「既稟稱事。」又「氣」與「既」通。論語：「肉雖多，不使勝食氣。」寫即瀉事，此謂惟氣之小食，在正饌之外者，不瀉於他器，其餘皆瀉于他器而後食也。釋禮者于「溉」字有邊旁，不知即古「既」字。于「寫」字無邊旁，不知即今「瀉」字，其不諳字義如此。

姜氏兆錫曰：御食，謂君食而臣勸侑也。君賜以食餘，若陶器，若木器，易洗滌者，則即食之。或難于洗滌，如編織、萑竹之器，則傳寫他器而食之，恐口澤之瀆也。

【孫氏集解】御食於君，君賜餘，器之溉者不寫，其餘皆寫。

鄭氏曰：重汙辱君之器也。溉，謂陶梓之器。不溉，謂萑竹之器也。寫者，傳己器中乃食之也。勸侑曰御。

孔氏曰：御食非侍者，但是勸侑君食也。寫，謂倒傳之也。器可滌溉者，不畏汙，則不須倒寫，其餘皆倒寫之。

愚謂御食與侍食不同。「侍食」者，侍君而食。「御食」者，但勸侑君食而已，故君食畢，或以餘賜之。若侍食，則食畢執飯齊以授從者，不待君賜以其食，本己所當得故也。

【朱氏訓纂】御食於君，君賜餘，器之溉者不寫，其餘皆寫。注：重污辱君之器也。溉，謂陶梓之器。不溉，謂萑竹之器也。寫者，傳己器中乃食之也。勸侑曰御。正義：「君賜餘」者，謂君食竟，以食殘餘賜御者也。溉，滌也。寫，謂倒傳之也。若器可滌溉者，不畏污，則不須倒寫，仍於器中食之，食訖，乃澡絜以還君也。其餘，謂不可滌溉之器也。

一·四四 **餕餘不祭，父不祭子，夫不祭妻。**食人之餘曰餕。餕而不祭，唯此類也。食尊者之餘則祭，盛之。○餕，子閏反。

【疏】「餕餘」至「祭妻」。○正義曰：餕者，食餘之名。祭，謂祭先也。因前有賜餘，故明食人之餘不祭者也。凡食人之餘，及日晚食饌之餘[一]，皆云餕，故玉藻云「日中而餕」，鄭云：「餕，食朝之餘也。」今此明凡食餘悉祭，若不祭者，唯此下二條也。○「父不祭子，夫不祭妻」者，若父得子餘，夫得妻餘，不須祭者，言其卑，故也。非此二條悉祭也。父得有子餘者，熊氏云：「謂年老致仕，傳家事於子孫，子孫有賓客之事，故父得餕其子餘。夫餕其妻餘者，謂宗婦與族人婦燕飲有餘，夫得食之。」

【衛氏集說】鄭氏曰：食人之餘曰餕。餕而不祭，唯此類也。食尊者之餘則祭，盛之。

孔氏曰：祭，謂祭先也。因前有賜餘，故明食人之餘不祭者也。凡食人之餘，及日晚食朝饌之餘，皆云餕。凡食餘悉祭，惟父得子餘，夫得妻餘，則不祭，言其卑，故也。非此二條悉祭。熊氏曰：「父得有子餘者，謂年老致仕，傳家事於子孫，子孫有賓客之事，故父得餕其餘。夫餕其妻餘者，謂宗婦與族人婦燕飲有餘，夫得食之。」

藍田呂氏曰：餕者，食餘之名。尸謖，君與卿四人餕。君起，大夫六人餕食祭之餘也。父母在，朝夕常食，子婦佐餕，食人之餘也。皮弁以旦視朝，遂以食，日中而餕，莫食朝之餘也。祭食者，祭其所未嘗食者，以示敬也。餕者，食之餘，祭之則不敬，故不祭也。

[一] 及日晚食朝饌之餘　惠棟校宋本有「朝」字。此本「朝」字脱，閩、監、毛本同。○鍔按：「及日」上，阮校有「餕餘不祭節」五字。

雖然，所以不祭者，唯父之於子，夫之於妻而已。若尊者，則餕餘亦祭也。如特牲饋食「餕者祭舉、祭鉶」是也。子與妻有餕致於父與夫者，蓋祭祀之餘也，祭祀有子與妻，尸之而已，不與者，故有餕以致之也。齊陳乞曰「常之母有魚菽之祭，願諸大夫之餕我也」，此妻之祭而夫食其餕也。晉驪姬謂太子申生曰「君夢齊姜，必速祭之」，太子祭于曲沃，歸胙于公，此子之祭而父食其餕也。

嚴陵方氏曰：餕則指其人，餘則指其物。

新安朱氏曰：孔子「君賜食，必正席，先嘗之。君賜腥，必熟而薦之」。君賜腥，則非餕餘矣，雖熟之，以薦先祖可也。賜食則或爲餕餘，但可正席先嘗而已，固是不可薦先祖，雖妻子至卑，亦不可祭也。

永嘉戴氏曰：夫食必祭，示有先也。使餕餘而悉祭，是以其餘爲祭也，毋乃不虔乎？父餕子餘，夫餕妻餘，尊卑之序紊矣。意者「餕餘不祭」與「父不祭子，夫不祭妻」，義不相屬乎？父不祭子，夫不祭妻，各使其子主之，示有尊也。

【吴氏纂言】鄭氏曰：食人之餘曰餕。餕而不祭，唯此類也。食尊者之餘則祭，盛之。

孔氏曰：祭，謂祭先也。凡食人之餘，及日晚食朝饌之餘，皆云餕。凡食餘悉祭，惟父得子餘，夫得妻餘，則不祭，言其卑，故也。非此二條悉祭。父得有子餘者，謂年老致仕，傳家事於子孫，子孫有賓客之事，故父得餕其餘。夫餕其妻餘者，謂宗婦與族人婦燕飲有餘，夫得食之。

【陳氏集説】尸餕鬼神之餘，臣餕君之餘，賤餕貴之餘，下餕上之餘，皆餕也。此謂助祭執事，或爲尸，而所得餕之餘肉以歸，則不可以之祭其先。雖父之尊亦不以祭其子，夫之尊亦不以祭其妻，以食餘之物褻也。一説此祭是每食必祭之祭，食人之餘，及子進饌於父，妻進饌於夫，皆不祭而食。蓋敬主人之饌，故祭而後食。食人之餘而祭則褻。施於卑者，則非尊者之道。

【方氏析疑】餕餘不祭。

按饋食禮，餕餘皆祭。此云「不祭」者，疑朝夕恒食，子婦佐餕，父母舅姑既祭，則子婦不更祭也。宗廟之祭，尸亦餕鬼神之餘，尸祭，故其下餕者皆祭，若朝夕恒食而餕，是以人之餘事鬼神，先炊雖卑，亦不敢以褻也。

父不祭子，夫不祭妻。

此自爲一節，與上文不相蒙，「不祭」謂不親饋獻也。父祭子，則使其子主之，無子，則使其兄弟或兄弟之子主之。夫祭妻略同。蓋饋獻必拜，非尊者所宜親也。舊説妻子所進，不祭而食，未安。舍賓祭而外，人之恒饌，無非妻子所進者。祭法：「王下祭殤五。」蓋使人舉其事。喪服小記：「婦之喪，虞，卒哭。其夫若子主之。」謂無子，又無兄弟之子者，不得不以夫主，然必無拜而饋獻之義。若有子，則夫雖與事而不主也。

【江氏擇言】朱子云：按禮，君賜腥，則孰而薦之，以爲榮。若賜孰食，則恐是餕餘，故不以祭。妻子雖卑於己，然既没則以神道接之，故亦不以祭也。

按：此經固當斷從朱子説，而陳氏集説兼存祭食之説，與注疏小異，亦可玩也。

【欽定義疏】 **正義** 鄭氏康成曰：食人之餘曰餕。

朱子曰：餕餘之物，不可祭先祖。雖父，不以祭子，夫不以祭妻，不敢以鬼神之餘復以祭也。

陳氏櫟曰：雖父於子，夫於妻，亦不以餕餘祭之。非特，不以薦先也。

徐氏師曾曰：此承上章「賜餘」而言，蓋受君之賜，當熟以祭。惟是餕餘則不祭，戒褻也。蓋君雖當尊，而祭亦當重，忠孝兩盡之道也。

存疑 鄭氏康成曰：餕而不祭，惟此類也。食尊者之餘，則祭盛之。

孔氏穎達曰：凡食人之餘，及日晚食朝之餘，皆云「餕」。凡食餘悉祭，惟父得子餘，夫得妻餘則不祭，言其卑，故也。非此二條悉祭。

熊氏安生曰：父得有子餘者，謂年老致事，傳家事於子孫。子孫有賓客之事，故父得餕其餘。夫餕其妻餘者，謂宗婦與族人婦燕飲有餘，夫得食之。

戴氏溪曰：「餕餘不祭」與「父不祭子，夫不祭妻」義不相屬。父不祭子，夫不祭妻，各使其子主之，示有尊也。案：以尊臨卑，死者之靈必有所不安，故當祭，則使人攝之也。

辨正 朱子曰：二句承上面「餕餘不祭」説，如孔子，君賜腥，則非餕餘，雖熟之，以薦先祖可也。賜食則或爲餕餘，但可正席先嘗而已。祭，只是「祭祀」之「祭」，非「飲食必有祭」之「祭」。

案 先儒皆以爲飲食之祭，故難説。如廟中餕鬼神之餘皆祭，日中而餕亦祭，故此節斷以朱子説爲正。

【杭氏集説】陳氏櫟曰：雖父於子，夫於妻，亦不以餕餘祭之。非特不以薦先也。徐氏師曾曰：此承上章「賜餘」而言，蓋受君之賜，當熟以祭，惟是餕餘則不祭，戒褻也。蓋君雖當尊，而祭亦當重，忠孝兩盡之道也。

芮氏城曰：陳澔曰：「餕餘，助祭所得，及君所賜食，雖尊，不以祭卑，爲已褻也。」鄭氏曰：「食人之餘曰餕，凡餕皆祭食，其不祭者，惟父食子之餘，夫食妻之餘。」熊安謂父之家政既傳，妻爲宗婦而燕族婦也。疑陳得之。

顧氏炎武曰：下二句當别爲一節，蓋以尊臨卑，死者之靈必有所不安，故其當祭，則有代之者矣。説者乃蒙上「餕餘不祭」之文而爲之解，非也。又曰：此謂平日四時之祭，若在喪，則祥、禫之祭，未嘗不行。

姚氏際恒曰：陳可大曰：「此謂助祭執事，或爲尸，而所得餕之餘肉以歸，則不可以之祭其先。雖父之尊，亦不以祭其子，夫之尊，亦不以祭其妻。」此説本朱仲晦，是。蓋承上「餕餘不祭」言，且合孔子「君賜食，先嘗不祭，惟腥則熟以薦」也。郝仲輿曰：「子生則餕父之餘，子死則父不得以所食之餘祭之；妻生則餕夫之餘，妻死則夫不得以所食之餘祭之。」此説亦可存。孔氏曰：「餕者，食餘之名。祭，謂祭先也。凡食餘悉祭，若父得子餘，夫得妻餘，不須祭者，言其卑故也。」按，此謂豆間之祭者，古人每食必祭，不分卑者之食，況父得子餘，夫得妻餘，此事不當有，太迂曲，熊氏謂年老傳家事于子孫，子孫有賓客之事，故父得餕其子餘。夫得餕其妻餘者，謂宗婦與族人婦燕飲有餘，夫得食之。其迂曲如此。且於文義亦不甚協。陳可大又一説曰：「此祭是每食必祭之祭，食人之餘，及子進饌于父，妻進饌于夫，皆不祭而食。」按，妻主中饋，凡夫之食，皆妻爲之，及其年高，爲子所養，若是則人一生每食，終無祭之日矣，尤難通。

朱氏軾曰：注、疏謂祭爲祭先，雖食餘亦不可不祭。有不祭者，惟父食子餘，夫食妻餘耳。朱子不從注、疏解，謂孔子「君賜食，必正席，先嘗之。君賜腥，必熟而薦之」。君賜腥則非餕餘矣，雖孰以薦先祖可也。賜食則或爲餕餘，但可正席先嘗而已，固是不可薦先祖，即妻子至卑，亦不可祭也。朱子解最當。

姜氏兆錫曰：上文君賜餘，是食之餕餘也。若助祭于君，或爲尸，而得餕以歸，又祭之餕餘也。凡此皆餕餘之物，不可以祭其先。雖父之尊，亦不以祭子，夫之尊，亦不以祭，以其褻也。又曰：此章言受君賜之禮，而末節承君賜餕之意，而類及之也。

方氏苞曰：按饋食禮，餕餘皆祭。此云「不祭」者，疑朝夕恒食，子婦佐饋，父母舅姑既祭，則子婦不更祭也。宗廟之祭，尸亦餕鬼神之餘，尸祭，故其下餕者皆祭。朝夕恒食而餕，是以人之餘事鬼神，先炊雖卑，亦不敢以褻也。「父不祭子」二句，此自爲一節，與上文不相蒙。不祭，謂不親饋獻也。父祭子，則使其子主之，無子則使其兄弟或兄弟之子主之。夫祭妻略同。蓋饋獻必拜，非尊者所宜親也。舊説妻子所進，不祭而食，未安。舍賓祭而外，人之恒饌，無非妻之所進者。祭法：「王下祭殤五。」蓋使人舉其事。喪服小記：「婦之喪，虞，卒哭，其夫若子主之。」謂無子，又無兄弟之子者，不得不以夫主，然必無拜而饋獻之義。若有子，則夫雖與事而不主也。

【孫氏集解】朱子曰：餕餘之物，不可以祭先祖，如孔子，君賜腥，則非餕餘，熟之以祭先祖可也。賜食則或爲餕餘，故但正席先嘗而已，不可以祭先祖。雖父不以祭子，夫不以祭妻，不敢以鬼神之餘復以祭也。

○戴氏溪曰：父不祭子，夫不祭妻，各使其子主之，明有尊也。此與「餕餘不祭」義不相屬。

顧氏炎武曰：父不祭子，夫不祭妻，不但名分有所不當，而以尊臨卑，則死者之神亦必不安。故其當祭，則有代之者。此謂平日四時之祭，若在喪，則祥、禫之祭，未嘗不行。

○此節諸家之説不同，注疏解祭字爲祭食之祭，謂食尊者之餘則祭之，若父得子餘、夫得妻餘不須祭，以其卑故也。

愚謂食之有祭，所以報先代始爲飲食之人，若用食餘以祭，則非所以爲敬。故玉藻「特牲三俎，祭肺，夕深衣，祭牢肉」，若日中而餕，則不祭也。雖尊者之餘，亦不可用以祭矣。且禮惟有卑餕尊者之餘，若父餕子餘，夫餕妻餘，尤禮之所未嘗有也。陳可大謂「食人之餘，及子進饌於父，妻進饌於夫，皆不必祭」。

愚謂食人之餘，不必祭，固已。若子進饌於父，妻進饌於夫，則恐未有不祭者。觀特牲、少牢禮尸於饌具皆祭之，可見也。朱子與戴氏、顧氏之説皆可通，但上言「御食於君」，下言「御同於長者」，故因而及於餕餘不祭之事，忽於其間言吉祭，未免不倫，又似朱子之説爲長也。

【朱氏訓纂】**餕餘不祭**。注：食人之餘曰餕。正義：凡食人之餘，及日晚食朝饌之餘，皆云餕。玉藻云：「日中而餕。」鄭云：「餕，食朝之餘也。」彬謂不祭，謂不於豆間祭始爲飲食之人。若不祭先，則不待言矣。

父不祭子，夫不祭妻。戴岷隱曰：各使其子主之，示有尊也。顧氏炎武曰：不但名分有所不當，而以尊臨卑，則死者之神亦必不安。故其祭則使人代之。然此謂平日四時之祭，若在喪，則祥、禫之祭，未嘗不行。

【郭氏質疑】鄭注：「餕而不祭，惟此類也，食尊者之餘則祭。」孔疏：「祭，謂祭先也。父得子餘，夫得妻餘，不祭，言其卑也。非此二者悉祭。」

嵩燾案：此承上「御食於君，君賜餘」言之，當爲「飲食必有祭」之「祭」。鄭意特牲禮兩人餕，祭舉，祭鉶，少牢禮四人餕，祭黍，祭舉，祭酒，是廟中餕必祭。玉藻：「日中而餕」，亦云「朝祭肺，夕祭牢肉」。是日食餕亦祭，故但以「祭先」爲説。然據玉藻「若祭，賜之食，而君客之，命之祭，然後祭」。上文亦云「主人延客祭」，亦云「侍食於君，君祭先飯」，則共長者食，以客禮待之，則延而後祭，否者不祭。侍食而餕其餘，不得有祭，明矣。與饋食禮「餕之，進敦、俎、鉶、豆」者自別。玉藻「朝祭肺，夕祭牢肉」，所謂餕者，日一牢而已，不以所食之餘進也。經明言「餕餘」，即承上「君賜餘」爲義可知，鄭注疑非也。「父不祭子」「夫不祭妻」，當别爲一義。喪服小記除殤之喪，除成喪，皆有祭，又云：「婦之喪，虞，卒哭，夫若子主之，祔則舅主之。」凡喪祭皆有主者，而饋獻之事，尊者不親，故於此發其義，曰「父不祭子」「夫不祭妻」，猶之主喪者，必於次。雜記「爲長子杖，則其子不以杖即位」，爲主喪也。喪服小記「父不爲衆子次於外」，爲不主喪也。而喪服大記發其義曰：「父不次於子，兄不次於弟」，與此正同義。朱子經義云：「孔子，君賜腥，熟而薦之，非餕餘，以薦先祖。賜食，則或爲餕餘，但正席先嘗而已，雖父不以祭子，夫不以祭妻，不敢以鬼神之餘復以祭也。」以此爲申足上意者，亦誤。

一·四五 **御同於長者，雖貳不辭。** 謂侍食於長者，饌具與之同也。貳，謂重殽膳也。辭之，爲長者嫌。○重，直龍反。

【疏】「御同」至「不辭」。○正義曰：御，謂侍也。同，謂侍食而與長者同饌也。貳，謂重也。侍者雖獲殽膳重，而已不須辭其多也。所以然者，此饌本爲長者設耳，若辭之，則嫌當長者。何胤云：「禮，當盛饌宜辭，以賤不能當之。此侍食於長者，盛饌不在己，故鄭云『貳，謂重殽膳也。辭之，爲長者嫌』也。」

【江氏擇言】鄭注：謂侍食於長者，饌宜與之同也。貳，謂重殽膳也。辭之，爲長者嫌。

按：貳，鄭氏以爲重殽膳，固當從之。愚疑尚有二説：一謂貳，益之也。如易「貳用缶」，酒正「大祭三貳」，弟子職「周旋而貳」之「貳」，謂食物盡而主人復益之。有長者在，則己不辭其益。一謂貳，副也。如左傳「貳圉」之「貳」，長者之副也。有長者在，唯長者一人辭，己雖次尊亦不辭。貳猶不辭，其下可知。下文「偶坐不辭」，謂二人同尊卑者也。姑記所疑，俟知者擇之。

一·四六 **偶坐不辭。** 盛饌不爲己。○偶，五口反，配也，一曰副貳也。坐，才卧反，又如字。

【疏】「偶坐不辭」。○正義曰：偶，媲也。或彼爲客設饌，而召己往，媲偶於客共食，此饌本不爲己設，故己不辭之也。又一云：偶，二也。若唯獨有己，主人設饌，己當辭謝。若與他人俱坐，則己不假辭，以主人意不必在己也。故鄭云：「盛饌不爲己。」並會兩通也。

【衛氏集説】御同於長者，雖貳不辭。偶坐不辭。

鄭氏曰：御同，謂侍食於長者，饌宜與之同也。貳，謂重殽膳也。辭之，爲長者嫌。偶坐，盛饌不爲己。

孔氏曰：御，謂侍也。侍者雖獲殽膳重，而己不須辭其多也。所以然者，此饌本爲長者設耳，若辭之，則嫌當長者。偶，媲也。或彼爲客設饌，而召己往，媲偶於客共食，此饌本不爲己設，故不辭之。一云：偶，二也，若惟獨有己，主人設饌，己當辭謝，若與他人俱坐，則己不假辭，以主人意不必在己也。

黄氏曰：主人有尊客，因召己媲偶，雖有盛饌，懼妨尊客，己不敢辭。退待尊者辭之可也，故云「偶坐不辭」。若從疏義之説，食人之食而不爲己，有傷仁義而違禮教，知不爲己，則寧如避席不食哉？餘義。

藍田吕氏曰：御同於長者，侍於長者也。「偶坐」者，因彼有賓也。辭遜，行之美者也。辭其所當辭，然後成其美也。如不有其義，不當其物，則其美者，適所以爲病歟？

馬氏曰：禮者，施報而已，主人之禮在我也，不辭之，非禮也。主人之禮不在我也，辭之，亦非禮也。子貢主伯高之喪，孔子語之曰：「爲爾哭也，來者拜之，知伯高而來者，弗拜也。」與此同義。

【吴氏纂言】御同於長者，雖貳不辭。偶坐不辭。

鄭氏曰：御同，謂侍食於長者，饌具與之同也。貳，謂重殽膳也。辭之，爲長者嫌。偶坐，盛饌不爲己。

孔氏曰：御，謂侍也。侍者雖獲殽膳重，而已不須辭其多也。所以然者，此饌本爲長者設，若辭之，則嫌當長者。偶，媲也。或彼爲客設饌，而召己往，媲偶於客共食，此饌本不爲己設，故不辭之。一云：偶，二也。若惟獨有己，主人設饌，己當辭謝。若與他人俱坐，則己不假辭，以主人意不必在己也。

黄氏曰：主人有尊客，召己媲偶，雖有盛饌，己不敢辭，懼妨尊客，待尊者辭之可也。

【陳氏集説】御同於長者，雖貳不辭。偶坐不辭。

御，侍也。貳，益物也。侍食者雖獲殽饌之重，而不辭其多者，以此饌本爲長者設耳。偶者，配偶之義，因其有賓，而已亦偶配於坐。亦以此席不專爲己設，故不辭也。

【欽定義疏】御同於長者，雖貳不辭。偶坐不辭。

正義 鄭氏康成曰：御同，謂侍食於長者，饌具與之同也。貳，謂重殽膳也。辭之，爲長者嫌。孔疏：御，謂侍也。侍者雖獲殽膳重，而己不須辭其多也。所以然者，此饌本爲長者設耳。若辭之，則嫌當長者也。偶坐盛饌，不爲己。孔疏：偶，媲也。或彼爲客，設饌而召己往，媲偶於客共食，此饌本不爲己設，故不辭之也。一云：偶，二也。若惟獨有己，主人設饌，己當辭謝。若與他人俱坐，則己不假辭，以主人意不必在己也。

通論　馬氏曰：禮者，施報而已。主人之禮在我，不辭，非禮也。主人之禮不在我，辭之，亦非禮也。

存異　朱氏申曰：御同於長者，與長者同御食於君。雖貳不辭，貳，重膳盛禮也。禮意施於長者而不在己，故不必辭。偶坐，偶然而坐，禮意亦不在己也。

【杭氏集説】御同於長者，雖貳不辭。偶坐不辭。

朱氏申曰：御同於長者，與長者同御食於君。雖貳不辭，貳，重膳盛禮也。禮意施於長者而不在己，故不必辭。偶坐，偶然而坐，禮意亦不在己也。

姚氏際恒曰：偶坐不辭，另爲一義，不連「御同於長者」。

姜氏兆錫曰：御同于長者，謂以侍御而得同之也。貳，益也。有盛饌，旨且多也。一謂御猶飲諸友之御，貳猶不貳羮胾之貳也，偶猶匹也，謂有賓而因匹于坐也。二者不辭，以殽、席皆非爲己設也。　又曰：此亦侍飲食于長者之意，説見前。

【孫氏集解】御同於長者，雖貳不辭。偶坐不辭。

鄭氏曰：謂侍食於長者，饌具與之同也。貳，謂重殽膳也。辭之，爲長者嫌。偶坐不辭，盛饌不爲己。

孔氏曰：御，侍也。御同，謂侍食而與長者同饌也。貳，重也。雖重殽膳而不辭者，此饌本爲長者設耳，若辭之，則嫌當長者。偶，媲也。或爲彼客設饌，而召己媲偶共食，此饌本不爲己設，故不辭。一云：偶，二也。謂與他人並坐，主人設饌，己不假辭，以主人意不必在己也。

愚謂此御同於長者，謂侍長者而與長者同饌，與上「御食於君」不同。貳，益也，謂食盡而又益之也。弟子職曰：「三飯二斗，左執虛豆，右執梜匕，周旋而貳，唯嗛之視。」侍長者同食，主人益長者之饌，並益己饌，則不必辭。若己辭之，則嫌長者不廉也。若與敵體之人偶坐同食，雖非長者，於貳饌亦不辭，以主人之意不專爲己也。

【朱氏訓纂】御同於長者，雖貳不辭。 注：謂侍食於長者，饌具與之同也。貳，謂重殽膳也。辭之，爲長者嫌。 正義：何胤云：「禮，當盛饌宜辭，以賤不能當之。此侍食於長者，盛饌不在己。」**偶坐不辭。** 注：盛饌不爲己。 釋文：偶，配也。一曰副貳也。 正義：偶，媲也。或彼爲客設饌，而召己往，媲偶於客共食，此饌本不爲己設，故己不辭之也。又一云：偶，二也。若唯獨有己，主人設饌，己當辭謝。若與他人俱坐，則己不假辭，以主人意不必在己也。

一・四七　**羹之有菜者用梜，其無菜者不用梜。**梜，猶箸也。今人或謂箸爲梜提。○梜，古協反，沈又音甲，字林作「筴」，云：「箸也，公洽反。」箸，直慮反。

【疏】「羹之」至「用梜」。○正義曰：有菜者，爲鉶羹是也。以其有菜交横，非梜不可。無菜者，謂大羹湆也，直歠之而已。其有肉調者，犬羹、兔羹之屬，或當用匕也。

【衛氏集説】鄭氏曰：梜，猶箸也。

孔氏曰：有菜，謂鉶羹。無菜，謂大羹湆也，直歠之而已。其有肉調者，犬羹、兔羹之屬，或當用匕也。

藍田吕氏曰：事之細者，猶各求其所宜，則先王之謹於禮可知矣。

山陰陸氏曰：教之如此，可謂至矣。

【吴氏纂言】鄭氏曰：梜，猶箸也。

孔氏曰：有菜，鉶羹是也。以其有菜交横，非梜不可。無菜者，謂大羹湆也，直歠之而已。其有肉調者，犬羹、兔羹之屬，或當用匕也。

【陳氏集説】梜，箸也。無菜者，汁而已，直歠之可也。

【欽定義疏】正義　鄭氏康成曰：梜，猶箸也。

孔氏穎達曰：有菜，鉶羹是也。以其有菜交横，非梜不可。無菜者，謂大羹湆也，直歠之而已。其有肉調者，犬羹、兔羹之屬，或當用匕也。

【杭氏集説】姜氏兆錫曰：梜，箸也。鉶羹有菜，大羹則無菜，直歠之而已。此泛言凡用羹之禮，亦前文「飯黍毋以箸」之類也。

【孫氏集解】鄭氏曰：梜，猶箸也。今人或謂箸爲梜提。

孔氏曰：鉶羹有菜交横，非梜不可。無菜者，大羹湆也，直歠之而已。其有肉調者，犬羹、兔羹之屬，或當用匕也。

【朱氏訓纂】注：梜，猶箸也。　正義：有菜爲鉶羹，以其有菜交横，非梜不可。無菜者謂大羹湆也，直歠之而已。其有肉調者，犬羹、兔羹之屬，或當用匕也。

一·四八　**爲天子削瓜者副之，巾以絺。**副，析也。既削，又四析之，乃横斷之，而巾覆焉。○爲，于僞反，下同。削，息略反。瓜，古華反。副，普逼反。絺，敕宜反，細葛。析，星歷反，下同。斷，音短，下同。

【疏】「爲天」至「以絺」。○正義曰：此爲人君削瓜禮也。削，刊也。副，析也。絺，細葛也。謂先刊其皮，而析爲四解，又横切之，既破又横解，而細葛爲巾，覆上而進之也。

一·四九 **爲國君者華之，巾以綌。** 華，中裂之，不四析也。○華，胡瓜反。綌，去逆反，麤葛。**爲大夫累之，** 累，倮也，謂不巾覆也。○累，力果反，一音如字。倮，力果反，沈胡瓦反。**士疐之，** 不中裂，横斷去疐而已。○疐，音帝。去，丘吕反。**庶人齕之。** 不横斷。○齕，恨没反，徐胡切反。

【疏】「爲國」至「齕之」。○正義曰：「爲國君者華之，巾以綌」者，華，謂半破也。綌，麤葛也。諸侯禮降，故破而不四析也，亦横斷之。雖與天子俱無文，推理亦横斷。而巾用麤葛，覆而進之。

○「爲大夫累之」者，累，倮也，不巾覆也。大夫降於諸侯，直削而中裂横斷而已，不巾覆而進之。知對破而横斷之者，鄭云「士不中裂，横斷去疐而已」，則知大夫猶中裂而横斷，倮而已。

○「士疐之」者，疐，謂脱華處。士不半破，但除疐而横斷，亦不覆也。下注庶人云「不横斷」，則知士横斷也。故鄭云「士不中裂，横斷去疐而已」。

○「庶人齕之」者，庶人，府史之屬也。齕，齧也。既注云「不横斷」，故知去疐而齧之也。然此削瓜等級不同，非謂平常之日，當是公庭大會之時也。

【衛氏集説】爲天子削瓜者副之，巾以絺。爲國君者華之，巾以綌。爲大夫累之，士

疐之，庶人齕之。

鄭氏曰：副，析也。既削，又四析之，乃横斷之，而巾覆焉。華，中裂之，不四析也。累，倮也，謂不巾覆也。士不中裂，横斷去疐而已。庶人不横斷。

孔氏曰：絺，細葛也。華，謂半破也。爾雅曰：「瓜曰華之。」郭璞云：「食啖治擇之名也。」綌，麤葛也。疐，謂脱華處。庶人，府史之屬。此削瓜等級非謂平常之日，當是公庭大會之時。

黄氏曰：正義云「此削瓜等級，是公庭大會之時」，作疏之失大矣。經云飲食有由，則四靈爲畜，謂天下飲食由從於禮，上自天子鼎俎、牲牢，下及庶人，無故不食珍之禮，大化既至，卵胎可俯而視，麟鳳游于郊藪，禮化大行，天下之人咸耻欺乎闇室者也。詎削瓜之禮，而人不從哉？

藍田吕氏曰：削瓜有等，亦以辨上下也。自大夫以上皆削，故曰「爲天子」「爲國君」「爲大夫」。自士以下不削，故曰「士疐之，庶人齕之」。累之，如「裸裎」之「裸」也。

長樂劉氏曰：三代之王，於府史胥徒女奚莫不用禮，以竭其忠孝之誠也，如内饔之割亨，外饔之刑膴，辟雞宛脾，敖毋珍捶，曲盡精微，皆有制度，而況瓜爲時新，必薦寢廟也。大夫以上皆曰「爲」者，有司爲之也。士庶人不曰「爲」者，自爲之也。士庶雖賤，居在草野，食瓜之際，執刀疐、齕，而不敢忘於其君，而僭其華、副之禮，忠厚之化可知也。

嚴陵方氏曰：瓜必用巾者，所以奉尊者，不敢褻其物也。巾必以絺綌者，當暑，以涼爲貴也。

李氏曰：先王制禮，於人情之所欲者，養之無不備，故翦蟈皆有官。於人情之所不能免者，治之無不盡，故削瓜猶有制，然後使後世無以加也。

永嘉戴氏曰：一瓜之微，横斷中裂，何與於尊卑？而聖人猶拳拳若此焉。天下之事，微之不敢忽者，所以爲大之必謹也。削瓜者其嚴若此，由是而推之，庶人其有食侯食者乎？庶人不敢食侯食，臣下其有作福作威而玉食者乎？此聖人制禮之微意也。

【吴氏纂言】爲天子削瓜者副之，巾以絺。爲國君者華之，巾以綌。爲大夫累之，士疐之，庶人齕之。

鄭氏曰：副，析也。既削又四析之，乃横斷之而巾覆焉。華，中裂之，不四析也。累，倮也，不巾覆也。疐之，不中裂横斷，去疐而已。齕之，不横斷。

孔氏曰：絺，細葛。華，半破也。綌，麤葛也。疐，謂脱華處。庶人，府史之屬。

方氏曰：瓜必巾者，所以奉尊者，不敢褻其物也。必以絺綌者，當暑，以涼爲貴也。

劉氏曰：大夫以上皆曰「爲」者，有司爲之也。士、庶人不曰「爲」者，自爲之也。士庶雖賤，食瓜之際，執瓜疐，齕而不敢忘君，僭其華、副之禮也。

【陳氏集説】爲天子削瓜者副之，巾以絺。爲國君者華之，巾以綌。爲大夫累之，士

疐之，庶人齕之。疏曰：削，刊也。副，析也。絺，細葛也。刊其皮，而析爲四解，又横解，而以細葛巾覆之而進也。華，半破也。綌，麤葛也。諸侯禮降，故破而不四析，亦横斷之，用麤葛巾覆之而進也。疐，謂脱花處。「疐之」者，去疐而已。齕，齧也。齕之，不横斷也。此等級不同，非謂平常之日，當是公庭禮會之時。爾雅：「瓜曰華之。」郭璞云：「食啖治擇之名。」累，倮也，不巾覆也。士庶人不曰「爲」者，自爲之也。劉氏曰：大夫以上皆曰「爲」者，有司爲之也。方氏曰：巾以絺綌者，當暑，以涼爲貴也。

【郝氏通解】卒食，客自前跪，徹飯齊以授相者。主人興，辭於客，然後客坐。侍飲於長者，酒進則起，拜受於尊所。長者辭，少者反席而飲。長者舉未釂，少者不敢飲。長者賜，少者、賤者不敢辭。賜果於君前，其有核者懷其核。御食於君，君賜餘，器之溉者不寫，其餘皆寫。餕餘不祭，父不祭子，夫不祭妻。御同於長者，雖貳不辭。偶坐不辭。羹之有菜者用梜，其無菜者不用梜。爲天子削瓜者副之，巾以絺。爲國君者華之，巾以綌。爲大夫累之，士疐之，庶人齕之。

卒食，食畢也。客自出向席前，跪而取己所食之飯與醬齊授佐食者，將以持歸，卒主人之惠也。齊與齏通，即菹醢之「菹」。獨徹飯齊者，食以飯齊爲主也。唯受食於尊者親徹，賓若敵，則主人起辭，客坐，而相者代徹也。尊，盛酒器。尊所，置酒尊之所。謂之尊者，燕飲主酒，主爲尊也，故主人當尊。天子、諸侯飲其臣則專尊。燕與鄉飲則尊在房户閒，賓主共之，主尊賓，賓尊主之義也。故長者就尊酌酒，少者必起，就尊所而拜，長者辭拜，少者乃反席飲，俟長者飲盡釂，而後少者乃敢飲。盡飲曰釂。君前食果，不敢棄其核，即「勿投與狗骨」之意。御食於君，如爲君佐食之類，非侍食也，侍食則不必賜餘矣。器之溉，謂如賜爵之類，禮所必洗，則即其器食之，不必更瀉之別器也。如其器未可便洗者，則當瀉于別器食之，不敢與君同器也。食餘曰餕。尸餕鬼神之餘，臣餕君之餘，賤餕貴之餘，下餕上之餘。餕餘皆有豆閒之祭，但不可以祭先祖與他鬼神。故孔子君賜食，先嘗不祭，唯腥則熟以薦也。子生則餕父之餘，子死則父不得以己所食之餘祭之。妻生則餕夫之餘，妻死則夫不得以己所食之餘祭之，而況祖考與外神乎？御同於長者，謂同長者食也。凡用物，當前曰御。貳，陪也。同長者食，雖盛饌，與長者爲貳，不必辭，以其爲長者設也。偶，遇也，遇則成偶。遇席偶坐，雖盛饌，非爲己設，亦不必辭也。梜，箸也。鉶羹菜和用箸，大羹無菜，乃可歠也。爲天子削瓜，副之。副、劈同，析破也。以細葛巾覆之而進。華、花同，半破如花開不斷也。葛之粗者曰綌。累、倮通，但華之而不用巾，猶檀弓之云「剥葚」也。疐、蒂通，亦不華，但去其蒂而已。齕之，亦不疐，以齒自齕而已。

按：玉藻及士相見禮皆云「君賜爵，卒爵而俟，君卒爵」，是以先飲爲禮也，故禮不必强同，因時制宜。敏於從尊者之命，先飲可也；讓以待尊者之命，後飲亦可也。解者謂公私不同飲，豈私燕遂無導飲之禮乎？長者有賜當受，亦有義不可受，雖君命辭，若子思之鼎肉，孟子之兼金是也。削瓜細事，諸侯以下不得劈，明微辨等云爾，非謂庶人之瓜，但可斷蒂，而劈瓜者皆犯禮也。解者曰：公庭大會則爾，非謂平日。然則禮惟公庭有之，平日無禮乎？且庶人何得與天子同堂食瓜？附會不得，而强爲之説也。大抵禮者，人情耳。無恭敬之心，非人也。無是心，則講求是禮。有是禮，則反求是心。今不求制禮之義與行禮之心，但比儗求合于古人之跡，牽强支離，亦不可行矣。

【欽定義疏】爲天子削瓜者副之，巾以絺。爲國君者華之，巾以綌。爲大夫累之，士疐之，庶人齕之。

正義 鄭氏康成曰：副，析也。既削又四析之，乃横斷之，而巾覆焉。孔疏：刊其皮而析爲四解，又横解，而以細葛布覆之而進也。華，中裂之，不四析也。孔疏：諸侯禮降，故破而不四析，亦横斷之，用麤葛巾覆之而進也。累，倮也，謂不巾覆也。士不中裂，横斷去疐而已。庶人不横斷。

孔氏穎達曰：削，刊也。絺，細葛。綌，麤葛也。爾雅曰：「瓜曰華之。」疐，謂脱華處。庶人，府史之屬，齕，齧也。此削瓜等級非謂平常之日，當是公庭大會之時。

吕氏大臨曰：削瓜有等，亦以辨上下也。自大夫以上皆削，故曰「爲天子」「爲國君」「爲大夫」。以下不削，故曰「士疐之，庶人齕之」。累之，如「裸裎」之「裸」也。

方氏慤曰：瓜必用巾以奉尊者，不敢褻其物也。必以絺綌，當暑，以涼爲貴也。

湯氏三才曰：此亦槩論食瓜之禮。食瓜之制，先刊皮，次半破，次四析，次横斷，次巾覆。天子分尊而制獨隆，故五者兼有之。諸侯有四，而又降其一，謂纚葛也。大夫有三，不四析，不巾覆，然猶削也。士只有二，不刊皮，不四析，不巾覆。庶人只有一，惟以手齕之，而同半破。即一食瓜，而正名定分之意寓焉。

通論　劉氏彝曰：三代之王，於府史、胥徒、女奚莫不用禮，以竭其忠孝之誠也。如内饔之割烹，外饔之刑膴，辟雞宛脾，熬母珍摭，曲盡精微，皆有制度，而況瓜爲時新，必薦寢廟也？大夫已上皆曰「爲」者，有司爲之也。士、庶人不曰「爲」者，自爲之也。

【杭氏集説】爲天子削瓜者副之，巾以絺。爲國君者華之，巾以綌。爲大夫累之，士疐之，庶人齕之。

湯氏三才曰：此亦槩論食瓜之禮。食瓜之制，先刊皮，次半破，次四折，次橫斷，次巾覆。天子分尊而制獨隆，故五者兼有之。諸侯有四，而又降其一，謂纚葛也。大夫有三，不四析，不巾覆，然猶削也。士只有二，不刊皮，不四折，不巾覆。庶人只有一，惟以手齕之，而同半破。即一食瓜而正名定分之意寓焉。

劉氏彝曰：三代之王，於府史胥徒女奚莫不用禮，以竭其忠孝之誠也，如内饔之割烹，外饔之刑膴，辟雞宛脾，熬母珍摭，曲盡精微，皆有制度，而況瓜爲時新，必薦寢廟也？大夫已上皆曰「爲」者，有司爲之也。士庶人不曰「爲」者，自爲之也。

姚氏際恒曰：嘗疑削瓜細事，當日禮記及此，不知何故？四析、半剖，奚與尊卑？橫斷、中裂，寧皆犯禮？故孔氏爲之説曰「非爲平常之日，當時大會公庭之時也」，此説雖于庶人有礙，庶人不當有公庭會食之事，然不得不作如是解耳。黄、郝二氏極駁疏義之非，謂禮不可欺于暗室，公庭有禮，平日豈遂無禮？求之太深，正不必耳。

姜氏兆錫曰：疏曰：削，刊。副，析也。蓋刊其皮，析爲四解，而横斷之，乃以細葛巾覆而進也。半破曰華，諸侯禮降，故但破而横斷，覆以麤葛巾而已。果，緫也。其禮更不用巾覆。疐，謂脱花處也。但去疐，則又降矣。齕，齒也。禮不下庶人，直自齕之耳。此蓋公庭禮會之等，非謂平時也。　又曰：劉氏曰：「大夫以上皆曰『爲』者，有司爲之也。士、庶人不曰『爲』者，自爲之也。」方氏曰：「巾以絺、綌者，當暑以涼爲貴也。」　又曰：此歷言爲天子以下削瓜之禮。

【孫氏集解】爲天子削瓜者副之，巾以絺。爲國君者華之，巾以綌。爲大夫累之，士疐之，庶人齕之。

鄭氏曰：副，析也。既削，又四析之，乃横斷之，而巾覆焉。華，中裂之，不四析也。累，倮也，謂不巾覆也。疐之，不中裂，横斷去疐而已。齕之，不横斷。

孔氏曰：削，刊也。絺，細葛也。爲天子削瓜，先刊其皮，而析爲四也，又横切之，而細葛爲巾，覆上而進之也。華，中破也。綌，麤葛也。諸侯禮降，故破而不四析，亦横斷之，巾用麤葛，覆而進之。爾雅云：「瓜曰華之。」郭璞云：「食啖治擇之名。」大夫降於諸侯，直削而中裂橫斷而已，不巾覆也。疐，謂脱華處。士不中破，但去疐而橫斷，亦不覆也。庶人，府史之屬。齕，齧也，去疐而齕之。此削瓜等級不同，非謂平常之日，當謂公庭大會之時也。

愚謂疐，瓜之連蔓處也。

【朱氏訓纂】爲天子削瓜者副之，巾以絺。注：副，析也。既削又四析之，乃橫斷之，而巾覆焉。正義：削，刊也。絺，細葛也。**爲國君者華之，巾以綌。**注：華，中裂之，不四析也。**爲大夫累之，**注：累，倮也，謂不巾覆也。**士疐之，**注：不中裂，橫斷去疐而已。正義：疐，謂脱華處。邵氏晉涵曰：初學記引孫炎曰：「疐之，去柢也。」**庶人齕之。**注：不橫斷。正義：齕，齧也。

【郭氏質疑】爲天子削瓜者副之，巾以絺。爲國君者華之，巾以綌。爲大夫累之，士疐之，庶人齕之。

鄭注：副，析也。既削又四析之，乃橫斷之。華，中裂之，不四析也。累，倮也，謂不巾覆也。疐，不中裂，橫斷去疐而已。齕，不橫斷。

嵩燾案：鄭注副、華、累、疐皆備兩義，而齕字無義，故孔疏連上文「以去疐而齧之」爲訓。據爾雅：「瓜曰華之。」邢疏訓「華」爲「半破」，蓋中析之，或四或二，取足以便食。副則橫斷之也。鄭司農周禮注：「副，貳也。」説文：「判也。」既中析而又橫斷爲二，故曰副。呂氏大臨云：「自大夫以上皆削，故曰『爲天子』『爲國君』『爲大夫』，以下不削，故曰『士疐之，庶人齕之』。」最得經義。「削瓜」二字貫下三項，削者刊削其皮也，天子、諸侯皆中析，必覆巾以避塵。大夫不覆巾，是不中析也。累者，但去其皮以進。呂氏讀爲「裸裎」之「裸」是也。士但削其疐，庶人不爲削，齕去其疐而已。古者雜佩有刀礪之屬，大夫以下皆自裂之，此明禮食進瓜之等差，大夫以上皆削，士、庶人不削，經語分明，鄭注恐失之。

一·五〇 **父母有疾，冠者不櫛，行不翔，**憂不爲容也。○冠，如字，徐古亂反。爲，如字，徐于僞反。**言不惰，**憂不在私好。惰，不正之言[一]。○惰，徒禾反，一音徒卧反。好，音呼報反。**琴瑟不御，**憂不在樂。**食肉不至變味，飲酒不至變貌，**憂不在味。**笑不至矧，怒不至詈，**憂在心，難變也。齒本曰矧，大笑則見。○矧，本又作「哂」，失忍反，又詩忍反。詈，力智反，罵詈則見，賢遍反。**疾止復故。**自若常也。**有憂者側席而坐，**側，猶特也。憂不在接人，不

[一] 惰不正之言 閩、監、毛本同，嘉靖本同。惠棟校宋本無此五字，宋監本同，衛氏集説同，考文引古本、足利本同，通典六十八引同。岳本有此五字而别入於釋文。按：釋文亦無此五字，當因正義誤入。○鍔按：「惰不」上，阮校有「御同於長者節」「父母有疾節」十一字。

布他面席。**有喪者專席而坐。**降居處也。專，猶單也。

【疏】「父母」至「而坐」[一]。○正義曰：此已下明親疾，人子之禮，及除喪後之儀，各隨文解之。

○「言不惰」者，惰訛不正之言。

○注「憂不在私好」者。○正義曰：好，謂華好，言語戲劇，華飾文辭，故云「不在私好」。

○「食肉不至變味」。○正義曰：猶許食肉，但不許多耳。變味者，少食則味不變，多食則口味變也。

○「有憂者側席而坐」者，憂，亦謂親有病也[二]。側，猶獨也。獨席，謂獨坐不舒他面席也。明憂不在接人故也。平常則舒他面席也。

○注「側，猶特也」。○正義曰：案，聘禮云：公禮賓，「公側受醴」。是「側，猶特也」。

○「有喪者專席而坐」。○正義曰：專，猶單也。吉時貴賤有重席之禮，若父母始

[一] 父母至而坐　惠棟校宋本無此五字。

[二] 憂亦謂親有病也　閩、監、毛本同。惠棟校宋本「病」作「疾」，衛氏集説同，是也。

喪，寢苫無席。卒哭後，乃有芐翦不納。自齊衰以下，始喪而有席，並不重，降居處也。

【衛氏集説】父母有疾，冠者不櫛，行不翔，言不惰，琴瑟不御，食肉不至變味，飲酒不至變貌，笑不至矧，怒不至詈，疾止復故。

鄭氏曰：不櫛、不翔，憂不爲容也。不惰，憂不在私好也。不御，憂不在樂也。不變味、變貌，憂不在味也。不矧、不詈，憂在心，難變也。齒本曰矧，大笑則見。復故，自若常也。

孔氏曰：此一節明親疾，人子之禮。惰者，言語戲劇，華飾文辭，故鄭云「不在私好」，謂華好也。猶許食肉，但不許多耳。少食則味不變，多食則口味變也。

藍田吕氏曰：孝子之事親也，病則致其憂，憂在乎心，故言動不得如其故也。冠者不櫛，不暇禮也。志不惰者，其回也歟？此言「言不惰」者，蓋不在乎此，而及於他言之惰也。惰，懈也，懈則忘之矣。父母有疾，心未嘗忘乎疾，故雖言也，不在乎他。顔子學於仲尼，聽其言也，唯恐失之，亦不在乎他，此所以皆「言不惰」也。矧，見齒也。詈，惡聲也。笑怒之變，至於如此，亦忘乎其親者也。

嚴陵方氏曰：言冠者，别於童子，冠則有時而不櫛可也。童子則無冠矣，無時而不櫛焉。此所以止言「冠者不櫛」也。以憂親之疾，而忘其身之飾，故也。「言不惰」，則以憂勤而不敢惰也。「琴瑟不御」者，不以所樂而忘所憂也。樂必以琴瑟爲言者，蓋常御之樂，士無故則不去，故也。御，猶「御馬」之「御」，遲速緩急，唯御者之聽焉，以其聲有遲速，絃有緩急，故琴瑟得以謂之御也，詩曰「琴瑟在御」，與此同意。物有常味也，食肉多品，則爲變味。人有常貌也，飲酒過量，則或至變貌。

長樂陳氏曰：儀禮曰「疾者齊，養者皆齊」，則自「行不翔」以至「怒不至詈」，皆齊之事。然此亦中人之制，孝子疏節也。文王行不能正履，不特不翔而已。色憂，不特「言不惰」「笑不至矧」而已，一飯亦一，再飯亦再，不特食肉飲酒，不變味、變貌也。

王氏曰：父母有疾而致其憂，此子職所當然也。聖人猶必爲之委曲以制禮者，蓋以人情有過、有不及焉，約之以禮，庶乎歸之於中也。

有憂者側席而坐，有喪者專席而坐。

鄭氏曰：側，猶特也。憂不在接人，不布他面席。專席，降居處也。專，猶單也。

孔氏曰：憂，亦謂親有疾也。側，猶獨也。獨席，謂獨坐，不舒他面席也，明憂不在接人也。吉時貴賤有重席之禮，若父母始喪，寢苫無席。卒哭後，乃有苄翦不納。自齊衰以下，始喪而有席，並不重，降居處也。

橫渠張氏曰：有憂者心未安，故側席。喪已然者坐無容，故專席，非謂不與賓客接也。

藍田吕氏曰：側席，坐不安也。專席，不與人共坐也。有憂者，行不能正履，則坐不能安席可知矣。有喪者致於哀慕，心不二事，則不與人共處可知矣。居倚廬，非喪事不言，既練，居堊室，不與人居，皆專席之義也。先儒以「側」爲「特」，以「專」爲「單」，既無所據，而以「側」爲「特」，如禮所謂「側降」「側受」之類，所訓雖可，然與專席無別，則不可以「特」訓「側」也。

廬陵胡氏曰：側，不正也。漢王嘉、傅喜、魏徐奕傳皆云：「楚有子玉，則文公側席而坐。」專，猶特也。

王氏曰：側席，與儀禮所謂「側殺」「側受醴」之「側」同。專席，與郊特牲所謂「專席而酢」之「專」同。

【吴氏纂言】父母有疾，冠者不櫛，行不翔，言不惰，琴瑟不御，食肉不至變味，飲酒不至變貌，笑不至矧，怒不至詈，疾止復故。

鄭氏曰：不櫛、不翔，憂不爲容也。不惰，憂不在私好也。不御，憂不在樂也。不變味、變貌，憂不在味也。不矧、不詈，憂在心，難變也。齒本曰矧，大笑則見。復故，自若常也。

孔氏曰：惰者，言語戲劇，文辭華飾。猶許食肉，但不許多爾。少食則味不變，多食則口味變也。

吕氏曰：孝子之事親，病則致其憂，憂在心，故言動不得如故。冠者不櫛，不暇禮也。

矧，見齒也。詈，惡聲也。笑怒之變至此，亦忘親也。

方氏曰：言冠者，别於童子，冠者有時而不櫛可也。童子無冠，不櫛則不可。所以止言「冠者不櫛」。憂親之疾，忘身之飾也。言不惰，以憂勤而不敢惰也。琴瑟不御，不以所樂忘所憂也。士無故不去琴瑟，蓋常御之樂。御，猶「御馬」之「御」，詩云「琴瑟在御」。物有常味，食肉多品，則爲變味。人有常貌，飲酒過量，則至變貌。

陳氏曰：儀禮「疾者齊，養者皆齊」，自「行不翔」，至「怒不至詈」，皆齊之事也。然此亦中人之制。文王行不能正履，不特不翔而已。色憂，不特「言不惰」「笑不至矧」而已。一飯亦一飯，再飯亦再飯，不特食肉飲酒，不變味、變貌也。

有憂者側席而坐，有喪者專席而坐。

鄭氏曰：側，猶特也。憂不在接人，不布他面席。專，猶單也。專席，降居處也。

孔氏曰：憂，謂親有疾。吉時貴賤有重席之禮，若父毋始喪，寢苫無席。卒哭後，乃有苄翦不納。自齊衰以下，始喪而有席，並不重也。

王氏曰：側席，與儀禮所謂「側殺」「側受醴」之「側」同。專席，與郊特牲所謂「專席而酢」之「專」同。

吕氏曰：側席，坐不安也。專席，不與人共坐也。

【陳氏集説】父母有疾，冠者不櫛，行不翔，言不惰，琴瑟不御，食肉不至變味，飲酒不

至變貌，笑不至矧，怒不至詈，疾止復故。此言養父母疾之禮。不櫛，不爲飾也。不翔，不爲容也。不惰，不及他事也，疏謂「惰訛不正之言」。琴瑟不御，以無樂意也。猶可食肉，但不至厭飫而口味變耳。猶可飲酒，但不至醺酣而顔色變耳。齒本曰矧，笑而見矧，是大笑也。怒罵曰詈，怒而至詈，是甚怒也。皆爲忘憂，故戒之。復故，復常也。**有憂者側席而坐，有喪者專席而坐。**有憂，謂親疾，或他禍患。側，獨也。獨坐一席，不設待賓之席，爲有憂也。一説側席謂偏設之，變於正席也，亦通。專，單也。貴賤之席，各有重數，居喪則否。　吕氏曰：專席，不與人共坐也。

【納喇補正】父母有疾，冠者不櫛。

集説　不櫛，不爲飾也。

竊案　儀禮「疾者齊」「養者皆齊」，通冠與未冠者而言也。此記所陳養父母疾之法，皆齊之事，亦兼有童子在内，非獨冠者爲然。不櫛，止言冠者，以別於童子也。故方氏曰：「冠者有時而不櫛，可也。童子無冠，不櫛則不可。」集説不爲分疏，則下文「行不翔」云云，似專屬冠者，而童子不與，失其義矣。

言不惰。

集説　不惰，不及他事也。疏謂「惰訛不正之言」。

竊案　不及他事，本藍田吕氏之説。鄭氏謂「憂不在私好」，疏以爲惰者言語戲劇，華飾文辭，故鄭云「不私好」，謂華好也。要之，不惰祇是憂勤而不懈惰，非但不及他事及爲華好也。

【郝氏通解】不櫛，不櫛髮也。首必櫛而後加冠，冠而不櫛，匆遽之至也。翔，緩步也。惰，慢也。不惰，言語較平時迫切也。君子無故不去琴瑟，父母疾則不樂也。變味，謂厭飫知味也。變貌，謂酣醺改色也。齒本曰矧，笑而見矧，是劇驩也。怒罵曰詈，怒而至詈，是忘憂也。有憂，如親疾、大患難之類。側，獨也，猶儀禮「側尊」「側授」之「側」。側席，謂獨席，不别設席待賓也。專席，謂不與衆人共坐，吉凶不相襲也。

【方氏析疑】言不惰。

父母有疾，必志氣明清，乃能虚中以體事言。而「惰」是無守氣也，於侍養之節必多疏忽矣。

有憂者側席而坐。

兄百川有言：未有禮變於外，而内行不變其常節者。豈惟天屬之疾，身家之患哉！凡國邑侵削，師旅撓敗，荒祲札厲，以及三黨閔凶，師友在難，皆宜揆其分誼，寢處飲食，以喪禮差之。

【江氏擇言】言不惰。

鄭注：憂不在私好。惰，不正之言。

按：謂不爲戲慢之言。

有憂者側席而坐，有喪者專席而坐。

鄭注：側，猶特也。憂不在接人，不布他面席。專席而坐，降居處也。專，猶單也。

呂氏云：側席，坐不安也。專席，不與人共坐也。

胡氏云：側，不正也。

按：燕居之時，無他賓客，亦當不布他面席。如有憂而賓客來慰問，亦豈得不爲賓設席？平時坐席皆是單席，有所尊敬乃重席，不必有喪而後單席也。鄭注誠未當，然呂氏以側席爲坐不安，與「側」義亦不協。而胡氏以側爲不正，豈可坐偏邪之席乎？愚謂坐席皆隨席所鄉，側席而坐者，如席南鄉北鄉，則坐者東鄉西鄉，席東鄉西鄉，則坐者南鄉北鄉，以其有憂，異於常也。專席之説，則呂氏得之。

【欽定義疏】父母有疾，冠者不櫛，行不翔，言不惰，琴瑟不御，食肉不至變味，飲酒不至變貌，笑不至矧，怒不至詈，疾止復故。

正義 鄭氏康成曰：不櫛、不翔，憂不爲容也。不御，憂不在樂。不變味，憂不在味。

孔疏：猶許食肉，但不許多耳。變味者，少食則味不變，多食則口味變也。不矧、不詈，憂在心，難變也。

齒本曰矧，大笑則見。復故，自若常也。

呂氏大臨曰：孝子之事親也，病則致其憂，憂在乎心，故言動不得如其故也。

焉。此所以止言「冠者不櫛」也。以憂親之疾，而忘其身之飾，故也。言不惰，則以憂勤而不敢惰也。「琴瑟不御」者，不以所樂而忘所憂也。樂必以琴瑟爲言者，蓋常御之樂，士無故則不去，故也。物有常味也，食肉多品，則爲變味。人有常貌也，飲酒過量，則或至變貌。

方氏慤曰：言冠者，别於童子。冠則有時而不櫛可也。童子則無冠矣，無時而不櫛

徐氏師曾曰：翔，張拱也。御，用也。不惰，或人問疾，或己迎醫，言之必詳，而不敢惰也。

通論 陳氏祥道曰：儀禮曰「疾者齊，養者皆齊」，則自「行不翔」，以至「怒不至詈」，皆齊之事。然此亦中人之制，孝子之疏節也。文王行不能正履，不特不翔而已。色憂，不特「言不惰」「笑不至矧」而已。一飯亦一，再飯亦再，不特食肉飲酒，不變味、變貌也。

存異 鄭氏康成曰：不惰，憂不在私好。惰，不正之言。

孔氏穎達曰：惰者，惰訛不正之言。謂言語戲劇，華飾文辭。

陳氏澔曰：不惰，不及他事也。

辨正 姚氏舜牧曰：言不惰，謂其言急切，而不敢怠慢也。訓「不及他事」，非。訓「惰訛不正之言」，尤非。

有憂者側席而坐，有喪者專席而坐。

【正義】鄭氏康成曰：側，猶特也。憂不在接人，不布他面席也。專，猶單也。

孔氏穎達曰：憂，亦謂親有疾也。吉時貴賤有重席之禮。若父母始喪，寢苫無席。卒哭後，芐翦不納。自齊衰已下，始喪而有席，並不重，降居處也。

張子曰：有憂者，心未安，故側席。喪已然者，坐無容，故專席也。

陳氏澔曰：有憂，謂親疾，或他禍患。

【存疑】吕氏大臨曰：側席坐，不安也。專席，不與人共坐也。有憂者，行不能正履，則坐不能安席可知矣。喪不二事，則不與人共處可知矣。居倚廬，非喪事不言。既練，居堊室，不與人居，皆專席之義也。

陳氏澔曰：側席，謂偏設之，變於正席也。

姚氏舜牧曰：側席，是不能正席，非獨坐一席也。專席，是另設一席，非單設其席也。

【案】「側」之訓「特」，如北階止一階，而謂之側階也。蓋設席必相對，故有東向、西向、南向、北向之席。今以有憂，無暇與人相接，故席止在一面。若謂必斜其席，則古人死且必以正，豈有憂即改其度乎？席必兩而後爲一重，居喪則單席，不重也。若謂不與人同坐，則喪各有位次，其尊卑同、疏戚同者，安能不與之同坐？外人無服者，又豈有來此席而同坐者乎？

【杭氏集説】父母有疾，冠者不櫛，行不翔，言不惰，琴瑟不御，食肉不至變味，飲酒不

至變貌，笑不至矧，怒不至詈，疾止復故。

陳氏澔曰：不惰，不及他事也。

姚氏舜牧曰：言不惰，謂其言急切，而不敢怠慢也。訓「不及他事」，非。訓「惰訛不正之言」，尤非。

徐氏師曾曰：翔，拱也。御，用也。不惰，或人問疾，或已迎醫，言之必詳，而不敢惰也。

姚氏際恒曰：言不惰，對醫及問疾者，言必勤懇。變味，謂兼味也，順對下「變貌」爲言。古人之文，隨意不拘如此，然以兼味爲變味，亦殊可會。

姜氏兆錫曰：不櫛，不爲飾也。不翔，不爲容也。不惰，無雜語也。不御，無樂意也。食至厭飫則口味變，飲至醺酣則顔色變，笑至矧是大笑，怒至詈是甚怒，皆爲忘憂，故戒之也。齒本見曰矧。故，謂常也。

方氏苞曰：父母有疾，必志氣清明，乃能虛中以體事。言而惰，是無守氣也，於侍養之節，必多疏忽矣。

有憂者側席而坐，有喪者專席而坐。

陳氏澔曰：有憂，謂親疾，或他禍患。側席，謂偏設之，變於正席也。

姚氏舜牧曰：側席是不能正席，非獨坐一席也。專席是另設一席，非單設其席也。

姚氏際恒曰：此承上節，則有憂單指親疾也。側席，席不正也。專席，不與人共也。鄭氏以「側」爲「特」，「側」與「專」同義，于是訓「專」爲「單」，皆牽强。

姜氏兆錫曰：舊説：側，獨也。專，單也。禮，賓主之席必有定向，有憂則獨席，而不對設賓席。貴賤之席，各有重數。有喪則單席，而不加設重席也。一設側席，謂偏設而變於正。專席，謂獨坐而不與人共也。又曰：此章言親有疾，及凡有憂、有喪之禮也。

方氏苞曰：兄百川有言，未有禮變於外，而内行不變其常節者，豈惟天屬之疾，身家之患哉？凡國邑侵削，師旅撓敗，荒祲札厲，以及三黨閔凶，師友在難，皆宜揆其分誼，寢處飲食，以喪禮差之。

【孫氏集解】父母有疾，冠者不櫛，行不翔，言不惰，琴瑟不御，食肉不至變味，飲酒不至變貌，笑不至矧，怒不至詈，疾止復故。

鄭氏曰：不櫛、不翔，憂不爲容也。言不惰，憂不在私好。惰，不正之言。琴瑟不御，憂不在樂，不至變味、變貌，憂不在味。笑不至矧，怒不至詈，憂在心，難變也。齒本曰矧，大笑則見。復故，自若常也。

孔氏曰：猶許食肉，但不許變味耳。食少則味不變，多食則口味變也。

愚謂言之惰慢不正，無時而可。然朋儕相處，時或戲謔，亦人情所不免，所謂一張一有邪物之干也。

爲談笑之常，在有憂出之，則有惰慢之失。猶祭統言齊則「防其邪物」，初非不齊之時可

弛之道也。惟父母有疾，則憂存於心，而出言益須謹重，故有同此一言，在平日言之，則

有憂者側席而坐，有喪者專席而坐。

鄭氏曰：側，猶特也。側席而坐，憂不在接人，不布他面席。專席而坐，降居處也。

專，猶單也。

孔氏曰：案聘禮：「公側受醴。」是「側，猶特也」。專，猶單也。吉時貴賤有重席

之禮，若父母始喪，寢苫無席。卒哭後，苄翦不納。自齊衰以下，始喪而有席，並不重也。

胡氏銓曰：側，不正也。漢王嘉、傅喜，魏徐弈傳皆云「楚有子玉，則文公側席

而坐」。

王氏曰：專席，與郊特牲「君專席而酢」之「專」同。

【朱氏訓纂】父母有疾，冠者不櫛，行不翔，注：憂不爲容也。方性夫曰：言冠者，

別於童子。冠則有時而不櫛可也。童子無冠，無時而不櫛。**言不惰，**方性夫曰：以憂勤

而不敢惰也。**琴瑟不御，**注：憂不在樂。方性夫曰：樂必以琴瑟爲言者，常御之樂，

士無故則不去，故也。**食肉不至變味，飲酒不至變貌，**注：憂不在味。正義：猶許食

肉，但不許多耳。少食則味不變，多食則口味變也。**笑不至矧，怒不至詈，**注：憂在心，

難變也。齒本曰𪗾，大笑則見。釋文：詈，罵詈。**疾止復故。**注：自若常也。

有憂者側席而坐，有喪者專席而坐。注：側，猶特也。憂不在接人，不布他面席。專，猶單也。正義：吉時貴賤有重席之禮，若父母始喪，寢苫無席。卒哭後，乃有苄翦不納。自齊衰以下，始喪而有席，不重，降居處也。呂與叔曰：專席，不與人共坐也。

曲禮注疏長編卷十二

一·五一 ○**水潦降**[一]**，不獻魚鼈。**不饒多也。○潦，音老，雨水謂之潦。**獻鳥者佛其首**[二]**，**爲其喙害人也。佛，戾也，蓋爲小竹籠以冒之。○拂，本又作「佛」，扶弗反，下同。爲，于偽反，下「爲其」同。喙，吁廢反，又陟遘反，又知胃反，又丁角反。戾，力計反。籠，力東反。冒，莫報反。**畜鳥者則勿佛也。**畜，養也，養則馴。○畜，許六反，徐況又反。馴，似遵反，狎也，徐食倫反，沈養純反。**獻車馬者執策綏**[三]**，獻甲者執胄，獻杖者執末，獻民虜者操右袂，獻粟者執右契，獻米者操量鼓，獻孰食者操醬齊，獻田宅者操書致。**

[一] 水潦降節　惠棟云：「『水潦降』節，『進几杖』節，宋本合爲一節。」

[二] 獻鳥者佛其首　閩、監、毛本同，石經同，岳本、嘉靖本同。釋文出「拂其」云：「本又作『佛』，扶拂反，下同。」正義本作「佛」。考文引古本「佛」作「拂」。

[三] 獻車馬者執策綏　閩、監、毛本同，石經同，岳本、嘉靖本同。釋文出「筴綏」，與正義異。考文引古本「策」作「筴」，與釋文合。

凡操、執者，謂手所舉以告者也。設其大者，舉其小者，便也。甲，鎧也。胄，兜鍪也。民虜，軍所獲也，操其右袂制之。契，券要也[一]，右爲尊。量鼓，量器名。○綏，音雖，執以登車者。胄，直又反。操，七刀反，持也，下及注皆同。契，苦計反。量，音亮，又音良，升斛。鼓，隱義云：「樂浪人呼容十二石者爲鼓。」齊，本又作「齏」，同子兮反。便，婢面反。鎧，苦愛反。兜，下侯反。鍪，莫侯反。券，字又作「絭」，音勸。**凡遺人弓者，張弓尚筋，弛弓尚角，**弓有往來體，皆欲令其下曲，隤然順也。遺人無時，已定體則張之，未定體則弛之。○遺，于季反，與也，注同。弛，本又作「施」，同式是反，謂不張也，注同。隤，本又作「頹」，徒回反，順貌。**右手執簫，左手承弣，**簫，弭頭也，謂之簫。簫，邪也。弣，把中。○弣，音撫，徐音甫，下同。弭，亡婢反，弓末也。邪，似嗟反。把，音霸，手執處也。**尊卑垂帨。**帨，佩巾也，磬折則佩垂。授受之儀，尊卑一。○帨，徐始鋭反。磬，徐苦定反。折，徐時列反，又之列反，沈云：「舊音逝。」**若主人拜，**拜受也。**則客還辟，辟拜。**辟拜，謙不敢當。○辟、辟，上扶亦反，下「辟」音避，注同。**主人自受，由客之左，接下承弣，**由，從也，從客之左，右客，尊之。接下，接客手下也。承弣

[一] 契券要也　監本作「券」，岳本同。此本「券」誤「劵」，閩、毛本同，嘉靖本同。

却手，則簫覆手與？○覆，芳服反。與，音餘。**鄉與客並，然後受。**於堂上則俱南面。禮，敵者並授。**進劍者左首。**左首，尊也。**進戈者前其鐏，後其刃。進矛戟者前其鐓。**後刃，敬也。三兵鐏、鐓雖在下，猶爲首。鋭底曰鐏，取其鐏地；平底曰鐓，取其鐓地[一]。○鐏，在困反，舊子困反，注同，一讀注音作管反。矛，本又作「鉾」，音謀，兵器。鐓，本又作「錞」，徒對反，注同，一讀注丁亂反。

【疏】「水潦」至「其鐓」[二]。○正義曰：此一節明獻遺人物，及授受之儀，今各隨文解之。

○「水潦降，不獻魚鼈」者，案定四年左傳云：「水潦方降。」今謂水潦降者，天降下水潦，魚鼈難得，故注云「不饒多也」。盧植、庾蔚之等並以爲然。或解鄭云「不饒多」者，以爲水潦降下，魚鼈豐足，不饒益其多。

○「獻鳥者佛其首」者，王云：「佛，謂取首戾轉之，恐其喙害人也。」鄭云：「佛，戾也，蓋爲小竹籠以冒之。」案王、鄭義同，而加籠籠之，爲其喙害人也。

[一] 鋭底曰鐏取其鐏地平底曰鐓取其鐓地　惠棟校宋本作「鐏地」「鐓地」，嘉靖本同，宋監本同。此本「鐏地」字不誤，「鐓地」誤「鐓也」。閩、監、毛本二「地」字俱誤「也」，岳本同。

[二] 水潦至其鐓　惠棟校宋本無此五字。

○「畜鳥者則勿佛也」者，畜，養也，養則馴也。馴，善也。鳥經人養則不喙害人，故獻之不用籠冒及戾之。

○「獻車馬者執策綏」者，策是馬杖，綏是上車之繩。車馬不上於堂，不可投進尊者之前，但執策綏易呈[一]，呈之則知有車馬。

○「獻甲者執冑」者，甲，鎧也。謂鎧爲甲者，言如龜鼈之有甲也。冑，兜鍪也。鎧大，兜鍪小，小者易舉，執以呈之耳。

○「獻杖者執末」者，末，柱地頭也。柱地不淨[二]，不可鄉人，故執以自鄉，持淨頭投與人[三]。

「獻民虜者操右袂」者，民虜，謂征伐所獲彼民，以爲外虜，故云民虜也。右袂者，右邊袖也。獻之以左手[四]操于囚之右邊袂右邊袂[五]，右邊有力，故此用右手，以防其異心。凡言「執」「操」，互言耳。

[一] 但執策綏易呈 閩、監、毛本同。惠棟校宋本「策綏」下重「策綏」二字，是也。

[二] 柱地頭也柱地不淨 閩、監、毛本「柱」作「拄」。

[三] 持淨頭投與人 閩本同，惠棟校宋本同。監、毛本「投」作「授」。

[四] 獻之以左手 閩、監、毛本同，惠棟校宋本「以」上有「而」字。

[五] 操于囚之右邊袂右邊袂 閩、監、毛本同。惠棟校宋本「右邊袂」三字不重，是也。

○「獻粟者執右契」者，粟，粱稻之屬也。契，謂兩書一札，同而别之。鄭注此云「契，券要也，右爲尊」，以先書爲尊，故也。

○「獻米者操量鼓」者，米，六米之等。量是知斗斛之數，鼓是量器名也。隱義云：「東海樂浪人呼容十二斛者爲鼓，以量米，故云量鼓。」獻米者執器以呈之。米云「量」，則粟亦量；粟云「契」，則米亦書。但米可即食，爲急，故言「量」；粟可久儲，爲緩，故云「書」。書比量爲緩也。

○「獻孰食者操醬齊」者，孰食，葱渿之屬。醬齊爲食之主，執主來，則食可知。若見芥醬，必知獻魚膾之屬也。

○「獻田宅者操書致」者，書致，謂圖書於板，丈尺委曲書之而致之於尊者也。以上諸物可動，故不云致。而田宅著土，故板圖書畫以致之，故言「書」，又言「致」也。然古者田宅悉爲官所賦，本不屬民。今得此田宅獻者，是或有重勳，爲君王所賜，可爲己有，故得有獻。

「凡遺人弓」者，此謂敵體，故稱「遺」者也。

「張弓尚筋」者，弓之爲體，以木爲身，以角爲面，筋在外面，張之時曲來嚮内。故遺人之時，使筋在上，弓身曲嚮其下。其弛弓之時，反張嚮外，筋在曲内，角在曲外。今遺人之時，角觷其上，弓形亦曲觷下[一]，故鄭注「皆欲令其下曲，隤然順也」。

○注「遺人」至「弛之」。○正義曰：案稾人云：「春獻素，秋獻成。」注云：「矢箙，春作秋成。」矢箙既獻素，明知弓亦獻素，素形朴也。故士喪禮注云「形法定爲素」。又弓人云：「秋合三材，冬定體。」則合三材之時可以獻人，故此注云「未定體則弛之」是也。

○「右手執簫」者，簫，弓頭。頭稍剡，差邪似簫，故謂爲簫也。謂弓頭爲鞘，鞘、簫之言，亦相似也。然執簫謂捉下頭，客覆右手，執弓下頭也。

○「左手承弣」者，弣，謂弓把也。授在地，地道貴右，主人推客居右。客覆右手，執弓下頭，又卻下左手，以承弓把，把當中央而高，兩頭穨下，以授主人。主人在左。所以知是執於弓下頭者，下頭拄地不淨，不可與人，故自執之，而以上頭授人，所以爲敬也。

「尊卑垂帨」者，尊卑，謂賓主俱是大夫則爲尊，若俱是士則爲卑。帨，佩巾也。

「若主人拜」者，主人將受，應當賓前而拜，受所遺也。

○「則客還辟，辟拜」者，還辟，猶逡巡也。客謙，不欲當主人之拜已，故少逡巡，遷延辟之也。不云客答拜者，執弓不得拜也。何胤云：「執弓者迴還，見主人拜而辟之也。」

[一] 弓形亦曲觷下　閩、監、毛本同，惠棟校宋本「亦」作「示」。

○「主人自受，由客之左」者，由，從也。主人既敵，故自受也。拜客既竟，從客左而受之。

○「接下承弣」者，主人既還在客左，與客並，以卻左手接客左手之下而承弣，又覆右手捉弓下頭。

○注「由從」至「下」[一]。○正義曰：客在右，故云「右客」也。是尊客，故使客在右也。

云「接下，接客手下也」者，客卻○左手承弣[二]，今主人卻左手接客左手之下而取弓，必知其客主俱卻左手承弣。右手覆簫者，若主人用右手承弣，便是主人倒執弓，故知然也。

云「承弣卻手，則簫覆手與」者，簫，謂弓下頭也。客以弓上頭授與主人，主人以左手卻之，接客手下[三]，故又覆右手，按捉弓下頭也。是客主授受，皆卻左手承弣，覆右手執簫也。

○「鄉與客並，然後受」者，前漫云由左，恐人或相對而左右也。今明既拜客竟，則

[一] 由從至手與　閩、監、毛本如此，此本誤作「由從至下」。

[二] 客卻左手承弣　閩、監、毛本如此，此本「左」上衍「○」。

[三] 主人以左手卻之接客手下　惠棟校宋本作「手下」。此本「手下」二字倒，閩、監、毛本同。

還前立處，與客俱嚮南而立，乃後受弓，故云「鄉與客並，然後受」也。

○注「於堂」至「並授」。○正義曰：「俱南面」，解「鄉與客並」也，言於堂上俱南面，是嚮明故也。若不於堂上，則未必南面，當隨時便而俱嚮明。

云「禮，敵者並授」者，若不敵則不並授，此又證遺人是敵者也。然敵者並授，案聘禮賓問主國之卿，卿北面受幣，聘賓南面授幣，卿與聘賓是敵，不並授者，以聘賓銜聘君之命問卿，故卿北面受之，敬聘君之命也。

○「進劍者左首」者[一]，正義曰：進，亦謂遺也，言進授與人時也。首，劍拊環也。少儀曰「澤劍首」，鄭云：「澤，弄也。」推尋劍刃利，不容可弄，正是劍環也。又云「刀卻刃授穎」，鄭云：「穎，鐶也。」案少儀而言，首則鐶也，不以刃授人，敬也。春秋魯定公十年，叔孫之圉人欲殺公若，偽不解禮而授劍末。杜云：「以劍鋒末授之。」案解鋒爲末，則鐶是首也。然劍有匣，又有衣也。故少儀云「劍則啟櫝，蓋襲之，加夫襓」是也。鄭云「左首尊」者，客在右，主人在左，劍首，首爲尊，以尊處與主人也。假令對授，則亦左首，首尊，左亦尊，爲宜也。

○「進戈者前其鐏，後其刃」。○正義曰：戈，鉤孑戟也，如戟而橫安刃，但頭不嚮上

[一] 進劍者左首者　閩、監、毛本同。惠棟校宋本無「者」字，是也。

爲鈎也。直刃長八寸，横刃長六寸，刃下接柄處長四寸，並廣二寸，用以鈎害人也。刃，當頭而利者也。利，故不持鄉人也。鐏在尾而鈍，鈍鄉人爲敬，所以前鐏後刃也。

○「進矛戟者前其鐓」者，矛，如鋋而三廉也。戟，今之戟也。古作戟，兩邊皆安横刃，長六寸，中刃長七寸半，横刃下接柄處又長四寸半，並廣寸半。鐓爲矛戟柄尾，平底如鐓，柄下也，以平鄉人，敬也。亦應並授，不云左右而云「前」「後」者，互文也。若相對則前後也，若並授則左右也。

【衛氏集説】水潦降，不獻魚鼈。獻鳥者佛其首，畜鳥者則勿佛也。獻車馬者執策綏，獻甲者執冑，獻杖者執末，獻民虜者操右袂，獻粟者執右契，獻米者操量鼓，獻孰食者操醬齊，獻田宅者操書致。

鄭氏曰：水潦、魚鼈，不饒多也。佛首，爲其喙害人也。佛，戾也，蓋爲小竹籠以冒之。畜，養也，養則馴。凡操、執者，謂手所舉以告者也。設其大者，舉其小者，便也。甲，鎧也。冑，兜鍪也。民虜，軍所獲也，操其右袂制之。契，券要也，右爲尊。量鼓，量器名。

孔氏曰：自此至「如使之容」一節，明獻遺人物及授受之儀。天降下水潦，魚鼈難得，故鄭云「不饒多也」。或云水潦，魚鼈常足，不饒益其多。「策綏」者，策是馬杖，綏是上車之繩。車馬不上於堂，策綏易呈，呈之則知有車馬也。謂鎧爲甲者，言如龜鼈之有甲也。鎧大，兜鍪小，小者易舉，執以呈之。「獻杖執末」者，末，謂柱地頭也。不淨，不可向人，故執以自向。民虜，謂征伐所獲。右袂，右邊袖也。以左手操其右袂，用右手以防其異心。「執」「操」，互言耳。粟，稻粱之屬。契，謂兩書一札，同而别之。米，六米之等。量是知斗斛之數，鼓是量器名也。隱義云：「東海樂浪人呼容十二斛者爲鼓，以量米，故云量鼓。」米可即食，爲急，故獻者執量；粟可久儲，爲緩，故獻者執契。熟食，葱渫之屬。醬齊爲食之主，執主來，則食可知。若見芥醬，必知獻魚膾之屬也。書致，謂圖書於板，丈尺委曲書之而致之於尊者也。以上諸物可動，故不云致。而田宅著土，故板圖書畫以致之，故言「書」，又言「致」也。然古者田宅悉爲官所賦，本不屬民。今得此田宅獻者，是或有重勳，爲君王所賜，可爲己有，故得有獻。

藍田吕氏曰：獻遺授受之節文，其别有獻、有遺、有進、有效、有執、有授、有問。獻車馬、獻甲、獻粟、獻米、獻食、獻田宅，此六者不可手執，則執一物以表其獻。少儀云：「車則説綏，執以將命。甲若無以前之，則袒櫜奉冑。」粟者，穀之總名。黍稷，稻粱之屬，未爲米者也。古者以契爲信，居者執左契，出者執右契。蓋予人粟者，執左契以待之，左契者無所事，以待有所事，此老氏所謂「聖人執左契」是也；取人粟者，執右契以合之，此獻粟者所以執右契以表之也。醬齊者，主人親設，客親徹，食之主也。熟食之與醬齊，各有所宜，所謂「不得其醬不食」。杖與民虜，二者可執而獻之，故不以物表之也。杖之末居地，有坌汙，故自執之，且便於受獻者之執也。

長樂陳氏曰：水潦降，不獻魚鼈，則獻魚鼈必視其時也。獻鳥者佛其首，養鳥者勿佛，則獻鳥必視其性也。獻車馬以至於田宅，皆有所執，則舉其要也。

廬陵胡氏曰：水涸，魚鼈易得，不必獻。舊引春秋「水潦方降」云「雨降」，非。執胄，胄在首，先之。民虜，俘獲者，馘取左，而袂操右，各制其强力。書亦契券之類，然古者田宅官制，其籍本不屬民。今得獻之者，記此禮者或出漢儒。

山陰陸氏曰：佛首，以翼佛之，若今佛雞鶩矣。

嚴陵方氏曰：杖，或以木，或以竹，有本有末。趙簡子「賦晉國一鼓鐵」，釋者謂「鈞四謂之石，石四謂之鼓」，理或然也。

新安朱氏曰：右契，契是合同底物，以右爲上。將獻於人，必執其右，自取其左，是自收其無用者，所以老子云「執左契以涖天下」。

李氏曰：先王之時，所謂「獻田宅」者，豈民將有徙者歟？

凡遺人弓者，張弓尚筋，弛弓尚角，右手執簫，左手承弣，尊卑垂帨。若主人拜，則客還辟，辟拜。主人自受，由客之左，接下承弣，鄉與客並，然後受。

鄭氏曰：弓有往來體，皆欲令其下曲，隤然順也。遺人無時，已定體則張之，未定體則弛之。簫，弭頭也，謂之簫。簫，邪也。弣，把中。帨，佩巾也，磬折則佩垂。授受之儀，尊卑一。若主人拜，拜受也。辟拜，謙不敢當。由，從也，從客之左，右客，尊之。接下，接客手下也。承弣却手，則簫覆手與？鄉與客並，謂於堂上，則俱南面。禮，敵者並授。

孔氏曰：此敵體，故稱「遺」也。弓之爲體，以木爲身，以角爲面，筋在外面，張之時曲來鄉内。故遺人則使筋在上，弓身曲向其下。其弛之時，反張向外，筋在曲内，角在曲外。今遺人，則角向其上，弓形亦曲向下，故鄭云「皆欲令其下曲，隤然順也」。案，稾人云：「春獻素，秋獻成。」注云：「矢箙，春作秋成。」矢箙既獻素，明知弓亦獻素，素形朴也。故士喪禮注云「形法定爲素」。又弓人云：「秋合三材，冬定體。」則合三材之時可以獻人，故此注云「未定體則弛之」也。簫，弓頭。頭稍剡，差邪似簫，故謂爲簫，又謂爲鞘，鞘、簫言相似。執簫，謂客覆右手，執弓下頭也。弣，謂弓把也。授在地，地道貴右，主人推客居右。客覆右手，執弓下頭，又卻下左手，以承弓把，把當中央而高，兩頭頽下，以授主人。主人在左。知是執弓下頭者，拄地不淨，故自執之，以上頭授人，示敬也。客尊卑，謂賓主俱是大夫則爲尊，俱是士則爲卑。若主人拜，受所遺。還辟，猶逡巡也。客謙，故逡巡，遷延辟主人之拜。不答拜者，執弓不得拜也。主人既敵，故自受之。拜客既竟，從客左而受之。主人既還在客左，與客並，卻左手接客左手之下而承弣，又覆右手捉弓下頭，必知客主俱卻左手承弣、右手覆簫者，蓋主人用右手承弣，則是倒執弓也。鄉與客並，謂前云由左，恐人或相對而左右也。今明既拜客竟，則還前立處，與客俱向南而立，乃後受弓，故鄭云「俱南面」，解「鄉與客並」也，言於堂上，則俱面南，向明也。若不於堂上，當隨便，亦俱向明也。

藍田呂氏曰：凡以物相饋，下之於上曰獻，上之於下曰賜，敵者曰遺。遺人弓而不曰獻，蓋敵者也。張則弓之體來，筋外而角内，故尚筋；弛則弓之體往，角外而筋内，故尚角。或張或弛者，弓體定則張之，未定則弛之也。「右手執簫，左手承弣」者，受者便於執也，少儀云「弓則以左手屈韣執弣」。授受之儀，尊卑皆稍磬折，故皆垂帨也。由客之左，吉事尚右，以尊賓也。接下承弣，敬受之也。「鄉與客並，然後受」者，敵相遺，皆南鄉。

横渠張氏曰：尊卑垂帨至地，高下之節也。尊卑者，高下也。尊者謂賓主，卑者謂賓主之侍者。尊者磬折，則卑者亦當然。

新安朱氏曰：賓主雖或一尊一卑，然皆當磬折垂帨也。

馬氏曰：禮曰「主佩垂，則臣佩委」，明尊卑俯仰之異也。言尊卑垂帨而無上下之異者，蓋賓主授受之禮，非臣主之際也。佩之有帨者，以自清潔也。詩曰「無感我帨兮」，戒非禮之污其清潔也。

廬陵胡氏曰：尊卑垂帨，獻受皆敬。還辟，猶退却也。

廣安游氏曰：凡此，皆自處不安而處人以安也。大抵古之爲禮者，有勞焉，有辱焉，有惡焉，有賤焉，有不安焉。爲禮者，親其勞而不以勞施於人，躬其辱而不以辱及於人，受賤受惡而以貴者善者委之於人，以不安者自與，而以安者與人，惟其如此，則可事上、事長、事君親、事師友，可以羣居，可以行世。此制禮之意也。

金華邵氏曰：獻車馬，獻甲冑，獻民虜、粟、米、孰食、田宅，其事若重於弓矣，然數者皆不著其儀，獨於一弓之授受必謹焉者，蓋古者射以觀德，而弓者觀德之具也。於授受而不謹，則異時執弓、挾矢、支左、屈右，必有失其儀者，此聖人所深慮也。

【吴氏纂言】水潦降，不獻魚鼈。

鄭氏曰：不饒多也。

孔氏曰：天降水潦，魚鼈難得，盧植、庾蔚等並以爲然。或云水潦降下，魚鼈豐足，不饒益其多。

獻鳥者佛其首，畜鳥者則勿佛也。

鄭氏曰：佛，戾也，蓋爲小竹籠以冒之，爲其喙害人也。畜，養也，畜則馴。

獻車馬者執策綏，獻甲者執冑，獻杖者執末，獻民虜者操右袂，獻粟者執右契，獻米者操量鼓，獻孰食者操醬齊，獻田宅者操書致。

鄭氏曰：凡操、執者，謂手所舉以告者也。設其大者，舉其小者，便也。甲，鎧也。冑，兜鍪也。民虜，軍所獲也。操其右袂制之。契，券要也，右爲尊。

孔氏曰：策是馬杖，綏是上車之繩。車馬不上於堂，呈策綏則知有車馬也。謂鎧爲甲者，言如龜鼈之有甲。鎧大，兜鍪小，小者易舉獻。杖執末者，末，謂拄地頭也。不浄，不可鄉人，故執以自鄉。右袂，右邊袖也。以左手操其右袂，用右手以防其異心，執、操，互言爾。粟，稻粱之屬。契，謂兩書一札，同而别之。米，六米之等。量是知斗斛之數，鼓是量器名也。隱義云：「東海樂浪人呼容十二斛者爲鼓，以量米，故云量鼓。」獻米者執契以呈之。米云「量」，則粟亦量；粟云「契」，則米亦書。米可即食，爲急，故獻者執量；粟可久儲，爲緩，故獻者執契。契比量爲緩也。孰食，葱渫之屬。醬齊爲食之主。執主來，則食可知。若見芥醬，必知獻魚膾之屬也。書致，謂圖於版書而致之於尊者也。以上諸物可動，故不云致。而田宅著土，版圖書畫以致之，故言「書」，又言「致」也。然古者田宅悉爲官所賦，本不屬民。今得此田宅獻者，是或有重勳，爲君王所賜，可爲己有，故得有獻。

吕氏曰：獻車馬、獻甲、獻粟、獻米、獻食、獻田宅，此六者不可手執，則執一物以表其獻。古者以契爲信，居者執左契，出者執右契。左契者無所事，以待有所事，老氏所謂「聖人執左契」是也。予人粟者，執左契以待之。取人粟者，執右契以合之，此獻粟者所以執右契以表之也。醬齊者，主人親設，客親徹，食之主也。孰食之於醬齊，各有所宜，所謂「不得其醬不食」。杖與民虜，二者可執而獻之，故不以物表之也。

凡遺人弓者，張弓尚筋，弛弓尚角，右手執簫，左手承弣，尊卑垂帨。若主人拜，則客

還辟，辟拜。主人自受，由客之左，接下承弣，鄉與客並，然後受。

鄭氏曰：弓有往來體，皆欲令其下曲，隤然順也。遺人無時，已定體則張之，未定體則弛之。簫，弭頭也。弣，把中。帨，佩巾也，磬折則佩垂。授受之儀，尊卑一。若主人拜，拜受也。辟拜，謙不敢當。由，從也，從客之左，右客，尊之。接下，接客手下也。承弣却手，則執簫覆手與？鄉與客並，謂於堂上，則俱南面。禮，敵者並授。

孔氏曰：此敵體，故稱「遺」。弓之爲體，以木爲身，以角爲面，筋在外面，張之時曲來嚮內。故遺人時，使筋在上，弓身曲嚮其下。其弛之時，反張嚮外，筋在曲內，角在曲外。今遺人時，角嚮其上，弓形亦曲嚮下。簫，又謂爲弰。地道貴右，故推客居右。客覆右手，執弓下頭，又卻下左手，以承弓把，以授主人。主人在左。弓下頭拄地不浄，故自執之，以上頭授人，示敬也。尊卑，謂賓俱是大夫則爲尊，俱是士則爲卑。若主人拜受所遺，客辟主人之拜。不答拜者，執弓不得拜也。主人既敵，故自受。拜客既竟，從客左而受之。主人既還在客左，與客並，卻左手接客左手之下而承弣，又覆右手捉弓下頭，必知客主俱卻左手承弣。右手執簫者，蓋主人用右手承弣，則是倒執弓也。鄉與客並，明既拜客竟，還前立處，與客俱南面而立，乃受弓也。

進劍者左首。進戈者前其鐏，後其刃。進矛戟者前其鐓。

鄭氏曰：左首，尊也。後刃，敬也。三兵鐏、鐓雖在下，猶爲首。鋭底曰鐏，平底曰鐓。

孔氏曰：進，謂授與人時也。首，劍拊環也。客在右，主人在左，劍以首爲尊，以尊處與人也。戈，鈎孑戟也，如戟而横安刃，但頭不嚮上爲鈎也。直刃長八寸，横刃長六寸，刃下接柄處長四寸，並廣二寸，用以鈎害人也。刃，當頭而利，故不持向人。鐏在尾而鈍，嚮人爲敬。矛，如鋋而三廉也。戟兩邊皆安横刃，長六寸，中刃長七寸半，横刃下接柄處又長四寸半，並廣寸半。鐓，矛戟柄尾也，以平底嚮人，敬也。亦應並授，不云左右而云「前」「後」者，互文也。若相對則前後也，若並授則左右也。

【陳氏集説】水潦降，不獻魚鼈。水涸，魚鼈易得，不足貴，故不獻。**獻鳥者佛其首，畜鳥者則勿佛也。**佛，謂捩轉其首，恐其喙之害人也。畜者不然，順其性也。**獻車馬者執策綏，**疏曰：策是馬杖，綏是上車之繩。車馬不上於堂，但執策綏呈之，則知有車馬。**獻甲者執胄，獻杖者執末，**疏曰：甲，鎧也。胄，兜鍪也。鎧大，兜鍪小，小者易舉，執以呈之耳。杖末拄地不淨，故執以自向。**獻民虜者操右袂，**民虜，征伐所俘獲之人口也。持其右袂，所以防異心。**獻粟者執右契，獻米者操量鼓，**疏曰：契者，兩書一札，同而别之。右者先書，爲尊。鼓，量器名也。米云「量」，則粟亦量；粟云「契」，則米亦書。但米可即食，爲急，故言「量」；粟可久儲，爲緩，故云「書」。書比量爲緩也。**獻孰食者操醬齊，**疏曰：醬齊爲食之主，執主來，則食可知。如見芥醬，必知獻魚膾之類。**獻田宅者**

操書致，書致，謂詳書其多寡之數而致之於人也。呂氏曰：古者田宅皆屬於公，非民所得而有，而此云「獻」者，或上所賜予，可爲己有者，如采地之屬，故可獻歟？**凡遺人弓者，張弓尚筋，弛弓尚角，右手執簫，左手承弣，尊卑垂帨。若主人拜，則客還辟，辟拜。**弓之體，角内而筋外。尚，使之在上也。皆取其勢之順也。簫，梢末也。疏云「剡之差斜似簫」，故名。弣，中央把處也。帨，佩巾也。客主尊卑相等，則授受之際，皆稍磬折而見其帨之垂也。此時弓尚在客手，故不容答主人之拜，而少逡巡，遷延以辟之。辟，猶開也，謂離其所立之處。呂氏曰：下於上曰獻，上於下曰賜，敵者曰遺。**主人自受，由客之左，接下承弣，鄉與客並，然後受。**「自受」者，以敵客，不當使人受也。由，從也，從客左邊而受，則客在右矣。於是主人卻左手以接客之下而承其弣，又覆右手以捉弓之下頭而受之。此時則主客並立而俱向南也。方氏曰：賓主異等，則授受異向。此賓主敵，故鄉與客並也。**進劍者左首。**疏曰：進，亦遺也。首，劍拊環也。客在右，主人在左，劍首爲尊，以尊處與主人也。假令對授，則亦左首，首尊，左亦尊，爲宜也。**進戈者前其鐏，後其刃。**疏曰：戈，鈎孑戟也。刃當頭而利，鐏在尾而鈍，不以刃授，敬也。**進矛戟者前其鐓。**疏曰：矛，如鋋而三廉。戟，今之戟也。鐓爲矛戟柄尾，平底以平向人，敬也。亦應並授，不云左右而云「前」「後」者，互文也。若相對則前後也，若並授則左右也。

【納喇補正】水潦降，不獻魚鼈。

集說 水涸，魚鼈易得，不足貴，故不獻。

竊案 此記「水潦降」與左傳「水潦方降」同，謂天降下水潦，非水涸也。惟水潦盛昌，則魚鼈豐足，不必獻之，以饒益其多，故鄭注云「不饒多也」。集說反謂水涸而魚鼈多，失記意矣。然盧植、庾蔚、孔穎達等並以爲天降水潦，魚鼈難得，則又誤解鄭注「不饒多」之意。

獻鳥者佛其首。

集說 佛，謂捩轉其首。

竊案 此王肅之説，不如鄭注爲長。鄭氏云：「佛，戾也，蓋爲小竹籠以冒之，恐其喙害人也。」

獻田宅者操書致。

集說 吕氏曰：古者田宅皆屬於公，非民所得有。而此云「獻」者，或上所賜予，可爲己有者，如采地之屬，故可獻歟？

竊案 先王之世，田皆公田，宅皆公宅，臣民固不得私相獻遺，即采地授之君公，傳之先祖，亦非己可擅以予人者。此蓋周末亂世之禮，漢儒雜採而記之耳。黄氏日録曰：「春秋譏以祊易許，爲無君親也。」吕氏言采地可獻，何居？

進戈者前其鐏。

集説 疏曰：鐓如矛戟柄尾，平底。

竊案 鄭注：平底曰鐓，取其鐓也。孔疏之曰：鐓爲矛戟柄尾，平底如鐓，柄下也。今集説改云「鐓如矛戟柄尾，平底」，恐誤。

【方氏析疑】獻田宅者操書致。

采地，君所賜，不當私獻。諸人或受君之賜，久而復歸諸公，或前人受之，子孫不敢專而歸之，如春秋傳所載「伯石歸邑」「子尾多受邑而稍致諸君」「子産爲豐施歸州田」之類。

尊卑垂帨。

雖尊卑異等，彼此皆垂帨，故特表而出之。舊説尊卑相等則然，非也。此主賓授受之禮，雖有尊卑，其儀則同。若尊卑懸絶，君於士、大夫之獻，則無親授之禮矣。

【江氏擇言】獻田宅者操書致。

孔疏云：古者田宅悉爲官所賦，本不屬民。今得田宅獻者，是或有重勳，爲君王所賜，可爲己有，故得有獻。

按：古者君有賜於臣，亦謂之獻。檀弓云「仕而未有禄者，君有饋焉曰獻」是也。假令齊封孔子尼谿田，楚封孔子書社地，齊王授孟子以室，必有使者操書致之，豈不可謂之獻乎？

尊卑垂帨。

鄭注：帨，佩巾也，磬折則佩垂。授受之儀，尊卑一。

孔疏云：謂賓主俱是大夫則爲尊，俱是士則爲卑。

朱子云：此謂賓主雖或一尊一卑，然皆當磬折垂帨也。

按：鄭云「授受之儀，尊卑一」，謂賓主不論尊卑，皆以垂帨爲度。假令賓尊而主卑，賓亦垂帨以敬主，或主尊而賓卑，主亦垂帨以敬賓。孔疏以賓主尊卑相敵言之，蓋因下文「鄉與客並然後受」，注云「禮，敵者並授」，故爲此解，其實不相敵亦皆垂帨也。唯臣與君授受，或有時異，晏子聘魯，公受玉卑，晏子授玉跪，此又禮從宜也。

鄉與客並，然後受。

鄭注：於堂上則俱南面。禮，敵者並授。

按：賓主不敵，則對授。在堂上則尊者南面，卑者北面。若賓主甚殊，則卑者奠之而不敢授。覲禮侯氏奠圭，昏禮壻奠雁，婦奠摯，及童子委摯是也。主人既拜受，則賓授弓之後，亦當有拜送，而主人還辟。辟拜之儀不言者，文不具也。

【欽定義疏】**水潦降，不獻魚鼈。**

正義 鄭氏康成曰：不饒多也。孔疏：或云水潦降，魚鼈豐足，不饒益其多。

孔氏穎達曰：此以下明獻遺人物。

徐氏師曾曰：降，下也。凡言獻者，皆下施於上之辭。

【餘論】張氏曰：水潦降時，魚鼈方孕，故不取。

彭氏曰：水潦暴至，恐人因取魚鼈傷生，故不獻。

【存異】孔氏穎達曰：盧植、庾蔚並以爲天降水潦，魚鼈難得。

朱氏申曰：水深則魚鼈難取。

陳氏澔曰：水涸，魚鼈易得，不足貴，故不獻。

獻鳥者佛其首，畜鳥者則勿佛也。

【正義】鄭氏康成曰：佛首，爲其喙害人也。佛，戾也。王氏肅曰：謂捩轉其首，恐其喙害人。

陳氏祥道曰：獻鳥必視其性也。

【存疑】鄭氏康成曰：蓋爲小竹籠以冒之。畜，養也，養則馴。孔疏：馴，善也。鳥經人養，則不喙害人，故不用籠。

陸氏佃曰：佛首，以翼佛之，若今佛雞鶩矣。

朱氏申曰：勿佛，順其性之有所適也。

【案】畜禽以籠，獻則不然。據下「執禽左首」，則不用籠可知，且竹籠亦與拂首何涉？

獻車馬者執策綏。

【正義】鄭氏康成曰：凡操、執者，謂手所舉以告者也。設其大者，舉其小者，便也。

孔氏穎達曰：策是馬杖，綏是上車之繩。車馬不上於堂，不可進尊者之前，但執策綏呈之，則知有車馬也。

獻甲者執冑，獻杖者執末。

正義　鄭氏康成曰：甲，鎧也。冑，兜鍪也。孔疏：謂鎧爲甲者，言如龜鼈之有甲也。

孔氏穎達曰：鎧大，兜鍪小，小者易舉，執以呈之。末，拄地頭也。不淨，不可向人，故執以自向。

呂氏大臨曰：便於受獻者之執也。

通論　呂氏大臨曰：少儀云：「車則説綏，執以將命。甲若無以前之，則袒櫜奉冑。」

案　竹木皆有本末。凡吉杖皆下末，惟喪杖下本，故此謂拄地者爲末。

獻民虜者操右袂。

正義　鄭氏康成曰：民虜，軍所獲也。孔疏：謂征伐所獲。操其右袂制之。孔疏：右袂，右邊袖也。以左手操其右袂，用右手以防其異心。執、操，互言耳。

胡氏銓曰：民虜俘獲者，馘取左而袂操右，各制其强力。

案　右手有力，操其右袖示已縶服，且可防變也。

獻粟者執右契，獻米者操量鼓。

正義　鄭氏康成曰：契，券要也。孔疏：謂兩書一札，同而别之。右爲尊。孔疏：以先書爲尊。

量鼓，量器名。

孔氏穎達曰：粟，稻粱之屬。米，六米之等。量是知斗斛之數也。隱義云：「東海樂浪人呼容十二斛者爲鼓，以量米，故云量鼓。」獻米者執器以呈之。

吕氏大臨曰：古者以契爲信，居者執左契，出者執右契。蓋予人粟者，執左契以待之。取人粟者，執右契以合之。

朱子曰：右契，契是合同底物，以右爲上。將獻於人，必執其右，自取其左。

陳氏櫟曰：待以右合左而付粟也。

彭氏曰：帶殼曰粟，去殼曰米。

徐氏師曾曰：粟、米皆重貨，難舉，故但執契鼓以呈之。

通論 方氏慤曰：趙簡子「賦晉國一鼓鐵」，釋者謂「鈞四謂之石，石四謂之鼓」，理或然也。

案 荀子曰：「瓜桃棗李，一本數以盆鼓。」管子曰：「釜鼓滿，則人槩之。」王肅注家語曰：「三十斤爲鈞，鈞四爲石，石四爲鼓。」夫五量終於斛，而鼓又十二之，則量器中鼓爲大。

存疑 孔氏穎達曰：米可即食，爲急，故獻者執量。粟可久儲，爲緩，故獻者執契。

辨正 姚氏舜牧曰：米云「量」，則粟亦量；粟云「契」，則米亦契，蓋互文耳。

獻孰食者操醬齊。

正義　孔氏穎達曰：孰食，葱渫之屬。醬齊爲食之主，執主來，則食可知。若見芥醬，必知獻魚膾之屬也。

呂氏大臨曰：醬齊者，主人親設，客親徹，食之主也。孰食之與醬齊，各有所宜，所謂「不得其醬不食」。

獻田宅者操書致。

正義　孔氏穎達曰：書致，謂圖書於板，丈尺委曲書之而致之於尊者也。已上諸物可動，故不云致。而田宅著土，故板圖書畫以致之，故言「書」，又言「致」也。

存疑　孔氏穎達曰：古者田宅悉爲官所賦，本不屬民。或有重勳，爲君上所賜，故得有獻。

呂氏大臨曰：鄭伯假許田，春秋譏之。此必周衰變禮，即采地授之君公，傳之先祖，亦非己可擅以予人者。一説如郈成子分宅以居之之類，其曰獻者，假人使如有之也。此説則得之。

案　「水潦降」已下八節，皆獻物之禮。首節隨天時，次節順物性，三節已下，唯「執末」爲致潔，「操右」爲防變。餘皆舉要以見，古人有一物必有一物之儀如此。

總論　陳氏祥道曰：獻車馬以至於田宅，皆有所執，則舉其要也。

凡遺人弓者，張弓尚筋，弛弓尚角，右手執簫，左手承弣，尊卑垂帨。若主人拜，則客還辟，辟拜。主人自受，由客之左，接下承弣，鄉與客並，然後受。

正義 鄭氏康成曰：弓有往來體，皆欲令其下曲，隤然順也。遺人無時，已定體則張之，未定體則弛之。孔疏：弓之爲體，以木爲身，以角爲面，筋在外面，張之時，曲來鄉內。故遺人則使筋在上，弓身曲向其下。其弛之時，反張向外，筋在曲內，角在曲外。今遺人，角嚮其上，弓形亦曲嚮下也。弓人云：「秋合三材，冬定體。」則合三材時亦可獻。簫，弭頭也，謂之簫。簫，邪也。孔疏：簫，弓頭。頭稍剡，差邪似簫，又謂爲鞘。鞘、簫言相似。弣，把中。孔疏：弣，謂弓把也。帨，佩巾也，磬折則佩垂。授受之儀，尊卑一。「主人拜」，拜受也。辟拜，謙不敢當。由，從也，從客之左，右客，尊之也。接下，接客手下也。承弣却手，則簫覆手與？孔疏：主人既敵，故自受。拜客既竟，從客左而受之。主人既還在客左，與客並，却左手接客左手之下而承弣，又覆右手捉弓下頭，必知客主俱却左手承弣。右手執簫者，蓋主人用右手承弣，則是倒執弓也。鄉與客並，謂於堂上則俱南面。禮，敵者並授。孔疏：鄉與客並，明既拜客竟，還前立處，與客俱南面而立，乃受弓。若不敵則不並授。

孔氏穎達曰：此以下明授受之宜。敵體，故稱「遺」。地道貴右，故推客居右。客覆右手，執弓下頭，又却下左手，以承弓把，把當中央而高，兩頭穨下，以授主人。主人在左。弓下頭拄地不淨，故自執之，以上頭授人，示敬也。主人將受，當賓前而拜。客謙，不欲當主人之拜，故少逡巡以避之。不答拜者，執弓不得拜也。

呂氏大臨曰：「右手執簫，左手承弣」者，受者便於執也，少儀云：「弓則左手屈韣執弣。」授受之儀，尊卑皆稍磬折，故皆垂帨也。由客之左，吉事尚右，以尊賓也。接下承弣，敬受之也。鄉與客並，然後受者，敵相遺，皆南鄉。

胡氏銓曰：尊卑垂帨，獻受皆敬。還辟，猶退却也。

陳氏澔曰：還辟之「辟」，猶開也，謂離其所立之處。

方氏慤曰：賓主異等，則授受異鄉。此賓主敵，故鄉與客並也。

徐氏師曾曰：「接下承弣」者，是時客方承弣，不能容手，故先以左手接下，俟客放手而後承弣，次以右手執簫也。

通論 孔氏穎達曰：聘禮賓問主國之卿，卿北面受幣，聘賓南面授幣。敵不並授者，以聘賓銜聘君之命，敬其君命也。

存疑 孔氏穎達曰：尊卑，謂賓俱是大夫則爲尊，俱是士則爲卑。

張子曰：尊卑垂帨至地，高下之節也。尊卑者，高下也。尊者謂賓主，卑者謂賓主之侍者。尊者磬折，則卑者亦當然。

辨正 朱子曰：賓主雖或一尊一卑，然皆當磬折垂帨也。

馬氏晞孟曰：主佩垂，則臣佩委，明尊卑俯仰之異也。言尊卑垂帨而無上下之異者，蓋賓主授受之禮，非臣主之際也。

案 此只論賓主雖有尊卑而其禮一致耳。若如孔氏説，則賓主或一大夫、一士，不皆垂帨，顯與經背矣！如張子説，則賓主行禮安用侍者在旁摹仿乎？弓張則筋外而角内，弛則角外而筋内。簫，亦作「弰」，又曰「弭」。詩曰「象弭魚服」，爾雅曰「弓無緣者謂之弭」，左傳曰「左執鞭弭」，是無緣之弓，以骨飾其弭也。然簫之飾，亦有不特以骨者。爾雅曰：「以金者謂之銑，以蜃者謂之珧，以玉者謂之珪。」蓋射者，男子之所有事，故弓之制獨詳。而遺人以弓，其饋視他物爲重，故詳其容。然垂帨拜辟並受，即他物，亦當無不然者。接下、承弣，孔疏甚明。陳氏澔注「主人卻左手」者，謂主人卻客左手，亦以左手承弣也。又「覆右手」者，謂主人自覆右手，亦以右手執簫也，則客左手先釋弣而後主承弣，「下」字反不分明。

進劍者左首。

正義 鄭氏康成曰：左首，尊也。孔疏：首，劍拊環也。客在右，主人在左，劍以首爲尊，以尊處與主人也。

孔氏穎達曰：進，亦遺也，言授與人時也。

通論 孔氏穎達曰：少儀云：「刀卻刃授穎。」穎，鐶也。春秋傳叔孫之圉人欲殺公若，僞不解禮而授劍末。杜注「以劍鋒末授之」。以鋒爲末，則鐶是首也。少儀又云「澤劍首」，鄭注：「澤，弄也。」劍刃不容弄，正是劍鐶也。

案　古之佩劍者必左，唯僕者右，帶劍避君也。少儀曰：「劍則啓櫝，蓋襲之，加夫襓與劍焉。」夫襓，劍衣也。博雅作「袟襓」。以劍置襓上，示不敢褻也。左首，尊其首也。劍首在左，則主人右手受劍，爲便也。

進戈者前其鐏，後其刃。

正義　鄭氏康成曰：銳底曰鐏。孔疏：鐏在尾而鈍，嚮人爲敬也。後刃，敬也。孔疏：直刃長八寸，横刃長六寸，刃下接柄處長四寸，並廣二寸，用以鉤害人也。刃，當頭而利，故不持向人也。

孔氏穎達曰：戈，鉤孑戟也，如戟而横安刃，但頭不向上爲鉤也。

徐氏師曾曰：向主人曰前，自向曰後。不以刃授，示不傷人，敬也。

進矛戟者前其鐓。

正義　鄭氏康成曰：三兵鐏、鐓雖在下，猶爲首。平底曰鐓。孔疏：戟兩邊皆安横刃，長六寸，中刃長七寸半，横刃下接柄處又長四寸半，並廣寸半。鐓，矛戟柄尾，平底如鐓，柄下也，以平向人，敬也。

孔氏穎達曰：矛，如鋋而三廉也。戟，今之戟也。亦應並授。不云左右而云「前」「後」者，互文也。若相對則前後也，若並授則左右也。

彭氏曰：矛横安兩刃，而頭俱鉤向下也。戟横安兩刃，一向上而一向下也。鐓爲矛戟柄尾。

【杭氏集説】水潦降，不獻魚鼈。

盧氏植曰：疏云：天降下水潦，魚鼈難得，故注云「不饒多」是也。

徐氏師曾曰：降，下也。凡言獻者，皆下施於上之辭。

張氏□曰：水潦降時，魚鼈方孕，故不取。

彭氏□曰：水潦降時，恐人因取魚鼈傷生，故不獻。

朱氏申曰：水深則魚鼈難取。

陳氏澔曰：水涸魚鼈易得，不足貴，故不獻。

姚氏際恒曰：水潦降，疏引左傳「水潦方降」，以爲天降下水潦，魚鼈難得，故不獻。又謂「或謂魚鼈豐足，故不獻」。二説正相反，未知孰是也？徐氏集注引張氏謂水潦降時，魚鼈方孕，故不取以獻。胡邦衡以水潦降爲水涸，魚鼈易得，故不獻。皆非。

朱氏軾曰：孔疏後説爲當，謂易得，不足貴，故不獻也。陳氏訓「潦」爲「涸」，非是。

姜氏兆錫曰：水潦，疏謂天降水潦也，魚鼈易得，故不以獻。

任氏啟運曰：孔曰：降，至也。水潦至，則魚鼈難得。君子不貴難得，故不獻。莊椿曰：潦水至，則蛇虺之屬多化爲魚鼈，食之殺人，故不獻。愚謂或以夏時水禽未成故也。孔、莊二説亦通。

獻鳥者佛其首，畜鳥者則勿佛也。

朱氏申曰：勿佛，順其性之有所適也。

陸氏奎勳曰：陳氏用王肅説，謂捩轉其首。鄭注「戾也，爲小竹籠以冒之」，今養鷹者縫皮韜喙，可証鄭説爲優。

姜氏兆錫曰：佛，捩轉也，恐其喙啄人，故以翼佛之。畜鳥則順其性而已。

獻車馬者執策綏，獻甲者執胄，獻杖者執末，獻民虜者操右袂。

姜氏兆錫曰：疏曰：策，馬杖也。綏，上車繩也。車馬不上於堂，但執綏呈之也。甲，鎧也。胄，兜鍪也。兜鍪小而易執。杖末拄地不浄，故執以自向也。

獻粟者執右契，獻米者操量鼓。

陳氏櫟曰：待以右合左而付粟也。

彭氏曰：帶殼曰粟，去殼曰米。

徐氏師曾曰：粟、米皆重貨，難擧，故但執契鼓以呈之。

姚氏舜牧曰：米云「量」，則粟亦量；粟云「契」，則米亦契，蓋互文耳。

姜氏兆錫曰：契稱右者，兩書一札而别之，小宰所謂「傳别」也。執右者，右爲尊也。鼓，量器名。粟、米皆有量有契，分言者，互文也。或曰米可即食，爲急，故言「量」；粟可久儲，爲緩，故云「書」。

獻孰食者操醬齊。

姜氏兆錫曰：醬齊爲食主，故操之也。如見芥醬，必知獻魚膾之類。

獻田宅者操書致。

吕氏大臨曰：古者田宅皆屬於公，非所得獻，此或上賜爲己有者歟？鄭伯假許田，春秋譏之。此必周衰變禮，即采地授之君公，傳之先祖，亦非己可擅以予人者。一説如郈成子分宅以居之之類，其曰獻者，假人使如有之也。此説則得之。

姚氏際恒曰：獻田宅者操書致，知在阡陌之後，漢儒之言也。

陸氏隴其曰：鄭伯假許田，君子譏之，此周衰變禮。

朱氏軾曰：君賜田宅，亦不得獻人。田宅有獻，漢書語也。

姜氏兆錫曰：書致，謂書其數而致於人也。古者田宅皆屬于公，非下所得而獻也，豈上所賜邑有故，還以獻納？否則又或請於上而行之與？蓋亦未可强通矣。

方氏苞曰：采地，君所賜，不當私獻諸人。或受君之賜，久而復歸諸公，或前人受之，子孫不敢專而歸之，如春秋傳所載「伯石歸邑」，「子尾多受邑而稍致諸君」，「子産爲豐施歸州田」之類。

任氏啟運曰：此如郈子分宅以居之類，其曰獻者，假人如使自有之也。

凡遺人弓者，張弓尚筋，弛弓尚角，右手執簫，左手承弣，尊卑垂帨。若主人拜，則客還辟，辟拜。主人自受，由客之左，接下承弣，鄉與客並，然後受。

方氏慤曰：賓主異等，則授受異鄉。此賓主敵，故鄉與客並也。

手而後承弣，次以右手執簫也。

陳氏澔曰：還辟之「辟」，猶開也，謂離其所立之處。

徐氏師曾曰：「接下承弣」者，是時客方承弣，不能容手，故先以左手接下，俟客放

姚氏際恒曰：尊卑垂帨，鄭氏曰「授受之儀，尊卑一」，諸解皆承之，非也。此句單承客授而言，凡敵者曰予，上遺下曰賜，下予上曰獻，此本言敵者相遺之禮，今特舉尊卑而言，以該敵者。凡饋物，必拜送，今左右皆有執持，凡于尊卑一，皆磬折垂帨而已，不拜送也，故下節云「若主人拜，則客還辟，辟拜」。雖主人拜受，亦不答拜也。下文方言主人受之禮曰「主人自受」，極然後受也。若上節言主人受而亦垂帨，失文理矣。

朱氏軾曰：接下承弣，即是受，下句又申言之。邵氏謂射德，故受弓必謹。

姜氏兆錫曰：遺，猶委也。吕氏曰：「下於上曰獻，上於下曰賜，敵者曰遺也。」張弓角内而筋外，弛則反，是上之者各取其順也。簫，弓頭也。差斜似簫，故名也。弣者，中央把處也。尊卑，猶言高卑，義與「上如揖，下如授」相類。帨，佩巾也。其授受稍磬折而帨垂，蓋高卑俯仰之節然也。客還辟者，主拜則客必答，而弓尚在客手，不克拜答，則少逡巡以辟也。又曰：舊注「尊卑垂帨」，謂主客尊卑相等，則授受之際，皆稍磬折而見其帨之垂也。今按本文稱「尊卑垂帨」而已，初無所爲主客尊卑相等之義。考鄭氏原注云「授受之義，尊卑一」，蓋謂主客不論尊卑，其儀一也。疏家乃云客主俱是大夫則

爲尊，若俱是士則爲卑，而陳注因以尊卑相等括之。若如是，則鄭注不論尊卑，而陳引疏説，乃專論尊卑，必尊卑相等而後然也，其與鄭爲矛盾抑甚矣。考張氏注云：「尊卑垂帨，高下之節也。」馬氏注云：「禮『主佩垂，則臣佩委』，明尊卑俯仰之異也。」若賓主授受，與主、臣別，則尊卑皆垂帨，不異耳。今考張氏之説最精，馬説雖非本義，然猶有鄭氏注意也，學者詳之。又曰：「自受」者，敵客不敢使人受也。由，從也，從客左邊而受，則客在右矣。於是主人却左手以接客手之下而承其弣，因覆右手捉其簫之下頭而受之。蓋此時主與客並南鄉而立，然後乃受，故其儀如此也。又曰：方氏曰：「賓主異等，授受異鄉。敵者則鄉與客並也。」何氏曰：「上言客授主之義，此言主受客之儀也。」方氏苞曰：雖尊卑異等，彼此皆垂帨，故特表而出之。舊説尊卑相等則然，非也。此主賓授受之禮，雖有尊卑，其儀則同。若尊卑懸絶，君於士、大夫之獻，則無親授之禮矣。

進劍者左首。

姚氏際恒曰：劍首，琫也，小雅「鞞琫有珌」，少儀云「澤劍首」，即澤此也。孔氏謂「拊環」，非。

進戈者前其鐏，後其刃。

徐氏師尊曰：向主人曰前，自向曰後。不以刃授，示不傷人，敬也。

朱氏軾曰：戈不執則竪，故柄尾鋭。

進矛戟者前其鐓。

彭氏曰：矛横安兩刃，而頭俱鈎向下也。戟横安兩刃，一向上而一向下也。鐓爲矛戟柄尾。

朱氏軾曰：矛戟不持則倚，故柄尾平。

姜氏兆錫曰：疏曰：「進，亦遺也，或曰猶獻也。首者，劍弣環也。」客在右，主在左，劍首爲尊，故以授主也。戈，鈎刃戟也。刃當頭而利，鐏在尾而鈍，故不以刃授。矛如鋋而三廉。戟，即今之戟。授以鐓，亦以其柄尾平底也。凡並授則爲左右，相對則爲前後。

【孫氏集解】水潦降，不獻魚鼈。

鄭氏曰：不饒多也。

孔氏曰：水潦降，魚鼈難得，故鄭云「不饒多」。或云水潦降下，魚鼈豐足，不饒益其多。

愚謂水潦降，謂夏時也。襄十年左傳士匄、士偃請於荀罃曰：「水潦將降。」杜預曰：「向夏恐有久雨。」定四年春三月，荀寅曰：「水潦方降。」哀十五年夏，吴大宰嚭曰：「以水潦之不時。」月令季夏：「水潦盛昌。」古者三時取魚，惟夏不取，蓋以水蟲方孕，又水大則魚鼈難得故也。居山不以魚鼈爲禮，非其地也。水潦降，不獻魚鼈，非其時也。

獻鳥者佛其首，畜鳥者則勿佛也。

鄭氏曰：爲其喙害人也。佛，戾也，蓋爲小竹籠以冒之。畜，養也，養則馴。

孔氏曰：王云：「佛，謂取首戾轉之。」鳥經人養，則不喙害人。

愚謂獻鳥，若行賓客禽獸之類。少儀曰：「其禽加於一雙，則執一雙以將命。」鳥喙能傷人，故執以將命，必佛其首於翼下。鄭謂用小竹籠冒之，未知何據，豈因當時有此法而言之與？畜鳥弗佛者，無所事乎佛也。

獻車馬者執策綏，獻甲者執冑，獻杖者執末，獻民虜者操右袂，獻粟者執右契，獻米者操量鼓，獻孰食者操醬齊，獻田宅者操書致。

鄭氏曰：凡操、執者，謂手所舉以告者也。設其大者，舉其小者，便也。甲，鎧也。冑，兜鍪也。民虜，軍所獲也，操其右袂制之。契，券要也，右爲尊。量鼓，量器名。

孔氏曰：策是馬杖，綏是上車之繩。車馬不上於堂，但執策綏呈之，則知有車馬。甲，鎧也。謂鎧爲甲者，言如鼈之有甲也。冑，兜鍪也。鎧大，兜鍪小，小者易舉，執以呈之。杖末拄地不淨，故執以自嚮，以淨頭授人。民虜，征伐所獲。獻之以左手操囚之右袂，用右手以防其異心。粟，粱稻之屬。契，謂兩書一札，同而别之。右爲尊，以先書爲尊也。米，六米之等。量是斗斛之數，鼓是量器名也。隱義曰：「東海樂浪人呼容十二斛者爲鼓，以量米，故云量鼓。」獻米者執器以呈之。米云「量」，則粟亦量；粟云「契」，則米亦書。但米可即食，爲急，故言「量」；粟可久儲，爲緩，故云「書」。醬齊爲食之主，執主來，則食可知。若見芥醬，必獻魚膾之屬也。書致，謂圖書於板，丈尺委曲書之而致之於尊者也。以上諸物可動，故不云致；田宅著土，故板圖書畫以致之，故言「書」，又言「致」也。然古者田宅悉爲官所賦，本不屬民。今此得獻田宅者，或有重勳，爲君上所賜，可爲己有，故得有獻。

愚謂凡以物相授受而有上下者，皆以其上授人，惟有刃者不然。故獻杖執末，而以上端授人，非徒以杖末不淨也。粟可久藏，主人或未即用，故書一券而中別之，留其左者，獻其右者，受獻者欲取粟則執券而合之。粟藏於倉，故獻其契；米操量鼓，則並米獻之，不必用契矣。鼓，量名，其容受之數未聞。疏謂「樂浪人呼容十二斛者爲鼓」，然器容十二斛則不可執以將命，非也。鏘鳴按：左傳昭二十九年「賦晉國一鼓鐵」，正義曰：「服虔云：『鼓，量名也。曲禮曰：「獻米者操量鼓。」取晉國一鼓鐵以鑄之。』但禮之將命，置重而執輕，鼓可操之以將命，即豆區之類，非大器也。」是孔氏亦以隱義之説爲不然矣。獻田，如鄭歸祊田於魯，子産爲豐施歸州田於韓宣子。獻宅，如郈成子分宅以處右宰穀臣之妻子。古時此類固多有之，不必以田宅不得獻爲疑。

凡遺人弓者，張弓尚筋，弛弓尚角，右手執簫，左手承弣，尊卑垂帨。若主人拜，則客

還辟，辟拜。主人自受，由客之左，接下承弣，鄉與客並，然後受。

鄭氏曰：尚筋、尚角，弓有往來體，皆欲令其下曲，隤然順也。遺人無時，已定體則張之，未定體則弛之。簫，弭頭也，謂之簫。簫，邪也。弣，把中。帨，佩巾也，磬折則佩垂。授受之儀，尊卑一。主人拜，拜受也。辟拜，謙不敢當。由，從也，從客之左，右客，尊之。接下，接客手下也。承弣却手，則簫覆手與？鄉與客並，於堂上則俱南面。禮，敵者並授。

孔氏曰：此爲敵體，故稱「遺」也。弓之爲體，以木爲身，以角爲面，筋在外面，張時曲來向内。故遺人則使筋在上，弓身曲向其下。弛時反張向外，筋在曲内，角在曲外。今遺人角鬻其上，弓形亦曲向下也。弓人云：「秋合三材，冬定體。」則合三材之時，可以獻人，故此注云「未定體則弛之」也。弓頭稍剡，差邪似簫，故謂爲簫，又謂爲鞘。執簫，謂客覆右手，執弓下頭也。弣，謂弓把也。地道貴右，主人推客居右。客覆右手，執弓下頭，又却下左手，以承弓把，以授主人。知是執弓下頭者，下頭拄地不淨，故自執之，以上頭授人，示敬也。還辟，猶逡巡也。主人拜客既竟，從客左而受之，却左手接客左手之下而承弣，又覆右手捉弓下頭，必知客主俱却左手承弣、右手覆簫者，若主人用右手承弣，便是倒執弓也。

朱子曰：賓主雖或一尊一卑，然皆當磬折垂帨也。

愚謂簫在弓之兩頭，此所執者，其下頭也。弓當矢上有箭道，士喪記所謂撻。弓簫雖無上下之異，而以近撻者爲上。帨，佩巾也，磬折則帨垂。尊卑，如兩大夫相問遺，所遺者爲士，主人爲大夫，是賓主尊卑不同，而其儀皆以磬折垂帨爲度也。下篇云：「主佩倚，則臣佩垂；主佩垂，則臣佩委。」此謂君臣相授受之法。此雖尊卑不同，而非君臣，故賓主皆垂帨也。主人拜，拜受也。還辟，辟拜，逡巡以避主人之拜也。由客之左者，主人之位恒在東，客南面而授之，則主人在其左也。接下承弣者，却左手以接客之手下而承弓弣也。亦覆右手執簫，不言者，文省也。鄉與客並者，與客同面而並授也。賓主授受之禮，以訝受爲正，此乃並授者，以授弓禮輕也。客不拜送者，客乃使人，弓非己物故也。凡爲使者，於主人之拜受皆不答，於聘禮可以見之。孔氏謂使者執弓不能拜，非也。

進劍者左首。

鄭氏曰：左首，尊也。

孔氏曰：首，劍拊環也。春秋魯定公十年叔孫之圉人欲殺公若，僞不解禮而授劍末。杜云：「以劍鋒末授之。」鋒是末，則環是首也。劍有匣，又有衣，少儀曰「劍則啓櫝，蓋襲之，加夫襓」是也。左首者，主人在左，劍首爲尊，以尊處授主人也。對授亦左首，首尊，左亦尊，爲宜也。

愚謂執劍左首，爲辟其刺刃故也。

進戈者前其鐏，後其刃。進矛戟者前其鐓。

鄭氏曰：後刃，敬也。三兵鐏、鐓雖在下，猶爲首。鋭底曰鐏，取其鐏地；平底曰鐓，取其鐓地。

孔氏曰：戈，鉤孑戟也，如戟而横安刃，但頭不向上爲鉤也。直刃長八寸，横刃長六寸，刃下接柄處長四寸，並廣二寸，用以鉤害人也。刃當頭而利，故不持向人。鐏在尾而鈍，向人爲敬。矛，如鋋而三廉。戟，今之戟也。古作戟，兩邊皆安横刃，長六寸，中刃長七寸半，横刃下接柄處又長四寸半，並廣寸半。鐓爲矛戟柄尾，平底如鐓，柄下也，以平向人，敬也。亦應並授。不云左右而云「前」「後」者，互文也。若相對則前後也，若並授則左右也。

愚謂戈之横刃曰胡，直刃曰援。戟三鋒：其横刃六寸，下向中矩者曰胡；其中刃長七寸五分，直前者曰刺；其横刃長七寸五分，枝出而磬折者曰援。戈之底鋭，謂之鐏。矛戟之底平，謂之鐓。鐏、鐓蓋皆以金飾之，詩云「厹矛鋈鐓」是也。三兵皆以其下授人者，避其刃也。凡有刺刃者，以授人則辟刃。

【王氏述聞】⊙書致

獻田宅者操書致。

正義曰：書致，謂圖書於板，丈尺委曲書之而致之於尊者也。已上諸物可動，故不言致。而田宅著土，故板圖書畫以致之，故言「書」，又言「致」也。

引之謹案：上文「操右袂」「操量鼓」「操醬齊」，皆指其所操之物言之。此言「獻田宅者操書致」，則書致亦所操之物。若謂以圖書致其田宅，則「致」下必加「之」字而其義始明，且以上諸物，皆可言致，不獨田宅也。

今案：致，讀爲質劑之「質」。周官小宰「聽賣買以質劑」，鄭注曰：「質劑，謂兩書一札，同而别之。長曰質，短曰劑，今之券書也。」文六年左傳「由質要」，杜注曰：「質要，券契也。」此謂獻田宅者，操書契以呈於尊者之前，若上文「獻粟者執右契」也。淮南要略：「約重致，剖信符。」重致，即重質也，是「質」與「致」古字通。質、致古同聲，故字亦相通。襄三十年左傳「用兩珪質于河」，釋文「質，如字，又音致」。昭十六年「與蠻子之無質也」，釋文「質，之實反，或音致」。質通作「致」，故又通作「至」。史記蘇秦傳「趙得講於魏，至公子延」，索隱曰：「至當爲質，謂以公子延爲質也。」質、致、至三字，古並同聲。說見唐韻正。

【朱氏訓纂】水潦降，不獻魚鼈。注：不饒多也。　釋詁：降，落也。　釋文：雨水謂之潦。　正義：水潦降，魚鼈豐足，不饒益其多。

獻鳥者佛其首，注：爲其喙害人也。佛，戾也，蓋爲小竹籠以冒之。**畜鳥者則勿佛也。**注：畜，養也，養則馴。　釋文：馴，狎也。

獻車馬者執策綏，注：凡操、執者，謂手所舉以告者也。設其大者，舉其小者，便也。　正義：策是馬杖，綏是上車之繩。車馬不上於堂，不可投進尊者之前。但執策綏，策綏易呈，呈之則知有車馬。**獻甲者執胄**，注：甲，鎧也。胄，兜鍪也。　正義：謂鎧爲甲者，言如龜鼈之有甲也。鎧大，兜鍪小，小者易舉，執以呈之耳。**獻杖者執末**，正義：末，柱地頭也。柱地不淨，不可嚮人，故執以自鄉。**獻民虜者操右袂**，注：民虜，軍所獲也。操其右袂制之。　釋文：操，持也。　正義：右袂，右邊袖也。以左手操囚之右袂，以防其異心。凡言執、操，互言耳。**獻粟者執右契，獻米者操量鼓**，注：契，券要也。右爲尊。量鼓，量器名。　正義：粟，粱稻之屬也。契，謂兩書一札，同而別之。量是知斗斛之數，鼓是量器名。隱義曰：「東海樂浪人呼容十二斛者爲鼓。」說文：契，大約也。易曰：「後世聖人易之以書契。」　彬謂廣雅釋器：「斛謂之鼓。」「趙簡子賦晉國一鼓鐵」，注：「石四謂之鼓。」**獻孰食者操醬齊**，正義：孰食，葱渫之屬。醬齊爲食之主，若見芥醬，必知獻魚膾之屬也。**獻田宅者操書致**。正義：古者田宅悉爲官所賦，本不屬民。今得田宅獻者，是或有重勳，爲君所賜，可爲己有，故得有獻。　江氏永曰：古者君有賜於臣，亦謂之獻。檀弓云「仕而未有禄者，君有饋焉，曰獻」是也。　王氏引之曰：上文「操右袂」「操量鼓」「操醬齊」，皆指其所操之物言之。此言「書致」，亦所操之物。今案：致，讀爲質劑之「質」。周官小宰「聽賣買以質劑」，鄭注：「質劑，謂兩書一札，同而別之。長曰質，短曰劑，今之券書也。」若上文「獻粟者執右契」也。　淮南要略：「約重致，剖信符。」重致，即重質也，是「質」與「致」古字通。

凡遺人弓者，張弓尚筋，弛弓尚角，右手執簫，左手承弣，尊卑垂帨。注：弓有往來體，皆欲令其下曲，隤然順也。遺人無時，已定體則張之，未定體則弛之。簫，弭頭也。謂之簫，簫，邪也。弣，把中。帨，佩巾也，磬折則佩垂。授受之儀，尊卑一。說文：弓以近窮遠，象形。古者揮作弓。張，施弓弦也。弛，弓解也。釋文：弛，謂不張也。弭，弓末也。正義：此謂敵體，故稱「遺」者也。弓之爲體，以木爲身，以角爲面，筋在外。面張之時，曲來嚮內。故遺人之時，使筋在上，弓身曲嚮其下。弛弓之時，反張嚮外，筋在曲內，角在曲外。今遺人之時，角嚮其上，弓形示曲嚮下。江氏永曰：鄭云「尊卑一」，謂主賓不論尊卑，皆以垂帨爲度。孔疏以尊卑相敵言之，蓋因下文注云「禮，敵者並授」而言，其實不相敵亦皆垂帨。唯臣於君或異，晏子聘魯，公受玉卑，晏子授玉跪，此又禮從宜也。**若主人拜，則客還辟，辟拜。主人自受，由客之左，接下承弣。**注：辟拜，謙不敢當。由，從也，從客之左，右客，尊之。接下，接客手下也。承弣却手，則簫覆手與？　正義：還辟，猶逡巡也，遷延辟之也。不云客答拜者，執弓不得拜也。主人拜客既竟，從客左而受之。主人與客並，以却左手接客左手之下而承弣，又覆右手捉弓下頭。若主人用右手承弣，便是主人倒執弓也。**鄉與客並，然後受。**注：於堂上則俱南面。禮，敵者並授。江氏永曰：賓主不敵，在堂上則尊者南面，卑者北面。若賓主甚殊，則卑者奠之而不敢授。主人既拜受，則賓授弓之後亦當有拜送，主人還辟。辟拜之儀不言者，文不具也。　劉氏台拱曰：既以遺言，則其爲尊卑也微。若大夫、士以賓主相授受，禮當與敵者同。聘問以君命臨之，故異。

進劍者左首。注：左首，尊也。　說文：鐔，劍鼻也。　程氏瑤田曰：劍首者何？戴於莖者也。首也者，劍鼻也。劍鼻謂之鐔。鐔謂之珥，或謂之環。面之曰鼻，對末言之曰首。**進戈者前其鐏，後其刃。**注：後刃，敬也。鋭底曰鐏，取其鐏地。　說文：戈，平頭戟也，从弋，一横之，象形。　正義：戈，鉤孑戟也，如戟而横安刃。直刃長八寸，横刃長六寸，刃下接柄處長四寸，並廣二寸，用以鉤害人也。刃，當頭而利者也，故不持嚮人。**進矛戟者前其鐓。**注：平底曰鐓，取其鐓地。　說文：戟，有枝兵也。周禮：「戟長丈六尺。」矛，酋矛也，建於兵車，長二丈，象形。錞，矛戟柲下銅鐏也。詩曰：「厹矛沃錞。」　正義：矛，如鋋而三廉。戟，今之戟也。兩邊皆安横刃，長六寸，中刃長七寸半，横刃下接柄處又長四寸半，並廣寸半。鐓爲矛戟柄尾，平如鐓。　段氏玉裁曰：鐏地，可入地。鐓地，箸地而已。

【郭氏質疑】尊卑垂帨。

鄭注：授受之儀，尊卑一。孔疏：賓主俱是大夫則爲尊，俱是士則爲卑。

嵩燾案：周禮「輪人爲蓋」，「上欲尊而宇欲卑。」尊卑，猶言高下，此承上「執簫」「承弣」之文，以明其高下之節。執弓者磬折而立，承弣當心，則執簫當佩垂處，蓋均爲執弓之容。下文由客之左接下承弣，方及受弓之容，中間不應攙入賓主之尊卑，可以體玩經義而自得之。

一·五二 **進几杖者拂之。**尊者所馮依[一]。拂，去塵，敬。○拂，如字。馮，皮冰反。去，起吕反。○**效馬效羊者右牽之，**用右手便。效，猶呈見。○效，胡教反，下同。便，婢面反。見，賢遍反。○**效犬者左牽之。**犬齧齧人，右手當禁備之。○齧，本亦作「噬」，常世反。**執禽者左首。**左首尊。**飾羔鴈者以繢。**繢，畫也。諸侯大夫以布，天子大夫以畫。○繢，胡對反。**受珠玉者以掬。**慎也，掬手中。○掬，九六反。兩手曰掬。**受弓劍者以袂。**敬也。**飲玉爵者弗揮。**爲其寳而脆[二]。○揮，音輝，何云：「振去餘酒曰揮。」脆，七歲反。**凡以弓劍、苞苴、簞笥問人者，**問，猶遺也。苞苴，裹魚肉，或以葦，或以茅。簞笥，盛飯食者，圜曰簞，方

[一] 尊者所馮依 閩、監本同，岳本、嘉靖本同。毛本「依」誤「侑」。○鍔按：「尊者」上，阮校有「進几杖者節」五字。

[二] 爲其寳而脆 閩、監、毛本同，嘉靖本同。惠棟校宋本「脆」作「胞」，宋監本同，岳本同，釋文同。五經文字云：「胞，從刀從卩，作『脆』訛。」

曰笥。○苞苴，子餘反。苞，裹也。苴，藉也。簞，音單。笥，思嗣反，字林先自反，沈息里反。簞笥，竹器也。裹，音果。葦，韋鬼反。盛，音成。圜，音員。○**操以受命，如使之容。**謂使者。○使，色吏反，注及下「使者」「使也」並同。

【疏】「進几」至「之容」。○正義曰：此一節皆謂相獻遺及呈見之儀，各依文解之。

○「進几杖者拂之」，謂拂去塵埃，爲當馮執故也。前云「獻杖執末」，與此互文也。此兼言「几」者，几雖無首末，亦拂之。或云進几者，以彎外授人，亦得順也。

○「效馬效羊者右牽之」者，效，呈見也。此亦是遺人，而言效，亦互文也。馬羊多力，人右手亦有力，故用右手牽掣之也。

○「效犬者左牽之」者，犬好齛齧人，故左牽之，而右手防禦也。案少儀云獻犬則右牽之者，彼是田犬、畜犬，不齧人，不須防。今此是充食之犬，故防禦之也。然通而言之，狗犬通名。若分而言之，則大者爲犬，小者爲狗。故月令皆爲犬，而周禮有犬人職，無狗人職也，故爾雅云「未成毫，狗」是也。但燕禮亨狗，或是小者，或通語耳。

○「執禽者左首」者，禽，鳥也。左，陽也，首亦陽也。左首，謂橫捧之也。凡鳥皆然。若並授則主人在左，故客以鳥首授之也。不牽，故執之也。

○「飾羔鴈者以繢」者，飾，覆也。羔，羊也。繢，畫也。畫布爲雲氣，以覆羔鴈爲飾，以相見也。士相見禮云「下大夫以鴈，上大夫以羔，飾之以布」，並不言繢。此言繢者，鄭云彼是諸侯之卿大夫，卑，但用布；此天子之卿大夫，尊，故畫之也。

「受珠玉者以掬」者，掬，謂手中也。珠玉寶重，宜慎。若受之，開匣而出，置在手中，下用袂承之，恐墜落也。

○「受弓劍者以袂」者，不露手取之，故用衣袂承接之，以爲敬也。

○「飲玉爵者弗揮」者，玉爵，玉杯也。揮，振去餘也。春秋左氏傳云：「奉匜沃盥，既而揮之。」揮之，是振去餘也。

○「凡以弓劍、苞苴、簞笥問人者」，凡，謂凡此數事皆同。然苞者，以草苞裹魚肉之屬也，故尚書云「厥苞橘柚」，是其類也。苴者，亦以草藉器而貯物也。簞圓笥方，俱是竹器，亦以葦爲之。問人者，問，謂因問有物遺之也。問者，或自有事問人，或謂聞彼有事而問之，問之悉有物表其意，故自「弓」「劍」以下皆是也。

○注「苞苴」至「以茅」。○正義曰：「知裹魚肉」者[一]，詩云：「野有死麕，白茅苞之。」內則云：「炮取豚，編萑以苴之。」既夕禮云：「葦苞長三尺。」是其裹魚肉用茅、用葦也。

[一] 知裹魚肉者　閩本同，監、毛本「知」作「苞」，惠棟校宋本作「知苞裹魚肉者」。

〇「操以受命，如使之容」者，言使之容者[一]，言使者操持此上諸物，以進受尊者之命，如臣爲君聘使，受君命，先習其威儀進退，令如其至所使之國時之儀容，故云「如使之容」也。

【衛氏集説】進劍者左首。進戈者前其鐏，後其刃。進矛戟者前其鐓。進几杖者拂之。效馬效羊者右牽之，效犬者左牽之。執禽者左首。飾羔鴈者以繢。受珠玉者以掬。受弓劍者以袂。飲玉爵者弗揮。凡以弓劍、苞苴、簞笥問人者，操以受命，如使之容。

鄭氏曰：左首，尊也。鋭底曰鐏，平底曰鐓。几杖，尊者所馮依。拂，去塵，敬也。效，猶呈見。用右手便也。犬齛齧人，右手當禁備之。執禽左首，亦尊也。繢，畫也。諸侯大夫以布，天子大夫以畫。受珠玉以掬，慎也，掬手中也。受弓劍以袂，敬也。弗揮，爲其寶而脆也。問，猶遺也。苞苴，裹魚肉，或以葦，或以茅。簞笥，盛飯食者，圓曰簞，方曰笥。如使之容，謂使者。

孔氏曰：此進劍，謂進授與人時也。首，劍拊環也。少儀云：「刀卻刃授穎。」穎，鐶也。春秋傳魯定公十年，叔孫之圉人欲殺公若，僞不解禮而授劍末。杜注：「以劍鋒末授之。」以鋒爲末，則鐶是首也。少儀又云「澤劍首」，鄭注：「澤，弄也。」劍刃不容

[一] 言使之容者　閩、監、毛本同，惠棟校宋本無此五字。

弄，正是劍鐶也。客在右，主人在左，劍以首爲尊，以尊處與主人也。戈，鉤孑戟也，如戟而横安刃，但頭不向上爲鉤也。直刃長八寸，横刃長六寸，刃下接柄處長四寸，並廣二寸，用以鉤害人也。刃當頭而利，故不持向人。鐏在尾而鈍，向人爲敬。矛，如鋋而三廉也。戟，今之戟也。古作戟，兩邊皆安横刃，長六寸，中刃長七寸半，横刃下接柄處又長四寸半，並廣寸半。鐓，矛戟柄尾也，以平向人，敬也。亦應並授。不云左右而云「前」「後」者，互文也。若相對則前後也，若並授則左右也。前云「獻杖執末」，此云「拂之」，亦互文也。或云進几者，以彎外授人，亦順也。馬羊多力，人右手亦有力，故用右手牽掣之。少儀云獻犬則右牽之，彼是田犬、畜犬，不齧人。此是充食之犬，故左牽之，而右手防禦也。狗、犬通名，分言之，則大者爲犬，小者爲狗，爾雅云「未成豪曰狗」。禽，鳥也。左，陽也，首亦陽也。左首，謂横捧之。並授，則主人在左，以鳥首授之。飾，覆也。畫布爲雲氣，以覆羔鴈爲飾，以相見也。士相見禮云「飾之以布」，不言繢，鄭謂彼是諸侯之卿大夫，卑，但用布；此天子之卿大夫，尊，故畫之也。珠玉若受之，置在手中，不用袂承之，恐墜落也。受弓劍者，不露手取之，用衣袂承接之，以爲敬也。玉爵，玉杯也。揮，振去餘也，左傳「奉匜沃盥，既而揮之」是矣。凡，謂凡此數事皆同。然苞者，以草包裹，詩云「白茅包之」，既夕禮云「葦苞長三尺」是也。苴者，以草藉器而貯物。簞笥俱是竹器，亦以葦爲之。問人者，謂因問有物以遺之，或自有事問人，或聞彼有事而問之，悉有物以表其意。使者操持此上諸物，以進受尊者之命，如臣爲君聘使，受君命，先習其威儀進退，令如其至所使之國時之儀容，故云「如使之容」。

藍田吕氏曰：進者以物，共尊者之用，非獻也。效者致之尊者之前，使之見，非進也。劒也，戈也，矛戟也，三者皆兵也。進兵者後其刃，敬也。少儀曰「凡有刺刃者以授人，則辟刃」是也。拂之者，去塵以進之，敬也。少牢饋食：「主人左手縮之，以右袂進拂几三，二手横執几，進授尸於筵前。」此進几之儀。羊馬，豢畜之獸，馴而易制，故右牽之，便也，少儀「牛則執紖，馬則執靮，皆右之」。犬雖豢畜，然吠非其主，或有噬人之患，故左牽，而以右手制之，如臣虜之比也，少儀云「犬則執緤」。「執禽者左首」，謂贄也。禽贄，若卿執羔，大夫執鴈，士執雉，庶人執鶩，工商執雞是也。士相見禮云：「贄，冬用雉，夏用腒，左頭奉之。」「飾羔鴈以繢」者，以繢飾其布也。弓劒，藉之以袂，文也。弓劒比於珠玉，不慮其失墜，故得盡其文也。玉器宜謹，故弗揮。聘禮曰「小聘曰問」，問者，久不相見，使人問安否，以講好也。義如諸侯之相聘，禮則殺之也。詩云「之子之順之，雜佩以問之」，如弓劒、苞苴、簞笥，皆可以問人者也。弓劒，玩好也。苞苴，魚肉果實也，書曰「厥包橘柚」，易曰「包有魚」，詩曰「野有死麕，白茅包之」是也。簞，論語「一簞食」是也。笥以盛衣服，書曰「惟衣裳在笥」是也。所以使問者操是物，以受命於尊者，如使臣受命於君之容，所以敬命也。

山陰陸氏曰：馬羊，火畜也，禮之屬也，故右牽之，濟以義也。犬，金畜也，義之屬也，故左牽之，以仁濟焉。義也，示以仁。禮也，示以義。禽若羔鴈之類，左首向人焉。案，士相見禮「下大夫以鴈，飾之以布」，言飾，則繢可知。鄭氏謂「諸侯大夫以布，天子大夫以畫」，此讀士相見禮之誤也。

馬氏曰：禮曰：「無辭不相接也，無禮不相見也，欲民之毋相褻也。」相見以贄，爲此也。卿執羔，大夫執鴈，而飾之以繢者，君子交接之禮，以文爲貴，蓋位彌尊而禮彌文也。苞苴、簞笥，物之微者也，操而遺人，必習其威儀進退，如使者之容，以禮將之也。故聘義「使者聘而誤，主君弗親饗」，古之人相厲以禮如此。

金華應氏曰：自「獻魚鼈」至於「效犬」「執禽」，皆細別其獻物之宜，而一物必有一儀也。自「飾羔鴈」至於「飲玉爵」，又略叙其飾物之文，而重其物必重其禮也。終則總之曰「凡以弓劍、苞苴、簞笥問人者」，舉其凡以該上文所列之目也。蓋曰獻、曰遺、曰進、曰效，雖不同而皆所以爲問也。當其受命主人之時，物雖未至於所遺之家，而其操執有儀，已若與之相爲揖遜周旋，而無愧乎使者之容矣。

【吴氏纂言】進几杖者拂之。效馬效羊者右牽之，效犬者左牽之。

鄭氏曰：几杖，尊者所憑依。拂，去塵，敬也。效，猶呈見，用右手便。犬齕齧人，右手當禁備之。

孔氏曰：前云「獻杖執末」，此云「拂之」，亦互文也。几雖無首末，亦拂之。或云進几者，以彎外授人，亦順也。馬羊多力，右手亦有力，故用右手牽掣之。少儀云獻犬則右牽之，彼是田犬、畜犬，不齧人。此是充食之犬。左牽之，而右手防禦也。

執禽者左首。飾羔鴈者以繢。受珠玉者以掬。受弓劍者以袂。

鄭氏曰：左首尊。繢，畫也。諸侯大夫以布，天子大夫以畫。受珠玉以掬，慎也，掬手中。受弓劍以袂，敬也。

孔氏曰：執禽左首，謂横捧之。並授則主人在左，以鳥首授之。飾，覆。畫布爲雲氣，以覆羔鴈爲飾，以相見也。士相見禮云「飾之以布」，不言繢。彼是諸侯之卿大夫，卑，但用布；此天子之卿大夫，尊，故畫之也。受珠玉，置在手中，不用袂承之，恐墜落也。受弓劍用衣袂承接，不露手取之，敬也。

呂氏曰：禽，謂摯也，若「卿羔，大夫鴈，士雉，庶人鶩，工商雞」是也。士相見禮云：「摯，冬用雉，夏用腒，左頭奉之。」弓劍，藉之以袂，文也。弓劍比於珠玉，不慮其失墜，故得盡其文。

飲玉爵者弗揮。

孔氏曰：玉爵，玉杯也。

何氏曰：振去餘酒曰揮。

鄭氏曰：爲其寶而脆。呂氏曰：玉器宜謹，故弗揮。

澄曰：此因上文「受珠玉以掬」而并記之也。

凡以弓劍、苞苴、簞笥問人者，操以受命，如使之容。

鄭氏曰：問，猶遺也。苞苴，裹魚肉，或以葦，或以茅。簞笥，盛飯食者，圜曰簞，方曰笥。如使之容，謂使者。

孔氏曰：凡，謂凡此數事皆同。苞者，以草包裹，詩云「白茅包之」，既夕禮云「葦苞長三尺」是也。苴者，以草藉器而貯物。簞圜、笥方，俱是竹器，亦以葦爲之。問人者，謂因問有物遺之也，或自有事問人，或聞彼有事而問之，悉有物以表其意。使者操持此上之物，以進受尊者之命，如臣爲君聘使，受君命，先習其威儀進退，令如其至所使之國之時之儀容，故云「如使之容」也。

【陳氏集説】進几杖者拂之。拭去塵也。**效馬效羊者右牽之，**效，陳獻也，以右手牽之爲便。**效犬者左牽之，**以右手，防其齧噬。**執禽者左首。**禽，鳥也。首尊，主人在左，故横捧而以首授主人。**飾羔鴈者以繢。**飾，覆之也。畫布爲雲氣，以覆羔與鴈，爲相見之贄也。**受珠玉者以掬。**謂以兩手共承之也。**受弓劍者以袂。**謂以衣袂承接之，不露手也。**飲玉爵者弗揮。**謂不可振去餘瀝，恐失墜。**凡以弓劍、苞苴、簞笥問人者，操以受命，如使之容。**苞者，苞裹魚肉之屬。苴者，以草藉器而貯物也。簞圓笥方，皆竹器。問，遺之也。使者受命之時，操持諸物，即習其威儀進退，如至彼國之容儀也。

【納喇補正】執禽者左首。

集説 禽，鳥也。

竊案 此「執禽」之禽，與前「獻鳥」之鳥不同，即周禮所謂「以禽作六摯：卿羔，大夫鴈，士雉，庶人鶩，工商雞」是也。故下文繼之云「飾羔鴈者以繢」，不可專以鳥釋之。士相見禮云「摯，冬用雉，夏用腒，左頭奉之」，即執禽左首之謂也。

【郝氏通解】水潦降，不獻魚鼈。獻鳥者佛其首，畜鳥者則勿佛也。獻車馬者執策綏，獻甲者執冑，獻杖者執末，獻民虜者操右袂，獻粟者執右契，獻米者操量鼓，獻孰食者操醬齊，獻田宅者操書致。凡遺人弓者，張弓尚筋，弛弓尚角，右手執簫，左手承弣，尊卑垂帨。若主人拜，則客還辟，辟拜。主人自受，由客之左，接下承弣。鄉與客並，然後受。進劍者左首。進戈者前其鐏，後其刃。進矛戟者前其鐓。進几杖者拂之。效馬效羊者右牽之，效犬者左牽之。執禽者左首。飾羔鴈者以繢。受珠玉者以掬。受弓劍者以袂。飲玉爵者弗揮。凡以弓劍、苞苴、簞笥問人者，操以受命，如使之容。

水潦方降，則魚鼈不足貴，故不以獻于尊者。獻鳥者，必捩列轉其首，止其啄而防其逸也。如欲畜之則勿拂，恐其傷也。佛，拂通。車馬不可以登堂，獻則執撻馬之策與升車之綏先之。冑在首，甲在身，呈冑自知有甲矣。獻杖則執末，授長者以本也。民虜，戰勝所獲之人，獻則操持其右袖，防有異志也。獻粟，收取必以契，契必合兩，書契先右，執右爲尊也。鼓，量器，操量鼓進則知有米也。粟久儲，故執契。米即用，故執量。醬齊所以和味，先醬齊，自知有熟食也。書，版册也。獻田宅，以書致之。凡弓，筋在外，角在内，授張弓，筋向上，授弛弓，角向上，使兩梢下垂，便于授也。簫、弰通，弓末也。弣，弓中央把處，如花之有柎，故名弣。右手執弰，左手承弣，便也。尊卑，謂賓主無貴賤一也。垂帨，猶垂佩。帨，佩巾。賓主授受，身皆磬折，其佩懸而垂也。客，謂使者。主人拜而後受，客執弓旋辟，以避其拜。還辟，回旋開辟也。但避不答拜者，主人拜聘主，非拜使者也。主人自受，謂不遣人代也。由客之左，客自外入，則西爲左。接下亦右手執簫，卻左手接客之下承其弣也。鄉與客並，謂與客並立同向，然後受之，不逆受也。進劍以把爲首，左其首，尊者在左，以首授之，避刃也。戈如戟，旁有横刃向下，所謂鈎戟也。矛似鋋而三隅，戟兩旁皆有横刃向上。鐏、鐓，皆柄下鐵。鋭者曰鐏，平者曰鐓。前鐏、鐓，亦避刃也。進几杖者，必拂去其塵。效，猶呈也。馬與羊右手牽之，便用力也。犬左手牽之，以右手防齧噬也。執禽皆左其首，尊者在左，以首向之也。獻羔鴈者，畫布飾之。受珠玉者，以兩手掬之。受弓劒者，以衣袖承之。飲玉爵者，雖有餘瀝，不揮洒，防失墜也。受苞，包裹之。苴，承藉之。或以葦，或以茅，魚肉之類也。竹器，圓曰簞，方曰笥，盛飯食之器也。凡操持此物遺人者，受使命之初，即如出使在彼之容，則臨事可無失禮矣。

【方氏析疑】飾羔鴈者以繢。

禮所謂「執鴈」「奠鴈」，皆舒鴈也，觀與羔並列而可覆以繢，則爲家禽可知。雉用死，以難生得也。夏用腒，以死者亦難以時得也。若鴻鴈則必以機弋、罻羅致之，豈能生得，而聽人之畜擾，且隨地可立具哉？

【欽定義疏】進几杖者拂之。

正義 鄭氏康成曰：尊者所馮依。拂，去塵，敬也。

孔氏穎達曰：前云「獻杖執末」，此云「拂之」，亦互文也。或云進几者，以彎外授人，亦順也。

通論 吕氏大臨曰：少牢禮，主人左手縮之，以右袂進拂几三，二手横執几，進授尸於筵前，此進几之儀。案，此授尸之禮。子事父，弟事師或亦然。若相遺，則未必然也。

效馬效羊者右牽之。

正義 鄭氏康成曰：效，猶呈見，用右手便也。

孔氏穎達曰：此亦是遺人而言效，互文也。

徐氏師曾曰：馬羊豢畜，馴而易制，故右手牽之。

效犬者左牽之。

正義 鄭氏康成曰：犬齜齧人，右手當禁備之。孔疏：犬好齜齧，人故左牽之，而右手防禦也。

少儀云獻犬則右牽之，彼是田犬、畜犬，不齧人。此是充食之犬，故防之。狗、犬通名，分言之，則大者爲犬，小者爲狗，爾雅云「未成豪曰狗」。

吕氏大臨曰：犬雖豢畜，然吠非其主，或有噬人之患，故左牽，而以右制之，如臣虜之比。

執禽者左首。

正義　鄭氏康成曰：左首尊。孔疏：左，陽也。首，亦陽也。左首，謂横捧之。並授則主人在左，故客以鳥首授之也。

陸氏佃曰：禽若羔鴈之類，左首向人焉。

案　此執禽與前獻鳥不同，即周禮所謂「以禽作六摯：卿羔，大夫鴈，士雉，庶人鶩，工商雞」是也，故下文繼之云「飾羔鴈者以繢」。士相見禮云「摯，冬用雉，夏用腒，左頭奉之」，即執禽左首之謂也。

飾羔鴈者以繢。

正義　鄭氏康成曰：繢，畫也。孔疏：飾，覆也。畫布爲雲氣，以覆羔鴈爲飾，以相見也。

陳氏櫟曰：飾羔鴈者，覆以布而繢畫之。

朱氏申曰：卿執羔，大夫執鴈，以爲摯焉。飾以繢，所以文之也。

存疑　鄭氏康成曰：諸侯大夫以布，天子大夫以畫。孔疏：士相見禮云「下大夫以鴈，上大夫以羔，飾之以布」，不言繢者，彼是諸侯之卿大夫，卑，故但用布；此天子之卿大夫，尊，故畫之也。

辨正 陸氏佃曰：案士相見禮「下大夫以鴈，飾之以布」，言飾則繢，可知未必有天子之大夫、諸侯之大夫之異。

受珠玉者以掬。

正義 鄭氏康成曰：受珠玉以掬，慎也，掬手中。孔疏：珠玉若受之，置在手中，不用袂承之，恐墜落也。

陳氏澔曰：謂以兩手共承之也。

徐氏師曾曰：兩手曰掬。珠玉重寶，受之宜慎，故開匣而以兩手共承之也。

受弓劍者以袂。

正義 鄭氏康成曰：受弓劍以袂，敬也。孔疏：受弓劍者，不露手取之，用衣袂承接，以爲敬也。

存疑 徐氏師曾曰：前言受弓接下承弣，又似不以袂者，豈前專受弓，而此兼受弓、劍與？

飲玉爵者弗揮。

正義 鄭氏康成曰：爲其寶而脆。

孔氏穎達曰：玉爵，玉杯也。揮，振去餘也，左傳「奉匜沃盥，既而揮之」是也。

陳氏櫟曰：洗他爵，必揮揚之，去其餘水。惟飲玉爵者，弗揮揚，玉器宜慎也。

餘論 吴氏澄曰：此因上文「受珠玉以掬」而并記之也。

凡以弓劍、苞苴、簞笥問人者，操以受命，如使之容。

正義 鄭氏康成曰：問，猶遺也。苞苴，裹魚肉，或以葦，或以茅。簞笥，盛飯食者，圜曰簞，方曰笥。如使之容，謂使者。孔疏：苞者，以草包裹魚肉之屬，詩曰「白茅包之」，既夕禮云「葦包長三尺」是也。苴者，以草藉器而貯物。簞圜、笥方，俱是竹器，亦以葦爲之。問人者，謂因問而有物遺之也，或自有事問人，或聞彼有事而問之，悉有物以表其意。使者操持此上諸物，以進受尊者之命，如臣爲君聘使，受君命，先習其威儀進退，令如其至所使之國時之儀容，故云「如使之容」也。

孔氏穎達曰：凡，謂凡此數事皆同。

吕氏大臨曰：書「厥包橘柚錫貢」，是包兼果實，惟衣裳在笥，是笥或有衣裳。

陳氏櫟曰：苴，藉也。簞以盛飯食，笥以盛衣裳。問，如詩「雜佩以問之」，左氏「問之以弓」。

徐氏師曾曰：上言親獻之儀，此言爲使之儀也。使者操持諸物以進，受尊者之命，即習其威儀進退，如至彼之儀容，則臨時不至失禮，而稱其爲「使」矣。

通論 吕氏大臨曰：進者以物，共尊者之用，非獻也。效者致之尊者之前，使之見，非進也。聘禮曰「小聘曰問」，問者久不相見，使人問安否，以講好，因有物遺之。義如諸侯之相聘，禮則殺之也。詩云「知子之順之，雜佩以問之」，如弓劍、苞苴、簞笥，皆可以問人者也。使者操是物，以受尊者之命，如使臣受命於君之容，所以敬命也。

應氏鏞曰：自「獻魚鼈」至於「效犬」「執禽」，皆細別其獻物之宜，而一物必有一儀也。自「飾羔鴈」至於「飲玉爵」，又略敘其飾物之文，而重其物必重其禮也。終則總之曰「凡以弓劍、苞苴、簞笥問人者」，舉其凡以該上文所列之目也。蓋曰獻、曰遺、曰進、曰效，雖不同而皆所以爲問也。當其受命主人之時，物雖未至於所遺之家，而其執操有儀。已若與之相爲揖遜周旋，而無愧乎使者之容矣。

餘論 馬氏曰：禮曰：「無辭不相接也，無禮不相見也，欲民之毋相褻也。」相見以贄，爲此也。卿執羔，大夫執鴈，而飾之以繢者，君子交接之禮以文爲貴，蓋位彌尊而禮彌文也。苞苴、簞笥，物之微者也，操而遺人，必習其威儀進退，如使者之容，以禮將之也。故聘義「使者聘而誤，主君弗親饗」，古之人相厲以禮如此。

【杭氏集説】進几杖者拂之。

姜氏兆錫曰：拂，拭也。

效馬效羊者右牽之。

徐氏師曾曰：馬、羊豢畜，馴而易制，故右手牽之。

效犬者左牽之。執禽者左首。

朱氏軾曰：禽，即下「羔鴈」，周禮所謂「禽作六摯」是也。

姜氏兆錫曰：效，猶獻也。牽以右手，便也。犬則左者，以右手防齧噬也。

飾羔鴈者以繢。

陳氏櫟曰：餙羔鴈者，覆以布而繢畫之。

朱氏申曰：卿執羔，大夫執鴈，以爲摯焉。飾以繢，所以文之也。

姚氏際恒曰：餙羔鴈者以繢，鄭氏謂諸侯大夫布，天子大夫以畫，此本士相見禮「下大夫以鴈，飾之以布」爲説也，不知此第論繢，非論布、帛，布獨不可繢乎？

姜氏兆錫曰：禽，泛言鳥也。左首者，猶授劍之意也。飾以繢，謂畫布爲雲氣，以覆重贄也。

方氏苞曰：禮所謂「執鴈」「奠鴈」，皆舒鴈也。觀與羔並列而可覆以繢，則爲家禽可知。雉用死，以難生得也。夏用腒，以死者亦難以時得也。若鴻鴈，則必以機弋、罻羅致之，豈能生得，而聽人之畜擾，且隨地可立具哉？

受珠玉者以掬。

陳氏澔曰：謂以兩手共承之也。

徐氏師曾曰：兩手曰掬，珠玉重寶，受之宜慎，故開匣而以兩手共承之也。

姜氏兆錫曰：謂兩手共承之也。

受弓劍者以袂。

徐氏師曾曰：前言受弓接下承弣，又似不以袂者，豈前專受弓而此兼受弓、劒與？

姜氏兆錫曰：謂承以衣袂，不徒手握之也。

飲玉爵者弗揮。

陳氏櫟曰：洗他爵，必揮揚之，去其餘水。惟飲玉爵者，弗揮揚，玉器宜慎也。

吴氏澄曰：此因上文「受珠玉以掬」而并記之也。

姜氏兆錫曰：揮以去瀝也，恐失墜，故慎之。

凡以弓劍、苞苴、簞笥問人者，操以受命，如使之容。

陳氏櫟曰：苴，藉也。簞以盛飯食，笥以盛衣裳。問，如詩「雜佩以問之」，左氏「問之以弓」。

徐氏師曾曰：上言親獻之儀，此言爲使之儀也。使者操持諸物以進，受尊者之命，即習其威儀進退，如至彼之儀容，則臨時不至失禮，而稱其爲「使」矣。

姜氏兆錫曰：裹曰苞，藉曰苴，謂魚肉、果實、器物之屬，或包裹之，或承藉之也。簞圓笥方，皆竹器。問，猶候也。如使之容者，初受命時，即謹其升降進退之容，如已至彼地也。　又曰：此章歷言凡獻、贈、授、受之禮。

【孫氏集解】進几杖者拂之。

鄭氏曰：尊者所憑依。拂，去塵，敬也。

愚謂士昏禮醴賓，「主人拂几，授校」，聘禮醴賓，「公升，側受几於序端，宰夫内拂几三，奉兩端以進，公東南鄉，外拂几三」，少牢禮賓尸，「主人西面，左手執几，縮之，以右袂推拂几三，二手横執几，進授尸於筵前」，此進几者必拂之也。

效馬效羊者右牽之，效犬者左牽之。

鄭氏曰：用右手便。效，猶呈見也。犬齕齧人，右手當禁備之。

孔氏曰：此亦是遺人，而言效，亦互文也。馬羊多力，人右手亦有力，故用右手牽掣之。犬好齕齧人，故左牽之，而右手防禦也。少儀獻犬則右牽之，彼是田犬、畜犬，不齧人，不須防。此是充食之犬，故防之。

執禽者左首。

鄭氏曰：左首尊。

吕氏大臨曰：執禽者左首，謂贄也。禽摯，若「卿執羔，大夫執雁，士執雉，庶人執鶩，工商執雞」是也。士相見禮云：「摯，冬用雉，夏用腒，左頭奉之。」

飾羔鴈者以繢。

鄭氏曰：繢，畫也。諸侯大夫以布，天子大夫以畫。

孔氏曰：飾，覆也。畫布爲雲氣，以覆羔雁爲飾。士相見禮云「下大夫以雁，上大夫以羔，飾之以布」，並不言繢。此言繢者，彼是諸侯之卿大夫，卑，但用布；此天子卿大夫，尊，故畫之也。

陸氏佃曰：案，士相見禮「下大夫以雁，飾之以布」，言飾，則繢可知。

愚謂天子、諸侯之大夫無異，贄則亦未必有異飾，疑陸氏之説得之。

受珠玉者以掬。

鄭氏曰：慎也，掬手中。

孔氏曰：置在手中，不用袂承之，恐墜落也。

受弓劍者以袂。

鄭氏曰：敬也。

孔氏曰：不露手取之，用衣袂承接之，以爲敬也。

愚謂此言受弓劍於尊者之法也。大射禮云「大射正執弓，以袂順左右隈，上再下壹，左執弣，右執簫，以授公」，此授弓用袂，則受弓可知。

飲玉爵者弗揮。

鄭氏曰：爲其寶而脆。

孔氏曰：揮，振去餘也。

愚謂揮爵而去其餘瀝，易於失墜也。

凡以弓劍、苞苴、簞笥問人者，操以受命，如使之容。

曰笥。

鄭氏曰：問，猶遺也。苞苴，裹魚肉，或以葦，或以茅。簞笥，盛飯食者，圓曰簞，方曰笥。

孔氏曰：苞者，以草苞裹魚肉之屬也，故尚書云「厥苞橘柚」。苴者，以草藉器而貯物也。詩云：「野有死麕，白茅包之。」內則云：「炮取豚，編萑以苴之。」既夕禮云：「葦苞長三尺。」是裹魚肉用茅及葦也。簞圓、笥方，俱是竹器，亦以葦爲之。問人，因問而有物遺之也，或自有事問人，或因彼有事而問之，悉有物將其意，自弓劍以下皆是也。使者操持諸物，進受尊者之命，先習其威儀進退，如至其所使國時之儀容。

呂氏大臨曰：苞苴，魚肉果食也，書曰「厥包橘柚」，易曰「包有魚」，詩曰「野有死麕，白茅包之」是也。簞，論語「一簞食」是也。笥以盛衣服，書曰「惟衣裳在笥」是也。○自「水潦降，不獻魚鼈」至此，論以物相獻遺及授受之法。

【朱氏訓纂】進几杖者拂之。注：尊者所馮依。拂，去塵，敬。**效馬效羊者右牽之，**注：用右手便。效，猶呈見。**效犬者左牽之，**注：犬齜齧人，右手當禁備之。**執禽者左首。**注：左首尊。士相見禮：「摯，冬用雉，夏用腒，左頭。」鄭注：「左頭，頭陽也。」**飾羔鴈者以繢。**注：繢，畫也。諸侯大夫以布，天子大夫以畫。正義：飾，覆也。羔，羊也。畫布爲雲氣，以覆羔雁爲飾，以相見也。**受珠玉者以掬。**注：慎也，掬手中。釋文：兩手曰掬。正義：不用袂承之，恐墜落也。**受弓劍者以袂。**注：敬也。正義：不露手取之，故用衣袂承接之，以爲敬也。**飲玉爵者弗揮**。注：爲其寶而脆。釋文：何云：「振去餘酒曰揮。」正義：玉爵，玉盃也。**凡以弓劍、苞苴、簞笥問人者，操以受命，如使之容**。注：問，猶遺也。苞苴，裹魚肉，或以葦，或以茅。簞笥，盛飯食者。圜曰簞，方曰笥。說文：漢律令：「簞，小筐也。」釋文：苞，裹也。苴，藉也。簞笥，竹器也。正義：問人者，謂因問有物遺之也。言操持諸物以進，如臣爲君使，先習其威儀進退，如至所使之國時之儀容。

【郭氏質疑】受弓劍者以袂。

鄭注：「敬也。」孔疏：「不露手取之，用衣袂承接以爲敬。」

嵩燾案：說文「袂」「袖」同訓。釋文：「袂，掣也，開張之，使受臂屈伸也。」袂從夬，說文：「夬，分決也。」左右分出曰「袂」，袂口曰「袖」。凡言袂，皆謂當肘處，上文「操右袂」，亦謂捥持其右肘。弓劍之長三尺，張兩臂以承之，自袖以上皆爲袂也，與上節「自受而承弣」者各爲一義，上云「自受」，則此或使人受之，而凡從長者受弓劍之儀，皆應如是。徐氏師曾據爲兼受弓劍者，誤。

曲禮注疏長編卷十三

一·五三　**凡爲君使者，已受命，君言不宿於家。**急君使也。言，謂有故所問也。聘禮曰：「君有言，則以束帛，如饗禮[一]。」○爲，于僞反，下注「爲哀樂」「爲其廢喪事」並同。○**君言至，則主人出拜君言之辱；使者歸，則必拜送于門外。**敬君命也。此謂國君問事於其臣[二]。○**若使人於君所，則必朝服而命之；使者反，則必下堂而受命。**此臣有所告請於其君。○朝，直遥反。

[一] 君有言則以束帛如饗禮　閩、監、毛本同，岳本、嘉靖本同，衛氏集説同，惠棟校宋本「饗」作「享」。案：享、饗，古通用。宋監本亦作「享」。浦堂校云：「『若』誤『君』。」齊召南云：「『君有言』當作『若有言』。玩疏，則知注引聘禮原文不誤，而刊本傳寫以『若』與『君』字形相近而訛也。」案：浦校、齊校皆是也。考文引宋板「君」正作「若」。○鍔按：「君有」上，阮校有「禮記注疏卷三校勘記」「阮元撰盧宣旬摘録」「曲禮上」「凡爲君使者節」等二十六字。

[二] 此謂國君問事於其臣　閩、毛本同，岳本、嘉靖本同，衛氏集説同，監本「問」誤「間」。

【疏】「凡爲」至「受命」[一]。○正義曰：此一節論相聘問及君臣使人相告之事，今各依文解之。

○「受命」，謂受得君命，爲聘使也。「君言」，謂受君言宜急去，不得停留宿於家也，故聘禮「既受命，遂行，舍於郊」是也。

○注「言謂」至「享禮」。○正義曰：解「君言」也，君之所言，謂有事故所問也。或問其臣，或問他人。鄭注聘禮記「有故」，謂災患及時事相告也。云「聘禮曰：若有言，則以束帛，如享禮」者，又證有言必有物將之也。此謂行享禮畢而又有此言，而又加束帛也。鄭注彼云：「有言，有所告請若有所問也。記曰：『有故則束帛加書以將命』，春秋臧孫辰告糴於齊、公子遂如楚乞師、晉侯使韓穿來言汶陽之田，是其類也。」

○「君言至，則主人出拜君言之辱」。○正義曰：此謂君使人問其臣，臣對使禮也。出，出門也。君使初至，則主人出門拜迎君命也。辱者，言屈辱尊者之命來也。「使者歸，則必拜送于門外」者，君之使去，而又出拜送門外也。去既送出門，則知初至迎亦出門也。此謂國君問事於其臣也。若臣遣人往君所及問他人，則送迎亦然。

○「若使人於君所，則必朝服而命之」者，此謂臣有故而遣使告君法也，亦有物以將

[一] 凡爲至受命　惠棟校宋本無此五字。

之。敬君，故朝服命使也。然命使者言朝服，則君言至，亦朝服受之，互言也。「使者反，則必下堂而受命」者，謂已使者從君處反還至也。去不下送，反而下迎者，尊君命也。不出門者，已使卑於君使也。亦當拜之，不言，從上可知也。

【衛氏集説】凡爲君使者，已受命，君言不宿於家。君言至，則主人出拜君言之辱；使者歸，則必拜送于門外。若使人於君所，則必朝服而命之；使者反，則必下堂而受命。

鄭氏曰：急君使也。言，謂有故所問也。聘禮曰：「君有言，則以束帛，如饗禮。」「君言至」以下，謂敬君命也。此謂國君問事於其臣。「若使人」以下，此臣有所告請於其君。

孔氏曰：此一節論相聘問及君臣使人相告之事。受命，謂受得君命，爲聘使。君言，謂受君言宜急去，不得停留宿於家，聘禮「既受命，遂行，舍於郊」是也。君之所言，謂有事故。或問其臣，或問他人。鄭注聘禮記「有故」，謂災患及時事相告，如春秋告糴、乞師、言田之類是也。有言必有物將之，故鄭引聘禮「束帛」證之。君使初至，則主人出門拜迎君命。辱者，言屈辱尊者之命來也。君之使去，又出拜送門外。去既送出門，則知初至迎亦出門也。若臣有故而遣使告君，必朝服命使也。命使言朝服，則君言至，亦朝服，可互見矣。使者從君處還，則必下堂拜受君命。去不下送，反而下迎者，尊君命也。不出門者，已使卑於君使也。不言拜，從上可知也。

藍田呂氏曰：人臣之義莫大乎敬君，敬君莫大乎敬命，受君命不宿於家，不敢留也。君言至，則出拜使者，反下堂而受命，不敢不聽也，二者皆敬之至也。

嚴陵方氏曰：不宿於家，以見銜君之命而不違啓處也。周公言「予不敢宿，則禋于文王、武王」，與此同義。上曰「命」，蓋主於所使之人；下曰「言」，蓋主於所問之事。

長樂陳氏曰：爲人臣者，無以有已，故將軍受命之日則忘其家，臨軍誓衆則忘其親，援枹而鼓則忘其身，然則爲君使者，豈異是哉？此聘禮所以言「釋幣遂行」，此所以言「不宿於家」一也。大夫見於國君，國君拜其辱，況君言至乎？孔子問人於他邦，再拜而送之，況使人於君所乎？言朝服而命之，則知拜辱、拜送亦朝服也。言拜辱、拜送，則知朝服而命之，亦拜之也。拜送於門外，則拜辱亦門外也。

吴郡范氏曰：人君所以爲國者，恃其命令足以鼓舞臣下而已。命令重則其政舉，命令輕則其事隳。人臣敬君之命，如雷霆之不敢侮，蓋以吾君之所以爲國者在焉，故曲禮敘尊敬君命之説爲尤詳。朝受君言，夕舍於郊，非必使事如此其急也，不敢慢君之命也。使者以君言至，出而拜迎，出而拜送，非拜使者也，拜君之命也。使人請命于君，其往則朝服而遣之，其反則下堂而受之，非嚴使人也，嚴君之命也。人君深居九重之中，而動化萬里之外，命令所至，奔走奉承，其震動如此。是以聖主兢兢業業，不敢忽於出令。審之而勿輕發，守之而勿輕變，使天下致敬而取，則觀聽不惑，而後治功可成也。

馬氏曰：孔子問人於他邦，必再拜而送之，況於君所乎？朝服而命，下堂而受，非敬使也，敬君之義也。

【吴氏纂言】凡爲君使者，已受命，君言不宿於家。

孔氏曰：受命，謂受君命爲聘使。君言，君之所言，謂有事故。如春秋告糴、乞師、言田之類。受君言，宜急去，不得停留宿於家，聘禮「既受命遂行，宿於郊」是也。

君言至，則主人出拜君言之辱；使者歸，則必拜送于門外。

鄭氏曰：此謂國君問事於其臣。

孔氏曰：君使初至，則主人出門拜迎君命。辱者，言屈辱尊者之命來也。君之使去，又出拜送門外。去送既出門，則知初至迎亦出門也。

若使人於君所，則必朝服而命之；使者反，則必下堂而受命。

鄭氏曰：此謂臣有所告請於其君。

孔氏曰：若臣有故而遣使告君，必朝服命使也。使者從君處還，則必下堂拜受君命。去不下送，反而下迎者，尊君命也。不出門者，己使卑於君使也。

【陳氏集説】凡爲君使者，已受命，君言不宿於家。受命即行。**君言至，則主人出拜君言之辱；使者歸，則必拜送于門外。**至則拜命，歸則拜送，皆敬君也。**若使人於君所，則必朝服而命之；使者反，則必下堂而受命。**吕氏曰：使人於君所不下堂，反則下堂受命者，始以己命往，終以君命歸，故使者反而後致其敬，往則否也。

【郝氏通解】朝受君言，夕舍于郊，故曰不宿於家。朝服而命之，則拜送、反受命亦朝服可知，拜君言之辱，朝服又可知已。

【方氏析疑】已受命，君言不宿於家。

出車之詩，至于牧而曰「自天子所，謂我來矣」，則不宿於家，三代之達禮也。聘禮必待使者告禰載旜，而後入朝受命，正以君有命，即不得更至於家耳。

【欽定義疏】凡爲君使者，已受命，君言不宿於家。

正義 鄭氏康成曰：急君使也。言，謂有故所問也。孔疏：鄭注聘禮「有故」，謂災患及時事相告。所問，或問其臣，或問他人。

孔氏穎達曰：受命，謂受得君命爲聘使。受君言，宜急去，不得停留宿於家，聘禮「既受命，遂行，舍於郊」是也。

吕氏大臨曰：人臣之義，莫大乎敬君，敬君莫大乎敬命，受君命不宿於家，不敢留也。

方氏慤曰：上曰「命」，蓋主於所使之人；下曰「言」，蓋主於所問之事。

通論 陳氏祥道曰：爲人臣者，無以有己，故將軍受命之日則忘其家，臨軍誓衆則忘其親，援桴而鼓則忘其身，爲君使者豈異是哉？聘禮所以言「釋幣遂行」，此所以言「不宿於家」也。

鄭氏康成曰：聘禮曰：「若有言，孔疏：如告糴、乞師、言汶陽田之類。則以束帛，如享禮。」孔疏：行享禮畢而又有此言，亦必有物將之，又加束帛也。

案 聘有以常禮行者，則言不過述歲事之常。有以有故行者，則言如秦伯使西乞術聘魯，且言將伐晉事是也。以其非一定，故聘禮云「若有言」。鄭引此者，以見人臣急君命，不敢留宿之義。

君言至，則主人出拜君言之辱；使者歸，則必拜送于門外。

正義 鄭氏康成曰：敬君命也。此謂國君問事於其臣。

孔氏穎達曰：君使初至，則出門拜迎君命。辱者，言屈辱尊者之命來也。君之使去，又出拜送門外，則知初至迎亦出門也。

若使人於君所，則必朝服而命之；使者反，則必下堂而受命。

正義 鄭氏康成曰：此謂臣有所告請於其君。

孔氏穎達曰：命使者言朝服，則君言至，亦朝服受之，互言也。去不下送，反而下迎者，尊君命也。不出門者，已使卑於君使也。

通論 陳氏祥道曰：大夫見於國君，國君拜其辱，況君言至乎？孔子問人於他邦，再拜而送之，況使人於君所乎？言拜辱、拜送，則知朝服而命之亦拜之也。

范氏成大曰：朝受君言，夕舍於郊，非必使事如此其急也，不敢慢君之命也。使人請命於君，其往則朝服而遣之，其反則下堂而受之，非嚴使人也，嚴君之命也。人君命令所至，奔走奉承，其震動如此。是以聖主兢兢業業，不敢忽於出令。審之而弗輕發，守之而弗輕變，使天下致敬而取，則觀聽不惑，而後治功可成也。

【杭氏集説】凡爲君使者，已受命，君言不宿於家。君言至，則主人出拜君言之辱；使者歸，則必拜送于門外。若使人於君所，則必朝服而命之；使者反，則必下堂而受命。

萬氏斯大曰：朝服而命，必拜而命；下堂而受，必拜而受。孔子問人於他邦，且再拜而送，況君乎？

姜氏兆錫曰：受命即行，不至越宿，此言自爲使而敬君命也。至則拜命，歸則拜送，此言君使至，而敬君命也。又曰：吕氏曰：遣使不下堂，使反則下堂者，始以己命往，終以君命歸，故也。此又言使於君，而敬君命也。

方氏苞曰：出車之詩，至于牧而曰「自天子所，謂我來矣」，則不宿於家，三代之達禮也。聘禮必待使者告禰載旜，而後入朝受命，正以君有命，即不得更至於家耳。

【孫氏集解】凡爲君使者，已受命，君言不宿於家。

鄭氏曰：急君使也。言，謂有故所問也。聘禮曰：「君有言，則以束帛，如饗禮。」

孔氏曰：受君言，宜急去，不敢留宿於家也，故聘禮「既受命，遂行，舍於郊」是也。

愚謂君言即君命也，註説非是。此通言爲君出使之禮，不當專據有言者。

君言至，則主人出拜君言之辱；使者歸，則必拜送于門外。

鄭氏曰：敬君命也。此謂君問事於其臣也。

孔氏曰：出，出門拜迎君命也。辱者，言屈辱尊者之命來也。

愚謂出拜君言之辱，拜送於門外，皆於大門之外也。

若使人於君所，則必朝服而命之；使者反，則必下堂而受命。

鄭氏曰：此臣有所告請於其君。

孔氏曰：朝服命使，敬也。命使者朝服，則君言至，亦朝服受之，互文也。不出門者，己使卑於君使也。

愚謂命使者亦下堂受命，亦朝服，文互相備也。士喪禮「乃赴於君，主人西階，東南面，命赴者拜送」，少儀曰「凡膳，告於君子，主人展之以授使者，於阼階之南，南面再拜稽首送」，是命使亦下堂，明矣。受命時當北面，使者於阼階上致君命，而臣於阼階下中庭北面受之也。

【朱氏訓纂】**凡爲君使者，已受命，君言不宿於家。**注：急君使也。言，謂有故所問也。聘禮曰：「若有言，則以束帛，如享禮。」　正義：受命，謂受君命爲聘使，不得停留宿於家，聘禮「既受命，遂行，舍於郊」是也。鄭注聘禮記「有故，謂災患，及時事相告也」。**君言至，則主人出拜君言之辱**，注：敬君命也。此謂國君問事於其臣。**使者歸，則必拜送于門外。**正義：去既送出門，則知初至迎亦出門也。**若使人於君所，則必朝服而命之；使者反，則必下堂而受命。**注：此臣有所告請於其君。正義：命使者言朝服，則君言至，亦朝服受之。去不下送，反而下迎者，尊君命也。不出門者，已使卑於君使也。

一·五四 ○**博聞强識而讓，敦善行而不怠，謂之君子。**敦，厚。○識，如字，又式異反。行，下孟反，皇如字。怠，音代。**君子不盡人之歡，不竭人之忠，以全交也。**歡，謂飲食。忠，謂衣服之物。

【疏】「君子」至「交也」[一]。○正義曰：此明君子所行之事也。○鄭云：「歡，謂飲食，忠謂衣服。」飲食是會樂之具，承歡爲易。衣服比飲食爲難，必關忠誠籌度，故名忠。各有所以也。明與人交者，不宜事事悉受。若使彼罄盡，則交結之道不全。若不竭盡，交乃全也。

【衛氏集説】博聞强識而讓，敦善行而不怠，謂之君子。君子不盡人之歡，不竭人之

[一] 君子至交也 惠棟校宋本無此五字。○鍔按：「君子」上，阮校有「博聞强識而讓節」七字。

忠，以全交也。

鄭氏曰：敦，厚也。歡，謂飲食。忠，謂衣服之物。

孔氏曰：此明君子所行之事也。明與人交者，不宜事事悉受。若使彼罄盡，則交結之道不全。若不竭盡，交乃全也。

長樂劉氏曰：多識前言往行者，聞之博也。窮理盡性，以至於命者，識之强也。博聞矣，强識矣，而猶未敢以爲能也。於是自卑而尊人，抑己以崇德，日新力行而無厭怠，斯其所以爲君子歟！是以人人仰其學行，竭乎恭敬以親之，所以致其歡也，而益加恐懼，不敢盡人之歡焉。人人慕其德義，竭乎忱誠以奉之，所以致其忠也，而愈謙晦，不敢竭人之忠焉。此君子所以行日礪而德日新，使往來者日增敬慕，終而始之，弗敢懈也，是故全交之道，日新德行，以爲之本。

長樂陳氏曰：博聞强識，知之者也，知常患於不遜。篤善行則，行之者也，行常患於怠。知矣而能遜，行矣而不怠，然後謂之君子。蓋聞識自外入，善行由中出。自外入者易實，故處之以虚。由中出者易倦，故濟之以勤。顔子好學而不伐善，所謂「博聞强識而遜」者也。三月不違仁，所謂「篤善行而不怠」者也。君子責己重以周，責人輕以約，故盡歡以交人，而不盡人之歡；竭忠以交人，而不竭人之忠。孟子曰：「愛人不親，反其仁。禮人不答，反其敬。」夫愛人至於不親，禮人至於不答，猶且自反而不責人，則於其交也，庸可責其歡忠之盡乎？詩曰「寧適不來，微我有咎」，此之謂也。歡所以交於外，忠所以交於内。嚴陵方氏曰：夫人幼而學之，壯而欲行之，則學之然後行也，故其序如此。盡人之歡，則人之所以施我之禮厚矣，我或無以報之，則人將有責於我，而交之迹得無虧於外乎？竭人之忠，則人之所以感我之誠至矣，我或無以應之，則人將有怨於我，而交之情得無虧於内乎？故君子不盡人之歡，不竭人之忠，所以全交也。全則終始一焉，若耳、餘之有初，竇、灌之凶終，則虧矣。

廣安游氏曰：多能者常失於傲而自與，爲善者常失於苟有得焉而止。今也博聞强識而居之以讓，敦善行而加之以不怠，謂之君子，宜矣。盡歡、竭忠，註疏説亦通。古之制禮者，於衣服、飲食、辭讓之際，固有取於此，然不止於此也。其人於己所求，歡以承命，則其求宜有所止，求而不止，則歡有時而窮，故其人之歡不可求之以盡也。其人於己所望，盡忠竭誠，然所望當有所止，苟望之而不止，則忠有時而窮，故其人之忠不可使至於竭也。盡人之歡，如虞公求玉於虞叔，叔既獻之，而又求其寶劍，故虞叔遂伐虞公，此盡人之歡也。楚共王歸知罃，而問「何以報我」，知罃不應，而楚子責以「必報不穀」，是竭人之忠也。如古注之説，則不盡人之歡，若陳敬仲之樂飲而不繼以燭是矣；不竭人之忠，若孔子出行不假雨具於子夏是矣。君子之與人交，所以貴辭、貴讓、貴有節、貴不迫于人、貴不干掩人之私，皆所以不盡歡、不竭忠之意也。詩曰「攜無曰益，牖民孔易」，言其求於民者當有所止，而不可益求而無已。記曰「不大望于民」，傳曰「舜不窮其民」，言其望于民者可小而不可大，可使有餘而不可使至於窮，古人之道槩如此，不獨於禮爲然也。

永嘉戴氏曰：曲禮所載，大率皆威儀文物也，獨首章言敬，中間論君子之爲人。蓋敬者，行禮之本也，非謙卑者不能以行禮，故博聞强識必繼之以遜；非强有力者不足以行禮，故篤善行必繼之以不怠。此其所以爲隆禮之君子也。

臨川王氏曰：盡人之歡，竭人之忠，則求人已深，能全交者鮮矣。盡歡以交人而不盡人之歡，竭忠以交人而不竭人之忠，此所謂「躬自厚而薄責於人」也。

藍田吕氏曰：歡，謂好於我也。忠，謂盡心於我也。好於我者，望之不深，則不至於倦而難繼也，「酬酒不舉三爵，油油而退」是也。盡心於我者，不要其必致，則不至於不能勉而難繼也，詩曰「每有良朋，烝也無戎」是也。

【吴氏纂言】博聞强識而讓，敦善行而不怠，謂之君子。

鄭氏曰：敦，厚也。

陳氏曰：博聞强識，知之也，知常患於不遜。篤善行，行之也，行常患於怠。知矣而能遜，行矣而不怠，然後謂之君子。蓋聞識自外入，善行由中出。自外入者易實，故處之以虚。由中出者易倦，故濟之以勤。

君子不盡人之歡，不竭人之忠，以全交也。

鄭氏曰：歡，謂飲食。忠，謂衣服之物。

澄曰：飲食之禮，所以致其歡樂。饋遺之禮，所以致其忠誠。受其半而辭其半，使彼致歡、致忠於我之意，常有餘而不竭盡。不至于使人厭倦而難繼，故曰「全交」，謂全其交接之道，使可常也。

孔氏曰：與人交者，不宜事事悉受，使彼罄盡，則交道乃全也。

游氏曰：不盡人之歡，若陳敬仲之樂飲而不繼以燭是矣。不竭人之忠，若孔子出行不假雨具於子夏。君子之與人交，所以貴辭讓、貴有節，皆不盡歡、不竭忠之意也。記曰「不大望於民」，傳曰「舜不窮其民」，言其望於民者可小而不可大，可使有餘而不可使至於窮，古人之道大槩如此，不獨於禮爲然也。

【陳氏集説】博聞强識而讓，敦善行而不怠，謂之君子。博聞强識而讓，所謂有若無，實若虚者。敦善行而不怠，所謂孳孳爲善者，皆君子之道也。陳氏曰：聞識自外入，善行由中出。自外入者易實，故處之以虚。由中出者易倦，故濟之以勤。**君子不盡人之歡，不竭人之忠，以全交也。**呂氏曰：盡人之歡，竭人之忠，皆責人厚者也。責人厚而莫之應，此交所以難全也。歡，謂好於我也。忠，謂盡心於我也。好於我者，望之不深，盡心於我者，不要其必致，則不至於難繼也。

【郝氏通解】多學而不傲人以自用，篤于行善而不以少得自止，斯誠君子矣。人有好于己，勿求其好之必盡。人有忠于己，勿責其忠之必竭。如此，則我望人不過厚，而人施于我易爲德，彼我之閒可常繼，全交之道也。

【欽定義疏】博聞强識而讓，敦善行而不怠，謂之君子。

正義　鄭氏康成曰：敦，厚也。

陳氏祥道曰：博聞强識，知也，知常患於不讓。敦善行，行也，行常患於怠。知矣而能遜，行矣而不怠，然後謂之君子。蓋聞識自外入，善行由中出。自外入者易實，故處之以虚。由中出者易倦，故濟之以勤。

劉氏彝曰：博聞矣，强識矣，而猶未敢以爲能也。於是自卑而尊人，抑己以崇德，日新力行而無厭怠，其所以爲君子歟！

游氏桂曰：多能者常失於傲，而爲善者常失於苟有得焉而止。今也居之以讓，加之以不怠，謂之君子，宜矣。

通論　陳氏祥道曰：顔子好學而不伐善，所謂「博聞强識而讓」者也；三月不違仁，所謂「敦善行而不怠」者也。

君子不盡人之歡，不竭人之忠，以全交也。

正義　鄭氏康成曰：歡，謂飲食。孔疏：飲食是會樂之具。忠，謂衣服之物。

孔氏穎達曰：與人交者，不宜事事悉受。若使彼罄盡，則交結之道不全。若不竭盡，交乃全也。

吴氏澄曰：飲食之禮，所以致其歡樂。饋遺之禮，所以致其忠誠。受其半而辭其半，使彼致歡、致忠於我之意，常有餘而不竭盡。不至於使人厭倦而難繼，故曰「全交」，謂全其交接之道，使可常也。

通論 游氏桂曰：盡人之歡，如虞公求玉於虞叔，叔既獻之，而又求其寶劍，故虞叔遂伐虞公，此盡人之歡也。楚共王歸知罃而問何以報我，知罃不應，而楚子責以「必報不穀」，是竭人之忠也。就飲食、衣服言之，若陳敬仲之樂飲而不繼以燭，孔子出行不假雨具於子夏，亦不盡、不竭之一端。

【杭氏集説】博聞强識而讓，敦善行而不怠，謂之君子。

陳氏祥道曰：聞識自外者易盈，故處之以虚。善行自内出者易倦，故濟之以勤。

朱氏軾曰：讓亦不怠意，蓋存一自足之見，則不復求博識矣。

姜氏兆錫曰：博聞强識而讓，有若無，實若虚也。敦善行而不怠，孳孳爲善也。

陳氏曰：聞識自外入，善行由中出。自外入者易實，故處以虚。由中出者易倦，故濟以勤也。又曰：此章言君子修己之道也。

君子不盡人之歡，不竭人之忠，以全交也。

吴氏澄曰：飲食之禮，所以致其歡樂。饋遺之禮，所以致其忠誠。受其半而辭其半，使彼致歡、致忠於我之意，常有餘而不竭盡。不至於使人厭倦而難繼，故曰「全交」，謂全其交接之道，使可常也。

姚氏際恒曰：吕與叔曰：「歡，謂好于我也。忠，謂盡心于我也。好于我者，望之不深。盡心于我者，不要其必致，則不至于難繼也。」此說是。劉執中謂人致其歡與忠于我，而益加恐懼謙晦，不敢竭盡人之歡與忠焉。此說雖工，卻于全交之義不協。方性夫謂竭盡人之歡與忠，則人之所以施我者厚矣，我或無以報之，則人將責我，而交虧矣。此說逆料人施而望報，非也。

朱氏軾曰：禮尚辭讓，盡歡竭忠者，辭讓之反也。不盡不竭，即論語「躬自厚而薄于人」意。凡事皆然，不第飲食衣服已也。

姜氏兆錫曰：歡，謂好于我。忠，謂忠于我。吕氏曰：「盡人歡、竭人忠，皆責人厚者也。責厚而莫應，則交傷矣。不望之太深，不要其必致，則不至難繼，而交可全也。」又曰：此章言君子待人之道也。

齊氏召南曰：歡、交所包甚廣，鄭注太泥。

【孫氏集解】博聞强識而讓，敦善行而不怠，謂之君子。

識，記也。博聞强識以窮理，而居之以讓，則不自滿，假而所知日益精。敦善行以修身，而不至於怠，則日新不已，而其德日益進。斯可爲成德之君子矣。

君子不盡人之歡，不竭人之忠，以全交也。

鄭氏曰：歡，謂飲食。忠，謂衣服之物。

呂氏大臨曰：君子躬自厚而薄責於人。責人厚而莫之應，此交之所以難全也。歡，謂好於我。忠，謂盡心於我。好於我者，望之不深，則不至於倦而難繼也，「酬酒不舉三酌，油油而退」是也。盡心於我者，不要其必力致，則不至於不能勉而絶也，「每有良朋，烝也無戎」是也。

愚謂歡，以情之見於外者言。忠，以意之主於中者言。盡人之歡、竭人之忠，則應之者難，而交道苦矣，故君子戒之。

【朱氏訓纂】**博聞强識而讓，敦善行而不怠，謂之君子。**釋詁：敦，勉也。陳用之曰：聞識自外入，善行由中出。自外入者易實，故處之以虛。由中出者易倦，故濟之以勤。**君子不盡人之歡，不竭人之忠，以全交也。**注：歡，謂飲食。忠，謂衣服之物。正義：明與人交者，不宜事事悉受。若使彼罄盡，則交結之道不全也。

一·五五 **禮曰：「君子抱孫不抱子。」此言孫可以爲王父尸，子不可以爲父尸。**以孫與祖昭穆同。○昭，時招反。**爲君尸者，大夫、士見之則下之。君知所以爲**

尸者，則自下之。尊尸也。下，下車也。國君或時幼少，不能盡識羣臣，有以告者，乃下之。○少，式召反。○**尸必式。**禮之。**乘必以几。**尊者慎也。○乘，繩證反，下注二處「乘車」同。**齊者不樂不弔。**爲哀樂則失正，散其思也。○齊，側皆反。樂，音洛，下「無容樂」「非樂所」同。思，絲嗣反，又如字。

【疏】「禮曰」至「不弔」[一]。○正義曰：此一節論立尸用人相尊敬之法，各依文解之。

○「抱孫不抱子」者，此以明昭穆之例。凡稱「禮曰」者，皆舊禮語也。爲下事難明，故引舊禮爲證。案此篇之首，作記之人引舊禮而言「曲禮曰」，此直言「禮曰」，不言「曲」者，從略可知也。「抱孫不抱子」者，謂祭祀之禮必須尸，尸必以孫。今子孫行並皆幼弱，則必抱孫爲尸，不得抱子爲尸。所以然者，作記之者既引其禮[二]，又自解云「此言孫可以爲王父尸，子不可以爲父尸」故也。曾子問云：「祭成喪者必有尸，尸必以孫。孫幼則使人抱之，無孫則取於同姓可也。」是有抱孫之法也。言無孫，取於同姓可者，謂無服內之孫，取服外同姓也。天子至士皆有尸，特牲是士禮，少牢是大夫禮，並皆有尸。

[一] 禮曰至不弔　惠棟校宋本無此五字。○鍔按：「禮曰」上，阮校有「禮曰節」三字。

[二] 作記之者既引其禮　閩本同，監、毛本「者」作「人」，衛氏集說無「之」字。作「作記者」，是也。

又祭統云：「君執圭瓚祼尸。」是諸侯有尸也。又守祧職云：「若將祭祀，則各以其服授尸。」是天子有尸也。天子以下，宗廟之祭，皆用同姓之嫡。故祭統云：「祭之道，孫爲王父尸。所使爲尸者，於祭者爲子行，父北面而事之。」注云：「子行，猶子列也。祭祖則用孫列，皆取於同姓之適孫也。天子、諸侯之祭，朝事延尸於户外，是以有北面事尸之禮也。」雖取孫列，用卿大夫爲之。故既醉注云：「天子以卿。」鄭箋云：「諸侯入爲天子卿大夫，故云公尸。」天子既然，明諸侯亦爾，故大夫、士亦用同姓嫡者。曾子問云：「無孫，取於同姓可也。」又鄭注特牲禮「大夫、士以孫之倫爲尸」是也。言「倫」，明非己孫。皇侃用崔靈恩義[一]，以大夫用己孫爲尸，恐非也。天子祭天地、社稷、山川、四方百物及七祀之屬[二]，皆有尸也，故鳧鷖並云「公尸」。推此而言，諸侯祭社稷、竟内山川，及大夫有菜地[三]祭五祀，皆有尸也。外神之屬，不問同姓、異姓，但卜吉則可爲尸。案曾子問祭成人必有尸，則祭殤無尸。若新喪虞祭之時，男女各立尸，故士虞禮云「男，男

[一]皇侃用崔靈恩義　各本同。案：「侃」即「偘」字，五經文字云：「偘，相承作『侃』，訛。」據此可證正義序「皇甫偘」衍一「甫」字。

[二]及七祀之屬　閩本同，惠棟校宋本同，監、毛本「祀」誤「祖」。

[三]及大夫有菜地　惠棟校宋本同，閩、監、毛本「菜」作「采」。案：菜地以采取爲義，字當從菜。匡謬正俗云：「古之經史『采』『菜』相通，今之學者見謂之『采地』，字上或加『艸』。」

尸。女，女尸」。至祔祭之後，正用男之一尸，以其祔祭漸吉故也。凡吉祭，祇用一尸，故祭統云「設同几」是也。若祭勝國之社稷，則士師爲尸。知者，士師職文。用士師者，略之。故異義：「公羊説祭天無尸。左氏説晉祀夏郊，以董伯爲尸。虞夏傳云舜入唐郊，以丹朱爲尸。是祭天有尸也。」許慎引魯郊祀曰「祝延帝尸」，從左氏之説也。

○「爲君尸者，大夫、士見之，則下之」。○正義曰：此臣爲君作尸者，已被卜吉，君許用者也。下，謂下車也。古者致齊各於其家。散齊亦猶出在路，及至祭日之旦，俱來入廟，故羣臣得於路見君之尸，皆下車而敬之。

○「君知所以爲尸者則自下之」者，此亦謂散齊之時，君若在路見尸，亦自下車敬之。不直云「君見尸」，而云君知者，言知，則初有不知，不知，謂君年或幼少，不能並識羣臣，故於路或不識，而臣告君，君乃知之，所以下也。所以知是散齊者，君致齊，不復出行[一]，若祭日，君先入廟，後乃尸至也。

○「尸必式」者，廟門之外，尸尊未伸，不敢亢禮，不可下車，故式爲敬，以答君也。式，謂俯下頭也。古者車箱長四尺四寸而三分，前一後二，横一木，下去車牀三尺三寸，謂之爲式。又於式上二尺二寸，横一木，謂之爲較。較去車牀凡五尺五寸。於時立乘，

[一] 君致齊不復出行　閩、監、毛本同，惠棟校宋本「君」作「若」。

若平常則馮較，故詩云「倚重較兮」是也。又若應爲敬，則落手隱下式，而頭得俯俛，故後云「式視馬尾」是也。鄭注考工記云：「兵車之式，高三尺三寸。較，兩輢上出式者也。兵車自較而下，凡五尺五寸。」然尸在廟中尊伸，尚答主人之拜，今在路，其尊猶屈，君下而已。式者，以其在路，尊未伸，故未敢亢禮。至於廟中，禮伸則亢，故答之。

○「乘必以几」者，几案在式之上，尊者有所敬事，以手據之。几上有冪，君以羔皮，以虎緣之也。

【衛氏集説】鄭氏曰：孫爲王父尸，以孫與祖昭穆同也。下，下車也，所以尊尸。國君時或幼小，不能盡識羣臣，有以告者，乃下之。尸必式，禮之也。乘以几，尊者慎也。齊者，哀樂則失正，散其思也。

孔氏曰：此一節論立尸用人相尊敬之法。凡稱「禮曰」者，皆舊禮語也。祭祀必有尸，尸必以孫。今子孫行並幼弱，則必抱孫爲尸，不得抱子爲尸也。作記者又自解云：「此言孫可以爲王父尸，子不可以爲父尸也。」曾子問云：「孫幼則使人抱之，無孫則取於同姓可也。」謂無服内之孫，則取服外同姓也。天子至士皆有尸，天子必取孫列之爲卿大夫者，謂「諸侯入爲卿大夫者，故云公尸」，諸侯亦然。天子祭天地、社稷、山川、四方百物及七祀，諸侯祭社稷、竟内山川，及大夫有采地祭五祀，皆有尸也。外神之屬，不問異姓、同姓，但卜吉則可爲尸。祭殤無尸。若新喪虞祭，男女各立尸，故士虞禮云「男，男尸。女，女尸」。至祔祭後，止用男之一尸，祭統云「設同几」是也。若祭勝國之社稷，則士師爲尸。異義：「公羊說祭天無尸。左氏說晉祀夏郊，以董伯爲尸。虞夏傳云舜入唐郊，以丹朱爲尸。則祭天亦有尸也。」爲君尸，謂臣謂君作尸者，已被卜吉，君許用者也。古者致齊各於其家，散齊亦猶出在路，及祭日之旦，俱來入廟，故羣臣得於路見君之尸，皆下車而敬之。君若於散齊之時，在路見尸，亦自下車敬之。尸在廟門之外，其尊未伸，不敢亢禮，不可下車，故式爲敬，以答君也。式，謂俯下頭也。古者車箱長四尺四寸而三分之，前一後二，横一木，下去車牀三尺三寸，謂之式。於式上二尺二寸横一木，謂之較。較去車牀五尺五寸。於時立乘，平常則馮較，詩「倚重較兮」是也。若應爲敬，則落手隱下式，而頭得俯俛，「式視馬尾」是也。尸至廟中禮伸則亢，故答拜。几案在式之上，尊者有所敬事，以手據之。几上有幂，君以羔皮，以虎緣之也。

横渠張氏曰：抱孫不抱子，父於子主於尊嚴，故不抱。孫自有其父，故在祖則可抱，非謂爲尸而抱也。祭所以有尸者，蓋以示敬。若接鬼神，則室中之事足矣。至於事尸，分明是孫行，反以子道事之，則事親之道可以喻矣。　又曰：節服氏言「郊祀，送逆尸，從車」，則祀天有尸也。天地、山川之類，非人鬼者，皆難有尸，節服氏言郊祀有尸，不害后稷配天而有尸也。

臨川王氏曰：於祭之有尸，見君子所以事鬼神之盡也。鄭註「國君幼小，有告者乃下之」，君必有告者，不必幼也。

新安朱氏曰：神主之位東向，尸在神主之北。古人用尸，本與死者一氣，又以生人精神去交感他那精神，是會附著歆享。又曰：古者不用尸，則有陰厭，書儀中所謂「闔明垂簾」是也，欲使神靈厭飫之也。又曰：古者立尸，必隔一位。孫可以爲王父尸，子不可以爲父尸，以昭穆不可亂故也。又曰：古者男女各有尸，自周以來不見説有女尸，想是漸次廢了。杜佑説上古時中國與夷狄一般，後世聖人有改之未盡者，尸其一也。今蠻峒中猶有此，但擇美丈夫爲之，不問族類，事見杜佑所作理道要訣末篇。

藍田吕氏曰：求神，必以其類升其堂也，入其室也，其形不可見也，其聲不可聞也。亨孰羶薌而薦之，莫知其來亨也，此孝子之心，所以必立尸也。主人之事尸，以子事父也，然獻酢拜跪，禮無不答，猶賓之也。父母而賓客之，自殯于西階始，此事人、事鬼之所以異也。尸必筮之，求於神而不敢專也。特牲禮「前期三日筮尸」，少牢禮前宿一日筮尸也。几者，尊者之所凴，以養安也，故尸之乘車用之。古之有敬事者必齊，齊者，專致其精明之德，恍惚以與神明交者也。樂則散，哀則動，皆有害於齊也。故不樂不弔，全其所以齊之志也。

長樂劉氏曰：孝子之祭，於其親也，散齊七日，致齊三日，精明之至，必見其所以齊者。是故敬其親之至也，則欲見其形容；愛其親之至也，則欲饗之飲食。形容不可得而見也，飲食不可知其饗也，是以取其昭穆之類者爲尸焉。然後想其形容之肖似也，知其飲食之必饗也，孝子得以致其誠而盡其心矣。

嚴陵方氏曰：君子，則指所祭之主也。凡爲尸者不必皆幼，必曰抱，以見禮之所在不以幼而廢也。且尸於所祭之主，固爲孫行，然於主祭之人則子行也。父北面而事之，又所以明子事父之道焉，祭統言「見父子之倫」者，意在乎此。下謂在車則下之也，必曰「爲君尸」者，則知非爲君尸者有所不下矣。君知所以爲尸者則自下之者，學記所謂「當其爲尸則弗臣」是也。馮式，謂之式，猶執杖謂之杖也。致齊將以致祭也，故不以哀樂二其心。至於祭則曰「樂以迎來，哀以送往」，何也？齊之所謂哀樂者，以防外物爲主。祭之所謂哀樂者，以盡内志爲主。惟能防外物之樂，故能盡内志而樂神之來。惟能防外物之哀，故能盡内志而哀神之往。齊之不哀不樂，乃所以致祭之哀樂而已。

山陰陸氏曰：其所以爲尸者，則有義矣。

新安王氏曰：特牲禮注「大夫、士以孫之倫爲尸」，言「倫」，明非己孫。崔靈恩謂大夫用己孫爲尸，非也。特牲禮有尸，士禮也。少牢禮有尸，大夫禮也。祭統言「君執圭瓚裸尸」，諸侯禮也。守祧言「以其服授尸」，天子禮也。

【吴氏纂言】禮曰：「君子抱孫不抱子。」此言孫可以爲王父尸，子不可以爲父尸。

鄭氏曰：以孫與祖昭穆同。

孔氏曰：禮曰者，皆舊禮語也。抱孫不抱子，謂祭祀之禮必須尸，尸必以孫。今子孫行並皆幼弱，則必抱孫爲尸，不得抱子爲尸。作記者既引禮，又自解云「此言孫可以爲王父尸，子不可以爲父尸」故也。曾子問云：「尸必以孫。孫幼則使人抱之，無孫則取於同姓可也。」

方氏曰：凡爲尸者，不必皆幼，必曰抱，以見禮之所在，不以幼而廢也。

王氏炎曰：特牲禮注「大夫、士以孫之倫爲尸」，言「倫」，明非己孫。崔靈恩謂「大夫用己孫爲尸」，非也。

張子曰：父於子尊嚴，故不抱。孫自有其父，故在祖則可抱，非謂爲尸而抱也。尸是孫行，反以子道事之，則事親之道可以喻矣。

澄按：張子之意謂君子於生之時，爲祖者抱其孫，而爲父者不抱其子。故死而立尸以祭，可以孫行爲尸，而不可以子行爲尸也。然曾子問篇既有「孫幼則使人抱之」之文，則不若舊注之説爲當。

爲君尸者，大夫、士見之則下之。君知所以爲尸者，則自下之。尸必式。乘必以几。

鄭氏曰：下，下車也。所以尊尸。國君或時幼小，不能盡識羣臣，有以告者，乃下之。尸必式，禮之也。乘以几，尊者愼也。

孔氏曰：爲君尸，謂臣爲君作尸者，已被卜告，君許用者也。古者致齊各於其家，散齊亦猶出在路，及祭日之旦，俱來入廟，故羣臣得於路見君之尸，皆下車而敬之。君若於散齊之時，在路見尸，亦自下車敬之。云君知者，言知，則有不知，謂君年或幼小，不能並識羣臣，故於路或不識，而臣告君，君乃知之，所以下也。知是散齊者，君致齊，不復出行，若祭日，君先入廟，後乃尸至。尸在廟中尊伸，答主人之拜。今在路其尊猶屈，不敢亢禮，君下而已，不可下車，故式爲敬以答君也。乘必以几者，几案在式之上，尊者有所敬事，以手據之。几上有幂，君以羔皮，以虎緣之也。

齊者不樂不弔。

鄭氏曰：爲哀樂則失正，散其思也。

吕氏曰：齊者，專致其精明之德，恍惚以與神明交者也。樂則散，哀則動，皆有害於齊也。故不樂不弔，全其所以齊之志也。

方氏曰：致齊，將以致祭也，故不以哀樂貳其心。

【陳氏集説】禮曰：「君子抱孫不抱子。」此言孫可以爲王父尸，子不可以爲父尸。爲君尸者，大夫、士見之則下之。君知所以爲尸者，則自下之。尸必式。乘必以几。疏曰：祭天地、社稷、山川、四方百物及七祀之屬，皆有尸。外神不問同姓、異姓，但卜之吉則可爲尸。祭勝國之社稷，則士師爲尸。惟祭殤無尸。　吕氏曰：「抱孫不抱子」，古禮經語也。曾子問曰：「孫幼則使人抱之。」抱孫之爲言生於孫幼，且明尸必以孫，以昭穆之同也。古之祭祀必有尸。尸，神象也。主人之事尸，以子事父也。尸必筮，求諸神而不敢專也。在散齊之日，或道遇之，故有爲尸下之禮。大夫、士言見，君言知者，蓋君或不能盡識，有以告，則下之，致其敬也。尸不下君而式之者，廟門之外，尸尊未全，不敢亢禮而答之，故式之而已。亢禮而答，則下之矣。如在廟中，主人拜無不答也。古者車中以式爲敬。式，車前横木也，馮之以禮人，首必小俛，以是爲敬。式視馬尾，俯首之節也。凡尊者所馮，以養安也，故尸之乘車用之。**齊者不樂不弔**。吕氏曰：古之有敬事者必齊。齊者，致精明之德也。樂則散，哀則動，皆有害於齊也。不樂不弔者，全其齊之志也。

【郝氏通解】禮曰：「君子抱孫不抱子。」此言孫可以爲王父尸，子不可以爲父尸。**爲君尸者，大夫、士見之則下之。君知所以爲尸者，則自下之。尸必式。乘必以几。**

禮，古禮也。祖父憐孫之幼，常擁抱之，子長則不抱。父嚴祖慈，人情也。記者引此以明孫爲祖尸之意，蓋惟其死則爲尸，故生則鍾愛。曾子問云：「尸必以孫。孫幼則使人抱。」意與此異。王父，祖父也。君尸，謂天子、諸侯祭祀，公卿大夫爲尸者，已筮已宿。大夫、士遇于外則下車，敬之也。君遇于路，知其臣已筮爲尸者，亦下車。尸皆式于車上，答之也。尸乘車，必加几于式使憑，以優之也。

按：古者惟祭殤無尸，内外之神，祭皆以尸。内神用同姓，外神不擇姓。勝國之社稷，則士師爲之。宗廟之祭，主人之子爲之。使其父北面拜其子，近逆飲食，生人以爲鬼，近戲，此古禮之不可强通于後世者也。

齊者不樂不弔。

遇大事而齋戒，則不爲樂、不弔哀，專志以養誠也。

【方氏析疑】禮曰：「**君子抱孫不抱子。**」此言孫可以爲王父尸，子不可以爲父尸。疏引春秋傳晉祀夏郊，以董伯爲尸。尚書傳帝乃稱王，而入唐郊，以丹朱爲尸。謂祭天亦有尸，非也。曰夏郊，曰唐郊，蓋配享者之尸也。董伯，夏之末裔。丹朱，堯之子。即此可知，祭天無尸矣。張子謂周官節服氏「郊祀，送逆尸，從車」，不害爲后稷之尸，得之。

君知所以爲尸者，則自下之。

君致齊，則不出齊宮，尸亦宜然，不宜道遇，此散齊時事也。祫祭，尸非一人，或以家故，入齊宮有先後。卿大夫散齊於家，以官政、家事不可曠也。尸無他故，散齊皆宜在公宮。有故，則未及致齊之前，皆可入也。而散齊期内，或有朝賓聘客，君亦不容不出，故有與尸相遇之禮。曰知者，既卜而知其爲尸，則自此見之，必下也。

尸必式。乘必以几。

君自下，以其將爲神像也。尸不下，以其既攝尊位也。惟式而不見君之下爲安。猶聘，使見主君迎拜，則旋辟。疏謂「廟門之外，尸尊未伸，不敢亢禮」，似未得其義。舊說几，尊者所憑以養安，故尸之乘車用之，似用之車上。車上無用几法，昏禮「婦乘以几，從者二人，坐持几」，謂登車時用之也。凡登車皆以綏，尸貴安，重舒泰，故用几。婦人始嫁用几，恐於壻前失容也。坐而後憑几，尸式，則立乘可知矣，以是知用以登車也。周公有事於泰山，以太公爲尸，五嶽視三公，姜姓乃四嶽裔胄也。以是推之，外祀之尸，非其苗裔，則疇以爵等。

【江氏擇言】禮曰：「君子抱孫不抱子。」此言孫可以爲王父尸，子不可以爲父尸。

孔疏云：子孫行並皆幼弱，則必抱孫爲尸，不得抱子爲尸。曾子問云：「尸必以孫。孫幼則使人抱之，無孫則取於同姓可也。」

方氏云：凡爲尸者不必皆幼，必曰抱，以見禮所在，不以幼而廢也。

王氏炎云：特牲禮注：「大夫、士以孫之倫爲尸」，言「倫」，明非己孫。崔靈恩謂大夫用己孫爲尸，非也。

按：抱孫不抱子，孔疏及方氏說可從。若謂生時唯祖抱孫而父不抱子，似非人情。子生三年然後免於父母之懷，有不抱子者乎？王氏本孔疏，辨崔靈恩大夫用己孫爲尸之非，亦不然。假令適子主祭，其兄弟之子於所祭者爲孫，則適子亦可事之矣。曾子問明言「尸必以孫」，「無孫然後取於同姓」，未嘗謂己孫不可爲尸也。此經明言孫可以爲王父尸，未嘗謂必他人之孫也。孫爲己血屬，祖之憑依，當彌親切耳。

尸必式。乘必以几。

鄭注：尸必式，禮之。乘必以几，尊者慎也。

孔疏云：几案在式之上，尊者有所敬事，以手據之。几上有幂，君以羔皮，以虎緣之也。

按：乘必以几，謂尸登車履几而上，故鄭注云「尊者慎也」。士昏禮「婦乘車以几，御者二人，坐持之」，是其明證。夏官隸僕：「王行，洗乘石。」詩云：「有扁斯石，履之卑兮。」尸登車宜亦用乘石，而此言「以几」者，蓋諸侯之尸也。孔疏謂「几在式上」，按輿人「參分軫圍，去一以爲式圍」，注云「兵車式圍，七寸三分寸之一」。以方計之，廣不及二寸，式上安可置几？況車行摇動，能凴之以爲安乎？羔幂覆於式，未聞覆於几也。孔疏而下，説者皆誤。

【欽定義疏】禮曰：「君子抱孫不抱子。」此言孫可以爲王父尸，子不可以爲父尸。

正義　鄭氏康成曰：以孫與祖昭穆同。

張子曰：父於子主於尊嚴，故不抱。孫自有其父，故在祖則可抱，非謂爲尸而可抱也。祭所以有尸者，蓋以示敬。若接鬼神，則室中之事足矣。至於事尸，分明是孫行，反以子道事之，則事親之道可以喻矣。

通論 朱子曰：神主之位東向，尸在神主之北。古人用尸，本與死者一氣，又以生人精神去交感他那精神，是會附著歆享。

孔氏穎達曰：天子至士皆有尸，宗廟之祭皆用同姓之嫡。天子必取孫列之爲卿大夫者，既醉注云「天子以卿」，謂「諸侯入爲卿大夫，故云公尸」，諸侯亦然。鄭注特牲禮「大夫、士以孫之倫爲尸」，言「倫」，明非己孫。皇侃用崔靈恩義，以爲大夫用己孫，非也。天子祭天地、社稷、山川、四方、百物及七祀，諸侯祭社稷、竟内山川，大夫有采地祭五祀，皆有尸。外神不問同、異姓，但卜吉則可。祭殤無尸，若新喪虞祭，男女各立尸，故士虞禮云「男，男尸。女，女尸」。至祔祭後，止用男之一尸，祭統云「設同几」是也。若祭勝國之社稷，則士師爲尸。異義：「公羊説祭天無尸。左氏説晉祀夏郊，以董伯爲尸。虞夏傳云舜入唐郊，以丹朱爲尸。則祭天亦有尸也。」案：董伯，夏之後。丹朱，堯之子。以爲配天者之尸，則天無尸明矣。周禮節服氏「郊祀，送逆尸」，亦后稷之尸也。

存疑 孔氏穎達曰：凡稱「禮曰」者，皆禮舊語也。祭祀必有尸，尸必以孫。子孫行並幼弱，得抱孫爲尸，不得抱子爲尸。曾子問云：「孫幼則使人抱之，無孫則取於同姓可也。」同姓，謂五服外。

方氏慤曰：君子，指所祭之主。

案 抱孫不抱子，指平日言，不指當祭言。下兩句是作記者推到後來説見得。孫與子，其分固殊也。大凡禮近則有嫌，遠則無嫌，故天子不以公爲尸而以卿爲尸，諸侯不以卿爲尸而以大夫爲尸，則不以子爲尸而以孫爲尸，亦是此義。張子之意，謂君子於生之時，爲祖者抱其孫，而爲父者不抱其子，故死可以孫行爲尸，而不可以子行爲尸，非謂孫他日可爲己之尸而抱之也。孔氏之意，亦謂所祭者之孫可抱爲尸，昭穆同也。子不可抱爲尸，昭穆異也云爾。方氏乃以君子爲祭主，似祭主抱祭尸，不可解矣。曾子問篇「孫幼則使人抱之」，使人抱，非已抱也。蓋大夫、士避君，尸必取無爵者，尸必正適所生，必已無父，又必無爵。求兼此三者而又卜之吉乃用，則得其人甚難，故或及至幼耳。

爲君尸者，大夫、士見之則下之。君知所以爲尸者，則自下之。尸必式。乘必以几。

正義　鄭氏康成曰：下，下車，尊尸也。尸必式，禮之也。乘以几，尊者慎也。

孔氏穎達曰：爲君尸，謂臣爲君作尸者，已被卜吉，君許用者也。古者致齊各於其家，散齊亦猶出在路，及祭日之旦，俱來入廟，故羣臣得於路見君之尸，皆下車而敬之。君若於散齊之時，在路見尸，亦自下車敬之。式，謂俯下頭也。古者車箱長四尺四寸而三分之，前一後二，横一木，下去車牀三尺三寸，謂之式。於式上二尺二寸横一木，謂之較。較去車牀五尺五寸。於時立乘，若平常則憑較，詩云「倚重較兮」是也。若應爲敬，則落手隱下式，而頭得俯俛，後云「式視馬尾」是也。几上有冪，君以羔皮，而以虎緣之也。

方氏慤曰：下，謂在車則下之也。馮式，謂之式，猶執杖謂之杖。

何氏兆清曰：上三句立尸之法。「爲君尸」五句，敬尸之道。「尸必式」二句，是尸自處之道。

存疑 鄭氏康成曰：國君或時幼小，不能盡識羣臣，有以告者，乃下之。

孔氏穎達曰：廟門之外，其尊未伸，不敢亢禮，不可下車，故式爲敬以答君也。至廟中，禮伸則亢，故答拜。几案在式之上，尊者有所敬事，以手據之。

辨正 王氏安石曰：鄭注「國君幼小，有告者，則下之」。君必有告者，不必幼也。

案 或疑禮經凡不敢亢禮者，有還辟、辟拜，及三退、負序之法。今君下尸而尸亦下，固疑爲屈。若君下尸，不下而第以式答之，恐亦未順意。「尸必式」句，專指大夫、士言。若尸與君，當必有辟之之法，至不能辟而相值，理應先下，及君下車，自可以辟退之，禮處之，豈有待君下車而第以式答之之理者？考禮，先十日戒尸，先三日卜尸，卜而吉，乃成其爲尸。此所謂尸必在二日以内成其爲尸，則尸尊，無下車法矣。至乘必以几，孔謂几在式上，恐式上非置几地。蓋車上設几，以示尊安之意。其實坐，然後凴几，非式時可用也。據昏禮「婦乘以几」，注亦以慎之爲説，賈公彦疏謂登車時也。將上車，踐以登，若王后則履石，若尸乘以几之類，則「乘」字明，據可正孔疏「几在式上」之失矣。

齊者不樂不弔。

【正義】鄭氏康成曰：爲哀樂則失正，散其思也。

呂氏大臨曰：古之有敬事者必齊。齊者，專致其精明之德，恍惚以與神明交者也。樂則散，哀則動，皆有害於齊也。故不樂不弔，全其所以齊之志也。

【通論】方氏慤曰：致齊，不以哀樂易其心。祭則曰「樂以迎來，哀以送往」，何也？齊之所謂哀樂者，以防外物爲主。祭之所謂哀樂者，以盡内志爲主。惟能防外物之樂，故能盡内志而樂神之來。惟能防外物之哀，故能盡内志而哀神之往。齊之不哀不樂，乃所以致祭之哀樂也。

【案】鄭、孔讀「樂」爲「哀樂」之「樂」，楊氏梧讀如字。考祭統云「耳不聽樂，故曰『齊者不樂』」，言不敢散其志也，則楊得之。但樂所以樂，弔所以哀，其義仍一耳。

【杭氏集説】禮曰：「君子抱孫不抱子。」此言孫可以爲王父尸，子不可以爲父尸。

萬氏斯大曰：孫爲祖尸，昭穆同也。或問：「太廟合祭始祖、羣祖，皆有尸，宜如何？」曰：據祭統尸爲祭者子行，然合祭必取子行，則昭穆有不應者。祖尸必以孫，然始祖又何從得孫？唯取王族最長行爲始祖尸。羣廟有孫取孫，無孫取孫之孫行可矣。指高祖之祖、父二廟，世遠未必有孫，即取孫之孫，昭穆同也。大抵諸經言尸，皆主祭父言，不必泥也。

姜氏兆錫曰：抱孫不抱子，古禮經語，曾子問篇「孫幼則使人抱之」是也。呂氏曰：「抱孫之爲言生於孫幼，此則借以明尸必以孫，不紊昭穆之義也。」

朱氏軾曰：此引禮文，解所以子不爲尸之故。記者若曰爲尸以孫，不以子者，何也？禮文嘗言之矣，曰「君子抱孫不抱子」。父于子尊嚴，生且不抱，死得爲尸乎？若從舊注，「抱孫不抱子」且虛説。下二句是記者解禮文，謂抱孫者，抱爲尸也，孫可以爲王父尸，子不可以爲父尸，故云「抱孫不抱子」。此説亦通。

方氏苞曰：疏引春秋傳晉祀夏郊，以董伯爲尸。尚書傳帝乃稱王，而入唐郊，以丹朱爲尸。謂祭天亦有尸，非也。曰夏郊，曰唐郊，蓋配享者之尸也。董伯，夏之末。丹朱，堯之子。即此可知祭天無尸矣。張子謂周官節服氏「郊祀，送逆尸，從車」，不害爲后稷之尸得之。

爲君尸者，大夫、士見之則下之。君知所以爲尸者，則自下之。尸必式。乘必以几。

何氏兆清曰：上三句，立尸之法。「爲君尸」五句，敬尸之道。「尸必式」二句，是尸自處之道。

姚氏際恒曰：「君知所以爲尸者」，此句重拈有意，蓋爲尸者，皆君之臣，君知所以爲尸，則弗臣矣。鄭氏謂幼不能盡識，有告者乃下之，迂甚。

朱氏軾曰：知，猶見也。必式、必以几者，尸敬君也。

姜氏兆錫曰：君尸猶言公尸，謂卜吉，將爲之也。見尸則下之者，禮，致齊各於家，散齊猶得在外，及祭之旦，俱來入廟，故得於路見而下之也。大夫、士言見，君言知者，君或不能盡識，以告則下也。尸不下君者，廟門之外，尸尊未全，不敢亢禮以答，故式之而已。若廟中，則主拜，無不答也。車前横木曰式，故乘車者憑以禮人，即名爲式。几乃尊者所以養安，尸之乘車用之，亦以尊尸也。　又曰：疏曰禮祭天地、社稷、山川、四方、百物及七祀之屬，皆有尸。其尸但卜吉則可，不問同異姓也。勝國社稷，則士尸爲尸。虞祭則又有女尸，惟祭殤無尸。　又曰：此章言敬尸之禮。

方氏苞曰：君致齊，則不出齊宫，尸亦宜然，不宜道遇，此散齊時事也。祫祭，尸非一人，或以家故，入齊宫有先後，卿大夫散齊於家，以官政、家事不可曠也。尸無他故，散齊皆宜在公宫。有故，則未及致齊之前，皆可入也。而散齊期内，或有朝賓聘客，君亦不容不出，故有與尸相遇之禮。曰知者，既卜而知其爲尸，則自此見之，必下也。君自下，以其將爲神像也。尸不下，以其既攝尊位也。惟式而不見君之下爲安。猶聘，使見主君迎拜，則旋辟。疏謂「廟門之外，尸尊未伸，不敢抗禮」，似未得其義。舊説「几，尊者所憑以養安，故尸之車用之」，似用之車上。車上無用几法，昏禮「婦乘以几，從者二人，坐持几」，謂登車時用之也。凡登車皆以綏，尸貴安重舒泰，故用几。婦人始嫁用几，恐於壻前失容也。坐而後憑几，尸式，則立乘可知矣，以是知用以登車也。周公有事於泰山，以太公爲尸，五嶽視三公，姜姓乃四嶽裔胄也。以是推之，外祀之尸，非其苗裔，則疇以爵字。

齊者不樂不弔。

姜氏兆錫曰：有敬事必齊。齊也，致精明之德也。樂則散，哀則動，故戒之。又曰：此章言謹齊之禮。

【孫氏集解】禮曰：「君子抱孫不抱子。」此言孫可以爲王父尸，子不可以爲父尸。

鄭氏曰：以孫與祖昭穆同。

孔氏曰：凡稱「禮曰」者，皆舊禮語也。祭祀之禮，必須尸，尸必以孫。今子孫行並幼弱，得抱孫爲尸，不得抱子爲尸。記者既引舊禮，又自解之云「此言孫可以爲王父尸，子不可以爲父尸」故也。曾子問曰：「孫幼則使人抱之，無孫則取於同姓可也。」是有抱孫之法也。○孔氏曰：天子至士皆有尸，宗廟之祭，皆用同姓之嫡，天子諸侯之祭用卿大夫爲之。故既醉注云：「天子以卿。」鄭箋云：「諸侯入爲天子卿大夫，故云公尸。」天子既然，明諸侯亦爾，大夫、士亦用同姓嫡者。鄭注特牲禮「大夫、士以孫之倫爲尸」，言「倫」，明非己孫。皇侃用崔靈恩義，以大夫用己孫爲尸，恐非也。若新喪，虞祭之時，男女各立尸，故士虞禮云：「男，男尸。女，女尸。」至祔祭之後，止用男之一尸，以祔祭漸吉故也。凡吉祭，止用一尸，故祭統云「設同几」是也。天子祭天地、社稷、山川、四方百物及七祀之屬，諸侯祭社稷、境内山川，及大夫祭五祀，皆有尸。外神之屬，不問同姓、異姓，但卜吉則可爲尸。若祭勝國之社稷，則士師爲尸。異義：「公羊説祭天無尸。左傳説晉祀夏郊，以董伯爲尸。虞夏傳云舜入唐郊，以丹朱爲尸。是祭天有尸也。」許慎引魯郊祀曰「祝延帝尸」，從左傳之説也。

程子曰：古人祭祀有尸，極有深意。喪人之魂魄既散，孝子求神而祭。無主則不依，無尸則不饗。魂氣必求其類而依之，人既與人相類，骨肉又爲一家之類，己與尸各已潔齊，至誠相通，以此求神，宜其饗之。後世不知此，直以尊卑之勢，遂不肯行耳。

朱子曰：古人祭祀，無不用尸，非惟祭祖、禰，祭外神亦用尸，不知祭天地何如。想惟此不敢爲尸。杜佑謂古人用尸，蓋上古樸陋之禮。看來古人自有深意，非樸陋也。

愚謂此言孫可以爲王父尸。曾子問曰「尸必以孫」，是則尸用己孫明矣，如祭父則取兄弟之適子爲尸。故祭統云：「所使爲尸者，於祭者子行也。」士大夫所祭近，故無孫而取於同姓者。若天子、諸侯祭其宗廟，則所取爲尸者，皆其所祭之祖之所出，又不必取於同姓矣。鄭氏謂大夫、士以孫之倫爲尸，蓋兼容無孫者言之。孔氏乃據此而謂尸不用己孫，非徒棄經信傳，亦不善會鄭義矣。吉祭祭祖考而以妣配，止用男之一尸。若祔祭，則雜記云：「男子祔於王父則配，婦人祔於王母則不配。」祔後練、祥，又特祭新死者於寢，皆當男女别尸。至三年喪畢，新主入廟吉祭，然後止用男尸。孔疏謂祔祭漸吉，止用男尸，亦非是。周禮墓祭則冢人爲尸，祭勝國之社稷，則士師爲尸，是祭外神皆有尸也。朱子謂祭天地不敢用尸，蓋以其至尊而不敢以人象之也。節服氏「郊祀則裘、冕二人執戈，送逆尸，從車」，執戈送逆尸者，惟二人，則是惟配帝一尸，而天無尸矣。晉語「祀夏郊，

「董伯爲尸」，韋昭云「神不歆非類」，董伯其姒姓乎？虞夏傳云：「舜入唐郊，丹朱爲尸。」董伯與丹朱，亦皆配帝之尸耳。許慎所引魯郊祀，蓋未足據也。

爲君尸者，大夫、士見之則下之。君知所以爲尸者，則自下之。尸必式。乘必以几。

鄭氏曰：下之，尊尸也。下，下車也。國君或時幼少，不能盡識羣臣，有以告者，乃下之。尸必式，禮之。乘必以几，尊者慎也。

孔氏曰：此謂臣爲君尸，已被卜吉，君許用者也。古者致齊，各於其家。散齊亦猶出在路，及至祭日之旦，俱來入廟，故羣臣得於路見君之尸，皆下車而敬之。散齊之時，君若在路見尸，亦自下車敬之。所以知是散齊者，君致齊，不復出行。若祭日，君先入廟，後乃尸至也。言知，則初有不知，謂君年或幼少，不能並識羣臣，故於路或不識而臣告君，君乃下也。尸必式者，廟門之外，尸尊未伸，不敢亢禮，不可下車，故式爲敬，以答君式，謂俯下頭也。古者車箱長四尺四寸而三分，前一後二，横一木，下去車牀三尺三寸，謂之爲式。又於式上二尺二寸横一木，謂之爲較。較去車牀五尺五寸。若平常則凴較，若應爲敬，則落手下隱式，而頭得俯俛，後云「式視馬尾」是也。

愚謂特牲禮「前期三日筮尸」，少牢禮「前宿一日，宿戒尸，明日朝筮尸」。鄭注云：「不前期三日筮尸，大夫下人君。」賈疏云：「天子、諸侯前祭三日卜尸，得吉，又戒宿諸官，使之致齊。士卑，不嫌，得與人君同三日筮尸，但不得散齊七日耳。大夫尊，不敢與人君同，直散齊九日，前祭一日，筮宿尸，並宿諸官致齊也。」是人君散齊之時，尸猶未卜，卜尸得吉，遂致齊，尸與人君、大夫、士皆不出矣。此云大夫、士及君下尸者，蓋卜尸雖在祭前三日，而前期十日卜日之時，即擬一人爲尸，至祭前三日又卜之，故散齊時，人君及大夫、士得見此將卜爲尸者，而下車也。節服氏「郊祀，則二人執戈，送逆尸，從車」，人君之尸，亦當有執戈者，若祭日入廟，君見尸，必無不知。云「君知所以爲尸者」，則是尸猶未卜，其威儀尚與羣臣無别，故君或不知，而待人告之也。車之在兩旁者曰較，其當人之前者曰式。較高五尺五寸，可一手憑之以爲安。式高三尺三寸，用兩手憑之以爲敬。疏言較與式高下之度，及平常憑較，敬則憑式，皆是也。而言較在式上，則非是。尸必式者，君及大夫、士爲尸下，尸則俯而憑式以答其敬也。尸不下者，所以全尸之尊也。疏謂「不敢亢禮」，亦非也。尸於大夫、士亦式，則非以不敢亢禮明矣。乘必以几者，謂乘車之時，必履几以升也。士昏禮云「婦乘以几」，蓋履几升車者，尊者及婦人之禮也。若天子則用石，隸僕「王行，洗乘石」是也。疏謂几在式上，以手據之，亦非也。

齊者不樂不弔。

鄭氏曰：爲哀樂則失正，散其思也。

愚謂不樂，謂不聽樂也。致一謂之齊，不樂不弔，爲心志之感於哀樂而散也。

【朱氏訓纂】禮曰：「君子抱孫不抱子。」此言孫可以爲王父尸，子不可以爲父尸。

注：以孫與祖昭穆同。　正義：曾子問云：「祭成喪者必有尸，尸必以孫。孫幼則使人抱之，無孫則取於同姓可也。」是有抱孫之法也。**爲君尸者，大夫、士見之則下之。君知所以爲尸者，則自下之。**注：尊尸也。下，下車也。國君或時幼少，不能盡識羣臣，有以告者，乃下之。　正義：古者致齊各於其家，散齊亦猶出在路，及祭日之旦，俱來入廟，故羣臣得於路見君之尸。君自下之者，亦謂散齊之時。若致齊，不復出行。若祭日，君先入廟，後乃尸至也。**尸必式。**注：禮之。　正義：廟門之外，尸尊未伸，不敢亢禮，不可下車，故式爲敬，謂俯下頭也。**乘必以几。**注：尊者慎也。　江氏永曰：「乘必以几，謂凡登車履几而上。士昏禮「婦乘車以几，御者二人，坐持之」，是其證。夏官隸僕：「王行，洗乘石。」詩云：「有扁斯石，履之卑兮。」尸登車，宜亦用乘石，而此言「以几」者，蓋諸侯之尸也。

齊者不樂不弔。注：爲哀樂則失正，散其思也。　王氏念孫曰：「『不樂』之『樂』，當讀如字。不樂、不弔，各指一事言之。祭統云：「及其將齊也，耳不聽樂，故記曰『齊者不樂』，言不敢散其志也。」」

【郭氏質疑】**君知所以爲尸者，則自下之。尸必式。乘必以几。**

孔疏：謂散齊之時，君在路見尸。尸必式者，廟門之外，尸尊未伸，不敢亢禮，故式爲敬，以答君也。

嵩燾案：特牲禮：「前期三日筮尸，乃宿尸。」少牢禮：「前宿一日，宿戒尸。明日筮尸，曰『來日丁亥，用薦歲事，以某之某爲尸，吉。』乃遂宿尸。」鄭注：「不前期三日筮尸者，大夫下人君，祭之朝乃視濯，與士異。」據此，則君筮尸祇在前期三日，安得有散齊時在路見尸之事？疑自大夫以上，筮尸前皆先戒尸，故君知所以爲尸，宜在已戒而未筮時。不曰「尸」，而曰「所以爲尸」，明尚未筮也。大夫、士下君門，見君必下，可知爲君尸者，大夫也。既醉詩傳云：「公尸，天子以卿，知諸侯以大夫。」既已戒尸，則有爲尸之道，君亦必下，以致其敬。經不言尸下者，辭略也。祭統：「尸在廟門外則疑於臣，君在廟門外則疑於君。」臨祭猶然，斷無在路相見，君下而尸式之理。禮卑者，避尊者之拜，則還辟，不敢亢禮，自當辟之，而謂「尸尊未伸，以式爲敬」，揆之經旨，尤爲無當。「尸必式」「乘必以几」，別爲一義。鄭注：「乘必以几，尊者慎也。」其必式者，先祖之神憑焉，敬以迓之。二語連文，言敬而又致其慎也。案下云：「乘君之乘車，不敢曠左，左必式。」又云：「乘路馬，不敢授綏，左必式。」並與此「尸必式」同文，皆別爲一義，以申足上意。士昏禮「壻御婦車，授綏」，「婦乘以几」，乘几者，踐之以登車也。疏謂几在式上，尤誤。

一·五六　○**居喪之禮，毀瘠不形，視聽不衰，**爲其廢喪事。形，謂骨見。○瘠，音在昔反，瘦也。見，賢遍反。**升降不由阼階，出入不當門隧。**常若親存。隧，道也。阼，才故反。隧，音遂。○**居喪之禮，頭有創則沐，身有瘍則浴，有疾則飲酒食肉，疾止復初。不勝喪，乃比於不慈不孝。**勝，任也。○創，初良反，又初亮反。瘍，音恙，本或作「痒」。勝，音升。任，而金反。**五十不致毁，六十不毁，七十唯衰麻在身，飲酒食肉，處於內。**所以養衰。老人五十始衰也[一]。○衰，七雷反。

【疏】「居喪」至「於內」[二]。○正義曰：此一節明孝子居喪。此先明居喪平常之法也。

「毁瘠不形」者，毁瘠，羸瘦也。形，骨露也。骨爲人形之主，故謂骨爲形也。居喪乃許羸瘦，不許骨露見也。

○「升降不由阼階」者，阼階，主人之階也。孝子事死如事生，故在喪思慕，猶若父在，不忍從父阼階上下也。若祔祭以後，即得升阼階。知者，案士虞禮云，卒哭以後稱哀子，祔祭稱孝子。祔祭如饋食之禮，既同於吉，則孝子得升阼階也。然雜記云「弔者入，主人升堂西面」，下云「既葬，蒲席」，則「升堂，西面」，未葬也，既言西面，則是升自阼階。

[一] 所以養衰老人五十始衰也　閩、監、毛本同，岳本、嘉靖本同。惠棟校宋本「養」下無「衰」字，「人」字重，衛氏集説亦無，「人」字不重。○鍔按：「所以」上，阮校有「居喪之禮節」五字。

[二] 居喪至於內　惠棟校宋本無此五字。

此未葬得升阼階者，敬異國之賓也。

○「不勝喪，乃比於不慈不孝」者，結所以沐浴、酒肉之義也。不勝喪，謂疾不食酒肉，創瘍不沐浴，毁而滅性者也。不留身繼世，是不慈也。滅性，又是違親生時之意，故云不孝。不云「同」而云「比」者，此滅性，本心實非爲不孝，故言「比」也。

○「五十不致毁」者，致，極也。五十始衰，居喪乃許有毁，而不得極羸瘦。

○「六十不毁」者，轉更衰甚，都不許毁也。魯襄公三十一年，經書「九月癸巳，子野卒」，傳云「毁也」是也。

【衛氏集説】鄭氏曰：形，謂骨見，皆爲其廢喪事。升降出入，常若親存。隧，道也。勝，任也。「不致毁」以下，皆所以養老。人五十始衰也。

孔氏曰：此一節明孝子居喪之法。毁瘠，羸瘦也。許羸瘦，不許骨露見也。阼階，主人之階也。孝子在喪思慕，不忍從父阼階上下也。若祔祭，則同於吉，得升阼階也。不勝喪，謂疾不食酒肉，創瘍不沐浴，毁而滅性者也。不留身繼世，是不慈也。滅性，是違親生時之意，是不孝也。然本心實非爲不孝，故言「比」也。致，極也。五十居喪，許有毁，而不得極羸瘦。六十衰甚，都不許毁也。魯襄公三十一年，經書「子野卒」，傳云「毁也」是也。

藍田呂氏曰：記曰「毁不危身，爲無後也」，又曰「言而後事行者，杖而起，身自執事者，面垢而已」。君子執親之喪，其哀慕之至，如不欲生。齊疏之服，饘粥之食，居倚廬，寢苫枕塊，所以致毀者，僅至於不死而已。然先王制禮，毀不滅性，教民無以死傷生，毀瘠形，視聽衰，幾於滅性矣，非特然也。送死之大事，且將廢而莫之行，則罪莫大焉，此君子所以不敢過也。君子之居喪，三年無改於父之道，若父存焉。而升降不由阼階，出入不當門隧，執人子之禮而不忍廢也。士喪禮既啓柩，遷于祖，主人從，升自西階。既葬，反哭，入，升自西階，此不由阼階之節也。雖天子、諸侯在喪稱「子」，亦此義也。居喪之禮，非虞祔、練祥無沐浴。然頭有創，身有瘍，必爲之沐浴者，有疾不可以致毀也。父母之喪，既殯，食粥朝一溢米，暮一溢米。齊衰之喪，疏食水飲，不食菜果。大功之喪，不飲醯醬。小功、緦麻，不飲醴酒。然有疾，則飲酒食肉者，毀不可滅性也。二者皆以權制者也。身者，親枝也。體親之愛，則不可以過毀。不勝喪而死，雖志在慕親，而至於滅性而絕後，徇輕而忘重，謂之不孝可也。汎言居喪，而不獨父母，此所以兼言不慈也。老者居喪與有疾者同，蓋亦以權制者也。蓋養老之政，自五十始，血氣既衰，養道所以不可闕。居喪有不能任，故爲之節也。致毀之食，饘粥也。不毀之食，疏食水飲也。衣服、居處、哭泣之節稱之。不致毀則食，食而不食粥矣。不毀，則食不疏，而有醯醬矣。七十之制，所變者衰麻之服，餘無變也。

嚴陵方氏曰：毀瘠不形，慮或至於滅性故也。居喪之禮，雖哭泣無時，然不可以過哀而喪其明焉。雖聞樂不樂，然不可以過哀而聵其聰焉。視聽衰，則不足以當大事也，雜記言「視不明，聽不聰，君子病之」者。以此前言「爲人子者，居不主奥，行不中道」，及其居喪，則「升降不由阼階，出入不當門隧」者，事死如事生也。七十則自衰麻之外，與平居無以異，飲酒食肉，則不必有疾，處於内，則不居門外之倚廬也。

山陰陸氏曰：五十不致毁，四十雖不能毁，猶當勉也。

廣安游氏曰：聖人之意，以爲天下學者不能以徑至於善，又從而教之，使其喜怒哀樂皆中於節，而於過不及者，聖人交責焉。今夫有憂者，笑不可以至於矧，怒不可以至於詈。有喪者毁瘠，不可至於形，視聽不可至於衰，齊者不可以樂，不可以弔。若此者，皆所以教人喜怒哀樂之節也。先王盛時，道學修於中，禮制行於外，中和備於天地之間，而無有過與不及之患，嗚乎盛矣！

慈湖楊氏曰：小戴記首篇曲禮、檀弓多言喪禮，頗合孔子云「所重民食、喪祭」之意。喪祭，感動人之善性也易，喪祭者，天性之發於文爲，而先聖王因之而爲節制者也。

【吴氏纂言】鄭氏曰：形，謂骨見，皆爲其廢喪事。升降出入，常若親存。隧，道也。勝，任也。不致毁以下，皆所以養衰老。人五十始衰也。

孔氏曰：毁瘠，羸瘦也。許羸瘦，不許骨露見也。阼階，主人之階也。孝子在喪思慕，不忍從父阼階上下也。若祔祭則同於吉，得升阼階也。不勝喪，謂疾不食酒肉，創瘍不沐浴，毁而滅性。不留身繼世，違親生時之意，是不慈不孝。然本心實非不慈孝，故言「比」也。致，極也。五十居喪，許有毁而不得極羸瘦。六十衰甚，都不許毁也。

陸氏佃曰：五十不致毁，四十雖不能毁，猶當勉也。

吕氏曰：記曰：「毁不危身，爲無後也。」君子執親之喪，其哀慕之至，如不欲生，所以致毁者，僅至於不死而已。然先王制禮，教民無以死傷生。毁瘠形，視聽衰，幾於滅性矣。送死之大事，且將廢而莫之行，則罪莫大焉。

方氏曰：毁瘠不形，慮或至於滅性也。居喪之禮，雖哭泣無時，然不可以過哀而喪其明。雖聞樂不樂，然不可以過哀而聵其聰。視聽衰，則不足以當大事也，雜記言「視不明，聽不聰，君子病之」者。以此前言「爲人子者，居不主奥，行不中道」，及其居喪，則「升降不由阼階，出入不當門隧」者，事死如事生也。七十則自衰麻之外，與平居無以異，飲酒食肉，則不必有疾，處於内，則不必居門外之倚廬也。

澄曰：不勝喪，謂哀過不能堪，將至於廢事，甚則至於滅性也。此本是慈孝其親而然，然毁而不能存其父母所生之身，雖曰慈孝而與不慈不孝者一也。蓋居喪固當致其哀，然毁瘠不可形見於外，視聽不可衰損於前。平時不沐浴、不酒肉，若有創、有瘍、有疾，則亦許其沐浴與酒肉，俟疾既止，乃復其舊。然此皆年五十以下彊壯者所行，若五十氣血漸衰，則雖無疾與瘡瘍，其哀毁視彊壯亦當減殺，故曰「不致毁」。六十愈衰，則不特減殺而已，故曰「不毁」。七十大衰，則惟有衰麻之服在身，不去其餘，皆如無喪之人，不禁酒肉，又不居喪次，而得處於内也。

【陳氏集説】居喪之禮，毁瘠不形，視聽不衰，升降不由阼階，出入不當門隧。門隧，門之中道也。　疏曰：居喪，許羸瘦，不許骨露見。骨爲形之主，故謂骨爲形。　吕氏曰：先王制禮，毁不滅性。毁瘠形，視聽衰，幾於滅性。送死之大事且將廢而莫之行，則罪莫大焉。不由阼階，不當門隧，孰人子之禮而未忍廢也。**居喪之禮，頭有創則沐，身有瘍則浴，有疾則飲酒食肉，疾止復初。不勝喪，乃比於不慈不孝。**沐浴與飲酒食肉，以權制者也，故疾止則復初。　朱氏曰：下不足以傳後，故比於不慈。上不足以奉先，故比於不孝。**五十不致毁，六十不毁，七十唯衰麻在身，飲酒食肉，處於内。**五十始衰，故不極毁。六十則又衰矣，故不可毁。七十之年，去死不遠，略其居喪之禮者，所以全其易盡之期也。

【納喇補正】毁瘠不形。

集説　疏曰：居喪，許羸瘦，不許骨露見。骨爲形之主，故謂骨爲形。

竊案　鄭氏云「形，謂骨見」，故疏云「不許骨露見」，蓋皆以見訓形，非以骨訓形也。而陳氏又云「骨爲形之主，故謂骨爲形」，何歟？

【方氏析疑】不勝喪。

喪雖主哀，而視聽少昏，則附身、附棺之事，悔無可追。筋力既困，則含襚、賻贈，君長親賓之臨禮，不能答，皆所謂不勝喪也。

【欽定義疏】居喪之禮，毁瘠不形，視聽不衰，升降不由阼階，出入不當門隧。

正義 鄭氏康成曰：爲其廢喪事。形，謂骨見。隧，道也。常若親存。

孔氏穎達曰：此明孝子居喪之法。毁瘠，羸瘦也。許羸瘦，不許骨露見也。阼階，主人之階。孝子在喪思慕，不忍從父阼階上下。若祔祭，則同於吉，得升阼階也。

通論 吕氏大臨曰：記曰「毁不危身，爲無後也。」又曰「言而後事行」者，杖而起身。自執事者，面垢而已。君子執親之喪，其哀慕之至，如不欲生。齊疏之服，饘粥之食，居倚廬，寢苫枕塊，所以致毁者，僅不死而已。然先王制禮，毁不滅性，教民無以死傷生。毁瘠形，視聽衰，幾於滅性矣。送死之大事且將廢而莫之行，罪莫大焉，此君子所以不敢過也。君子三年無改於父之道，若父存焉。而升降不由阼階，出入不當門隧，執人子之禮而不忍廢也。士喪禮既啓柩，遷於祖，主人從，升自西階。既葬，反哭，入，升自西階，此不由阼階之節也。雖天子諸侯在喪稱「子」，亦此義也。

方氏慤曰：居喪之禮，雖哭泣無時，然不可以過哀而喪其明。雖聞樂不樂，然不可以過哀而聵其聰。視聽衰，則不足以當大事，雜記言「視不明，聽不聰，君子病之」者以此。

居喪之禮，頭有創則沐，身有瘍則浴，有疾則飲酒食肉，疾止復初。不勝喪，乃比於不慈不孝。

正義　鄭氏康成曰：勝，任也。

孔氏穎達曰：不勝喪，謂疾不食酒肉，創瘍不沐浴，毀而滅性者也。不留身繼世，是不慈也。滅性，是違親生時之意，是不孝也。然本心實非爲不孝，故言「比」也。

呂氏大臨曰：居喪非虞祔、練祥無沐浴。然頭有創，身有瘍，必爲之沐浴。

朱子曰：下不足以傳後，故比於不慈；上不足以奉先，故比於不孝。

存疑　呂氏大臨曰：汎言居喪而不獨父母，此所以兼言不慈也。

五十不致毀，六十不毀，七十唯衰麻在身，飲酒食肉，處於內。

正義　鄭氏康成曰：「不致毀」以下，皆所以養老。人五十始衰也。

孔氏穎達曰：致，極也。五十居喪，許毀而不得極。六十衰甚，都不許毀也。

方氏慤曰：七十則自衰麻之外，與平居無以異，飲酒食肉，則不必有疾，處於內，則不居門外之倚廬也。

陳氏澔曰：七十之年，去死不遠，略其居喪之禮，所以全其易盡之期。

通論　孔氏穎達曰：魯襄公三十一年，經書「子野卒」，傳云「毀也」。

【杭氏集說】居喪之禮，毀瘠不形，視聽不衰，升降不由阼階，出入不當門隧。

姚氏際恒曰：升降不由阼階，孔氏據士于周禮，祔祭稱孝子，同于吉，得升阼階。案，聖人制爲三年之喪，以立其大防。其小者，如升階出入之類，皆後之推人子之心爲言，所以佐禮所未逮，亦以聽人子之自盡而已。孔氏必爲之定其不由阼階，休止之日，其執禮解禮，不迂且鑿乎？雜記上云「孤子降自阼階」，與此不同，説見雜記。

朱氏軾曰：「毁瘠不形」二句，當在「頭有創」之上。至下「飲酒食肉處於内」，爲賢智之過哀者言之。「升降」二句，另爲一條，謂事死如事生也。

姜氏兆錫曰：毁，猶傷也。形，謂骨見也。疏曰「居喪許羸瘠，不許骨露。骨爲形主，故謂骨爲形也」。門隧者，門之中道也。吕氏曰：「先王制禮，毁不滅性。毁瘠形，視聽衰，幾於滅性。且送死大事，將廢而莫行也，其可乎？不由阼階，不當門隧，則執人子之禮未忍廢也。」又曰：此章通言居喪之禮也。

徐氏師曾曰：教民事死如事生。

居喪之禮，頭有創則沐，身有瘍則浴，有疾則飲酒食肉，疾止復初。不勝喪，乃比於不慈不孝。

朱子曰：下不足以傳後，故比於不慈。上不足以奉先，故比於不孝。

徐氏師曾曰：教民無以死傷生。

姜氏兆錫曰：沐浴與飲酒食肉，以權制者也，故疾止則復初。不勝喪，謂滅性成疾，而不能治喪也。

方氏苞曰：喪雖主哀，而視聽少昏，則附身、附棺之事，悔無可追。筋力既困，則含襚、賻贈，君長親賓之臨，禮不能答，皆所謂不勝喪也。

任氏啟運曰：居喪而不飲酒食肉，哀戚之至情也。疾而飲食，身也者，親之遺也，敢不敬歟？愛其生，將以事死也。彼非老、非疾，而飲酒食肉，于汝安乎？

五十不致毀，六十不毀，七十唯衰麻在身，飲酒食肉，處於內。

陳氏澔曰：七十之年，去死不遠，略其居喪之禮，所以全其易盡之期。

姜氏兆錫曰：五十始衰，故不致毀。六十則又衰，而不可毀矣。七十益衰，故優其養，且處内而不居廬也。　又曰：此申上章首二句之意也。

【孫氏集解】居喪之禮，毀瘠不形，視聽不衰，升降不由阼階，出入不當門隧。

鄭氏曰：形，骨見也。

孔氏曰：毀瘠，羸瘦也。形，骨露也。骨爲人身之主，故謂骨爲形也。居喪乃得羸瘠，不許骨露見也。阼階，主人之階也。孝子事死如事生，故在喪思慕，猶若父在，不忍從阼階上下也。若祔祭以後，則得升阼階。案，士虞禮云，卒哭稱哀子，祔祭稱孝子。祔祭如饋食之禮，既同於吉，則孝子得升阼階也。雜記：「弔者入，主人升堂，西面。」既言西面，則是升自阼階。此未葬得升阼階者，敬異國之賓也。

愚謂不形、不衰，爲其廢喪事而將至於滅性也。門隧，門外當門之中道。既夕禮「甸人抗重出自道」是也。卒哭，以吉祭易喪祭，主人蓋當即位於阼階與？既由阼階升降，則亦可由門隧出入矣。

居喪之禮，頭有創則沐，身有瘍則浴，有疾則飲酒食肉，疾止復初。不勝喪，乃比於不慈不孝。

鄭氏曰：勝，任也。

孔氏曰：不留身繼世，是不慈也。違親生時之意，是不孝也。然本心實非爲不孝，故言「比」也。

愚謂言此者，所以見沐浴及飲酒食肉，乃慮其不勝喪而爲之也。

五十不致毁，六十不毁，七十唯衰麻在身，飲酒食肉，處於內。

鄭氏曰：所以養衰。老人五十始衰。

孔氏曰：致，極也。五十始衰，居喪許毁，而不得極羸瘠也。六十轉衰，都不得毁也。

愚謂六十雖不毁，其居處、飲食猶用居喪之禮。至七十但有喪服，而飲酒食肉，處於內，則不疏食，不居廬，爲其精力益衰，故也。

【朱氏訓纂】居喪之禮，毁瘠不形，視聽不衰，注：爲其廢喪事。形，謂骨見。正義：毁瘠，羸瘦也。**升降不由阼階，出入不當門隧。**注：常若親存。隧，道也。正義：阼階，主人之階。孝子事死如事生，故在喪思慕，猶若父在，不忍從阼階上下也。若祔祭以後，即得升阼階。

居喪之禮，頭有創則沐，身有瘍則浴，有疾則飲酒食肉，疾止復初。不勝喪，乃比於不慈不孝。 注：勝，任也。 說文：瘍，頭創也。痒，瘍也。沐，濯髮也。浴，洒身也。 白虎通曰：喪有病，得飲酒食肉何？所以輔人生己，重先祖遺支體也。 正義：結所以沐浴、酒肉之義。不勝喪，毀而滅性者也。不留身繼世，是不慈也。滅性，又違親生時之意，故云不孝。

五十不致毀，六十不毀，七十唯衰麻在身，飲酒食肉，處於內。 注：所以養衰老。人五十始衰也。 正義：致，極也。 方性夫曰：七十則自衰麻之外，與平居無以異，飲酒食肉則不必有疾，處於內，則不居門外之倚廬也。

曲禮注疏長編卷十四

一·五七　**生與來日，死與往日。**與，猶數也。生數來日，謂成服杖以死明日數也。死數往日，謂殯斂以死日數也。此士禮貶於大夫者，大夫以上，皆以來日數。士喪禮曰：「死日而襲，厥明而小斂，又厥明大斂而殯。」則死三日。而更言「三日成服杖」，似異日矣。喪大記曰：「士之喪，二日而殯，三日之朝，主人杖。」二者相推，其然明矣。與，或爲「予」。○數，所主反，下皆同。殯，必刃反，下同。斂，力驗反，下同。貶，彼檢反，字林方犯反。

【疏】「生與」至「往日」[一]。○正義曰：「生與來日」者，此謂士禮。與，數也，謂生人成服杖，數來日爲三日。「死與往日」者[二]，謂死者殯斂，數死日爲三日。○注「與數」至「爲予」。○正義曰：貶，猶屈也。士卑屈，故降，不如大夫，所以厭

[一]　生與至往日　惠棟校宋本無此五字。○鍔按：「生與」上，阮校有「生與來日節」五字。

[二]　死與往日者　閩、監、毛本同。惠棟校宋本「與」作「數」，是也。

其殯日。然士惟屈殯日，不屈成服杖日者，成服必在殯後故也。云「大夫以上皆以來日數」者，大夫尊，則成服及殯，皆不數死日也。大夫云三日殯，不數死日，則天子諸侯亦悉不數死日也，故鄭云「大夫以上」。云「士喪禮曰：死日而襲」者，注引士喪禮者，證殯與成服不同日，以其未審，故云「似異日」。又引喪大記者，更證明士殯與成服不同日，故云「二者相推，其然明矣」。謂以士喪禮、喪大記二者相推校，然，猶是也。殯與成服是異日明矣，無所復疑。

言「與，或爲『予』」者，謂諸本禮記有作「予」字者，故云「與，或爲『予』」。

【衛氏集説】鄭氏曰：與，猶數也。生數來日，謂成服杖以死明日數也。死數往日，謂殯斂以死日數也。此士禮貶於大夫者，大夫以上，皆以來日數。士喪禮曰：「死日而襲，厥明而小斂，又厥明大斂而殯。」則死三日。而更言「三日成服杖」，似異日矣。喪大記曰：「士之喪，二日而殯，三日之朝，主人杖。」二者相推，其然明矣。與，或爲「予」。

孔氏曰：此士禮，謂生者成服杖，數來日爲三日。死者殯斂，數死日爲三日。士卑屈，故降，不如大夫。然惟屈殯日，不屈成服杖日者，成服必在殯後故也。大夫以上尊，則成服及殯，皆不數死日也。鄭引士喪禮，以其未審，故云「似異日」，又引喪大記，二者相推較，是異日，無所復疑也。

藍田吕氏曰：如三日成服杖，生者之事也，其三日也，自死之明日數之，故曰「生與來日」。如三日而殯，死者之事也，其三日也，自死之日數之，故曰「死與往日」。喪大記云：「大夫之喪，三日之朝既殯，主人、主婦、室老皆杖。」則生死皆以死之明日數之，與士異矣。士位卑禄寡，不若大夫，死事畢而後治生事，故成服杖後於殯一日，然以來日、往日數之，皆可以名三日也。

山陰陸氏曰：無貴賤，一也。鄭氏謂士禮貶於大夫，非是。然則喪大記云「士之喪，二日而殯」，左氏曰「士踰月，外姻至」，何也？曰：士卑，故主生者之月日言之，不嫌也。若大夫以上言來日，嫌於已蹙。此言之法，故君之喪曰「五日既殯」，大夫之喪言「三日之朝既殯」，言既殯，非殯之日也，亦若言五日而殯不言朝，言朝，嫌於已蹙。

永嘉戴氏曰：死者日遠，生者日忘，聖人念之，故三日而殯。死者事也，以往日數，三日而食。生者事也，以來日數，其情哀矣。聖人察於人情之故，而致意於一日、二日之間，以此教民，而猶有朝祥暮歌者，可不悲夫？

金華應氏曰：喪家之時日，一也。在生者則爲來，順數其未至之日也。在死者則爲往，逆計其已過之日也。生者三日成服而啜粥，三月卒哭而疏食，朞祥而練冠，則食菜果，大祥而縞冠，則食醬醴，是月禫，徙月樂，既免喪，不致則出身以從仕，而無適不可焉。蓋復生有節，初不以毁滅性也。死者三日而殯，三月而葬，葬而虞祔，朞而祥祭，再朞而大祥，又爲之忌，以哀慕之。蓋謹終追遠，愈久而愈不忘也。生者未艾，雖孝思罔極，而毁瘠不形，視聽不衰，無有一朝之患，與之以來日者，所以扶持保護而勉其爲無窮之計也，故曰「立身揚名，以顯父母，孝之終也」。死者已往，雖去之日遠而想像儀刑，感念疇昔，常有終身之憂，與之以往日者，所以痛悼追惜而傷其不可復反也，故曰「往而亡焉」，又曰「亡則弗之忘矣」。一曰與，許也，猶期也。生之日方來而未已，故生則祝其來者，爲未艾，若曰「萬有千歲，眉壽無有害」是也。死之日已往而難追，故死則計其往之期者，爲不可及，若曰「日月不居，奄終祥練」是也。

【吴氏纂言】鄭氏曰：與，猶數也。生數來日，謂成服杖以死明日數也。死數往日，謂殯斂以死日數也。此士禮貶於大夫者，大夫以上皆以來日數。士喪禮曰：「死日而襲，厥明而小斂，又厥明大斂而殯。」則死三日，而更言「三日成服杖」，似異日矣。

孔氏曰：此士禮，謂生者成服杖，數來日爲三日。死者殯斂，數死日爲三日。士卑屈，故降，不如大夫。

吕氏曰：如三日成服杖，生者之事也，其三日也，自死之明日數之，故曰「生與來日」。如三日而殯，死者之事也，其三日也，自死之日數之，故曰「死與往日」。喪大記云「大夫之喪，三日之朝既殯，主人、主婦、室老皆杖」，則生死皆以死之明日數之，與士異矣。士仕卑禄寡，不若大夫，死事畢而後治生事，故成服杖後於殯一日。然以來日、往日數之，皆可以名三日也。

澄曰：或云「與」當音「預」。大夫之喪，以死之第四日，死者殯，生者杖，同此一日。喪大記緫云「三日之朝」，則是生者之事、死者之事，皆自死之明日數起。士之成服杖，亦是以死之第四日。而曰「三日成服」，固與大夫同。若士之殯，則視大夫先一日。例當曰二日而殯，乃曰三日而殯，是併死之日亦預數，故曰「與往日」。其曰「三日成服杖」，則不預死之日，但預死之明日，故曰「與來日」。

【陳氏集説】與，猶數也。成服杖，生者之事也，數死之明日爲三日。斂殯，死者之事也，從死日數之爲三日，是三日成服者，乃死之第四日也。

【郝氏通解】居喪之禮，毁瘠不形，視聽不衰，升降不由阼階，出入不當門隧。居喪之禮，頭有創則沐，身有瘍則浴，有疾則飲酒食肉，疾止復初。不勝喪，乃比於不慈不孝。五十不致毁，六十不毁，七十唯衰麻在身，飲酒食肉，處於內。生與來日，死與往日。

孝子哀痛，自不免於毁瘠，然使銷肌見骨，則反傷生，使耳目昏亂，則反廢禮。升降不由阼階，不忍歷親之位也。出入不當門中道，不忍踐親之迹也。居喪不整容，故不沐浴。不甘味，故不進酒肉。然有瘡瘍，沐浴可也；有疾病，酒肉可也。疾止復初，仍不食也。孝子之身，親所寄託之身，以啓後則爲慈，以承前則爲孝。苟過哀傷生廢禮，謂之不勝喪，雖慈孝，乃比於不慈不孝者。不致毁，不極毁傷也。年愈衰，則哀當愈節。孝子居喪三年，是生者來之日也。父母喪已三年，是死者往之日也。生者不忘，久而若暫，死者不生，近而若遠。與，猶數也。生數來日，如親死四日成服，喪禮以爲三日。祥禫皆越月而後祭，祥雖兩期，而從吉直須二十七月，是生者之喪，必數來日也。死數往日，如親喪二十五月，實得兩期，遂爲三年，是死者之期，但數往日也。數來者雖久猶若未久，孝子自盡之心也。數往者未久以爲久，孝子思親之心也。聖人制禮，斟酌情理而損益之也。

按：前云「爲人子者，居不主奥，行不中道，立不中門」，故居喪不由阼階，出入不當門隧，猶親存也。故曰「事死如事生」，「父没觀其行，三年無改於父之道，可謂孝矣」。禮者，人情而已，非泥跡也。孔疏謂祔祭以後，得升阼階，引雜記「弔者入，主人升堂，西面」，爲敬賓，乃由阼，恐亦不止此，顧其心何如耳。泥跡比儗，非禮之義。

【欽定義疏】正義 鄭氏康成曰：與，猶數也。生數來日，謂成服杖以死明日數也。死數往日，謂殯斂以死日數也。此士禮貶於大夫者，大夫以上皆以來日數。與，或爲「予」。

孔氏穎達曰：士卑屈，故降，不如大夫。然惟屈殯日，不屈成服杖日者，成服必在殯後故也。大夫以上成服及殯，皆不數死日也。

陳氏澔曰：成服杖，生者之事也，從死之明日數之爲三日，是三日成服者，乃死之第四日也。

通論 鄭氏康成曰：士喪禮曰：「死日而襲，厥明而小斂，又厥明大斂。」而殯則死已三日，而更言「三日成服杖」，似異日矣。喪大記曰：「士之喪，二日而殯，三日之朝，主人杖。」二者相推，其然明矣。孔疏：証明士殯與成服不同日。

呂氏大臨曰：三日成服杖，生者之事也，其三日也，自死之明日數之，故曰「生與來日」。三日而殯，死者之事也，其三日也，自死之日數之，故曰「死與往日」。喪大記云「大夫之喪，三日之朝既殯，主人、主婦、室老皆杖」，則生死皆以死之明日數之，與士異矣。士位卑，禄寡不若大夫，死事畢而後治生事，故成服杖後於殯一日。然以來日、往日數之，皆可以名三日也。

戴氏溪曰：死者日遠，生者日忘，聖人念之，故三日而殯。死者事也以往日數，三日而食。生者事也以來日數，其情哀矣。聖人察於人情之故，而致意於一日二日之閒，以此教民，而猶有朝祥暮歌者。

存疑 陸氏佃曰：父母之喪無貴賤，一也。鄭氏謂士禮貶於大夫，非是。然則喪大記云「士之喪，二日而殯」，左氏曰「士逾月，外姻至」，何也？曰士卑，故主生者之月日，言之不嫌也。若大夫以上言來日，嫌於己蹙。此立言之法，故君之喪曰「五日既殯」，大夫之喪言「三日之朝既殯」，言既殯，非殯之日也，亦猶言五日而殯不言朝，言朝，嫌於己蹙。

案 此二句乃以起下文，言生者之相與在來日，故必弔之以慰其生。死者之相與在往日，今則已矣，故必傷之以痛其死也。若計殯、杖之日，則注疏説自不可易。鄭氏所謂「異日」，謂殯之明日也。喪大記「士之喪，二日而殯」者，核時刻言之。若按日，則仍是第三朝也。成服杖後於殯日算來，是第四日也。從來日數起，亦恰得三日，此士禮也。大夫以上皆以來日數者，所謂死事畢而後治生事也。喪無貴賤，蓋統論生者不容自已之思。至於位禄，則士與大夫固有不能一槩者，不必拘陸氏説。

【杭氏集説】陳氏澔曰：成服杖，生者之事也，從死之明日數之，爲三日，是三日成服者，乃死之第四日也。

姚氏際恒曰：凡殯殮、葬、卒哭、虞祔、祥禫等期，在生者皆爲來日，在死者皆爲往日，故曰生與其爲來日，死與其爲往日。而其使孝子盡禮于來日，追喪于往日之意，自在言表，其義不過如此。鄭氏曰：「生數來日，謂成服杖以死明日數也。死數往日，謂殯殮以死日數也。此士禮，大夫以上皆以來日數。」士喪禮曰：『死日而襲，厥明而小殮，又厥明大殮而殯。』則死三日。而更言『三日成服杖』，似異日矣。喪大記曰：『士之喪，二日而殯，三日之朝，主人杖。』二者相推，其然明矣。」按，鄭謂士死殯殮，與生者成服杖不同日，故紐合成服杖以死明日數，爲「生與來日」，殯殮以死日數，爲「死與往日」。然喪大記云「士之喪，二日爲殯」，則是死之第三日也，仍是以死明日數，何得爲死數往日乎？且以成服杖釋「生」字，以殯殮釋「死」字，以數字釋「與」字，以死明日釋「來日」，以死日釋「往日」，當日記者，豈留如許字義不發，但爲此渾淪之辭，以待後人釋乎？吾不敢信也。

姜氏兆錫曰：與，猶數也。成服杖，生者事也，自死之明日數之，爲三日，故曰「來日」。治殮殯，死者事也，自死之日數之，爲三日，故曰「往日」。又曰：此章言治殯之禮。

【孫氏集解】鄭氏曰：與，猶數也。生數來日，謂成服杖以死明日數也。死數往日，謂殯斂以死日數也。此士禮貶於大夫者，大夫以上皆以來日數。士喪禮曰：「死日而襲，厥明而小斂，又厥明大斂而殯。」則死三日，而更言「三日成服杖」，似異日矣。喪大記曰：「士之喪，二日而殯，三日之朝，主人杖。」二者相推，其然明矣。

孔氏曰：大夫尊，成服及殯皆不數死日，則天子、諸侯亦悉不數死日也。

愚謂王制曰：「天子七日而殯，七月而葬。諸侯五日而殯，五月而葬。大夫、士三日而殯，三月而葬。」以春秋考之，天子、諸侯之葬，其七月、五月皆并數死月。由葬以推殯，由天子、諸侯以推大夫、士，其數殯葬日月之法可見矣。則「生與來日，死與往日」者，固上下之達禮也。然喪大記云：「君之喪，五日，既殯，授大夫、世婦杖。」「大夫之喪，三日之朝，既殯而杖。」「士之喪，二日而殯，三日之朝杖。」士之二日而殯，并數死日爲三日，則君之五日而殯，并數死日爲六日，大夫之三日而殯，并數死日爲四日矣。其所以異者，何也？蓋殯日之連數死日者，固制禮之本法然也。然襲與小斂、大斂，大夫、士皆異日，諸侯必間一日，天子必間二日。而死有早晚之不同，如死在昏暮，頃刻之間不能遽畢襲事，則必至次日乃襲，而小斂、大斂皆當下移一日。士與君、大夫皆當如此，但君、大夫位尊而事舒，故喪大記言「五日而殯」、「三日而殯」。士位卑，故喪大記言「二日而殯」。蓋生與來日，死與往日，雖有一定之禮，而其中自有變通之宜。雖禮無明文，而以人情物理推之，必當出於此也。

【王氏述聞】⊙生與來日，死與往日

生與來日，死與往日。

鄭注曰：與，猶數也。生數來日，謂成服杖以死明日數也。死數往日，謂殯殮以死日數也。

家大人曰：古無謂數爲與者，與，猶以也。以、與一聲之轉，故以可訓與，與亦可訓以。說見釋詞「與」字下。三日成服杖，生者之事也，此三日以死之明日爲始，是生以來日也。三日而殯，死者之事也，此三日以死之日爲始，是死以往日也。

【朱氏訓纂】注：與，猶數也。生數來日，謂成服杖以死明日數也。死數往日，謂殯斂以死日數也。此士禮貶於大夫者，大夫以上皆以來日數。士喪禮曰：「死日而襲，厥明而小斂，又厥明大斂而殯。」則死三日也。而更言「三日成服杖」，似異日矣。喪大記曰：「士之喪，二日而殯，三日之朝，主人杖。」二者相推，其然明矣。正義：士唯屈殯日，不屈成服杖日者，成服必在殯後，故也。大夫尊，則成服及殯皆不數死日也。王氏念孫曰：古無謂數爲與者。與，猶以也。以、與一聲之轉，故「以」可訓「與」，「與」亦可訓「以」。三日成服杖，生者之事也，以死之明日爲始，是生以來日也。三日而殯，死者之事也，以死之日爲始，是死以往日也。

【郭氏質疑】鄭注：此士禮貶於大夫，大夫以上皆以來日數。

嵩燾案：鄭意大夫、士之喪皆三日殯，而喪大記析分大夫三日之朝，既殯杖，士二日殯杖。孔疏因謂「大夫三日殯，不數死日」，則天子、諸侯悉同。然禮言「諸侯五月而葬」，而春秋書葬皆以見月爲期，其閒或踰四月，或不及四月，葬以見月爲期，知殯亦必以見日爲期。書召誥：「三月丙午朏，越三日戊申，越三日庚戌，越五日甲寅。」若翼日乙卯，越三日丁巳，越翼日戊午，越七日甲子。顧命：「丁卯命作册，度越七日癸酉。」凡周書計日皆然，足爲明證。喪大記：「君之喪，三日，子、夫人杖，五日，既殯，大夫、世婦杖。」「大夫之喪，三日之朝既殯，主人、主婦、室老皆杖。」「士之喪，二日而殯，三日之朝主人杖，婦人皆杖。」是三日成服杖，天子、諸侯以下並同，而殯異日。大夫、士之殯皆在成服杖前。大夫有家臣，與諸侯同，則疑成服之有次第，故並以「既殯」言之。曰「三日之朝既殯」，知殯之必不繫於三日之朝矣。經文通言之，鄭據喪大記謂之士禮，恐未安也。

一·五八　**知生者弔，知死者傷。知生而不知死，弔而不傷；知死而不知生，傷而不弔。**人恩各施於所知也。弔、傷，皆謂致命辭也。雜記曰：「諸侯使人弔，辭曰：『寡君聞君之喪，寡君使某，如何不淑！』」此施於生者，傷辭未聞也。説者有弔辭云：「皇天降災，子遭罹之，如何不淑！」此施於死者，蓋本傷辭。辭畢，退，皆哭。○傷，如字，下同，舊式亮反。

【疏】「知生」至「不弔」[一]。○正義曰：此一節論弔傷之法。若存之與亡並識，則遣設弔辭、傷辭兼行。若但識生而不識亡，則唯遣設弔辭而無傷辭。

○「知死而不知生，傷而不弔」者，若但識亡，唯施傷辭而無弔辭也。然生弔死傷，其文可悉，但記者丁寧言之，故其文詳也。

○注「弔傷」至「皆哭」。○正義曰：皆不自往而遣使致己之命也。雜記曰：「諸侯使人弔，辭曰：『寡君聞君之喪，寡君使某，如何不淑！』」此施於生者也。引雜記者，證諸侯有鄰國之喪，不得自往，遣使往弔，致命弔辭之法也。然弔辭唯使者口傳之於主國孤而已。

云「傷辭未聞」者，經典散亡，故未聞也。

説者有弔辭云「皇天降災，子遭罹之，如何不淑」者，既未聞傷辭，有舊説者云有弔

[一]　知生至不弔　惠棟校宋本無此五字。○鍔按：「知生」上，阮校有「知生者弔節」五字。

辭如此也。「施於死者，蓋本傷辭」也，鄭此云舊說，疑其非弔辭，正是傷辭耳。所以然者，一則不與雜記弔辭同，二則既言「皇天降災，子遭罹之」[一]，明是傷於亡者自身，非關弔于孝子也。

云「辭畢，退，皆哭」者，然弔辭乃使口致命，若傷辭，當書之於板，使者讀之而奠致殯前也。

知辭畢皆退而哭者，案雜記行弔之後，致含襚賵畢乃臨，若不致含隧賵，則弔訖乃臨也。故鄭云弔傷辭畢，皆哭。

【衛氏集説】鄭氏曰：人恩各施於所知也。弔、傷，皆謂致命辭也。雜記曰：「諸侯使人弔，辭曰：『寡君聞君之喪，寡君使某，如何不淑！』」此施於生者，傷辭未聞也。説者有弔辭云：「皇天降災，子遭罹之，如何不淑！」此施於死者，蓋本傷辭。辭畢，退，皆哭。

孔氏曰：自此至「其所欲」一節，論弔傷之法。若存之與亡並識，則遣設弔辭、傷辭兼行。若但識生而不識亡，則惟遣設弔辭而無傷辭。若但識亡，惟施傷辭而無弔辭也。此皆不自往而遣使致己之命。生弔死傷，其文自可悉，但記者丁寧言之，故其文詳也。

[一]二則既言皇天降災子遭罹之　閩、毛本同，監本「罹」誤「懼」。

然弔辭乃使口致命，若傷辭，當書之於板，使者讀之而奠致殯前也。雜記行弔之後，致含襚賵畢乃臨，若不致含襚賵，則弔訖乃臨。故鄭云弔傷辭畢，皆哭。

嚴陵方氏曰：不知死而傷之，則其傷也近於僞。不知生而弔之，則其弔也近於諂。

馬氏曰：子張死，曾子齊衰而往哭之。或曰：「齊衰不以弔。」曾子曰：「我弔也與哉？」然則傷弔之禮，所施固異也。

【吴氏纂言】知，謂識其人也。

鄭氏曰：人恩各施於所知也。弔、傷，皆謂致命辭也。雜記曰：「諸侯使人弔，辭曰：『寡君聞君之喪，寡君使某，如何不淑！』」此施於生者，傷辭未聞也。說者有弔辭云：「皇天降災，子遭罹之，如何不淑！」此施於死者，蓋本傷辭。辭畢，退，皆哭。

孔氏曰：此皆不自往而遣使致己之命。若存之與亡並識，則遺設弔辭、傷辭兼行。若但識生而不識亡，則惟設弔辭而無傷辭。若但識亡，唯施傷辭而無弔辭也。然弔辭乃使口致命，若傷辭，當書之於版，使者讀之而奠致殯前也。

【陳氏集説】方氏曰：不知生而弔之，則其弔也近於諂。不知死而傷之，則其傷也近於僞。

方氏曰：不知死而傷之，則其傷也近僞。不知生而弔之，則其弔也近諂。

應氏曰：弔者禮之恤乎外，傷者情之痛於中。

【方氏析疑】弔而不傷，謂與死者不相知，雖弔其子，哀情不可作而致也。傷而不弔，乃禮之變，蓋或與死者相知於異國，同事於異時，其子未之或知而往弔，則嫌於以父之行自居，而使主人心愕焉，故心則傷之而不行弔禮耳。若親交鄰里，雖不識其子，可不弔乎？注以所致之辭別弔與傷，而所舉弔辭義，皆傷死，未足爲據。

【欽定義疏】正義 鄭氏康成曰：人恩各施於所知也。弔、傷，皆謂致命辭也。

孔氏穎達曰：此論弔、傷之法。若存之與亡並識，則弔辭、傷辭兼行。若但識生而不識亡，則惟遣設弔辭而無傷辭。若但識亡，惟施傷辭而無弔辭也。此皆不自往而遣使致己之命。然弔辭乃使口致命，若傷辭，當書之於版，使者讀之而奠致殯前也。

方氏慤曰：不知生而弔之，近諂。不知死而傷之，近僞。

應氏鏞曰：弔者禮之恤乎外，傷者情之痛於中。

通論 鄭氏康成曰：雜記曰：「諸侯使人弔，辭曰：『寡君聞君之喪，寡君使某，如何不淑！』」此施於生者。說者有弔辭云：「皇天降災，子遭罹之，如何不淑！」此施於死者。辭畢退，皆哭。孔疏：雜記行弔之後，致含襚賵畢乃臨。若不致含襚賵，則弔訖乃臨。故鄭云弔傷辭畢，皆哭。

馬氏晞孟曰：子張死，曾子齊衰而往哭之。或曰：「齊衰不以弔。」曾子曰：「我弔也與哉？」然則傷、弔之禮，所施固異也。案：白虎通引檀弓有此文，鄭所見檀弓已逸也。

【杭氏集說】應氏鏞曰：弔者，禮之恤乎外。傷者，情之痛於中。

姚氏際恒曰：此謂禮貴乎誠，不容僞也。然亦惟古禮爲然。若今世，與人之子爲友，其父死，不能不傷其死矣。與人之父爲友，父死，而於其子，不能不弔其生矣。又古云生者爲弔，死者爲傷，今人謂生者爲傷，死者爲弔，正相反。然于死者，傷、弔亦得通稱。

姜氏兆錫曰：方氏曰：「不知生而弔之，近於諂。不知死而傷之，近於僞。」又曰：此章言弔喪之禮。

方氏苞曰：弔而不傷，謂死者不相知，雖弔其子，哀情不可作而致也。傷而不弔，乃禮之變，蓋或與死者相知於異國，同事於異時，其子未之或知而往弔，則嫌于以父之行自居，而使主人心愕焉，故心則傷之而不行弔禮耳。若親友鄰里，雖不識其子，可不弔乎？注以所致之辭，别弔與傷，而所舉弔辭，義皆傷死，未足爲據。

【孫氏集解】鄭氏曰：人恩各施於所知也。弔、傷，皆致命辭也。雜記曰：「諸侯使人弔，辭曰：『寡君聞君之喪，寡君使某，如何不淑！』」此施於生者。傷辭未聞也。説者有弔辭云：「皇天降災，子遭罹之，如何不淑！」此施於死者，蓋本傷辭。辭畢，退，皆哭。

【朱氏訓纂】注：人恩各施於所知也。弔、傷，皆謂致命辭也。雜記曰：「諸侯使人弔，辭曰：『寡君聞君之喪，寡君使某，如何不淑！』」此施於生者。傷辭未聞也。説者有弔辭云：『皇天降災，子遭罹之，如何不淑！』此施於死者，蓋本傷辭。辭畢，退，皆哭。說文：弔，問終也。玉篇：弔生曰唁，弔死曰弔。賀述禮統曰：生謂之唁何？非爲喪之位，哭泣之事，但嗟歎以言，故謂之唁。弔死謂之弔何？素有恩禮，無服屬，但致哀傷，故謂之弔。正義：弔辭乃使口致命，若傷辭當書之於版，使者讀之，而奠致殯前也。

一·五九 **弔喪弗能賻，不問其所費。問疾弗能遺，不問其所欲。見人弗能館，不問其所舍。賜人者不曰來取，與人者不問其所欲。**皆爲傷恩也[一]。見人，見行人。館，舍也。與人不問其所欲，己物或時非其所欲，將不與也。○賻，音附。公羊傳曰：「錢財曰賻。」穀梁傳曰：「歸生者曰賻。」不問其所費，芳味反，一本作「有所費」，下句放此。遺，于季反，與也。皆爲，于偽反，下「爲其」皆同。

【衛氏集說】鄭氏曰：皆謂傷恩也。見人，見行人也。館，舍也。與人不問其所欲，己物或時非其所欲，將不與也。

橫渠張氏曰：賜人者不曰來取，亦是辭有枝葉也。

［一］皆爲傷恩也　閩、監、毛本同，岳本、嘉靖本同。衛氏集說「爲」作「謂」，考文引宋板、古本作「謂」。釋文出「皆爲」。○鍔按：「皆爲」上，阮校有「弔喪弗能賻節」六字。

臨川王氏曰：不問其所費、不問其所欲、不問其所舍，辭口惠而實不至也。賜人者不曰來取，與人者不問其所欲，爲人養廉也。

藍田吕氏曰：君子於其言，無所苟而已。所問不由於誠，不如勿問之矣。賜人者使之來取，人之所難取也。與人者問所欲，人之所難言也。賜之而難取，問之而難言，非所以惠人之道也。

廣安游氏曰：君子忠信以爲本，禮義以文之，無忠信之實而徒以辭色相與，苟欺於人，以賈其一時之悦，在小人則穿窬之盜也。夫不輕求於人，不輕以許人，此一介不以取人，不以與人。蓋伊尹之徒，苟以辭色與人者，穿窬之盜。一辭色之間，君子小人之判如此，學者所不可忽。

嚴陵方氏曰：表記言「有客不能館，不問其所舍」，則知人謂行人耳，儒行言「孔子至舍，哀公館之」者，以此。

山陰陸氏曰：舍，客也。館，主人之事也。

【吴氏纂言】臨川王氏曰：不問其所費、所欲、所舍，辭口惠而實不至也。不曰來取、不問其所欲，爲人養廉也。

鄭氏曰：見人，見行人也。館，舍也。與人不問其所欲，己物或時非其所欲，將不與也。

吕氏曰：賜人者，使之來取，人之所難取也。與人者，問其所欲，人之所難言也。賜之而難取，問之而難言，非所以惠人之道也。

【陳氏集説】弔喪弗能賻，不問其所費。問疾弗能遺，不問其所欲。見人弗能館，不問其所舍。以貨財助喪事曰賻。此三事不能則皆不問者，以徒問爲可愧也。**賜人者不曰來取，與人者不問其所欲。**賜者君子，與者小人。朱氏曰：君子有守，必將之以禮，故不曰來取。小人無厭，必節之以禮，故不問其所欲。

【江氏擇言】賜人者不曰來取，與人者不問其所欲。

臨川王氏云：爲人養廉也。

陳氏云：賜者君子，與者小人。

朱氏云：君子有守，必將之以禮。小人無厭，必節之以禮。

按：尊者曰賜，敵者曰與，王氏「爲人養廉」之説甚善。陳氏、朱氏之説，則因玉藻「凡賜，君子與小人不同日」而誤。彼所謂「與」者，連及之辭，非謂君子曰賜，小人曰與也。

【欽定義疏】弔喪弗能賻，不問其所費。問疾弗能遺，不問其所欲。見人弗能館，不問其所舍。

正義 鄭氏康成曰：皆爲傷恩也。案：傷，謂無恩之實。不問其所欲，己物或非其所欲，將不與也。案：不與，則虚此問矣。見人，見行人也。館，舍也。

王氏安石曰：不問者，辭口惠而實不至也。

吕氏大臨曰：君子於其言，無所苟而已。所問不由於誠，不如勿問之。

陳氏澔曰：以貨財助喪事曰賻。此三事不能則皆不問者，以徒問爲可愧也。

通論 方氏慤曰：表記言「有客不能館，不問其所舍」，則知人謂行人耳，儒行言「孔子至舍，哀公館之」者，以此。

賜人者不曰來取，與人者不問其所欲。

正義 王氏安石曰：爲人養廉也。

吕氏大臨曰：來取，人之所難取也。所欲，人之所難言也。賜之而難取，問之而難言，非所以惠人之道也。

陳氏澔曰：賜者君子，與者小人。

案 賜君子而曰來取，非所以重君子也，君子寧去之而不來矣。與小人而問其欲，彼欲易饜乎？是啓其貪矣。

【杭氏集説】弔喪弗能賻，不問其所費。問疾弗能遺，不問其所欲。見人弗能館，不問其所舍。

陳氏澔曰：以貨財助喪事曰賻。此三事不能則皆不問者，以徒問爲可愧也。

方氏慤曰：表記言「有客不能館，不問其所舍」，則知人謂行人耳。儒行言「孔子至舍，哀公館之」者，以此。

姜氏兆錫曰：以財物助喪曰賻。三者皆不問，以徒問爲愧也。

賜人者不曰來取，與人者不問其所欲。

陳氏澔曰：賜者君子，與者小人。

姚氏際恒曰：「賜人者不曰來取，與人者不問其所欲」，王介甫謂爲人養廉，得之。朱仲晦分君子、小人說，乃承方性夫解玉藻「賜，君子與小人不同日」之誤也。

姜氏兆錫曰：朱子曰：「君子有守，必將之以禮，故不曰來取。小人無厭，必節之以禮，故不問其所欲。」又曰：此章言交以誠敬之禮。

【孫氏集解】弔喪弗能賻，不問其所費。問疾弗能遺，不問其所欲。見人弗能館，不問其所舍。

鄭氏曰：皆爲傷恩也。見人，見行人。館，舍也。

王氏安石曰：辭口惠而實不至也。

愚謂問其所費，問其所用多寡之數及足否也。公羊傳曰「錢財曰賻」，穀梁傳曰「歸生者曰賻」，二説皆是也。含、禭、贈、賵，皆施於死者，惟賻則所以助生者之費。少儀：「臣爲君喪，致貨貝於君。」案含以玉，禭以衣，賵以束帛及馬，贈以束帛，則貨貝是賻物可知。是賻用錢貝也。

賜人者不曰來取，與人者不問其所欲。

鄭氏曰：與人不問其所欲，己物或時非其所欲，將不與也。

王氏安石曰：爲人養廉也。

吕氏大臨曰：賜人者使之來取，人之所難取也。與人者問所欲，人之所難言也。賜之而難取，與之而難言，非所以惠人之道也。

陳氏澔曰：賜者君子，與者小人。

愚謂君子多自好，故賜之，不曰來取，所以養其廉。小人多苟得，故與之，不問其所欲，所以節其貪。

【朱氏訓纂】弔喪弗能賻，不問其所費。問疾弗能遺，不問其所欲。見人弗能館，不問其所舍。注：見人，見行人。館，舍也。説文：館，客舍也。周禮：「五十里有市，市有館，館有積，以待朝聘之客。」舍，市居曰舍。釋文：公羊傳曰：「錢財曰賻。」穀梁傳曰：「歸生者曰賻。」廣雅：遺，與也。王介甫曰：不問者，辭口惠而實不至也。陳可大曰：以貨財助喪事曰賻。此三事不能則皆不問者，以徒問爲可愧也。

賜人者不曰來取，與人者不問其所欲。説文：与，賜予也。一勺爲与，此与與同。王介甫曰：爲人養廉也。江氏永曰：尊者曰賜，敵者曰與。

一·六〇 〇**適墓不登壟**[一]**，**爲其不敬。壟，冢也。墓，塋域。〇壟，力勇反。塋，音營。**助葬必執紼。**葬，喪之大事。紼，引車索[二]。〇紼，音弗。引棺，本亦作「引車」。索，悉各反。**臨喪不笑。**臨喪宜有哀色。**揖人必違其位。**禮以變爲敬。**望柩不歌。入臨不翔。**哀傷之，無容樂。〇柩，求又反。臨，如字，舊力鴆反。**當食不歎。**食或以樂，非歎所。**鄰有喪，舂不相；里有殯，不巷歌。**助哀也。相，謂送杵聲。〇舂，束容反。相，息亮反，注同。杵，昌呂反。**適墓不歌，**非樂所。**哭日不歌。**哀未忘也。**送喪不由徑，送葬不辟塗潦。**所哀在此。〇徑，經定反，邪路也。辟，音避，本亦作「避」，下注同。**臨喪則必有哀色，執紼不笑，臨樂不歎，介冑則有不可犯之色。**貌與事宜相配。介，甲也。**故君子戒慎，不失色於人。**色厲而內荏，貌恭心很，非情者也。〇荏，而審反，柔弱貌。很，胡懇反。**國君撫式，大夫下之；大夫撫式，士下之。**撫，猶據也。據式小俛，崇敬也。乘車必正立。〇俛，音免。

[一] 適墓不登壟節　惠棟校宋本「適墓不登壟」一句經注合上「知生」節「弔喪」節爲一節，「助葬必執紼」以下另爲一節。

[二] 引車索　閩、監、毛本同，岳本、嘉靖本同。釋文出「引棺」云：「本亦作『引車』。」正義本作「引車」。考文引古本「車索」下有「也」字，衛氏集説亦作「引車索也」。

禮不下庶人，爲其遽於事，且不能備物。○下，遐嫁反，又如字。遽，其庶反，沈又其於反。**刑不上大夫。**不與賢者犯法，其犯法則在八議，輕重不在刑書。○上，時掌反。與，音預。**刑人不在君側。**爲怨恨爲害也。春秋傳曰：「近刑人則輕死之道。」

【疏】「助喪」至「君側」〔一〕。○正義曰：此一節記人雜記吉凶舉動威儀之事，各依文解之。

○「助葬必執紼」者，助葬本非爲客，正是助事耳，故宜必執紼也。

○注「葬喪」至「車索」。○正義曰：「葬，喪之大事。」解所以必執紼之義。云「紼，引車索」者，繩屬棺曰紼，屬車曰引，引、紼亦通名，故鄭云「紼，引車索」也。

○「揖人必違其位」者，位，謂己之位也。於位而見前人，己所宜敬者，當離己位，而嚮彼遥揖。禮以變爲敬，是以燕禮「君降階，爾卿、大夫」鄭注云：「爾，近也。揖而移近之。」明雖君臣，皆須違位而揖也。

○「入臨不翔」者，謂入臨人之喪，不得趨翔爲容。不翔故不歌，歌則猶翔也。

○「當食不歎」者，吉食奏樂，既樂，故不宜歎也。又若助喪事而食，使充飢，不令廢

〔一〕助葬至君側　惠棟校宋本無此五字。

事，亦不宜歎，歎則不飽也。

○注「食或以樂，非歎所」。○正義曰：人君吉食則有樂，賤者則無，故云「或」也。

○「哭日不歌」者，哭日，謂弔人日也。哭、歌不可共日也。

○注「哀未忘也」。○正義曰：論語云：「子於是日哭，則不歌。」而鄭此云「哀未忘也」，則弔日之朝亦得歌樂，但弔以還，其日晚，不歌耳。亦得會是日哭，則不歌，是先哭後乃不歌也。

○「送葬不辟塗潦」者，前文「送喪」，此云「送葬」，上下文勢皆據他人。知者，以上「適墓不登壟」「入臨不翔」及「哭日不歌」，以文類之，故知此等皆據他人也。而本亦有云「送喪不辟塗潦」者，義亦通也。

○「介冑則有不可犯之色」者[一]，亦内外宜相稱也。戎容暨暨，若身被甲，首冠冑，則使形勢高岸，有不可干犯之色，以稱其服也。

○「故君子戒慎，不失色於人」者，并結前義也。故，承上起下之辭。上既言内外宜稱，故君子接人，凡所行用並使心色如一，不得色違於心，故云「不失色於人」也。

○注「色厲而内荏，貌恭心很，非情者也」。○正義曰：此舉失色之事也。小人顔

[一] 介冑則有不可犯之色者　閩、監、毛本同，惠棟校宋本無「者」字。

色嚴厲，而心内荏弱爲佞，又外乃象恭，而心實敖很，此並情不副色也。故論語云：「色厲而内荏，譬諸小人，其猶穿窬之盜也與？」又云：「巧言、令色、足恭。」書云：「象恭滔天。」

○「國君撫式，大夫下之」者，撫，謂手據之。謂君臣俱行，君式宗廟，則臣宜下車。此獨云「大夫」，則士可知也。

「大夫撫式，士下之」者，士爲大夫之臣，亦如大夫於君也。

○注「乘車必正立」。○正義曰：證所式義也。乘車，駟馬之車也。既並立乘，故爲敬時則俯俛據式。

○「禮不下庶人」者，謂庶人貧，無物爲禮，又分地是務，不服燕飲[一]，故此禮不下與庶人行也。白虎通云：「禮爲有知制，刑爲無知設。」禮，謂酬酢之禮，不及庶人，勉民使至於士也。故士相見禮云「庶人見於君，不爲容，進退走」是也。張逸云：「非是都不行禮也，但以其遽務不能備之，故不著於經文三百、威儀三千耳。其有事，則假士禮行之。」

○「刑不上大夫」者，制五刑三千之科條，不設大夫犯罪之目也。所以然者，大夫必

[一] 不服燕飲　閩、監本同。毛本「服」作「暇」，衛氏集説同。

用有德，若逆設其刑，則是君不知賢也。張逸云：「謂所犯之罪，不在夏三千、周二千五百之科，不使賢者犯法也，非謂都不刑其身也，其有罪，則以八議議其輕重耳。」

○注「不與」至「刑書」。○正義曰：與，猶許也。不許賢者犯法，若許之，則非進賢之道也。大夫無刑科，而周禮有犯罪致殺、放者，鄭恐人疑，故出其事，雖不制刑書，「不與賢者犯法，其犯法則在八議輕重，不在刑書[一]」。若脱或犯法，則在八議。議有八條，事在周禮：「一曰議親之辟」，謂是王宗室有罪也；「二曰議故之辟」，謂與王故舊也；「三曰議賢之辟」，謂有德行者也；「四曰議能之辟」，謂有道藝者也；「五曰議功之辟」，謂有大勳立功者也；「六曰議貴之辟」，謂貴者犯罪，即大夫以上也。鄭司農云：「若今之[二]吏墨綬有罪先請者。」案漢時墨綬者，是貴人也。「七曰議勤之辟」，謂憔悴憂國也[三]；「八曰議賓之辟」，謂所不臣者，三恪二代之後也。異義：「禮戴説刑不上大夫。古周禮説士尸肆諸市，大夫尸肆諸朝，是大夫有刑。許慎謹案易曰：『鼎折足，覆公餗，其刑渥，凶。』無刑不上大夫之事，從周禮之説。」鄭康成駁之云：「凡有爵者與王

[一] 不與賢者犯法其犯法則在八議輕重不在刑書　閩、監、毛本同，考文引宋板無此十九字。

[二] 鄭司農云若今之　周禮注「之」作「時」。

[三] 謂憔悴憂國也　閩、監本同，毛本「憔悴」作「顦顇」。○按：周禮注作「憔悴」。

同族、大夫以上，適甸師氏[一]，令人不見，是以云『刑不上大夫』。」如鄭之言，則於戴禮及周禮二説俱合。但大夫罪未定之前，則皆在八議，此經注是也；若罪已定，將刑殺，則適甸師氏是也。凡王朝大夫以上及王之同姓，皆刑之於甸師氏，故掌戮云「凡有爵者及王之同族有罪，則死刑焉」是也。若王之庶姓之士及諸侯大夫，則戮於朝。故襄二十二年楚殺令尹子南，尸諸朝，是大夫於朝也。列國大夫入天子之國曰某士，明天子之士亦在朝也。諸侯大夫既在朝，則諸侯之士在市，故檀弓云：「君之臣不免於罪，則將肆諸市朝。」鄭云「大夫於朝，士於市」是也。

○「刑人不在君側」者，彼刑殘者，不得令近君，爲其怨恨也。白虎通云：「古者刑殘之人，公家不畜，大夫不養，士遇之路不與語，放諸境埆不毛之地，與禽獸爲伍。」

○注「春秋傳曰：近刑人則輕死之道」[二]。○正義曰：此引公羊傳證刑人在君側之失者也。春秋魯襄公二十九年，閽弑吴子餘祭[三]。公羊云：「閽者何？刑人也。」

○「君子不近刑人[四]，近刑人則輕死之道也。」又左傳云：「吴伐越，獲俘焉，以爲

[一] 大夫以上適甸師氏　閩、監本同，毛本「上」誤「下」，考文引宋本作「上」。

[二] 注春秋傳曰近刑人則輕死之道　閩、監、毛本同，惠棟校宋本作「注春秋至之道」。

[三] 閽弑吴子餘祭　毛本「弑」作「殺」。按：作「弑」與襄二十九年經合。

[四] 刑人也君子不近刑人　毛本如此。此本「刑人也」下誤隔一「○」，閩、監本同。

闔，使守舟。吴子餘祭觀舟，闔以刀弑之。」

君子戒慎，不失色於人。

【衛氏集説】適墓不登壟，助葬必執紼。臨喪不笑。揖人必違其位。望柩不歌。入臨不翔。當食不歎。鄰有喪，舂不相；里有殯，不巷歌。適墓不歌，哭日不歌。送喪不由徑，送葬不辟塗潦。臨喪則必有哀色，執紼不笑，臨樂不歎，介胄則有不可犯之色。故君子戒慎，不失色於人。

鄭氏曰：壟，冢也。墓，塋域。登壟爲其不敬。葬，喪之大事。紼，引車索也。臨喪宜有哀色，故不笑。禮以變爲敬，故揖必違位。望柩、入臨，哀傷之，無容樂也。食或以樂，非歎所也。相，謂送杵聲。不相、不巷歌，所以助哀也。墓非樂所，哭日哀未忘，故皆不歌。送喪不由徑，送葬不辟塗潦，所哀在此也。臨喪執紼，臨樂及介胄諸事，其貌皆宜與事相配。介，甲也。失色，謂色厲内荏，貌恭心很，非情者也。

孔氏曰：自此至「君側」一節，雜記吉凶舉動威儀之事。繩屬棺曰紼，屬車曰引，引、紼亦通名。助葬本非爲客，正助事耳，故宜執紼也。「必違其位」，位，謂己之位也。於位見人，則當離己位而向彼遥揖也。燕禮：「君降階，爾卿、大夫。」「爾，近也。揖而移近之。」明雖君臣，皆須違位而揖也。入臨人之喪，不得趨翔爲容。哭日，謂弔人日也。論語孔子「於是日哭，則不歌」。介胄，則戎容暨暨，使形勢高岸，有不可犯之色，以稱其服也。是「故君子戒慎，不失色於人」，此句并結前義。故者，承上起下之辭。君子接人，凡所施用，並使心色如一，不得色違於心。

藍田吕氏曰：壟，非所登也。助葬執紼，必有事也。弔於葬者，必執引，若從柩及壙，皆執紼。諸侯之禮曰「寡君有宗廟之事，使一介老某相執紼」，則助葬者雖諸侯，亦執紼也。臨喪，非笑所也。望柩不歌，如臨喪不笑也。無服之喪，至誠惻怛，當與天下同之，况鄰里乎？相者，舂人歌，以助舂也。適墓不歌，如望柩不歌也。送喪不由徑，不欲速也。不辟塗潦，不擇地也。哀在乎此，則忘乎彼也。執紼不笑，猶臨喪不笑也。當食不歎，猶臨樂不歎也。臨喪則必有哀色，介胄則有不可犯之色，色必稱其服，情必稱其色，内外相顧，所謂不失色於人也。

講義曰：「臨喪不笑」與「望柩不歌」「入臨不翔」「當食不歎」，皆所以言哀樂喜愠之情，不相雜也。此言「揖人必違其位」，孟子言「不歷位而相與言，不踰階而相揖」，彼所言者，朝廷之禮，此所言者，燕居之禮。朝廷尚嚴，燕居尚和，言之不同，所主之禮異也。「送喪不由徑」者，不取苟且之便也。「送葬不辟塗潦」者，不憚徒涉之勞也。送喪則知生者，送葬則知死者，故所以送之，必不能無輕重難易之異焉。又曰：君子之顔色，無所苟而已矣。惟無所苟，故臨喪而哀、執紼不笑、臨樂不歎、介胄不可犯，其爲色不同而莫不中禮。莫不中禮，斯不失色於人矣。宜君子於此戒慎而不敢忽也。

嚴陵方氏曰：除喪而後祥，故未祥之前通謂之有喪。啓殯而後葬，故未葬之前通謂之有殯。於鄰言有喪舂不相，則有殯可知。於里言有殯不巷歌，則有喪可知。舂猶不相，則不巷歌可知。不巷歌，則容或相舂矣。五家爲鄰，五鄰爲里。鄰近而里遠，鄰寡而里衆。近而寡者其情昵，遠而衆者其情疏，故哀不能無輕重淺深之别焉。戒者謹之事，謹者戒之心。然而色之得失在己，乃曰「不失色於人」，何也？蓋色則己與人相通，故必以人爲言焉。

廬陵胡氏曰：鄭云：「相，送杵聲。」案：孫卿書多言「成相」，漢藝文志詩賦類有成相雜詞十一篇，豈亦送杵聲乎？又樂記云：「治亂以相。」鄭云：「相，即拊也。亦以節樂。」拊者，以韋爲表，裝之以糠，糠亦名相，因以名焉，則又非送杵聲矣。蘇氏云謳謡名。

山陰陸氏曰：「子於是日哭，則不歌」，至是，惟孔子乃能如此。故曰「禮儀三千」，待其人而後行，送喪有服者也，送葬不必有服。

馬氏曰：喪以執事爲禮，故送喪不由徑，送葬不辟塗潦。傳曰「所樂而憂，猶有憂而樂」，君子之憂樂，各有所當，故臨樂不歎。兵革以威克愛也，以威克愛，則服必稱情，容必稱服，故「戎容暨暨，介冑有不可犯之色」者，以此也。禮曰：「服其服，則文以君子之容；有其容，則文以君子之辭；遂其辭，則實以君子之德。」德稱容，容稱服，則民望其容貌，瞻其顔色，而心喻其德矣。故君子戒慎，不失色於人。

慈湖楊氏曰：送喪爲生者，送葬爲死者。禮，送喪不由徑，則辟塗潦；送葬不辟塗潦，則不由徑可知。不由徑，謂從喪而送，不由徑道而會也。不辟塗潦，謂柩車涉塗潦。送死者哀情重，不憚塗潦，而從之無所避也。

長樂陳氏曰：情者，色之實；色者，情之文。情之得失存乎内，則色之得失見於外。故臨喪必有哀色，則哀之情可知；執紼不笑，則憂之情可知。

國君撫式，大夫下之；大夫撫式，士下之。

鄭氏曰：撫，猶據也。據式小俛，崇敬也。

孔氏曰：謂君臣俱行，君式宗廟，則臣宜下車。若士爲大夫之臣，亦如大夫於君也。

藍田吕氏曰：下之，敬重於式，所敬皆降一等也。

講義曰：周官輿人言「爲式」「爲較」，説者謂高三尺三寸爲式，高五尺五寸爲較。馮較則言其常，撫式則致其敬。國君、大夫、士，其名位不同，則禮亦有差等矣。

禮不下庶人，刑不上大夫。刑人不在君側。

鄭氏曰：「禮不下庶人」者，爲遽於事，且不能備物。「刑不上大夫」者，不與賢者以犯法，其犯法則在八議，輕重不在刑書。刑人，爲怨恨爲害也。春秋傳曰：「近刑人則輕死之道。」

孔氏曰：庶人貧，無物爲禮，又分地是務，不暇燕飲，故此禮不下與庶人行也。白虎通云：「禮爲有知制，刑爲無知設。」五刑三千之科條，不設大夫犯罪之目，以大夫必用有德，若逆設其刑，則是君不知賢也。鄭謂「不與賢者犯法」，與，猶許也。若許之，則非進賢之道。然周禮有犯罪致殺、放者，古周禮説士尸肆諸市，大夫尸肆諸朝，是大夫亦有刑。但大夫罪未定之前，則皆在八議，鄭注是也。被刑殘者，不得令近君，鄭引春秋公羊傳謂閽弑吴子餘祭，證刑人在君側之失也。

張氏曰：庶人非是都不行禮也，但以其遽務不能備之，故不著於經禮三百、威儀三千耳。其有事，則假士禮行之。

黄氏曰：周禮小司徒之職，民之器物，比閭共置，豈庶人之禮不備哉？王者制民之産，仰足以養父母，俯足以畜妻子，雖夭窮廢疾無告者，自有閭黨使之相救相賙，豈是民窮而皆無禮哉？今詳之，蓋上文言君臣同行，各在車上展禮之節。謂若「國君下宗廟，式齊牛」，儻國君遇齊牛而撫式，則臣下下之，其猶「人君式黄髮」之類，若老者爲致仕之人，則大夫、士下之可知矣。若國君見黄髮庶人而撫式，則大夫、士所乘皆天子命車，不必下之，皆式之而已。謂乘車之禮，不爲庶人而下，故曰「禮不下庶人」者也。其文連續上文，爲乘車之節，則厥義明矣。先儒誤認「禮不下庶人」與「刑不上大夫」辭句相對，而廣爲敷引，義無所歸。餘義。

藍田吕氏曰：庶人，愚且賤者也，不可以待君子之事責之。大夫，賢且貴者也，不可以待小人之法辱之。故古之制禮，皆自士始，庶人則略而已。大夫有罪非不刑也，八議所不赦，則刑于隱者，周官掌囚所謂「凡有爵者與王之同族，奉而適甸師氏，以待刑殺」是也。古者，刑人皆遠之。墨者使守門，劓者使守關，刖者使守囿，髡者使守積。刑人而在君側，輕身之道也。

嚴陵方氏曰：周官司寇有「議貴之辟」，宗伯不以象示民，亦此意也。然周官以禮俗馭其民，則禮非不下庶人也，要之以治貴者爲主；有甸師氏，則刑非不上大夫也，要之以治賤者爲之主。在大夫之下，庶人之上者，則士而已。王制言「禮樂造士」，則禮及乎士矣。舜典言「扑作教刑」，則刑加乎士矣。

李氏曰：庶人，其財不足以備禮，先王之政，亦使之無廢而已，故比使之共吉凶二服，閭共祭器，族共喪器，黨共射器，州共賓器，鄉共吉凶禮樂之器，其財非出於一而易具，故民得相資而亦無廢禮。大夫之罪，其在五刑之域者，造乎闕而自請罪，君不使有司執縛牽掣而加之也。以刑不上大夫，而大夫亦不失訟罪，德教使然也。故周官云「命夫命婦不躬坐獄訟」。不躬坐獄訟者，恩也；刑必及之者，義也。先王以致其恩，故待之常略，是以邦國之獄訟，則以邦法斷之；卿大夫之獄訟，則以邦成弊之而已，以致其義，故馭之常詳。是以於罪之重者，或服法之輕，故廢以馭其罪；於罪之輕者，或服法之重，故誅以馭其過。雖然，成德而後爲大夫，豈有至於此？亦與中人爲制而已。故先王之制刑，至於百官而後見刑之備；制禮，至於萬民而後見禮之成。故書曰「伯夷降典，折民惟刑」。士制百姓於刑之中，於民言禮，於百官言刑，所以舉其法之備也。

講義曰：大夫之貴，當厲其節，不當待之以刑也。然庶人豈不可行禮哉？不以禮責之耳。大夫豈不可加以刑哉？不宜待刑而後治耳。

廣安游氏曰：「禮不下庶人」，古注詳矣，如庶人不廟祭，則宗廟之禮所不及也；庶人徒行，則車乘之禮所不及也；庶人無燕禮，則酬酢之禮所不及也；庶人見君子，不爲容，進退趨走，則朝廷之禮所不及也。「不下」者，謂其不下及也。然非庶人舉無禮也，特自士以上之禮所不及耳。「刑不上大夫」者，言不上及於大夫，非大夫舉無刑也，特不以庶人之刑加之耳。且古者之制貴賤異於後世，古者貴有常尊，賤有常卑，故禮刑所及，皆有常所。後世貴賤無常，爲庶人者，朝爲匹夫，暮爲卿相者有之；爲卿相者，一終其身，則其子孫降在皂隸者有之。所謂「禮不下庶人，刑不上大夫」，不可得而行矣。假以宗廟言之，世爲諸侯者，常爲五廟，常居諸侯之宫。世爲大夫者，常爲三廟，常居大夫之宫。及至後世，父爲卿相而子孫爲匹夫，則其宗廟、宫室不可再傳、三傳也。朝爲匹夫，而暮爲卿相，則其禮前無所承，而所謂宗廟、宫室者，其來無所，自特以身祭而身居之，不可常也。天下之禮惟其常也，則人知習之，惟其習之也，則其爲禮也有序，其施行有漸，故人安於其常而易於爲治。若貴賤驟易，則犯法施行，其來無漸，此後世貴人不能爲禮，而子孫多至於犯刑者，爲此故也。

金華邵氏曰：世俗之説曰「禮不下庶人」，「刑不上大夫」，則大夫有罪，不可以加刑。如此，則棄衆人於禮法之外，爲大夫者可以率意妄行而無忌憚矣。禮儀三百，威儀三千，與夫成湯之官刑，周官之八議，果何用也？夫不下庶人，猶曰不以庶人爲下，而使之廢禮；不上大夫，猶曰大夫不以刑爲上，而當待以禮義廉恥云耳。經曰「安上治民，莫善於禮」，賈誼曰「上設禮義廉恥，以勵其臣」是也。人君當與正人居，則庶乎薰陶浸漬，以成其德，刑人過惡暴白，容可近乎？

長樂陳氏曰：刑人不在君側，禮也。公家不畜刑人，非禮也。周禮掌戮墨劓宫刖等，非不畜也，不近之而已。畜之者仁也，不近之者智也。世衰禮廢，而防患之道不謹，此吴子餘祭所以見弑於閽，齊莊公所以見閒於賈舉也。雍渠與載，孔子適陳；趙談參乘，爰絲極諫者，以此。

【吴氏纂言】適墓不登壟，送喪不由徑，送葬不辟塗潦，助葬必執紼，揖人必違其位。

鄭氏曰：墓，塋域。壟，冢也。不登壟者，爲其不敬。不由徑、不辟塗潦者，所哀在此。助葬必執紼者，葬喪之大事。揖人必違其位者，禮以變爲敬。

孔氏曰：助葬非爲客，是助事爾，故宜執紼。位，謂己之位也。於位而見人，則當離己位而向彼遥揖。燕禮：「君降階，爾卿、大夫。」爾，謂揖而移近之。雖君臣，皆須違位而揖也。

臨喪則必有哀色，介胄則有不可犯之色。故君子戒慎，不失色於人。

鄭氏曰：貌與事宜相配。色厲内荏，貌恭心很，非情者也。介，甲也。

孔氏曰：若身被甲，首冠胄，則使形勢高岸，有不可干犯之色，以稱其服也。君子接人，並使心色如一，不得色違於心，故云「不失色於人」。

鄰有喪，舂不相；里有殯，不巷歌。

鄭氏曰：助哀也。相，送杵聲。

方氏曰：五家爲鄰，五鄰爲里。鄰近而里遠，鄰寡而里衆。近而寡者其情昵，遠而衆者其情疏，故哀不能無輕重淺深之别焉。除喪而後祥，故未祥之前通謂之有喪。啓殯而後葬，故未葬之前通謂之有殯。於鄰言有喪舂不相，則有殯可知。於里言有殯不巷歌，則有喪必然矣。舂猶不相，則不巷歌可知。不巷歌，則容或相舂矣。

適墓不歌，哭日不歌，望柩不歌，入臨不翔，臨喪不笑，執紼不笑，臨樂不歎，當食不歎。

鄭氏曰：適墓，非樂所。哭日，哀未忘。望柩、入臨，哀傷之，無容樂。臨喪宜有哀色。紼，引車索。食或以樂，非歎所。

孔氏曰：哭日，謂弔人日。哭、歌不可共日。弔之朝亦得歌樂，但弔以還，哭後乃不歌也。不翔，謂入臨人之喪，不得趨翔爲容。不翔則不歌，不歌則猶翔也。吉食奏樂，既樂，故不宜歎。若助喪事而食，使充飢，不令廢事，亦不宜歎，歎則不飽也。

國君撫式，大夫下之；大夫撫式，士下之。

車式高三尺三寸，較高五尺五寸。在車常憑較，敬則撫式。

鄭氏曰：撫，猶據也。據式小俛，崇敬也。

孔氏曰：謂君臣俱行，君式宗廟，則臣宜下車。若士爲大夫之臣，亦如大夫之於君也。

吕氏曰：下之，敬重於式，所敬皆降一等也。

禮不下庶人，刑不上大夫。

鄭氏曰：禮不下庶人者，爲遽於事，且不能備物。刑不上大夫者，不與賢者犯法，其犯法則在八議，輕重不在刑書。

孔氏曰：禮爲有知制，刑爲無知設。禮不下與庶人行，故不著於經，非是都不行禮也，有事則假士禮行之。制五刑三千之科條，不設大夫犯罪之目。所以然者，大夫必用有德，若逆設其刑，則是君不知賢也。雖不制刑書，非謂都不刑其身也，其有罪，則以八議議其輕重。

澄曰：禮，謂禮書。禮書所制之禮，上自天子始，而下及諸侯，又下及卿、大夫，又下及士而止，不下及庶人也。刑，謂刑書。刑書所制之刑，下自庶人始，而上及於士而止，不上及大夫也。

刑人不在君側。

鄭氏曰：爲怨恨爲害也。春秋傳曰：「近刑人則輕死之道。」

孔氏曰：被刑害者，不得令近君。春秋「閽弑吴子餘祭」，刑人在君側之失也。

【陳氏集説】適墓不登壟，助葬必執紼。壟，墳堆也，登之爲不敬。紼，引棺索，執之致力也。**臨喪不笑。**以哀爲主。**揖人必違其位。**出位而揖，禮以變爲敬也。**望柩不歌。入臨不翔。**不歌與不笑義同。臨，哭也。不翔，不爲容也。**當食不歎。**唯食忘憂，非歎所也。**鄰有喪，舂不相；**五家爲鄰。「相」者，以音聲相勸。相，蓋舂人歌以助舂也。**里有殯，不巷歌。適墓不歌，哭日不歌。**二十五家爲里。巷歌，歌於巷也。**送喪不由徑，送葬不辟塗潦。臨喪則必有哀色，執紼不笑，**不由徑，不苟取其速也。不避泥潦，嫌於憚勞也。**臨樂不歎，**亦爲非歎所也。**介胄則有不可犯之色。故君子戒慎，不失色於人。**此章自「揖人必違其位」「當食不歎」「臨樂不歎」「介胄則有不可犯之色」四句之外，皆是凶事之禮節，記者詳之如此。每事戒慎，則無失禮之愧，不但不可失介胄之色而已。**國君撫式，大夫下之；大夫撫式，士下之。禮不下庶人，**君與大夫或同途而出，君過宗廟而式，則大夫下車。士於大夫，猶大夫與君也。庶人卑賤，且貧富不同，故經不言庶人之禮。

古之制禮者，皆自士而始也，先儒云其有事，則假士禮而行之。一説此爲相遇於途，君撫式以禮大夫，則大夫下車；大夫撫式以禮士，則士下車；庶人則否。故云「禮不下庶人」也。**刑不上大夫。**大夫或有罪，以八議定之。議所不赦，則受刑。周官掌囚「凡有爵者與王之同族，奉而適甸師氏，以待刑殺」，而此云「不上大夫」者，言不制大夫之刑，猶不制庶人之禮也。**刑人不在君側。**人君當近有德者，又以應其怨恨而爲變也。閽弑餘祭，刑人在側之禍也。

【郝氏通解】知生者弔，知死者傷。知生而不知死，弔而不傷；知死而不知生，傷而不弔。弔喪弗能賻，不問其所費。問疾弗能遺，不問其所欲。見人弗能館，不問其所舍。賜人者不曰來取，與人者不問其所欲。適墓不登壟，助葬必執紼。臨喪不笑。揖人必違其位。望柩不歌。入臨不翔。當食不歎。鄰有喪，舂不相；里有殯，不巷歌。適墓不歌，哭日不歌。送喪不由徑，送葬不避塗潦。臨喪則必有哀色，執紼不笑，臨樂不歎，介胄則有不可犯之色。故君子戒慎，不失色於人。

恤生曰弔，哀死曰傷，二者非可混施也。以財助葬曰賻，問人之乏而不能濟，是失言也。賜人而使之來取，是無禮也。與人而問所欲，是矜惠也。壟，墳也。登墳則躪踐死者，不敬也。引棺之索曰紼，助喪本爲相事，非爲客也，故必執紼，示效力也。與人揖必出位，以變爲敬也。入哭人之喪，勿舒徐翔行也。憂則廢食，食則輟憂，非歎所也。五家爲鄰，鄰有喪，舂米者不唱和相助也。二十五家爲里，不巷歌，不歌於里之巷也。送喪由截徑避泥水，是憚勞也。身被介冑，則必有不可犯之色。臨喪，則必哀戚之色。故君子每事戒慎，必誠必信，服必稱情，外必由衷，不失色於人也。

【方氏析疑】送喪不由徑，送葬不辟塗潦。

送喪，謂死於他國而族姻朋友送其柩以歸者。不由徑、不辟塗潦，互相備也。送葬必執紼，若避塗潦，恐柩因之傾側。

國君撫式，大夫下之；大夫撫式，士下之。

撫，問其人而式以禮之，非「式齊牛」「入里必式」之類。

刑不上大夫。

刑不上大夫，賈誼所謂「造請室而請罪」「聞命而自裁」是也。乃罪之猶可寬假者，至九伐之法，雖國君不免於殘，況卿大夫乎？故周官「有爵者與王之同族，刑殺於甸師氏」，其義並行不悖。

【江氏擇言】國君撫式，大夫下之。

孔疏云：謂君臣俱行，君式宗廟，則臣宜下車。

按：下文「國君下齊牛，式宗廟」，熊氏謂此文誤當作「下宗廟，式齊牛」。此疏猶云「式宗廟」，非也。然君撫式亦不止齊牛。

引車索也。

【欽定義疏】適墓不登壟，助葬必執紼。

正義 鄭氏康成曰：壟，冢也。墓，塋域。登壟，爲其不敬也。葬，喪之大事。紼，引車索也。

孔氏穎達曰：自此至「君側」一節，雜記吉凶舉動威儀之事。繩屬棺曰紼，屬車曰引，引、紼亦通名。助葬本非爲客，正助事耳，故宜執紼。

吕氏大臨曰：壟非所登也。助葬執紼，必有事也。弔於葬者，必執引。若從柩及壙，皆執紼。

通論 吕氏大臨曰：諸侯之禮曰「寡君有宗廟之事，使一介老某相執紼」，則助葬者雖諸侯亦執紼。

臨喪不笑。

正義 鄭氏康成曰：臨喪宜有哀色。

吕氏大臨曰：臨喪，非笑所也。

陳氏祥道曰：臨喪不笑，與望柩不歌、入臨不翔、當食不歎，皆所以言哀樂喜愠之情，不相雜也。

揖人必違其位。

正義 鄭氏康成曰：禮以變爲敬。

孔氏穎達曰：位，謂己之位。於位而見己所當敬者，則當離己位而向彼遥揖。燕禮：「君降階，爾卿、大夫。」注：「爾，近也，揖而移近之。」明雖君臣，皆須違位而揖也。

望柩不歌。入臨不翔。當食不歎。

正義 鄭氏康成曰：望柩、入臨，哀傷之，無容樂也。食或以樂，非歎所也。

孔氏穎達曰：入臨人之喪，不得趨翔爲容。

陳氏澔曰：不歌與不笑義同。惟食忘憂，非歎所也。

鄰有喪，舂不相；里有殯，不巷歌。

正義 鄭氏康成曰：相，謂送杵聲。「不相」「不巷歌」，所以助哀也。

餘論 吕氏大臨曰：無服之喪，至誠惻怛，當與天下同之，況鄰里乎？

陳氏澔曰：五家爲鄰。相者，以聲音相勸。相，蓋舂人歌以助舂也。二十五家爲里。巷歌，歌於巷也。

方氏慤曰：除喪而後祥，故未祥之前通謂之有喪；啓殯而後葬，故未葬之前通謂之有殯。於鄰言有喪舂不相，則有殯更可知。於里言有殯不巷歌，則容或相舂矣。鄰近而里遠，喪期遠而殯期近，故哀不能無輕重淺深之别焉。

存異 胡氏銓曰：孫卿書多言「成相」。漢藝文志有成相雜詞十一篇。樂記云：「治亂以相。」鄭云「即拊也」，又非送杵聲矣。蘇氏云謳謡名。案：本文明言「舂不相」是送杵聲也，不必汩而亂之。

適墓不歌，哭日不歌。

正義 鄭氏康成曰：墓非樂所，哭日哀未忘，故皆不歌。

孔氏穎達曰：哭日，謂弔人日也。論語云：「子於是日哭，則不歌。」

送喪不由徑，送葬不辟塗潦。臨喪則必有哀色，執紼不笑。

正義 鄭氏康成曰：不由徑、不辟塗潦，所哀在此也。臨喪執紼及下介胄諸事，其貌皆宜與事相配。

楊氏簡曰：送喪爲生者，送葬爲死者。不由徑，謂從喪而送不由徑道而會也。不辟塗潦，謂柩車涉塗潦。送死者哀情重，從之無所辟也。

陳氏祥道曰：情者，色之實；色者，情之文。情之得失存乎内，則色之得失見於外。故喪必有哀色，則哀之情可知；執紼不笑，則憂之情可知。

臨樂不歎。

正義 馬氏晞孟曰：傳曰：「所樂而憂，猶有憂而樂。」君子之憂樂，各有所當，故臨樂不歎。

陳氏澔曰：亦爲非歎所也。

介胄則有不可犯之色。

正義 鄭氏康成曰：介，甲也。

孔氏穎達曰：介胄則戎容暨暨，使形勢高岸，有不可犯之色，以稱其服也。

馬氏晞孟曰：兵革以威克愛也。

故君子戒慎，不失色於人。

正義 鄭氏康成曰：色厲内荏，貌恭心很，非情者也。

孔氏穎達曰：此句并結前義。故者，承上起下之辭。君子接人，凡所施用並使心色如一，不得色違於心。案：鄭注别義，不如孔疏爲確。

吕氏大臨曰：色必稱其服，情必稱其色，内外相顧，所謂不失色於人也。

陳氏祥道曰：君子之顔色，無所苟而已矣。惟無所苟，故爲色不同而莫不中禮，斯不失色於人矣。宜君子於此戒慎而不敢忽也。

方氏慤曰：色之得失在己，乃云「於人」，何也？蓋色則己與人相通，故必以人爲言焉。

案 此章是悉數君子動必以禮也。禮無不敬，故以「戒慎」二字作總結。

國君撫式，大夫下之；大夫撫式，士下之。

正義 鄭氏康成曰：撫，猶據也。據式小俛，崇敬也。乘車必正立。孔疏：乘車，驅馬之車。既並立乘，故爲敬時，俯俛據式。

孔氏穎達曰：謂君臣俱行，君式宗廟，則臣宜下車。言大夫，則士可知。若士爲大夫之臣，亦如大夫於君也。

呂氏大臨曰：下之，敬重於式，所敬皆降一等也。

【通論】陳氏祥道曰：周官輿人言「高三尺三寸爲式，高五尺五寸爲較」。馮較則言其常，撫式則致其敬。國君、大夫、士，名位不同，則禮亦差等矣。

禮不下庶人。

【正義】鄭氏康成曰：爲遽於事，且不能備物也。

張氏逸曰：非是庶人都不行禮，以其遽務不能備之，故不著於禮文，有事則假士禮行之。

孔氏穎達曰：禮謂酬酢之禮，不及庶人，勉民使至於士也。

游氏桂曰：庶人不廟祭，則宗廟之禮所不及也；庶人徒行，則車乘之禮所不及也；庶人見君子不爲容，則朝廷之禮所不及也。「不下」者，謂其不下及也。案：孔止以酬酢言，不如此説該備。

【存異】陳氏澔曰：或云此謂相遇於途，君撫式以禮大夫，則大夫下車；大夫撫式以禮士，則士下車；庶人則否。故云「禮不下庶人」也。

黄氏裳曰：謂大夫、士所乘，皆天子命車。乘車之禮不爲庶人而下，若國君見黄髮庶人而撫式，則大夫、士不必下之，皆式之而已。

案 孔疏引白虎通「禮爲有知制，刑爲無知設」，則文法自與「刑不上大夫」句相對。陳、黄二氏牽上文下字非正解，而黄尤誤。大夫、士與君並式，可乎？

刑不上大夫。

正義 鄭氏康成曰：不與賢者以犯法，孔疏：與，猶許也。許賢者犯法，則非進賢之道。其犯法則在八議，孔疏：周禮一議親，二議故，三議賢，四議能，五議功，六議貴，七議勤，八議賓。輕重不在刑書。

孔氏穎達曰：五刑三千之科條，不設大夫犯罪之目，以大夫必用有德，若逆設其刑，則是君不知賢也。

吕氏大臨曰：庶人愚且賤者也，不可以待君子之事責之。大夫賢且貴者也，不可以待小人之法辱之。大夫有罪，八議所不赦，則刑於隱。周官掌囚所謂「凡有爵者與王之同族，奉而適甸師氏，以待刑殺」是也。

通論 方氏慤曰：周官司寇有「議貴之辟」，宗伯不以象示民，亦此意也。然周官以禮俗馭其民，則禮非不下庶人也，要之以治貴者爲主；有甸師氏，則刑非不上大夫也，要之以治賤者爲主。在大夫之下，庶人之上者，則士而已。王制言「禮樂造士」，則禮及乎士矣。舜典言「朴作教刑」，則刑加乎士矣。

刑人不在君側。

正義 鄭氏康成曰：爲怨恨爲害也。春秋傳曰：「近刑人則輕死之道。」孔疏：春秋襄二十九年，閽弑吴子餘祭，公羊傳：「閽者何？刑人也。」

吕氏大臨曰：古者，刑人皆遠之。墨者使守門，劓者使守關，刖者使守囿，髡者使守積。刑人而在君側，輕身之道也。

通論 陳氏祥道曰：刑人不在君側，禮也。公家不畜刑人，非禮也。周禮掌戮墨劓宫刖等，非不畜也，不近之而已。畜之者仁也，不近之者智也。世衰禮廢，而防患之道不謹，此吴子餘祭所以見殺於閽，齊莊公所以見閒於賈舉也。

案 刑人不可在側，兼二説，一以杜邪佞之門，一以防禍患之伏也。而防患意較多。

【杭氏集説】適墓不登壟，助葬必執紼。臨喪不笑。揖人必違其位。

姜氏兆錫曰：壟，墳堆也，不登以致敬。執紼，引棺索也，必執以致力。臨喪不笑，以哀爲主也。後「執紼不笑」句當在此。揖人必違其位，以變爲敬也。上下文皆言喪，此句蓋錯見於此也，説見下文。

望柩不歌。入臨不翔。當食不歎。

陳氏澔曰：不歌與不笑義同。惟食忘憂，非歎所也。

姜氏兆錫曰：不歌，猶不笑也。不翔，不爲容也。又曰：此句亦錯見之文。飲食在御，非嘆時也，若有故而歎者，則有矣，諫獻子而三嘆是也，説見下文。

鄰有喪，舂不相；里有殯，不巷歌。

陳氏澔曰：五家爲鄰。相者，以聲音相勸。相，蓋舂人歌以助舂也。二十五家爲里。巷歌，歌於巷也。

姜氏兆錫曰：相者，舂人歌以助舂也。巷歌，則歌於巷矣。鄰最近，里次之，故其禮如此。

姚氏際恒曰：相，詩歌名。荀卿有成相篇，漢志有成相雜辭，意古舂者或歌之。鄭氏以「相」爲送杵聲，無據。

適墓不歌，哭日不歌。送喪不由徑，送葬不辟塗潦。臨喪則必有哀色，執紼不笑。

姚氏際恒曰：講義謂送喪則知生者，送葬則知死者。陸農師謂「送喪有服者，送葬不必有服」，皆似鑿。按，送喪言其在途，送葬言其在墓。

朱氏軾曰：孔云「弔之朝得樂歌」，是猶東坡所謂「未聞歌則不哭」也，粗疏甚矣。至云「喪食不歎，歎則不飽」，此又與聖人之「喪側不飽」，顯相悖謬矣。

姜氏兆錫曰：亦「望柩不歌」之意也。　又曰：不由徑，不苟取其速也。不辟塗潦，不苟憚於勞也。　又曰：上下當有闕，説見下文。　又曰：句當在前文「臨喪不笑」之下。

方氏苞曰：送喪，謂死於他國，而族姻朋友送其柩以歸者。不由徑、不辟塗潦，互相備也。送葬必執紼，若避塗潦，恐柩因之傾側。

臨樂不歎。

陳氏澔曰：亦爲非歎所也。

姜氏兆錫曰：此句亦錯見之文。合樂以鳴，豫與進食，以致養一也。易燕樂之時，爲悲歎之境，豈所謂喜怒哀樂發而中節者哉？

介胄則有不可犯之色。

馬氏睎孟曰：兵革以威克愛也。

故君子戒慎，不失色於人。

姜氏兆錫曰：陳註此章自「揖人必違其位」「當食不歎」「臨樂不歎」「介胄則有不可犯之色」四句之外，皆是凶禮之節，記者詳之如此。因言每事戒慎，則無失禮，不但不可失介胄之色而已。愚按，陳註似矣，但味「則有」二字，「介胄」以上當有脱落。蓋歷舉凡色之所宜，以及介胄之色，而因以君子不失色於人結之，非泛言禮於色以外也。記文類皆猥爈掇拾，而牽合爲訓，可乎？按上文「臨喪則必有哀色」，語勢正是此類，以表記第三章推之，其爲雜亂可知矣。

國君撫式，大夫下之；大夫撫式，士下之。

姜氏兆錫曰：此章言君與大夫同出，若君過所，當敬而撫式，則大夫必下車。士於大夫，猶大夫於君也。蓋尊卑之等如此。

方氏苞曰：撫，問其人而式以禮之，非「式齊牛」「入里必式」之類。

禮不下庶人。

陳氏澔曰：或云此謂相遇於塗，君撫式以禮大夫，則大夫下車；大夫撫式以禮士，則士下車；庶人則否。故云「禮不下庶人」也。

姚氏際恒曰：「禮不下庶人」，此語若鶻突，賴有註疏爲之斡旋。鄭氏曰「爲其遽于事，且不能備物」，孔氏曰「酬酢之禮，不及庶人」，皆是也。黄敏求疑庶人不可無禮，乃謂其文連續上文，爲乘車之禮，不爲庶人而下，鑿甚。陳氏集説引之，不可從。

姜氏兆錫曰：「禮不下庶人」，古者制禮，皆自士始，以庶人卑賤，且力或不能行禮，故也。其欲行禮者，則假士禮行之而已。或説：「此承上文而言，君撫式以禮大夫，則大夫下車；大夫撫式以禮士，則士下車；庶人則否。是不下庶人也。」但「禮」「刑」二句相連，今見家語五刑解，乃冉有所問於孔子而答之者，顧牽上文而爲詞，可乎？

刑不上大夫。

姚氏際恒曰：「刑不上大夫」，鄭氏執周禮之説，謂在八議，輕重不在刑書。夫議其輕重，非即刑書乎？又引周禮掌囚「凡有爵者與王之同族，奉而適甸師氏，以待刑殺」，夫既云「刑殺」，何云「刑不上大夫」乎？愚按，其解莫備于賈誼之説矣，曰：「古者禮不及庶人，刑不至君子，所以厲寵臣之節也……其在大譴大訶之域者，聞譴訶則白冠氂纓，盤水加劍，造寢室而請其罪耳，上弗使執縛繫引而行也。其有中罪者，聞命而自弛，上不使人頸盭而加也。其有大罪者，聞命則北面再拜，跪而自裁，上不使人捽抑而行之也。」今家語亦有此，乃撮取賈文耳。此正釋「刑不上大夫」之義，頗爲明白正大，何必引周禮不經之說，而且與本文仍無交涉者哉？

姜氏兆錫曰：「刑不上大夫」者，古者大夫有罪，君聞而譴讓，則大夫白冠氂纓，造闕謂罪，不使有司執縛牽掣而加之也。周官掌囚「凡有爵及王之同族，奉而適甸師氏，以待刑殺」者，蓋請罪之後，八議所不赦，則無如之何矣。然猶必適甸師氏以隱之也，况可漫以刑加之乎？聖王仁至義盡之意，於此可見。　又曰：此因上論刑而言待刑人之意。

方氏苞曰：刑不上大夫，賈誼所謂「造寢室而請罪」「聞命而自裁」是也。乃罪之猶可寬假者，至九伐之法，雖國君不免於殘，况卿大夫乎？故周官「有爵者與王之同族，刑殺於甸師氏」，其義並行不悖。

刑人不在君側。

姜氏兆錫曰：人君當近有德者，刑人則凶德耳。又慮有匿怨生變，如閽殺餘祭之類也。　又曰：此因上論刑而言待刑人之意。

【孫氏集解】適墓不登壟。

鄭氏曰：爲其不敬壟冢也。墓，塋域。

助葬必執紼。

鄭氏曰：葬，喪之大事。紼，引車索。

孔氏曰：繩屬棺曰紼，屬車曰引。助葬本非爲客，正是助事耳，故宜必執紼也。

愚謂送葬在塗時，或有不執引，而散行在後者。若柩車至墓，脱載除飾，以紼屬於柩而下之，助人之葬，必宜執此紼也。

臨喪不笑。

鄭氏曰：臨喪宜有哀色。

揖人必違其位。

鄭氏曰：禮以變爲敬。

望柩不歌，入臨不翔。

鄭氏曰：哀傷之，無容樂。

孔氏曰：臨人之喪，不得趨翔爲容也。

愚謂不歌是不爲樂，不翔是不爲容。

當食不歎。

鄭氏曰：食或以樂，非歎所。

陳氏澔曰：唯食忘憂，非歎所也。

鄰有喪，舂不相；里有殯，不巷歌。

鄭氏曰：助哀也。相，送杵聲。

方氏慤曰：未祥之前，謂之有喪；未葬之前，謂之有殯。鄰言有喪舂不相，則有殯可知；於里言有殯不巷歌，則有喪可知。舂猶不相，則不巷歌可知。不巷歌，則容或相舂矣。五家爲鄰，五鄰爲里。鄰近而里遠，鄰寡而里衆，故哀不能無輕重淺深之分焉。

愚謂方氏之説皆是，惟云「里言有殯，不巷歌，則有喪可知」，尚未當。蓋里有殯，不巷歌，則既葬之後，歌或非所禁矣，鄰里之哀，非但輕重淺深之不同，而其久暫固有別矣。

適墓不歌。

鄭氏曰：非樂所。

哭日不歌。

鄭氏曰：哀未忘也。

孔氏曰：論語云「子於是日哭，則不歌」，則弔日之朝，亦得歌樂，但弔以還，其日晚，不歌耳。

愚謂哀樂之情不並行。孔謂「弔日之朝得歌樂」，未爲通論，如有服之親，將往哭之。未哭之前，豈容歌樂乎？但聞喪無定時，如日中方聞喪，則朝時歌樂，難以預禁。故論語云「子於是日哭，則不歌」，檀弓云「弔於人，是日不樂」，皆但據弔後言之。

送喪不由徑，送葬不辟塗潦。

鄭氏曰：所哀在此。

愚謂喪謂死於外而以尸若柩歸者。春秋「公之喪至自乾侯」是也。於送喪言「不由徑」，於送葬言「不辟塗潦」，亦互文也。

臨喪則必有哀色，執紼不笑，臨樂不歎，介胄則有不可犯之色。故君子戒慎，不失色於人。

鄭氏曰：貌與事宜相配。

吕氏大臨曰：色必稱其服，情必稱其色，所謂不失色也。○自「適墓不登壟」至此，記吉凶威儀容止之事。

國君撫式，大夫下之；大夫撫式，士下之。

鄭氏曰：撫，猶據也。據式小俛，崇敬也。乘車必正立。

孔氏曰：謂君臣俱行，君式則臣宜下車。言「大夫」，則士可知，若士爲大夫之臣，亦如大夫之於君也。

愚謂大夫、士尊卑等級不同，故大夫撫式則士下之，不必爲大夫之臣也。

禮不下庶人。

鄭氏曰：爲其遽於事，且不能備物。

孔氏曰：張逸云：「庶人非是都不行禮，但以其遽務不能備之，故不著於經文三百、威儀三千耳。其有事，則假士禮行之。」

愚謂庶人非無禮也，以昏則緇幣五兩，以喪則四寸之棺，五寸之椁，以葬則懸棺而窆，不爲雨止，以祭則無廟而薦於寢。此亦庶人之禮也。而曰「禮不下庶人」者，不爲庶人制禮也。制禮自士以上，士冠、士昏、士相見是也。庶人有事，假士禮以行之，而有所降殺焉。蓋以其質野，則於節文或有所不能習；卑賤，則於儀物或有所不能備也。

刑不上大夫。

鄭氏曰：不與賢者犯法，其犯法則在八議輕重，不在刑書。

孔氏曰：五刑三千之科條，不設大夫犯罪之目。所以然者，大夫必用有德，若逆設刑，則是君不知賢也。張逸云：「謂所犯之罪，不在夏三千、周二千五百之科，不使賢者犯法也，非謂都不刑其身也，其有罪，則以八議議其輕重耳。」

陳氏澔曰：不制大夫之刑，猶不制庶人之禮也。○漢書賈誼曰：「刑不上大夫，所以厲寵臣之節也。」「遇之有禮，故羣臣自憙，嬰以廉恥，故人矜節行。」

刑人不在君側。

鄭氏曰：爲其怨恨爲害也。春秋傳曰：「近刑人則輕死之道。」

【朱氏訓纂】適墓不登壟，注：爲其不敬。壟，冢也。墓，塋域。**助葬必執紼。**注：葬，喪之大事。紼，引車索。　正義：助葬本非爲客，正是助事耳，故宜必執紼也。

臨喪不笑。注：臨喪，宜有哀色。

揖人必違其位。注：禮以變爲敬。　正義：位，己之位。燕禮：「君降階，爾卿、大夫。」鄭注：「爾，近也。揖而移近之。」明雖君臣，皆須違位而揖也。

望柩不歌。入臨不翔。注：哀傷之，無容樂。**當食不歎。**注：食或以樂，非歎所。

鄰有喪，舂不相；里有殯，不巷歌。注：助哀也。相，謂送杵聲。　説文：舂，擣粟也。古者雝父初作舂。　陳可大曰：五家爲鄰。相者，以聲音相勸。相，蓋舂人歌以助舂也。二十五家爲里。巷歌，歌於巷也。

適墓不歌，注：非樂所。**哭日不歌。**注：哀未忘也。

送喪不由徑，送葬不辟塗潦。注：所哀在此。　説文：徑，步道也。　釋文：徑，邪路也。

臨喪則必有哀色，執紼不笑，臨樂不歎，介冑則有不可犯之色。注：貌與事宜相配。介，甲也。**故君子戒慎，不失色於人。**注：色厲而內荏，貌恭心很，非情者也。　正義：並結前義也。上既言內外宜稱，故君子接人，並使心色如一，不得色違於心，故云「不失色於人」也。

國君撫式，大夫下之；大夫撫式，士下之。注：撫，猶據也。據式小俛，崇敬也。乘車必正立。　正義：謂君臣俱行，君式宗廟，則臣宜下車。云「大夫」，則士可知也。士爲大夫之臣，亦如大夫於君也。

禮不下庶人，注：謂其遽於事，且不能備物。　正義：白虎通云：「禮爲有知制，刑爲無知設。」故士相見禮云「庶人見於君，不爲容，進退走」是也。**刑不上大夫。**注：不與賢者犯法，其犯法則在八議，輕重不在刑書。　鄭駁異義云：凡有爵者與王同族、大夫以上，適甸師氏，令人不見，是以云「刑不上大夫」。　正義：所以然者，大夫必用有德，若逆設其刑，則是君不知賢也。**刑人不在君側。**注：駁異義爲怨恨爲害也。春秋傳曰：「近刑人則輕死之道。」